Physik 1

Lerntext, Aufgaben mit kommentierten Lösungen und Kurztheorie

Urs Mürset und Thomas Dumm

Physik 1
Lerntext, Aufgaben mit kommentierten Lösungen und Kurztheorie
Urs Mürset und Thomas Dumm

Grafisches Konzept: dezember und juli, Wernetshausen
Satz und Layout: Mediengestaltung, Compendio Bildungsmedien AG, Zürich
Illustrationen: Oliver Lüde, Zürich
Bilder: Science Photo Library
Druck: Edubook AG, Merenschwand

Redaktion und didaktische Bearbeitung: Thomas Dumm

Artikelnummer: 4023
ISBN: 978-3-7155-9041-7
Auflage: 1. Auflage 2002
Ausgabe: K0065
Sprache: DE
Code: XPH 001

Alle Rechte, insbesondere die Übersetzung in fremde Sprachen, vorbehalten. Das Werk und seine Teile sind urheberrechtlich geschützt. Jede Verwertung in anderen als den gesetzlich zugelassenen Fällen bedarf der vorgängigen schriftlichen Zustimmung von Compendio Bildungsmedien AG.

Copyright © 2002, Compendio Bildungsmedien AG, Zürich

Inhaltsübersicht

Teil A	Methoden	13
Teil B	Kinematik	35
Teil C	Dynamik	85
Teil D	Gravitation	145
Teil E	Hydrostatik	167
Teil F	Anhang	205

Inhaltsverzeichnis

Teil A	**Methoden**	**13**
	Einstieg «Methoden»	14
1	**Ziele und Methoden der Physik**	**15**
1.1	Ziele der Physik	15
1.2	Methoden der Physik	15
	Exkurs: Francis Bacon und eine neue Methode der Physik	17
2	**Messgrössen angeben**	**18**
2.1	Messgrösse = Masszahl · Masseinheit	18
2.2	Die 7 Grundgrössen	19
2.3	Abgeleitete Messgrössen	20
2.4	Die wissenschaftliche Schreibweise	21
2.5	Genauigkeit der Messgrössen	23
2.6	Vorsilben von Einheiten	24
3	**Mathematische Hilfsmittel**	**25**
3.1	Diagramme	25
3.2	Gleichungen	26
3.3	Vektoren	29

Teil B	**Kinematik**	**35**
	Einstieg «Kinematik»	36
4	**Die Bewegung des Massenpunkts**	**37**
4.1	Bewegung	37
4.2	Massenpunkt	37
5	**Bewegungen mit Ortsangaben beschreiben**	**39**
5.1	Relativität	39
5.2	Koordinatensysteme	39
5.3	Das s-t-Koordinatensystem	39
5.4	Verschiedene Darstellungsformen	40
6	**Bewegungen mit der Geschwindigkeit beschreiben**	**43**
6.1	Geschwindigkeit	43
6.2	Vorzeichen der Geschwindigkeit	45
6.3	Die Geschwindigkeit im Orts-Zeit-Diagramm	47
6.4	Das Geschwindigkeits-Zeit-Diagramm	49
6.5	Der zurückgelegte Weg im Geschwindigkeits-Zeit-Diagramm	49
6.6	Durchschnitts- und Momentangeschwindigkeit	53
6.7	Die gleichförmige Bewegung	56
7	**Bewegungen mit der Beschleunigung beschreiben**	**59**
7.1	Beschleunigung	59
7.2	Die gleichmässig beschleunigte Bewegung	60
7.3	Der freie Fall: eine gleichmässig beschleunigte Bewegung	63
7.4	Beschleunigungen mit Anfangsgeschwindigkeit	66
7.5	Vorzeichen der Beschleunigung	68
	Exkurs: Galileo Galilei und die mathematische Formulierung	72
8	**Die Richtung von Bewegungen mit Vektoren beschreiben**	**73**
8.1	Orts-Vektor	73
8.2	Geschwindigkeits-Vektor	76
8.3	Beschleunigungs-Vektor	77
9	**Gleichförmige Kreisbewegungen**	**79**
9.1	Geschwindigkeit der gleichförmigen Kreisbewegung	79
9.2	Beschleunigung der gleichförmigen Kreisbewegung	81
9.3	Weitere Grössen der gleichförmigen Kreisbewegung	83

Teil C	**Dynamik**	**85**
	Einstieg «Dynamik»	86
10	**Beschreibung der Kraft**	**87**
10.1	Kraft: Ein Begriff aus dem Alltag	87
10.2	Die Wirkung der Kraft	88
10.3	Kraftmessung mit Hilfe von Federwaagen	90
10.4	Kraftbeschreibung mit Hilfe von Vektoren	92
10.5	Die resultierende Kraft mehrerer Kräfte	94
10.6	Vereinfachtes Berechnen der resultierenden Kraft	94
11	**Kraft-Beispiele**	**100**
11.1	Die Federkraft	100
11.2	Die Gewichtskraft	103
11.3	Die Normalkraft	105
11.4	Die Reibungskraft	106
12	**Kraftwirkungsgesetz (2. Newton'sches Gesetz)**	**111**
12.1	Die Beschleunigung durch eine Kraft	111
12.2	Die Beschleunigung durch mehrere Kräfte	114
12.3	Das Inertialsystem	116
	Exkurs: Pierre Simon Laplace und der Determinismus	117
13	**Trägheitsgesetz (1. Newton'sches Gesetz)**	**118**
13.1	Die kräftefreie Bewegung	118
13.2	Bewegungen mit konstanter Geschwindigkeit	119
	Exkurs: Aristoteles und seine Bewegungslehre	121
14	**Wechselwirkungsgesetz (3. Newton'sches Gesetz)**	**122**
14.1	Das Wechselwirkungsgesetz	122
14.2	Anwendungen des Wechselwirkungsgesetzes	123
15	**Kräfte bei geradlinigen Bewegungen**	**127**
15.1	Der freie Fall	127
15.2	Die Vollbremsung	129
15.3	Schiefe Kräfte	132
15.4	Schlitten fahren	135
15.5	Verbundene Körper	139
16	**Kräfte bei kreisförmigen Bewegungen**	**142**

Teil D	**Gravitation**	**145**
	Einstieg «Gravitation»	**146**
17	**Von der Gewichtskraft zur Gravitationskraft**	**147**
17.1	Gewichtskraft	147
17.2	Gravitationskraft	147
	Exkurs: Johannes Kepler und die Bewegung der Planeten	148
18	**Das Gravitationsgesetz**	**149**
18.1	Die Gravitationskraft hängt von der Distanz ab	149
18.2	Die Gravitationskraft wird durch die Masse verursacht	152
18.3	Die Gleichung für die Newton'sche Gravitationskraft	153
19	**Eigenschaften der Gravitationskraft**	**156**
19.1	Die Gravitationskraft wirkt zwischen allen Körpern	156
19.2	Die Gravitationskraft nimmt schnell ab, ist aber unbegrenzt	157
20	**Kreisbewegungen um Zentralkörper**	**160**
20.1	Gleichförmige Kreisbewegungen	160
20.2	Geostationäre Satelliten	162
	Exkurs: Isaac Newton und die Gravitationskraft	164
21	**Schwerelosigkeit**	**166**
21.1	Schwerelosigkeit weit weg von Himmelskörpern	166
21.2	Schwerelosigkeit auf einer Kreisbahn	166

Teil E	**Hydrostatik**	**167**
	Einstieg «Hydrostatik»	**168**
22	**Eigenschaften von Festkörpern, Flüssigkeiten und Gasen**	**169**
22.1	Makroskopische Eigenschaften	169
22.2	Mikroskopische Eigenschaften	170
23	**Von der Kraft zum Druck**	**172**
23.1	Verteilung der Kraft bei Festkörpern	172
23.2	Verteilung der Kraft in Flüssigkeiten und Gasen	174
23.3	Kraftübertragung in Flüssigkeiten und Gasen	177
24	**Von der Schwerkraft zum Schweredruck**	**181**
24.1	Der Schweredruck in Flüssigkeiten	181
24.2	Gesamtdruck = Schweredruck + äusserer Druck	183
24.3	Druckgleichgewicht	185
24.4	Der Ursprung des Luftdrucks	186
	Exkurs: Blaise Pascal und der «Horror vacui»	190
25	**Druck im Alltag**	**191**
25.1	Trinken	191
25.2	Aquarium leeren	192
25.3	Wasserversorgung	192
26	**Auftrieb durch Schweredruck**	**194**
26.1	Vollständig eingetauchte Körper	194
26.2	Die Kombination von Auftriebskraft und Gewichtskraft	197
26.3	An der Oberfläche schwimmende Körper	199

Teil F   Anhang   205

Zusammenfassung: Methoden   206

Zusammenfassung: Kinematik   207

Zusammenfassung: Dynamik   210

Zusammenfassung: Gravitation   213

Zusammenfassung: Hydrostatik   214

Formelsammlung   216

Lösungen zu den Aufgaben   217

Stichwortverzeichnis   246

Einleitung

Liebe Leserin, lieber Leser

Dieser Kurs soll Ihnen Grundkenntnisse auf dem Gebiet der Physik vermitteln. Der Inhalt des Kurses ist auf drei Bücher verteilt:

- *Physik 1* hat die klassische Mechanik zum zentralen Thema. Darin geht es ganz allgemein um Bewegungen und ihre Ursachen. Der wichtige Kraft-Begriff sowie der Zusammenhang zwischen Kraft und Bewegung werden hier behandelt.
- *Physik 2* geht dem Begriff Energie und den verschiedenen Energieformen nach. Ebenfalls zentral sind die Energieumwandlung und die Energieerhaltung. Das Buch gibt auch einen Einblick in die Eigenschaften des Lichts.
- *Physik 3* befasst sich mit elektrischen und magnetischen Phänomenen. Das Buch behandelt zudem Prozesse in Atomkernen.

An wen richtet sich dieser Physik-Kurs?

Die Auswahl der Themen und die Tiefe, mit der die Themen in diesem dreibändigen Physik-Kurs behandelt werden, orientieren sich an dem neuen *Maturitätsanerkennungsreglement* (*MAR*). Deshalb richtet sich das Lehrmittel in erster Linie an Absolventinnen und Absolventen einer Maturitätsschule. Das Lehrmittel kann aber auch in der technisch oder naturwissenschaftlich ausgerichteten, höheren Berufs- und Erwachsenenbildung eingesetzt werden.

Der Kurs zeichnet sich durch einen gut verständlichen, klar strukturierten Text aus. Er enthält viele einprägsame Grafiken, illustrative Beispiele, zahlreiche Aufgaben mit ausführlich kommentierten Lösungen sowie am Schluss des Buchs Zusammenfassungen zu den behandelten Themen. Durch diese Elemente eignet sich das Lehrmittel auch für das Selbststudium, etwa bei der Vorbereitung für die Universität oder die Fachhochschule.

Inhaltliche Gliederung der *Physik 1*

Der erste Band dieses Physik-Kurses, *Physik 1*, thematisiert die klassische Mechanik bestehend aus den Themen «Kinematik», «Dynamik», «Gravitation» und «Hydrostatik». Zudem werden unter dem Titel «Methoden» einige Hilfsmittel zur Verfügung gestellt, die Sie im Kurs immer wieder brauchen werden. Jedem der erwähnten Themen ist ein eigener Teil gewidmet:

- Teil A: Methoden
- Teil B: Kinematik
- Teil C: Dynamik
- Teil D: Gravitation
- Teil E: Hydrostatik

Im Teil F, dem Anhang, finden Sie die kommentierten Lösungen zu den Aufgaben des Buchs, die Zusammenfassungen zu den Teilen A–E sowie ein ausführliches Stichwortverzeichnis.

Verteilt auf das ganze Buch, finden Sie 7 «Exkurse», die von Prof. Dr. Piero Cotti verfasst wurden. Diese Exkurse stellen Ihnen einige Bekanntheiten der Physik vor und schneiden das Thema «Geschichte der Physik» an.

Arbeiten mit dem Lehrmittel

Physik 1 bietet Ihnen, neben dem eigentlichen Lehrtext, weitere Elemente, die das schrittweise Erarbeiten des Stoffs unterstützen wollen. In der folgenden Aufstellung sind die einzelnen Arbeitsschritte bei der Arbeit mit diesem Buch aufgelistet:

1. Beim Lesen des zum jeweiligen Teil gehörenden *Inhaltsverzeichnis* erhalten Sie einen ersten Einblick in den Inhalt und den Aufbau des Teils. Lesen Sie das Inhaltsverzeichnis jeweils durch, bevor Sie mit der Bearbeitung eines neuen Teils anfangen.
2. Der *Einstieg* zu Beginn jedes Teils stellt das Thema kurz in einen grösseren Zusammenhang und zeigt in groben Zügen den Inhalt auf. Im Einstieg zu jedem Teil finden Sie auch eine Liste mit den wichtigsten *Lernzielen*. Diese Liste hat vor der Lektüre des Teils die Funktion, den Inhalt noch etwas detaillierter zu beschreiben.
3. Beim eigentlichen Lerntext erscheint zur besseren Unterscheidung neue *Theorie* in Schwarz, illustrierende *Beispiele* in Farbe.
4. Die *Randspaltenbegriffe* entsprechen wichtigen Begriffen, die zusätzlich im Text kursiv ausgezeichnet sind. Später finden Sie die Begriffe leicht anhand des *Stichwortverzeichnisses* im Teil F, dem Anhang.
5. Diejenigen physikalischen *Gleichungen*, die für die weitere Arbeit wichtig sind, wurden durch Nummerierung in der Randspalte gekennzeichnet. Sie machen sich die Arbeit leichter, wenn Sie sich diese Gleichungen möglichst früh schon merken.
6. Die farbig unterlegten *Abschnittszusammenfassungen* am Ende der Abschnitte fassen die wichtigsten Erkenntnisse zusammen.
7. Mit den *Aufgaben* am Ende der Abschnitte können Sie daran gehen, das Gelernte zu überprüfen und zu festigen. Bearbeiten Sie die Aufgaben. Überprüfen Sie dann anhand der *Lösungen* im Teil F, ob Ihre Lösung richtig ist. In diesem Fall lesen und lernen Sie weiter im Text bis zur nächsten Aufgabe. Schlagen Sie die Lösung zur Aufgabe erst nach, wenn Sie sie selbständig und vollständig gelöst haben. Benützen Sie dabei nötigenfalls die *Formelsammlung* in Teil F. Wenn Sie die Aufgabe nicht richtig beantworten können, studieren Sie den ganzen vorangegangenen Abschnitt nochmals aufmerksam.
8. Gehen Sie nach der Lektüre eines ganzen Teils nochmals durch die Liste der *Lernziele*, am Anfang des Teils. Wenn Sie vermuten, dass Sie das entsprechende Lernziel noch nicht erreicht haben, haken Sie bei den entsprechenden Abschnitten nochmals nach.
9. In den *Zusammenfassungen* der Teile A–E finden Sie eine übersichtlich gestaltete Kurztheorie des Stoffs. Diese Kurztheorie wird vor allen beim späteren Repetieren hilfreich sein, um Lücken in Ihrem Wissen aufzudecken.

Wir wünschen Ihnen viel Freude und Erfolg beim Studium der Physik.

Zürich, im Juli 2002

Thomas Dumm, Redaktor und Autor
Urs Mürset, Autor
Andreas Ebner, Unternehmensleiter Compendio Bildungsmedien

Teil A   Methoden

Einstieg «Methoden»

Methoden

Die Physik versucht gewisse Aspekte der Natur zu beschreiben. Im Laufe der Jahrhunderte haben sich hierfür einige *Methoden* als besonders erfolgreich erwiesen. In diesem ersten Teil zeigen wir Ihnen einige dieser Methoden, die auch Sie immer wieder brauchen werden in diesem und den folgenden Physik-Lehrbüchern.

Die wichtigsten Lernziele des Teils «Methoden» lauten:

- Sie können die Ziele und Methoden der Physik in groben Zügen umreissen.
- Sie können Messergebnisse in wissenschaftlicher Schreibweise so angeben, dass sie die Messgenauigkeit reflektieren.
- Grössen angaben, die nicht die gewünschte Masseinheit haben, können Sie in diese umrechnen.
- Sie können eine Reihe von Messungen in einem aussagekräftigen Diagramm darstellen.
- Sie können Zusammenhänge zwischen zwei Grössen in einfachen Fällen mithilfe von Gleichungen festhalten.
- Für den Fall, dass eine Grösse auch eine Richtungsinformation enthält, können Sie Vektoren zu ihrer Darstellung verwenden.

1 Ziele und Methoden der Physik

1.1 Ziele der Physik

Gesetzmässigkeit, Phänomene

Im Zentrum der Physik steht, der Natur ihre *Gesetzmässigkeiten* zu entlocken. Gibt es zum Beispiel einen Zusammenhang zwischen der Fallzeit eines vom Baum fallenden Apfels und der Höhe des Baums? Dabei ist es keine Selbstverständlichkeit, dass ein solches *Phänomen* überhaupt durch Gesetzmässigkeiten gesteuert ist. Frühere Kulturen sahen in Naturphänomenen das Wirken von Geistern und Dämonen. Diese Geister waren unberechenbar und mussten durch Rituale beschworen werden, wenn der Mensch Einfluss auf den Lauf der Natur nehmen wollte. Die Erforschung der Natur durch die Physik hat aber gezeigt, dass viele Naturphänomene in der Tat durch Gesetzmässigkeiten geregelt sind. Kennt man diese Gesetzmässigkeiten, so kann man die Natur nicht nur verstehen, sondern sie auch gezielt beeinflussen. Damit bildet die Physik die Grundlage aller technischen Anwendungen.

> Ein zentrales Ziel der Physik ist es, der Natur ihre Gesetzmässigkeiten zu entlocken.

1.2 Methoden der Physik

Beobachtung, Messung

Am Anfang jeglicher physikalischer Erkenntnis steht die *Beobachtung*. Schon sehr früh hat der Mensch Regelmässigkeiten in der Natur wie zum Beispiel die Mondphasen oder die Wiederkehr der Jahreszeiten bemerkt. Um der Natur ihre Gesetzmässigkeiten zu entlocken, braucht es aber mehr als reine Beobachtungen: Es braucht *Messungen*. Wir können zum Beispiel die Fallzeit des Apfels mit einer Stoppuhr und die Fallstrecke des Apfels mit einem Massband genau messen. Solche Messungen machen die Physik zu einer quantitativen Wissenschaft (quantitativ = mit Zahlen beschreibbar).

Experiment, isolieren

Messungen erfolgen im Rahmen eines *Experimentes*. Erst im Experiment wird es möglich, das zu untersuchende Phänomen *isoliert* zu beobachten. So wird verhindert, dass verschiedene Phänomene vermischt untersucht werden. Wenn wir zum Beispiel nach den Gesetzmässigkeiten der Fallbewegung suchen, könnten wir einfach bei einem Baum die Fallzeit und die Fallstrecke eines fallenden Apfels messen. Die Fallzeit wäre dabei allerdings durch mindestens zwei Phänomene bestimmt: «Erdanziehung» und «Luftwiderstand». Wenn wir aber gezielt die Gesetzmässigkeiten des Phänomens «Erdanziehung» untersuchen wollen, so müssen wir ein Experiment durchführen. Wir könnten zum Beispiel den Apfel im Vakuum fallen lassen, damit das Phänomen «Luftwiderstand» die Messresultate nicht beeinflussen kann.

Wiederholbarkeit

Eine Forderung, die die physikalische Messung erfüllen muss, ist die *Wiederholbarkeit*. Ein anderer muss, wenn er unser Fall-Experiment wiederholt, die gleichen Messresultate erhalten wie wir. Diese strenge Anforderung an die Messung ist eine Stärke aber auch eine Begrenzung der Physik. Durch die Wiederholbarkeit ist es möglich, fehlerhafte oder manipulierte Messungen als solche zu entlarven. Es werden aber auch eine ganze Reihe von Phänomenen von der Untersuchbarkeit ausgeschlossen, weil sie nicht objektiv quantifizierbar sind oder nicht kontrollierbar ablaufen. Dazu gehören alle subjektiven Empfindungen, wie zum Beispiel die Vorliebe für eine bestimmte Farbe.

Hypothese, Mathematik, Gleichung

Als Physiker begnügt man sich nicht damit, Experimente durchzuführen und Messreihen aufzustellen. Man will auch Zusammenhänge zwischen den gemessenen Grössen finden. Man stellt dazu eine *Hypothese* auf. Die Hypothese wird mithilfe der *Mathematik* präzis formuliert: Eine *Gleichung* wird aufgestellt, die den Zusammenhang zwischen den gemessenen Grössen beschreibt. So können wir zum Beispiel für die Fallbewegung des Apfels eine Gleichung aufstellen, die den Zusammenhang zwischen der Fallzeit t und der Fallstrecke s beschreibt. Wir könnten die Hypothese aufstellen, dass die Fallstrecke s proportional zum Quadrat der Fallzeit t ist:

$$s \sim t^2$$

Voraussagen, Überprüfbarkeit

Eine Hypothese muss nicht nur alle bisherigen Messresultate richtig beschreiben, sie muss auch *Voraussagen* erlauben über den Verlauf von neuen Experimenten. Durch Vorhersagen wird eine Theorie *überprüfbar*. Falls sich die Voraussagen der Hypothese als richtig erweisen, hat sie eine erste Überprüfung bestanden. Falls sich die Voraussagen der Hypothese als nicht richtig erweisen, muss sie verworfen oder angepasst werden. Nehmen wir als Beispiel wieder die Fallbewegung: Wir können für die Ursache der Fallbewegung des Apfels die Hypothese aufstellen, dass jeder Körper eine Anziehungskraft auf alle anderen Körper ausübt. Die Stärke dieser Anziehungskraft würden wir durch eine Gleichung beschreiben. Da unsere Hypothese postuliert, dass die Anziehungskraft nicht nur auf den Apfel, sondern auf alle Körper wirkt, muss die Gleichung auch die Stärke der Anziehungskraft zwischen Erde und Mond richtig beschreiben. Die Hypothese macht somit nicht nur Vorhersagen für die Fallbewegung des Apfels, sondern auch für die Anziehungskraft zwischen Erde und Mond. Wenn wir mit Messungen zeigen können, dass die Anziehungskraft so stark ist, wie vorhergesagt, so wächst unser Vertrauen in die Hypothese.

Physikalische Theorie

Bei diesem Vorgehen entsteht ein Wechselspiel zwischen Experimenten und Hypothesen, das zu immer umfassenderen Hypothesen und schliesslich zu einer allgemeiner gültigen *physikalischen Theorie* führt. So ist es zum Beispiel Albert Einstein 1915 mit der «allgemeinen Relativitätstheorie» gelungen, eine Theorie zu finden, die zugleich die Fallbewegung des Apfels wie auch die Bewegung von Körpern in der Nähe von «schwarzen Löchern» beschreibt.

Modell

Meist ist es nicht möglich, die Natur in all ihren Details zu beschreiben. Um trotzdem das Verhalten der Natur zu beschreiben, ist man gezwungen, die Natur in den Berechnungen durch ein möglichst einfach gehaltenes *Modell* zu ersetzen. So können wir zum Beispiel bei der Beschreibung der Fallbewegung des Apfels den Apfel durch eine Kugel ersetzen. Wir berücksichtigen die genaue Form des Apfels bei seiner Beschreibung nicht.

Intuition, Kreativität

Experimente zu entwerfen, Hypothesen zu formulieren und aus Hypothesen Voraussagen abzuleiten sind oft schwierige Unterfangen, zu denen es keine allgemein gültigen Rezepte gibt und die immer wieder der *Intuition* und *Kreativität* bedürfen.

Durch die Methodik der Physik entsteht ein Wechselspiel zwischen Experimenten und Hypothesen, das zu immer weitreichenderen Theorien führt.

Aufgabe 1

Welche Rolle spielt die Mathematik in der Physik?

Exkurs: Francis Bacon und eine neue Methode der Physik

Francis Bacon

Francis Bacon (1561–1626), englischer Philosoph, Naturforscher, Historiker und Staatsmann, forderte, dass die Naturwissenschaft Neues entdecke. Um dieses Ziel zu erreichen, war nach Francis Bacon ein Kampf gegen die «Trugbilder» notwendig, die eine Erkenntnis der Welt verhindern. Bacon unterschied vier Trugbilder. Die vier Arten von Trugbildern sind das Ergebnis

- der menschlichen Wahrnehmung,
- der persönlichen Wahrnehmung,
- der fehlerhaften Verwendung von Begriffen,
- der Verwendung falscher etablierter Lehren.

Will man dem Einfluss dieser Trugbilder entgehen, muss man sich nach Francis Bacon einer neuen Methode zuwenden: der Empirie. Bacon formulierte dazu 1620 in seinem Buch «Novum organum», wie die Naturwissenschaft in Zukunft vorgehen muss:

Die Ausgangslage jeder Naturwissenschaft soll die experimentelle Information sein. Daraus muss durch induktives Denken eine Theorie erarbeitet werden. Induktives Denken bedeutet hier: Vom Spezialfall wird auf ein allgemeines Prinzip geschlossen. Aus der Theorie kann einerseits durch deduktives Denken direkt auf die ursprüngliche experimentelle Information geschlossen werden. Deduktives Denken bedeutet hier: Vom allgemeinen Prinzip wird ein Spezialfall abgeleitet. Andererseits sagt die Theorie weitere experimentelle Konsequenzen vorher. Diese Konsequenzen können wiederum experimentell überprüft werden.

Ziel dieser neuen Methode der Naturwissenschaft ist es, möglichst viele kleine Rätsel (die einzelnen Phänomene in der Natur) logisch zwingend auf möglichst wenige grosse Rätsel zurückzuführen.

2 Messgrössen angeben

Messung, Messergebnis

Messungen sind ein zentraler Teil der Physik. Jede Messung liefert Ihnen *Messergebnisse*. Diese Messergebnisse sollten Sie so festhalten können, dass Sie oder jemand anderer sie später analysieren können. Wir stellen Ihnen deshalb Regeln vor, nach denen Sie Messergebnisse aufschreiben.

2.1 Messgrösse = Masszahl · Masseinheit

Messgrösse, Masszahl, Masseinheit

Wie sieht das Resultat einer Messung aus? Wir haben z. B. die Länge eines Baumstammes mit einem Massband gemessen. Das Resultat lautet: $s = 5.3$ Meter. Die Länge s wird hier als 5.3faches der Masseinheit Meter angegeben. Eine *Messgrösse* ist das Produkt aus *Masszahl* und *Masseinheit*:

$$\text{Messgrösse} = \text{Masszahl} \cdot \text{Masseinheit}$$

Der Multiplikationspunkt zwischen Masszahl und Masseinheit wird allerdings weggelassen. Die Masseinheit darf man hingegen nicht weglassen. Die Aussage «Der Abstand zwischen den beiden Häusern ist 5» ist z. B. unbrauchbar, denn sie lässt offen, ob es sich um 5 Meter oder um 5 Kilometer handelt.

Beispiel 2.1

$t = 10.1$ s: Masszahl = 10.1, Masseinheit = Sekunde (s)

$m = 1.5$ kg: Masszahl = 1.5, Masseinheit = Kilogramm (kg)

$s = 5.3$ m: Masszahl = 5.3, Masseinheit = Meter (m)

Wenn wir Aussagen machen wollen wie z. B. «Die Masseinheit der Länge s ist Meter», so tun wir dies, indem wir die Messgrösse in eckige Klammern setzen:

$$[\text{Messgrösse}] = \text{Masseinheit}$$

Beispiel 2.2

$[t] = $ s, $[m] = $ kg, $[s] = $ m

Damit man eine Messgrösse als Vielfaches einer Masseinheit angeben kann, muss die Masseinheit klar definiert sein. Für die Zeitmessung muss definiert sein, wie lange 1 Sekunde dauert. Die Masseinheiten sind nicht von der Natur gegeben, sondern wurden vom Menschen festgelegt. Die Art und die Genauigkeit der Definition sind immer durch die Möglichkeiten der aktuellen Technik gegeben.

> Eine physikalische Messgrösse ist immer das Produkt aus einer Masszahl und einer Masseinheit:
>
> $$\text{Messgrösse} = \text{Masszahl} \cdot \text{Masseinheit}$$
>
> Die Masseinheiten sind nicht von Natur aus gegeben, sondern wurden vom Menschen festgelegt.

Aufgabe 5

Jemand liest 71.5 kg auf einer Personenwaage ab.

Was ist die Masszahl und was ist die Masseinheit dieser Messung?

2.2 Die 7 Grundgrössen

Système International, Grundgrössen, Grundeinheiten, SI

1960 wurden für 7 Messgrössen Masseinheiten international festgelegt. Dieses Set von Masseinheiten hat den französischen Namen *Système International* oder abgekürzt *SI*. Die 7 festgelegten Messgrössen werden *SI-Grundgrössen* genannt, ihre Masseinheiten *SI-Grundeinheiten*:

$$\text{Grundgrösse} = \text{Masszahl} \cdot \text{SI-Grundeinheit}$$

Variablen, Abkürzungen

Die 7 Grundgrössen sind: Länge, Masse, Zeit, Stromstärke, Temperatur, Lichtstärke und Stoffmenge. In der Tabelle 2.1 sind die 7 Grundgrössen aufgelistet, zusammen mit den *Variablen*, den SI-Grundeinheiten sowie den *Abkürzungen* für die SI-Grundeinheiten.

[Tab. 2.1]   Grundgrössen des Systeme Internationale

Grundgrösse	Variable	Grundeinheit	Abkürzung der Grundeinheit
Länge	s	1 Meter	m
Masse	m	1 Kilogramm	kg
Zeit	t	1 Sekunde	s
Stromstärke	I	1 Ampere	A
Temperatur	T	1 Kelvin	K
Lichtstärke	I_v	1 Candela	cd
Stoffmenge	n	1 Mol	mol

s, m, t

Eine Länge s in Metern, eine Masse m in Kilogramm sowie eine Zeit t in Sekunden anzugeben, sind Sie sich gewöhnt. Die ganze Mechanik baut auf den SI-Grundeinheiten Meter, Kilogramm und Sekunde auf.

Kursiv

Möglicherweise ist Ihnen aufgefallen, dass die verwendeten Variablen für die SI-Grundgrössen und die Abkürzungen für die SI-Grundeinheiten teilweise identisch sind. So steht s für Länge und s für Sekunden, m für Masse und m für Meter. Das mag Ihnen an dieser Stelle etwas verwirrend erscheinen. Sie werden aber sehen, dass daraus später keine Probleme entstehen. Zudem werden üblicherweise die Variablen für Messgrössen *kursiv* geschrieben, die Abkürzungen für die Einheiten in normaler Schrift.

Beispiel 2.3

Wenn wir die Messgrössen einer Autofahrt von Bern nach Zürich beschreiben wollen, werden wir im Alltagsgebrauch vielleicht sagen: Die Distanz beträgt 120 Kilometer und die Fahrt dauert auf der Autobahn 1 Stunde. In SI-Einheiten ausgedrückt: $s = 120\,000$ m, $t = 3\,600$ s.

Sicher erscheint es Ihnen eigenartig, die Zeit hier in Sekunden anzugeben, wo doch Kilometer und Stunden viel anschaulicher sind. Es wäre auch nicht falsch, die Angabe in Kilometern und Stunden zu machen. Nur verbirgt sich dahinter ein Fehlerrisiko. Wenn zum Beispiel in einem Kochbuch bei der Mengenangabe der Zutaten ständig zwischen Kilogramm, Gramm, und Pfund hin und her gewechselt wird, riskiert man, dass man sich irgendwann vertut. Sie können Einheiten-Fehler leichter umgehen, wenn Sie alle Messgrössen in SI-Grundeinheiten umrechnen. Egal ob Ihnen Grössen in Kilometern, Zentimetern oder Meilen angegeben werden, alles sollte beim Rechnen in SI-Grundeinheiten umgerechnet werden. Anfänglich ist dies ein zeitlicher Mehraufwand, bald ist dieser Schritt Routine und erspart Ihnen ärgerliche Fehler.

Für 7 Grundgrössen wurden weltweit verbindliche SI-Grundeinheiten festgelegt. Durch Umrechnen anderer Einheiten in SI-Grundeinheiten lassen sich Fehler vermeiden.

Aufgabe 9 Was sind die SI-Grundeinheiten für Länge, Masse und Zeit?

2.3 Abgeleitete Messgrössen

Abgeleitete Grössen, abgeleitete Einheiten

Aus den Grundgrössen in Tabelle 2.1 lassen sich durch Multiplikation oder Division weitere Grössen ableiten, die so genannten *abgeleiteten Grössen*. Die Einheiten von abgeleiteten Grössen, *abgeleitete Einheiten*, sind immer ein Produkt oder ein Quotient aus Grundeinheiten.

Beispiel 2.4 Unter der Dichte eines Gegenstandes wird das Verhältnis seiner Masse m zu seinem *Volumen V* verstanden, das heisst, die Dichte eines Gegenstandes berechnet sich aus seiner Masse dividiert durch sein Volumen.

Dichte, Volumen Für die *Dichte* wird der griechische Buchstaben ρ (ausgesprochen: rho) verwendet. Die Gleichung für die Dichte lautet somit:

$$\rho = \frac{m}{V}$$

Für einen Würfel der Kantenlänge s und der Masse m ist die Dichte:

$$\rho = \frac{m}{s^3}$$

Die Einheit der Dichte ist die Einheit der Masse dividiert durch die Einheit des Volumens, somit ist die SI-Einheit der Dichte: kg/m^3 (Kilogramm pro Kubikmeter).

Vor allem bei abgeleiteten Grössen führt die Wahl verschiedener Einheiten gerne zu Fehlern. Sie können diesen Fallstrick aber leicht umgehen, indem Sie konsequent mit SI-Grundeinheiten rechnen. Machen Sie es sich deshalb zur Gewohnheit, beim Ausrechnen von Resultaten alle Grössen in SI-Grundeinheiten einzusetzen.

Beispiel 2.5 Die Geschwindigkeit v ist definiert als: zurückgelegter Weg s dividiert durch die Zeit t, die dafür gebraucht wurde. Als Variable für die Geschwindigkeit wird v verwendet. Die Gleichung für die Geschwindigkeit lautet daher:

$$v = \frac{s}{t}$$

Die Einheit der Geschwindigkeit ist die Einheit des Weges dividiert durch die Einheit der Zeit, und damit die SI-Einheit: m/s (Meter pro Sekunde).

Beispiel 2.6 Angenommen Sie haben einmal gemessen, dass Sie beim Spazieren 4 Kilometer in 1 Stunde zurücklegen. Dies ergibt eine Geschwindigkeit von 4 Kilometern pro Stunde. Um aber die Geschwindigkeit in SI-Einheiten zu berechnen, rechnen wir zuerst alle gegebenen Grössen in SI-Einheiten um. 1 Kilometer ist 1 000 m, 1 Stunde ist 3 600 Sekunden. Sie spazieren 4 000 Meter in 3 600 Sekunden. Daraus berechnet sich eine Geschwindigkeit von:

$$v = \frac{s}{t} = \frac{4000 \text{ m}}{3600 \text{ s}} = \frac{4000}{3600} \frac{\text{m}}{\text{s}} \approx 1.1 \frac{\text{m}}{\text{s}}$$

Um auszurechnen, wie viel Zeit Sie für einen 11 km langen Weg benötigen, lösen Sie die obige Gleichung nach der Zeit t auf:

$$t = \frac{s}{v}$$

Setzen wir nun die Masszahlen in SI-Einheiten ein:

$$t = \frac{11000 \text{ m}}{1.1 \frac{\text{m}}{\text{s}}} = \frac{11000 \text{ m} \cdot \text{s}}{1.1 \text{ m}} = 10000 \text{ s}$$

Beim Umformen der Gleichung geht man mit Einheiten um wie mit ganz normalen «Faktoren». Einheiten können Sie also in Gleichungen ebenso kürzen wie Masszahlen. Weil im letzten Beispiel für alle Grössen die Masszahlen in Grundeinheiten eingesetzt wurden, konnte die Längeneinheit m problemlos gekürzt werden.

> Durch Multiplikation oder Division von Grundgrössen entstehen abgeleitete Grössen. Die Einheit einer abgeleiteten Grösse nennt man abgeleitete Einheit.

Aufgabe 2   Was ist die SI-Einheit der abgeleiteten Grösse a:

$$a = \frac{v}{t}$$

2.4 Die wissenschaftliche Schreibweise

Zehnerpotenzen, wissenschaftliche Schreibweise

In der Physik hat man es teilweise mit sehr grossen oder mit sehr kleinen Masszahlen zu tun. Der Radius der Mondbahn beträgt beispielsweise 384 400 000 m, der Durchmesser des Haares ist 0.0001 m. So geschrieben, werden Zahlen schnell unübersichtlich. Man schreibt die Masszahlen deshalb besser mit Hilfe von *Zehnerpotenzen*. Man nennt dies die *wissenschaftliche Schreibweise* einer Grösse:

$$z \cdot 10^n \cdot \text{Einheit}$$

Dabei ist z eine Zahl zwischen -10 und $+10$, n ist eine positive oder negative ganze Zahl.

Beispiel 2.7   Der Radius der Mondbahn ist so:

$$s = 384400000 \text{ m} = 3.844 \cdot 10^8 \text{ m}$$

Beispiel 2.8   Der Durchmesser des Haares ist so:

$$s = 0.0001 \text{ m} = 1 \cdot 10^{-4} \text{ m}$$

Dabei bedeutet 10^{-4} vier Divisionen durch 10.

Wir stellen Ihnen hier das Wesentliche im Umgang mit Zehnerpotenzen kurz zusammen:

10^n mit positivem n bedeutet eine 1 mit n Nullen. Mit einem negativen n wird angegeben, dass der Kehrwert gemeint ist: $10^{-n} = 1/10^n$. Es gilt: $10^a \cdot 10^b = 10^{a+b}$. Wenn Zehnerpotenzen für Sie neu sind, empfehlen wir Ihnen, sich zusätzlich mithilfe eines Mathematik-Buchs mit den Zehnerpotenzen vertraut zu machen.

Beispiel 2.9

$$10^3 = 1000$$

$$10^{-3} = 0.001$$

$$10^3 \cdot 10^5 = 10^{3+5} = 10^8$$

$$10^4 \cdot 10^{-2} = 10^{4+(-2)} = 10^2$$

$$10^6 \cdot 10^{-9} = 10^{6+(-9)} = 10^{-3}$$

$$\frac{10^5}{10^3} = 10^5 \cdot 10^{-3} = 10^{5+(-3)} = 10^2$$

Nach diesem kurzen Überblick über das Rechnen mit Zehnerpotenzen wollen wir jetzt die wissenschaftliche Schreibweise von Messgrössen mit Beispielen illustrieren:

Beispiel 2.10

Eine Tischplatte hat eine Länge von a = 80 cm, eine Breite von b = 50 cm und eine Dicke c = 8 mm. Wie gross ist ihr Volumen V?

Wir geben das Volumen in SI-Einheiten an:

$$a = 0.8 \text{ m} = 8 \cdot 10^{-1} \text{ m}$$

$$b = 0.5 \text{ m} = 5 \cdot 10^{-1} \text{ m}$$

$$c = 8 \text{ mm} = 8 \cdot 10^{-3} \text{ m}$$

$$V = a \cdot b \cdot c$$

$$V = (8 \cdot 10^{-1} \text{ m}) \cdot (5 \cdot 10^{-1} \text{ m}) \cdot (8 \cdot 10^{-3} \text{ m}) = 3.2 \cdot 10^{-3} \text{ m}^3$$

Taschenrechner

Beim Einsatz des *Taschenrechners* können Sie Masszahlen in wissenschaftlicher Schreibweise direkt in Ihren Rechner eintippen. Bei einigen Rechnern ist die entsprechende Taste mit «EE» (enter exponent) oder «EEX» oder «EXP» markiert. Testen Sie dies, indem Sie in Ihren Taschenrechner 1EE3 eingeben und dies durch 1 000 dividieren. Sie sollten dann 1 erhalten, wenn Sie die richtige Taste erwischt haben.

Beispiel 2.11

Wenn Sie die Dichte $\rho = m/V$ einer Substanz der Masse $m = 7.08 \cdot 10^{-6}$ kg und des Volumens $V = 3.16 \cdot 10^{-9}$ m^3 berechnen wollen, so können Sie 7.08 EE – 6 / 3.16 EE – 9 in Ihren Rechner eintippen, um die Masszahl der Dichte in kg/m^3 zu bestimmen. Sie sollten dann den Wert 2.24 EE + 3 sehen. Das Resultat ist also $2.24 \cdot 10^3$ kg/m^3. (Oder etwas Ähnliches, die Anzeige ist nicht bei allen Taschenrechnern gleich).

> Sehr grosse und sehr kleine Messgrössen schreibt man mit Vorteil in der wissenschaftlichen Schreibweise:
>
> $$\text{Messgrösse} = z \cdot 10^n \cdot \text{Masseinheit}$$
>
> Dabei ist z eine Zahl, die zwischen –10 und +10 liegt, und n eine positive oder negative ganze Zahl.

Aufgabe 6 Berechnen Sie folgende Grössen in wissenschaftlicher Schreibweise:

A] Die Geschwindigkeit $v = s/t$ eines Satelliten mit den Daten: zurückgelegter Weg $s = 42\,000$ km, benötigte Zeit für diesen Weg $t = 90$ min.

B] Den von einem Flugzeug zurückgelegte Weg $s = v \cdot t$ mit den Daten: Geschwindigkeit $v = 1\,200$ km/h, benötigte Zeit $t = 160$ min.

2.5 Genauigkeit der Messgrössen

Messfehler

Egal wie sehr wir uns beim Messen auch anstrengen, bei jeder Messung, die wir machen, gibt es *Messfehler*. Als Beispiel betrachten wir die Zeitmessung beim 100-Meter-Lauf. Fehlerquellen bei der Zeitmessung sind dort: Die verwendete Uhr hat als feinste Einteilung die Hundertstelsekunde; wir starten die Uhr nicht genau dann, wenn die Sprinterin losrennt, und stoppen die Uhr auch nicht perfekt; unsere Uhr läuft ein kleines bisschen zu langsam oder zu schnell. Die Kombination dieser Fehlerquellen hat zur Folge, dass unsere Masszahl mit einem Messfehler behaftet ist. Die Laufzeit der Gewinnerin im ersten Rennen wird mit 11.3 s angegeben, die Laufzeit der Gewinnerin im zweiten Rennen mit 11.4 s. Frage: War die eine Läuferin wirklich schneller als die andere?

Messgenauigkeit, Genauigkeit, signifikante Ziffern

Wegen der Messfehler ist die Masszahl nie genau bekannt. Es ist deshalb wichtig, dass man der Messung ihre *Messgenauigkeit* ansieht, d. h. der Masszahl ihre *Genauigkeit* ansieht. Wir wollen uns deshalb an folgende Abmachung halten: Die letzte Ziffer der Masszahl ist noch verlässlich! Verlässliche Ziffern nennt man *signifikante Ziffern*. Je mehr signifikante Ziffern eine Masszahl hat, desto genauer ist die Masszahl. Vorangestellte Nullen machen eine Masszahl nicht genauer und sind deshalb keine signifikanten Ziffern, werden also nicht mitgezählt.

Beispiel 2.12

10.244 m hat 5 signifikante Ziffern

0.0020 m hat 2 signifikante Ziffern

4.0030 m hat 5 signifikante Ziffern

30.00 m hat 4 signifikante Ziffern

300 000 m hat 6 signifikante Ziffern

0.005 m hat 1 signifikante Ziffer

5 m hat 1 signifikante Ziffer

10 m hat 2 signifikante Ziffern

Schlussresultat

Wir halten uns zusätzlich an folgende Abmachung: Das *Schlussresultat* einer Rechnung ist so auf- oder abzurunden, dass die Anzahl signifikanter Ziffern gleich gross ist wie die der ungenauesten Grösse, die in die Berechnung des Schlussresultates einging.

Beispiel 2.13

Bestimmung der Dichte ρ von Aluminium:

Die Masse eines Aluminiumzylinders wurde gemessen und beträgt $m = 21.49$ kg. Der Radius des Aluminiumzylinders ist $r = 0.19$ m, seine Höhe ist $h = 7.02 \cdot 10^{-2}$ m.

Die Dichte von Aluminium kann höchstens mit 2 signifikanten Ziffern angegeben werden:

$$\rho = \frac{m}{V} = \frac{m}{\pi \cdot r^2 \cdot h} = 2.7 \cdot 10^3 \, \frac{\text{kg}}{\text{m}^3}$$

Wenn eine Messgrösse in wissenschaftlicher Schreibweise angegeben wird, so ist darauf zu achten, dass die letzte Nachkommastelle der Masszahl noch verlässlich ist. Das Schlussresultat einer Rechnung sollte immer die gleiche Anzahl signifikanter Stellen haben wie die ungenaueste Grösse, die in die Berechnung einging.

Aufgabe 10 Ein Fläschchen mit Volumen $V = 125.5 \text{ cm}^3$ enthält $m = 0.107$ kg Petroleum. Bestimmen Sie die Dichte von Petroleum in sinnvoller Genauigkeit.

Aufgabe 3 Welche Zeit braucht das Licht, um von der Sonne zur Erde zu gelangen? Der Abstand Sonne–Erde ist $s = 1.496 \cdot 10^{11}$ m, Geschwindigkeit des Lichts $v = 2.9979 \cdot 10^8$ m/s.

2.6 Vorsilben von Einheiten

Vorsilben

Bei sehr kleinen oder sehr grossen Messgrössen können gewisse Zehnerpotenzen mithilfe von *Vorsilben* angegeben werden. Die folgenden Vorsilben sind am gebräuchlichsten:

[Tab. 2.2] Vorsilben für 10er Potenzen

Vorsilbe	Abkürzung	Zehnerpotenz
Giga	G	10^9
Mega	M	10^6
Kilo	k	10^3
Milli	m	10^{-3}
Mikro	µ	10^{-6}
Nano	n	10^{-9}

Beispiel 2.14

10^3 g = 1 kg = 1 Kilogramm

10^9 m = 1 Gm = 1 Gigameter

10^{-6} s = 1 µs = 1 Mikrosekunde

10^{-9} m = 1 nm = 1 Nanometer

Bei sehr kleinen oder sehr grossen Messgrössen können gewisse Zehnerpotenzen mithilfe von Vorsilben angegeben werden.

Aufgabe 7 Geben Sie folgende Grössen in SI-Grundeinheiten in wissenschaftlicher Schreibweise an:

A] 1 300 Nanometer = 1 300 nm

B] 21 Milligramm = 21 mg

C] 0.034 Mikrosekunden = 0.034 µs

3 Mathematische Hilfsmittel

Ein wichtiges Instrument zur Formulierung von physikalischen Gesetzmässigkeiten und Theorien ist die Mathematik. Es folgt deshalb eine Zusammenstellung von Hilfsmitteln, die Sie in der Mathematik schon kennen gelernt haben. Sollten Sie einzelne Teile dieses Abschnitts zum ersten Mal sehen, so empfiehlt es sich sehr, diese Stellen mithilfe eines geeigneten Mathematik-Buches zu vertiefen.

3.1 Diagramme

Diagramm

Ein Mittel, um Zusammenhänge zwischen verschiedenen Messgrössen darstellen zu können, sind *Diagramme*. Diese werden in vielen Bereichen eingesetzt. Damit aus einem Diagramm klar ersichtlich ist, was dargestellt wird, werden die beiden Achsen immer mit den aufgetragenen Messgrössen sowie den Einheiten beschriftet. In Diagrammen sticht ein Zusammenhang zwischen den beiden Messgrössen meist sofort heraus. Im Diagramm in Abbildung 3.1 ist als Beispiel die Geschwindigkeit v zum Zeitpunkt t aufgetragen.

[Abb. 3.1] Diagramm einer Messreihe

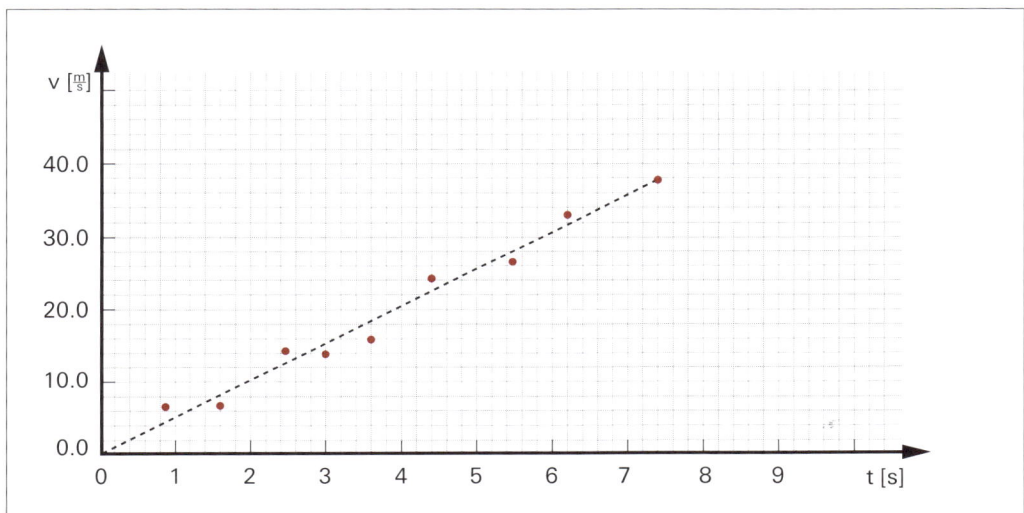

Diagramm einer Messreihe aus Geschwindigkeiten (v) und Zeiten (t).

Wir sehen in diesem Fall sofort, dass alle Messwerte etwa auf einer Geraden liegen. Jede Messung hat einen gewissen Messfehler. Dies ist der Grund, weshalb die Messungen nicht exakt auf einer Geraden liegen, sondern nur ungefähr.

> Damit aus einem Diagramm klar ersichtlich ist, welche Grössen dargestellt sind, müssen beide Koordinatenachsen mit der Grösse sowie der Einheit beschriftet sein.

Aufgabe 11 Wie müsste man das v-t-Diagramm in Abbildung 3.1 verändern, damit auch negative Geschwindigkeiten eingezeichnet werden können?

3.2 Gleichungen

Gleichungen

Die Mathematik stellt uns Hilfsmittel zu Verfügung, um z. B. den Zusammenhang zwischen der Geschwindigkeit und der Zeit in Abbildung 3.1 mit einer *Gleichung* anzugeben. Mittels Gleichungen lassen sich in der Physik Zusammenhänge eindeutig festhalten. Dabei sollte die Gleichung möglichst genau die Messwerte reproduzieren. Im Folgenden werden einige für den Kurs wichtige Gleichungstypen kurz besprochen.

Proportionalität

Betrachten wir folgende Gleichung:

Gleichung 3.1
$$y = a \cdot x$$

Proportional, Proportionalitätskonstante, Proportionalität

Dabei wird der Wert der Variablen y berechnet, indem man den Wert der Variablen x mit der konstanten Zahl a multipliziert. Man sagt auch: «y ist *proportional* zu x.» Die Konstante a heisst deshalb *Proportionalitätskonstante*. Die Gleichung 3.1 nennt man eine *Proportionalität*. Dies entspricht oft der Situation: je grösser x, desto grösser y (z. B. je grösser das Volumen eines Holzklotzes, desto grösser sein Gewicht). Das Diagramm der Proportionalität ist in Abbildung 3.2 zu sehen.

[Abb. 3.2] Diagramm der Proportionalität

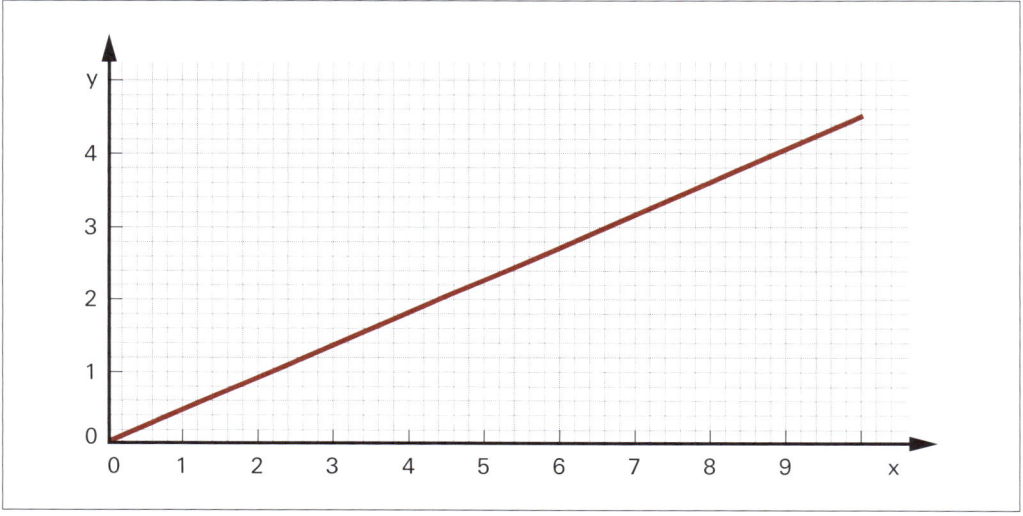

Das Diagramm der Proportionalität ist eine Gerade durch den Ursprung.

Intervall, Delta-Schreibweise

Die grafische Darstellung der Proportionalität ist eine Gerade durch den Ursprung. Das Charakteristische der Geraden ist ihre Steigung oder Neigung: Wie schnell nimmt y zu oder ab? Betrachten Sie die Gerade im x-y-Diagramm in Abbildung 3.3. Wählen Sie auf der x-Achse ein *Intervall* $\Delta x = x_2 - x_1$ aus. (Das Δ-Zeichen stellt das grosse griechische «*Delta*» dar. Δ bezeichnet immer die Änderung einer Grösse.) Das Intervall $\Delta y = y_2 - y_1$ ist die Differenz der zugehörigen y-Werte.

[Abb. 3.3] Steigung der Kurve

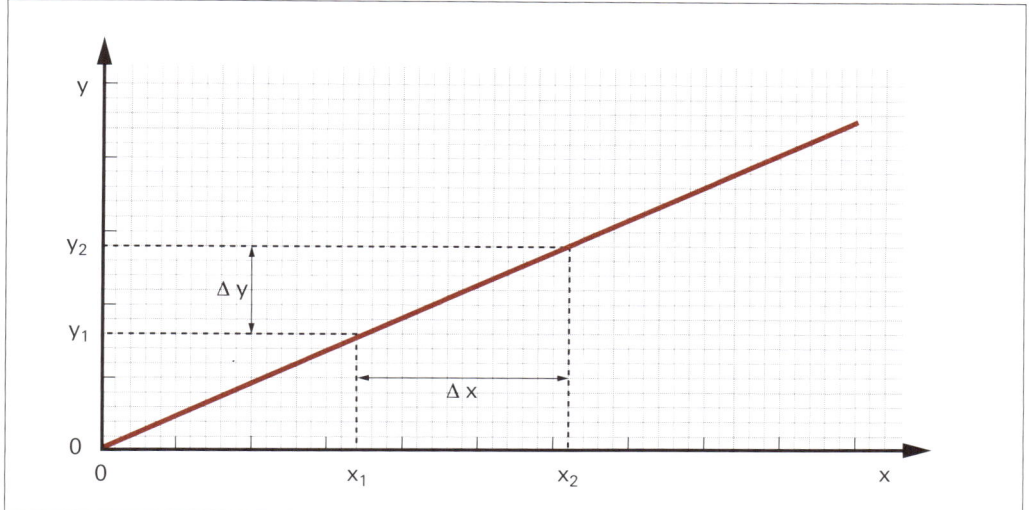

Die Steigung ist allgemein definiert als $\Delta y / \Delta x$.

Steigung

Die *Steigung* ist definiert als: $\Delta y / \Delta x$. Die Steigung der Proportionalität $y = a \cdot x$ ist somit:

$$\frac{\Delta y}{\Delta x} = \frac{y_2 - y_1}{x_2 - x_1} = \frac{a \cdot x_2 - a \cdot x_1}{x_2 - x_1} = \frac{a \cdot (x_2 - x_1)}{x_2 - x_1} = a$$

Dabei ist für eine ansteigende Gerade y_2 grösser als y_1 d. h. $a > 0$. Die Definition der Steigung entspricht bei näherem Hinsehen gerade dem, was wir über die Steigung einer Strasse sagen würden: Steigt eine Strasse auf einer Distanz von 100 m ($= \Delta x$) um 8 m ($= \Delta y$) an, so hat die Strasse eine Steigung von:

$$\frac{\Delta y}{\Delta x} = \frac{8\,\text{m}}{100\,\text{m}} = 0.08 = 8\,\%.$$

Proportionalität zwischen zwei Messgrössen werden Sie in der Physik häufig antreffen.

Beispiel 3.1

Wir haben die Geschwindigkeit v eingeführt als zurückgelegten Weg s dividiert durch die benötigte Zeit t:

$$v = \frac{s}{t}$$

Für den zurückgelegten Weg gilt folglich:

$$s = v \cdot t$$

Man sagt: «Der zurückgelegte Weg s ist proportional zur Zeit t.» Die Geschwindigkeit v ist die Proportionalitätskonstante.

Umgekehrte Proportionalität

Umgekehrte Proportionalität

Genauso wie «je grösser x, desto grösser y», erwarten wir natürlich auch Zusammenhänge der Form: «Wenn x grösser wird, dann wird y kleiner». Oft kann dies durch eine *umgekehrte Proportionalität* beschrieben werden:

Gleichung 3.2

$$y = \frac{a}{x}$$

Das Diagramm der umgekehrten Proportionalität ist in Abbildung 3.4 zu sehen.

[Abb. 3.4]   Diagramm der umgekehrten Proportionalität

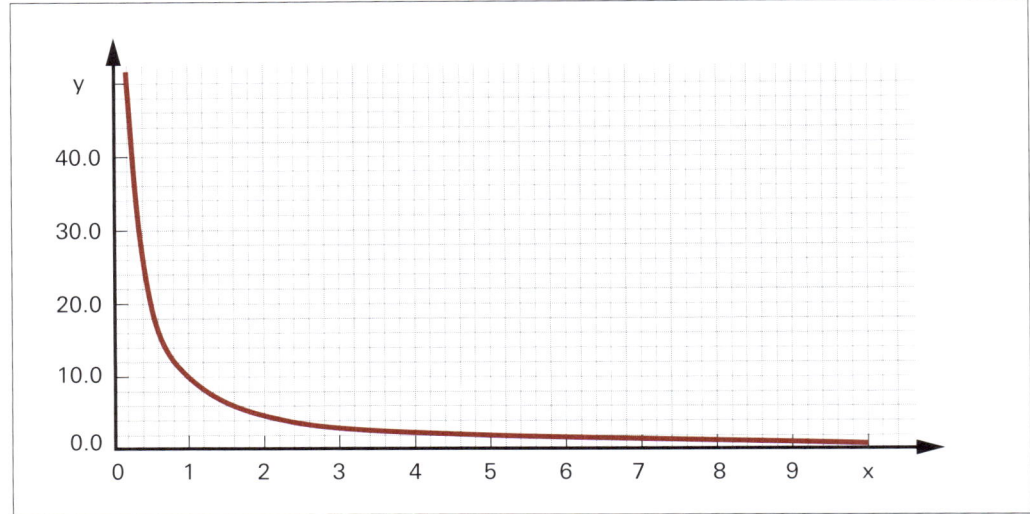

Das Diagramm der umgekehrten Proportionalität ist eine Hyperbel.

Hyperbel

Man nennt die durch die umgekehrte Proportionalität beschriebene Kurve eine *Hyperbel*. Eine umgekehrte Proportionalität bedeutet: Wenn wir die Grösse x verdoppeln, so wird die Grösse y halbiert.

Beispiel 3.2

Wir wollen alle Rechtecke mit gleichem Flächeninhalt A miteinander vergleichen. Die eine Seitenlänge des Rechtecks bezeichnen wir mit x, die andere Seitenlänge mit y. Die Fläche des Rechtecks berechnet sich gemäss $A = x \cdot y$. Den Zusammenhang zwischen den beiden Seitenlängen erhalten wir, wenn wir nach y auflösen:

$$y = \frac{A}{x}$$

Man sagt: «Die Seitenlänge y ist umgekehrt proportional zur Seitenlänge x.» Die Proportionalitätskonstante ist hier der Flächeninhalt A.

Gleichungen mit mehreren Variablen

Relation

Eine Messgrösse z ist oft durch mehrere verschiedene Messgrössen bestimmt. Hat man in einem ersten Experiment herausgefunden, dass die Messgrösse z proportional zur Messgrösse x ist, so schreibt man die *Relation*:

$$z \sim x$$

Wenn das zweite Experiment zeigt, dass z umgekehrt proportional zu y ist, so schreibt man die Relation:

$$z \sim \frac{1}{y}$$

Wir können diese beiden Relationen zu einer einzigen Relation kombinieren:

$$z \sim \frac{x}{y}$$

Wenn wir keinen Einfluss von anderen Messgrössen mehr vermuten, so können wir die obige Relation zu einer Gleichung machen, indem wir eine Proportionalitätskonstante a einfügen:

$$z = a \cdot \frac{x}{y}$$

Proportionalität und umgekehrte Proportionalität sind nicht die einzigen Zusammenhänge, die Sie in diesem Physikkurs antreffen werden, aber besonders wichtige.

> Gleichungen können physikalische Zusammenhänge beschreiben. Zwei besonders wichtige Typen von Gleichungen sind die Proportionalität und die umgekehrte Proportionalität:
>
> Eine Proportionalität liegt vor, wenn zwischen *x* und *y* gilt:
>
> $$y = a \cdot x$$
>
> In einem Diagramm erscheint die Proportionalität als eine Gerade durch den Ursprung.
>
> Eine umgekehrte Proportionalität liegt vor, wenn zwischen *x* und *y* gilt:
>
> $$y = \frac{a}{x}$$
>
> In einem Diagramm erscheint die umgekehrte Proportionalität als eine Hyperbel.

Aufgabe 4 — Die Grösse *F* sei proportional zur Grösse *m* und proportional zur Grösse *a*. Weitere Einflüsse sind nicht erkennbar. Wie lautet die Gleichung für *F*?

3.3 Vektoren

Betrag, Betragsänderung, Richtung, Richtungsänderung, räumlich gerichtet, Vektor

Viele physikalische Grössen haben eine Richtung. In solchen Fällen spielt nicht nur der *Betrag* oder die *Betragsänderung* der Grösse eine wichtige Rolle, sondern auch ihre *Richtung* oder *Richtungsänderung*. Man spricht von *räumlich gerichteten* Grössen. Beim Billardspielen z. B. ist nicht nur wichtig, wie schnell die Billard-Kugel rollt, sondern auch in welche Richtung. Man kann die Grösse und die Richtung einer räumlich gerichteten Grösse, grafisch mit *Vektoren* darstellen. So kann man z. B. die Geschwindigkeit der Billard-Kugel mit einem Geschwindigkeits-Vektor darstellen.

Gerichtet, vektoriell, ungerichtet, skalar

- Eine räumlich *gerichtete* Grösse ist eine *vektorielle* Grösse.
- Eine räumlich *ungerichtete* Grösse ist eine *skalare* Grösse.

Räumlich ungerichtete Grössen sind z. B. Masse, Temperatur und Dichte. Eine räumlich gerichtet Grösse ist z. B. die Geschwindigkeit.

Wir wollen den Gebrauch von Vektoren anhand der rollenden Billardkugel etwas genauer illustrieren. Ganz gleich, wo sich die Billardkugel gerade befindet, solange die Kugel mit z. B. 2 m/s in eine bestimmte Richtung rollt, wird ihre Bewegung durch immer den gleichen Vektor $\vec{v}$ eindeutig beschrieben. Als Vektor versteht man also alle Pfeile, die die gleiche Länge und gleiche Richtung haben. Die Einheit, hier 1 m/s, kann beim Zeichnen des Vektors natürlich frei gewählt werden. Der Betrag und die Richtung der Geschwindigkeit einer Billardkugel ist in Abbildung 3.5 mit dem Geschwindigkeits-Vektor $\vec{v}$ dargestellt.

[Abb. 3.5] Geschwindigkeits-Vektor

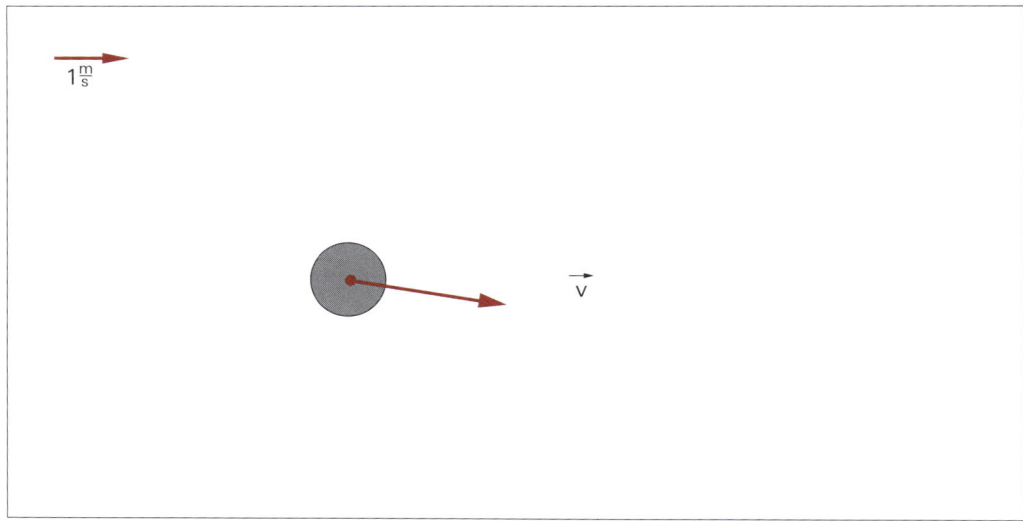

Betrag und Richtung der Geschwindigkeit sind am Geschwindigkeits-Vektor erkennbar.

Der Zusammenhang zwischen der räumlich gerichteten Grösse und ihrer Beschreibung durch einen Vektor ist in Tabelle 3.1 zusammengestellt.

[Tab. 3.1] Gerichtete Grössen und ihre Darstellung durch Vektoren

Physikalische Grösse	Vektor
Betrag der Grösse	Länge des Vektors
Richtung der Grösse	Richtung des Vektors
Änderung der Grösse	Änderung des Betrags des Vektors
Änderung der Richtung der Grösse	Änderung der Richtung des Vektors
konstante Grösse	Richtung und Betrag des Vektors konstant

Vektorrechnung

Das Rechnen mit Vektoren sollten Sie aus der Mathematik kennen. Wir geben Ihnen hier eine kurze Zusammenstellung der *Vektorrechnung*. Wenn die Vektorrechnung für Sie neu ist, sollten Sie sich möglichst bald mit einem geeigneten Mathematik-Buch in die Vektorrechnung einarbeiten.

Multiplikation und Division eines Vektor mit einer Zahl

Multiplikation eines Vektors, Division eines Vektors

Bei der *Muliplikation* eines Vektors mit einer Zahl wird die Länge des Vektors entsprechend verändert: $\vec{v}_2 = 2 \cdot \vec{v}_1$ bedeutet, dass $\vec{v}_2$ 2-mal länger ist als $\vec{v}_1$. Das Entsprechende gilt für die *Division* eines Vektors durch eine Zahl. Multiplikation mit einer negativen Zahl, wie auch Division durch eine negative Zahl, kehren den Richtungssinn des Vektors um.

Beispiel 3.3

Der Vektor $\vec{v}_2$ in Abbildung 3.6 links wird berechnet, indem der Vektor $\vec{v}_1$ mit 2 multipliziert wird. Der Vektor $\vec{v}_4$ in Abbildung 3.6 rechts wird berechnet, indem der Vektor $\vec{v}_3$ mit –0.5 multipliziert wird.

[Abb. 3.6]   Multiplikation von Vektoren mit einer Zahl

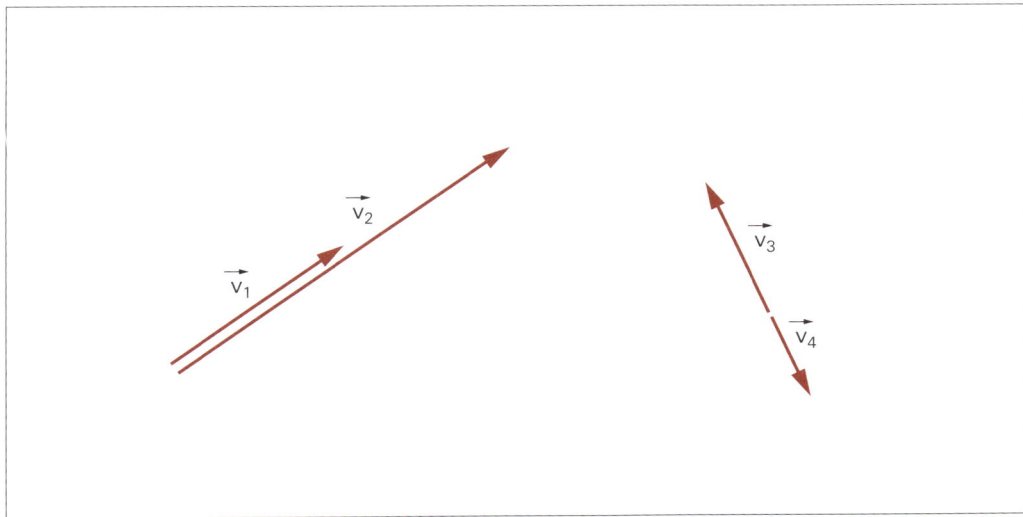

Vektoren werden mit einer Zahl multipliziert, indem die Länge des Vektors verändert wird: $\vec{v}_2 = 2 \cdot \vec{v}_1$ respektive $\vec{v}_4 = -0.5 \cdot \vec{v}_3$.

Addition von Vektoren

Addition von Vektoren

Addition von Vektoren: Zur zeichnerischen Ermittlung von $\vec{v}_3 = \vec{v}_1 + \vec{v}_2$ verschiebt man den Vektor $\vec{v}_2$ parallel (d. h. ohne seine Richtung zu ändern), so, dass sein Anfangspunkt auf der Spitze von $\vec{v}_1$ zu liegen kommt. Der Vektor $\vec{v}_3$ geht dann vom Anfangspunkt von $\vec{v}_1$ zur Spitze von $\vec{v}_2$.

Subtraktion von Vektoren

Subtraktion von Vektoren

Eine *Subtraktion* $\vec{v}_1 - \vec{v}_2$ wandelt man erst in eine Addition um, indem man die Richtung des zu subtrahierenden Vektors umkehrt, das heisst, man berechnet bei der Subtraktion: $\vec{v}_1 + (-1 \cdot \vec{v}_2)$.

Beispiel 3.4 In Abbildung 3.7 wird die Vektorsumme $\vec{v}_3 = \vec{v}_1 + \vec{v}_2$ und die Vektordifferenz $\vec{v}_3 = \vec{v}_1 - \vec{v}_2$ berechnet. Speziell ist hier, dass $\vec{v}_1$ und $\vec{v}_2$ parallel sind. Zur übersichtlicheren Darstellung wurden die Vektoren etwas nach unten verschoben.

[Abb. 3.7] Addition und Subtraktion von Vektoren

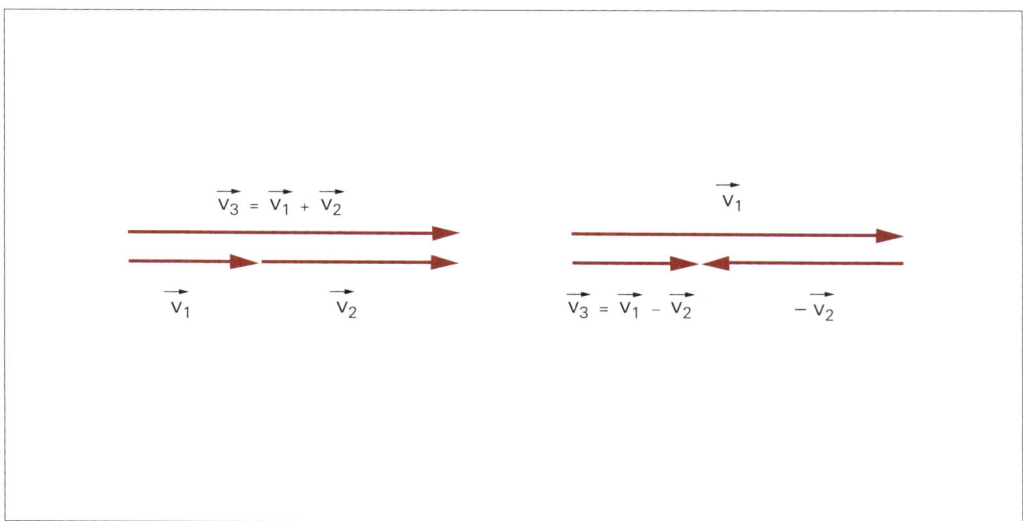

Addition und Subtraktion von parallelen Vektoren.

Bei parallelen Vektoren gilt für deren Beträge: $v_3 = v_1 + v_2$ respektive $v_3 = v_1 - v_2$.

Beispiel 3.5 In Abbildung 3.8 wird die Vektorsumme $\vec{v}_3 = \vec{v}_1 + \vec{v}_2$ und die Vektordifferenz $\vec{v}_3 = \vec{v}_1 - \vec{v}_2$ berechnet. $\vec{v}_1$ und $\vec{v}_2$ haben jetzt beliebige Richtungen.

[Abb. 3.8] Addition und Subtraktion von Vektoren

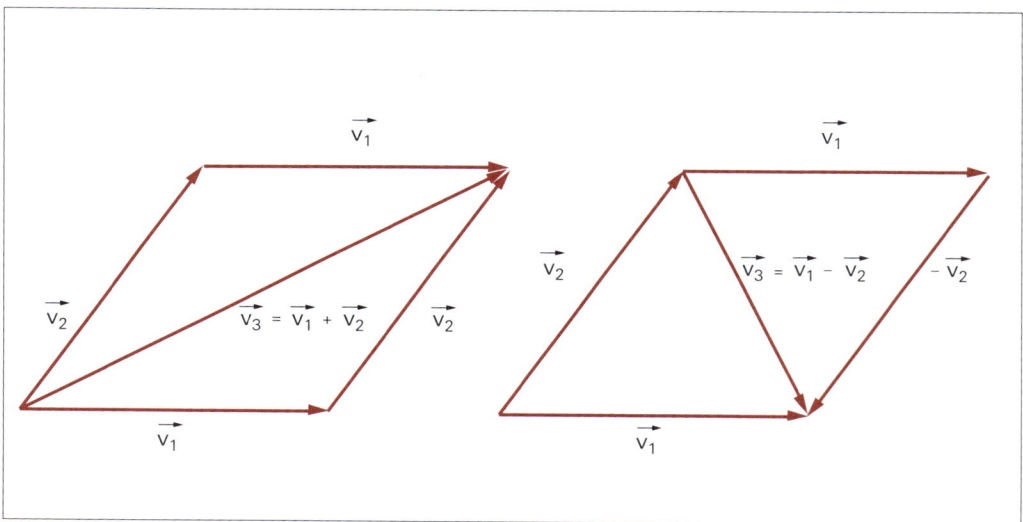

Addition und Subtraktion von beliebig gerichteten Vektoren.

Aus Abbildung 3.8 wird ersichtlich:

Parallelogramm-Methode

- Die Summe $\vec{v}_3 = \vec{v}_1 + \vec{v}_2$ erhält man zeichnerisch, wenn man ein *Parallelogramm* aus $\vec{v}_1$ und $\vec{v}_2$ zeichnet. $\vec{v}_3$ ist dann die Parallelogramm-Diagonale die beim Anfangspunkt von $\vec{v}_1$ beginnt.
- Die Differenz $\vec{v}_3 = \vec{v}_1 - \vec{v}_2$ erhält man zeichnerisch, wenn man die Spitzen von $\vec{v}_1$ und $\vec{v}_2$ verbindet. $\vec{v}_3$ geht dann von der Spitze von $\vec{v}_2$ zur Spitze von $\vec{v}_1$.

Bei vielen physikalischen Grössen spielt die Richtung eine wichtige Rolle. Solche gerichteten Grössen werden mit Vektoren dargestellt. Der Betrag der Grösse wird durch die Länge des Vektors dargestellt, die Richtung der Grösse durch die Richtung des Vektors. Es gelten die Regeln der Vektorrechnung.

Aufgabe 8 Bestimmen Sie die Summe $\vec{v}_3 = \vec{v}_1 + \vec{v}_2$ und die Differenz $\vec{v}_3 = \vec{v}_1 - \vec{v}_2$ zeichnerisch.

[Abb. 3.9]   Addition und Subtraktion von Vektoren

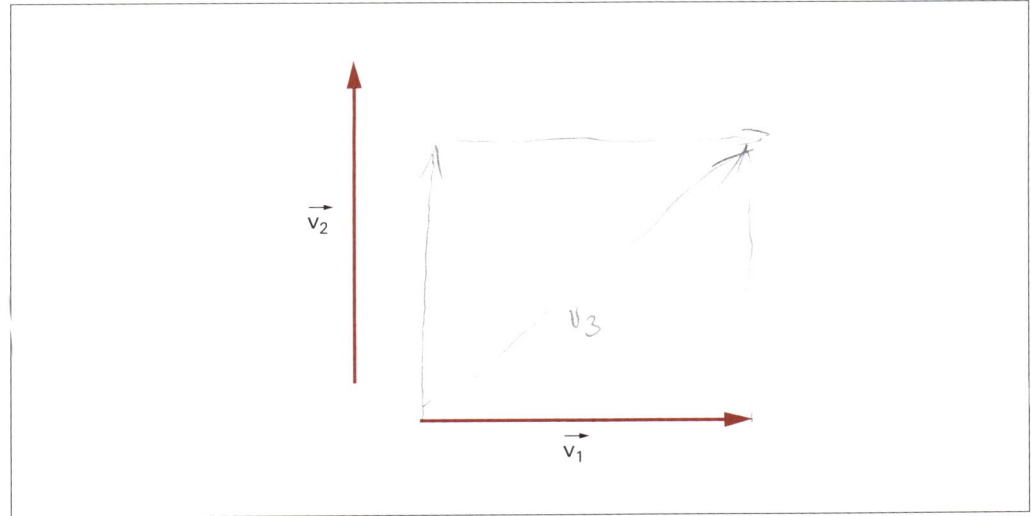

3 MATHEMATISCHE HILFSMITTEL

Teil B Kinematik

Einstieg «Kinematik»

Bewegungslehre, Kinematik

Die Mechanik befasst sich mit dem fundamentalsten Begriff der Physik: der Kraft und den aus ihr resultierenden Bewegungen. Das erste Etappenziel, das in der Kinematik angepeilt wird, ist Bewegungen zu beschreiben. Die Betonung liegt dabei auch auf dem Wort «beschreiben». Bewegungen beschreiben — das ist die *Bewegungslehre* — die *Kinematik*. Vorläufig denken wir noch nicht über die Ursachen von Bewegungen nach — das wird das Thema der Dynamik sein.

Die wichtigsten Lernziele der Kinematik lauten:

Sie sind in der Lage, Bewegungen mit geeigneten

- Grössen,
- Diagrammen und
- Gleichungen

zu beschreiben.

Für geradlinige Bewegungen können Sie:

- die Geschwindigkeit und die Beschleunigung aus Orts- und Zeitangaben oder Geschwindigkeits- und Zeitangaben berechnen,
- aus Orts- und Zeitangaben oder Geschwindigkeits- und Zeitangaben schliessen, ob es sich um eine Bewegung mit konstanter Geschwindigkeit oder konstanter Beschleunigung handelt,
- bei Bewegungen mit konstanter Geschwindigkeit oder konstanter Beschleunigung eine Bewegungsgleichung angeben, mit der man berechnen kann, wann sich ein Körper wo befindet.

Für krummlinige Bewegungen können Sie:

- die Bewegung mithilfe von Orts-Vektoren, Geschwindigkeits-Vektoren und Beschleunigungs-Vektoren beschreiben.

Für kreisförmige Bewegungen können Sie:

- die Geschwindigkeit und Beschleunigung für Kreisbewegungen mit konstanter Geschwindigkeit berechnen.

4 Die Bewegung des Massenpunkts

Wir wollen uns überlegen, was wir eigentlich unter dem Begriff «Bewegung» verstehen, bevor wir ein Modell suchen, das uns hilft, Bewegungen vereinfacht zu beschreiben.

4.1 Bewegung

Sie können beliebig viele Dinge aufzählen, die sich bewegen: Menschen, Autos, das Wasser des Rheins, den Mond, die Zeiger einer Uhr, um nur ein paar Beispiele willkürlich auszuwählen. Was aber ist allen Bewegungen gemeinsam? Wie kann man allgemein gültig formulieren, was das ist, eine Bewegung?

Bewegung, Ort, Ausrichtung, Orientierung, Zeit

Von einer *Bewegung* sprechen wir immer dann, wenn sich der *Ort* eines *Körpers* (Mensch, Auto, Wasser des Rheins) oder auch seine *Ausrichtung*, d. h. die *Orientierung* (Zeiger der Uhr) mit der *Zeit* verändert. In der Kinematik geht es darum, eine mathematische Beschreibung zu finden, die diesem Sachverhalt angepasst ist.

> Unter einer Bewegung verstehen wir die Veränderung des Ortes oder der Ausrichtung eines Körpers.

4.2 Massenpunkt

In diesem Buch beschränken wir uns auf Bewegungen von festen Körpern, deren Ausrichtung nicht interessiert. In diesem Fall kann man die Problematik mit einem Modell noch etwas vereinfachen. Man reduziert die Vorstellung von einem Körper auf einen einzigen Punkt. Dies ist schematisch in Abbildung 4.1 anhand eines Autos dargestellt.

[Abb. 4.1] Der Massenpunkt

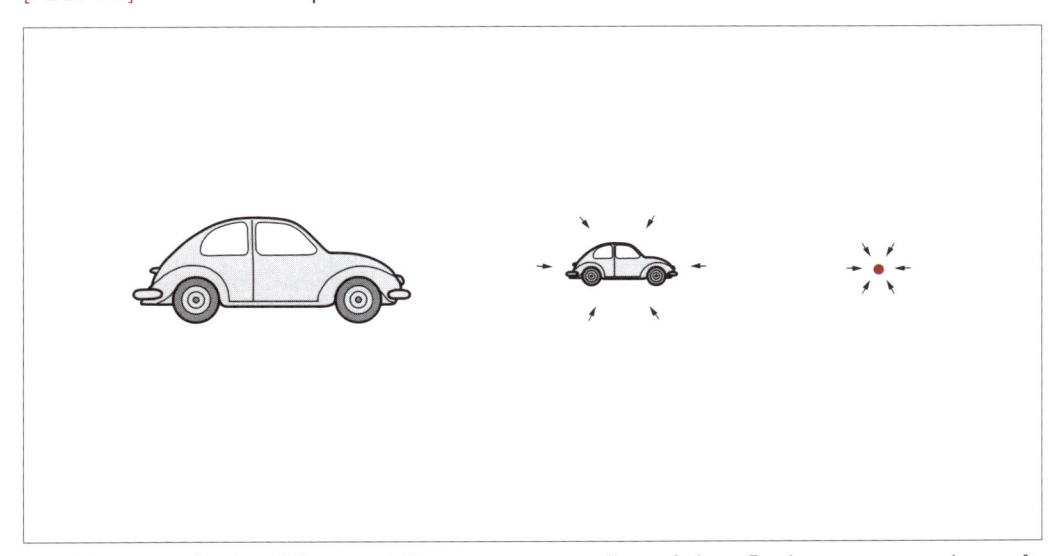

Den Massenpunkt eines Körpers erhält man, wenn man ihn auf einen Punkt zusammenschrumpft.

Massenzentrum, Massenpunkt

Wir denken uns einen Körper einfach immer in sein *Massenzentrum* zusammengeschrumpft und betrachten nur noch die Bewegung dieses so genannten *«Massenpunktes»*.

Hier haben Sie ein typisches physikalisches Modell vor sich: Ein komplexer Körper – ein Mensch, um ein extremes Beispiel zu nennen – wird auf einen Punkt (im mathematischen Sinne) reduziert, um das Charakteristische am Begriff «Bewegung» besonders klar herauszuzuschälen. Die Körpergrösse dieses Menschen würde die Beschreibung seiner Bewegung oft nur unnötig komplizieren.

Natürlich können wir das Modell des Massenpunktes nicht immer anwenden. Von Nutzen ist es nur dann, wenn die Ausdehnung und Orientierung des Körpers für die gerade unternommene Untersuchung nicht massgebend sind. So wäre es z. B. sinnlos, die Pirouette einer Eiskunstläuferin mit dem Modell des Massenpunktes untersuchen zu wollen. Ein Massenpunkt besitzt einen genau bestimmten Ort. Er besitzt aber keine Ausrichtung oder Orientierung, die zur Angabe der Drehung verwendet werden könnte. Für viele andere Situationen leistet dieses Modell hingegen grosse Dienste.

> Bei Betrachtungen, bei denen Ausdehnung und Orientierung eines Körpers keine wesentliche Rolle spielen, ist das Modell des Massenpunktes hilfreich.

Aufgabe 12

Bei welchen der folgenden Betrachtungen ist es sinnvoll, den Massenpunkt als Modell zu verwenden?

A] Beschreibung der Bewegung des Planeten Jupiter um die Sonne.

B] Beschreibung der Kreisbewegung eines Kindes auf einem Karussellpferd.

C] Beschreibung der Rotation des Karussells.

D] Beschreibung des Gleichgewichts eines Kindes, das den Handstand macht.

E] Beschreibung der Bewegung eines Lastwagens mit Anhänger, der auf der Autobahn 400 km weit fährt.

5 Bewegungen mit Ortsangaben beschreiben

Ortsangabe, Zeitangabe

Was braucht es also, um eine Bewegung eindeutig zu beschreiben? Man muss klar machen, wo sich ein Körper wann befindet. Das heisst, eine Bewegung wird durch *Ortsangaben* und *Zeitangaben* beschrieben.

5.1 Relativität

Relative Bewegung, Relativität

Bewegungen sind relativ, d. h. nicht absolut beschreibbar. Denken Sie sich etwa einen Koffer, den Sie im Zug über sich deponiert haben. Aus Ihrer Sicht bewegt sich der Koffer nicht, er verharrt immer am selben Ort. Folglich würden Sie sagen: Der Koffer bewegt sich nicht. Wenn eine Person den Koffer von einem Bahnsteig aus betrachtet, an dem der Zug vorbeirollt, sieht die Person sehr wohl, wie der Koffer seinen Ort verändert. Aus der Sicht dieser Person bewegt sich der Koffer also durchaus. Man spricht von der *Relativität* der Bewegung. Es ist wichtig zu wissen, *relativ* zu was man eine Bewegung gemessen hat, relativ zum mitbewegten Besitzer des Koffers oder relativ zu einer am Bahnhof wartenden Person. Die alleinige Aussage «Der Koffer bewegt sich nicht» ist im Prinzip nicht aussagekräftig.

> Relativität: Da Bewegung relativ ist, muss man wissen, von wo aus sie gemessen wurde.

5.2 Koordinatensysteme

Bezugssystem, Koordinatensystem

Bewegungen sind also relativ. Um die Bewegung durch eine Orts- und eine Zeitangabe eindeutig zu beschreiben, muss man deshalb zuerst ein *Bezugssystem* für Ort und Zeit festlegen. Statt des Begriffs «Bezugssystem» verwendet man auch den Begriff *«Koordinatensystem»*. Man beschreibt dann die Bewegung, indem man die Veränderung von Ort und Zeit bezüglich dieses Koordinatensystems misst.

Koordinatenachsen, Uhrzeit

Ein Koordinatensystem für die Bewegungsangabe muss *Koordinatenachsen* für Ort und Zeit haben. Auf der Koordinatenachse für die Zeit kann man z. B. die *Uhrzeit* auftragen. Für die Koordinatenachse für den Ort gibt es verschiedene Möglichkeiten. Zum Beispiel:

Massband

- Den Ort eines Zuges können wir z. B. mit einem sehr langen *Massband* messen, das entlang der Bahngeleise ausgerollt ist. Die Koordinatenachse für die Ortsmessung läuft dann entlang dem Bahngleis.
- Aus der Geografie kennen Sie aber auch die Ortsangabe mittels Angabe der geografischen Länge l und Breite b. Hier werden also zwei Koordinatenachsen zur Beschreibung des Ortes verwendet.
- Wenn Sie einen Ort auf der Erde noch genauer beschreiben wollen, so geben Sie zusätzlich noch seine Höhe h über Meer an. Dann gibt es sogar drei Koordinatenachsen: Länge l, Breite b, Höhe h.

> Man beschreibt eine Bewegung, indem man die Veränderung von Ort und Zeit bezüglich eines Koordinatensystems misst.

5.3 Das s-t-Koordinatensystem

Orts-Achse, s-Achse

Den Ort s messen wir vorläufig mit einem sehr langen Massband. Dabei ist das Massband immer entlang der Bahn des Körpers ausgelegt. Die Masszahlen auf dem Massband tragen wir auf der *Orts-Koordinatenachse* (*s-Achse*) auf. Der Nullpunkt der *s*-Achse (*s* = 0 m) entspricht dem Ort, wo das Massband anfängt.

Zeit-Achse, t-Achse

Als Zeit *t* verwendet man üblicherweise nicht die normale Uhrzeit, sondern die Zeit, die eine Stoppuhr anzeigt. Die Anzeige der Uhr tragen wir auf der *Zeit-Koordinatenachse* (*t-Achse*) auf. Der Nullpunkt der *t*-Achse (*t* = 0 s) entspricht der Zeit, als die Stoppuhr «gedrückt» wurde.

Ortsänderung

Bewegung bedeutet von nun an, dass im Zeitintervall Δt eine *Ortsänderung* Δs stattfindet.

Die Bewegung eines Körpers wird durch die Angabe von Ort *s* und Zeit *t* bezüglich eines Koordinatensystems eindeutig beschrieben.

5.4 Verschiedene Darstellungsformen

«Bewegungen beschreiben» bedeutet also: Zuerst wird ein Koordinatensystem für Ort *s* und Zeit *t* festgelegt. Die Bewegung wird relativ zu diesem Koordinatensystem erfasst. Anschliessend gibt es verschiedene Hilfsmittel, die Bewegung darzustellen:

- Tabelle
- Diagramm
- Gleichung

Fahrplan, s-t-Diagramm, Bewegungsgleichung

Die Tabelle, die die Orts- und Zeitangaben des Körpers enthält, ist so etwas wie ein ganz normaler *Fahrplan*. Das Diagramm stellt dar, zu welcher Zeit sich ein Körper an welchem Ort befindet. Ein solches Diagramm bezeichnet man als *Orts-Zeit-Diagramm* oder *s-t-Diagramm*. Die Gleichung, die den Zusammenhang zwischen Ort *s* und Zeit *t* angibt, nennt man *Bewegungsgleichung*.

Beispiel 5.1

Wir wollen die Bewegung des S-Bahnzuges S8 07.43 ab Zürich nach Pfäffikon beschreiben. Dazu legen wir ein Koordinatensystem für die Ortsmessung und Zeitmessung fest.

Für die Ortsmessung können Sie sich ein Massband vorstellen, das von Zürich aus entlang der befahrenen Schienen ausgelegt wurde. Die Zahlen auf diesem Massband geben den Ort *s* an, *s* = 0 km entspricht dem Bahnhof Zürich.

Für die Zeitmessung können Sie sich eine Stoppuhr vorstellen, die um 07:43 bei der Abfahrt gestartet wird. Die Zahlen auf der Stoppuhr geben die Zeit *t* an, *t* = 0 min entspricht dem Beginn der Zugfahrt.

[Abb. 5.1]   Bewegung des S-Bahnzuges S8

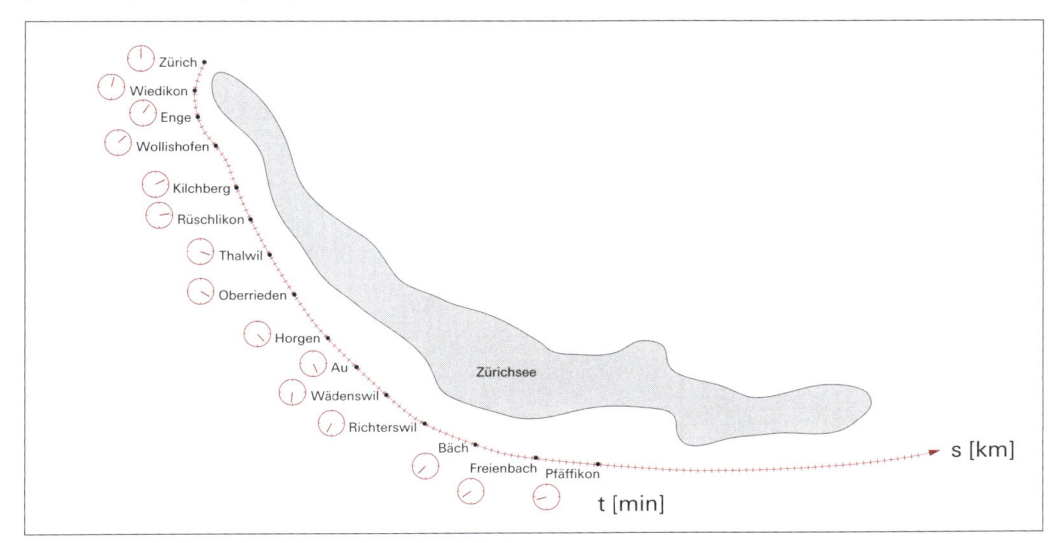

Orts- und Zeitmessung machen es möglich, die Bewegung des S-Bahnzuges S8 anzugeben.

Die Bewegung des Zuges wird nun durch eine Reihe von Orts- und Zeitmessungen angegeben. Wir verwenden für die Orts- und Zeitangaben nun die verschiedenen Darstellungsformen, d. h. Tabelle, Diagramm und Gleichung.

Der Fahrplan der Bewegung des S-Bahnzuges S8 ist in Tabelle 5.1 dargestellt.

[Tab. 5.1]   Fahrplan des S-Bahnzuges S8

Station	Uhrzeit	t [min]	s [km]
Zürich HB	07:43	0	0
Wiedikon	07:46	3	1
Enge	07:50	7	2
Wollishofen	07:52	9	4
Kilchberg	07:55	12	7
Rüschlikon	07:57	14	9
Thalwil	08:01	18	10
Oberrieden	08:03	20	12
Horgen	08:07	24	14
Au	08:10	27	19
Wädenswil	08:14	31	22
Richterswil	08:17	34	26
Bäch	08:19	36	28
Freienbach	08:21	38	30
Pfäffikon	08:26	43	32

Das Orts-Zeit-Diagramm der Bewegung des S-Bahnzuges S8 ist in Abbildung 5.2 dargestellt.

[Abb. 5.2]   s-t-Diagramm des S-Bahnzuges S8

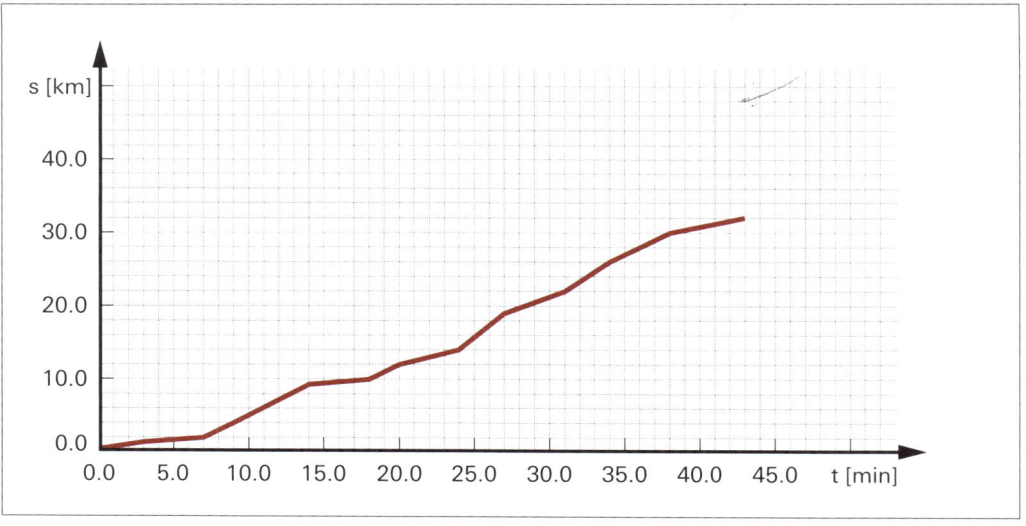

Das Orts-Zeit-Diagramm gibt an, wo (s = ?) sich der Zug wann (t = ?) befindet.

Mit einer Bewegungsgleichung lässt sich unser S-Bahn-Zug nicht sehr praktisch beschreiben. Entsprechendes wird aber noch folgen, mit besser geeigneten Beispielen.

Den Zusammenhang zwischen Ort und Zeit kann man mit einer Tabelle, mit einem Diagramm und in manchen Situationen auch mit einer Gleichung angeben.

- Die Tabelle, die den Zusammenhang zwischen Ort und Zeit angibt, ist der Fahrplan der Bewegung.
- Das Diagramm, das den Zusammenhang zwischen Ort und Zeit darstellt, nennt man das Orts-Zeit-Diagramm (s-t-Diagramm).

Eine Gleichung, die den Zusammenhang zwischen Ort und Zeit angibt, nennt man Bewegungsgleichung.

Aufgabe 18

Eine Bewegung ist durch folgende Messreihe gegeben:

t [s]	0	1	2	4	6	7	8	10	12	14
s [m]	0	2	4	6	5	4	3	1	0	0

A] Zeichnen Sie diese Messungen in ein Orts-Zeit-Diagramm ein. Verbinden Sie anschliessend die Messpunkte.

B] Wann ist der Körper wieder dort, wo er bei t = 0 s war?

C] Welchen Weg legt der Körper insgesamt zurück?

6 Bewegungen mit der Geschwindigkeit beschreiben

Es ist nicht zu übersehen, in welcher Eigenschaft sich die Bewegung einer Schnecke von der eines Rennwagens unterscheidet: in der Geschwindigkeit. Folglich sollten wir diese Grösse in unsere Beschreibung von Bewegungen mit einbeziehen.

6.1 Geschwindigkeit

Geschwindigkeit wird im Alltag berechnet als zurückgelegter Weg dividiert durch die Zeit, die dafür gebraucht wurde. Ausgedrückt durch die Grössen «Ort» und «Zeit», heisst dies für die Definition der Geschwindigkeit:

Definition der Geschwindigkeit

Bewegt sich ein Körper im Zeitintervall $t_1 \ldots t_2$ vom Ort s_1 zum Ort s_2, so hat er dabei die *Geschwindigkeit*:

$$v = \frac{s_2 - s_1}{t_2 - t_1} = \frac{\Delta s}{\Delta t}$$

Δ = Differenz

D. h., die Geschwindigkeit ist definiert als «Ortsänderung dividiert durch das für die Ortsänderung benötigte Zeitintervall».

Bemerkungen zur Geschwindigkeit

Die Variable «v» können Sie als Abkürzung für «velocity» verstehen, dem englischen Wort für Geschwindigkeit.

Zeigt die Uhr zuerst t_1, später t_2, so ist mit Δt die inzwischen verstrichene Zeit gemeint: $\Delta t = t_2 - t_1$. Entsprechend bedeutet Δs die Distanz zwischen zwei Orten: $\Delta s = s_2 - s_1$.

Aus der Definition der Geschwindigkeit ergibt sich die SI-Einheit der Geschwindigkeit:

$$[v] = \frac{m}{s}$$

Umrechnen von Geschwindigkeitseinheiten

Beim *Umrechnen der Geschwindigkeitseinheit* ist zu berücksichtigen, dass 1 km = 1000 m ist, 1 h = 3600 s ist und 1 min = 60 s. Daraus folgen die Umrechnungsfaktoren:

$$1\,\frac{m}{s} = 3.6\,\frac{km}{h}$$

Das heisst, es gelten die folgenden Umrechnungsregeln:

- m/s rechnet man in km/h um, indem man die Masszahl mit 3.6 multipliziert.
- km/h rechnet man in m/s um, indem man die Masszahl durch 3.6 dividiert.

$v = 70\,km/h \rightarrow 19^4/_9\,m/s$
$t = 15\,min \rightarrow 900\,s$
$s = ?$

$v = \frac{s}{t} \;|\cdot t \quad v \cdot t = s$
$s = 17'500\,m$

Beispiel 6.1 Wie gross ist die Geschwindigkeit des S-Bahnzuges aus Abschnitt 5 zwischen Oberrieden und Horgen?

Die Ortskoordinaten des Zuges in Horgen und Oberrieden sind:

Oberrieden: $s_1 = 12$ km; Horgen: $s_2 = 14$ km.

Die zugehörigen Zeitkoordinaten des Zuges sind:

Oberrieden: $t_1 = 20$ min; Horgen: $t_2 = 24$ min.

Somit errechnet sich die Geschwindigkeit folgendermassen:

$$v = \frac{14\ \text{km} - 12\ \text{km}}{24\ \text{min} - 20\ \text{min}} = \frac{2\ \text{km}}{4\ \text{min}} = 0.50\ \frac{\text{km}}{\text{min}}$$

Für den S-Bahnzug S8 gibt die folgende Tabelle die aus dem Fahrplan berechneten Geschwindigkeiten an.

[Tab. 6.1] Geschwindigkeiten des S-Bahnzuges S8

Station	t [min]	s [km]	Δt [min]	Δs [km]	v [km/min]
Zürich HB	0	0			
			3	1	0.33
Wiedikon	3	1			
			4	1	0.25
Enge	7	2			
			2	2	1.00
Wollishofen	9	4			
			3	3	1.00
Kilchberg	12	7			
			2	2	1.00
Rüschlikon	14	9			
			4	1	0.25
Thalwil	18	10			
			2	2	1.00
Oberrieden	20	12			
			4	2	0.50
Horgen	24	14			
			3	5	1.67
Au	27	19			
			4	3	0.75
Wädenswil	31	22			
			3	4	1.33
Richterswil	34	26			
			2	2	1.00
Bäch	36	28			
			2	2	1.00
Freienbach	38	30			
			5	2	0.40
Pfäffikon	43	32			

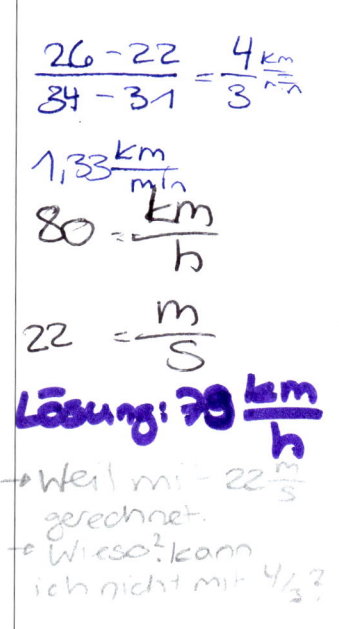

Die Geschwindigkeit *v* gibt an, wie schnell eine Bewegung ist. Sie ist definiert als Ortsänderung Δ*s* dividiert durch das Zeitintervall Δ*t*:

$$v = \frac{\Delta s}{\Delta t}$$

Aufgabe 24

A] Berechnen Sie selbst die Geschwindigkeit des S-Bahn-Zuges S8 zwischen Wädenswil und Richterswil in m/s und in km/h. Verwenden Sie dazu die Angaben in Tabelle 5.1.

B] Angenommen, der Zug fährt nach Richterswil mit dieser Geschwindigkeit weiter, wann wird er in Pfäffikon ankommen?

Aufgabe 30

A] Als Lichtjahr bezeichnet man den Weg, den ein Lichtstrahl innerhalb eines Jahres zurücklegt. Drücken Sie diese Distanz in Metern aus. Die Geschwindigkeit des Lichtes ist $v = 299\,792$ km/s (einfach merken lässt sich übrigens der gerundete Wert der Geschwindigkeit: $300\,000$ km/s $= 3.0 \cdot 10^5$ km/s).

B] Angenommen, man könnte mit gewöhnlichen Flugzeugen auch durch den Weltraum fliegen ($v = 900$ km/h), wie lange hätte dann ein Passagierflugzeug bis zum nächsten Stern «Proxima Centauri», der 4.2 Lichtjahre von uns entfernt ist?

6.2 Vorzeichen der Geschwindigkeit

Ein erneuter Blick in den Zürcher S-Bahn-Fahrplan bringt für den um 07:34-Zug aus Pfäffikon nach Zürich zurückkehrenden Zug folgende Zeiten an den Tag:

[Tab. 6.2] Fahrplan des S-Bahnzuges S8

Station	t [min]	s [km]
Pfäffikon	0	32
Freienbach	2	30
Bäch	4	28
Richterswil	7	26
Wädenswil	12	22
Au	15	19
Horgen	19	14
Oberrieden	21	12
Thalwil	25	10
Rüschlikon	26	9
Kilchberg	29	7
Wollishofen	32	4
Enge	36	2
Wiedikon	37	1
Zürich HB	42	0

Berechnen wir noch einmal die Geschwindigkeit des Zuges zwischen Horgen und Oberrieden:

$$v = \frac{12 \text{ km} - 14 \text{ km}}{21 \text{ min} - 19 \text{ min}} = \frac{-2 \text{ km}}{2 \text{ min}} = -1 \frac{\text{km}}{\text{min}}$$

Negative Geschwindigkeit, Vorzeichen der Geschwindigkeit

Auffällig ist hier das Minus-Zeichen. *Negative Geschwindigkeit?* Geschwindigkeit ist eine von jenen physikalischen Grössen, die einen Richtungssinn haben. Bei der Bewegung des Zuges gibt es zwei Bewegungsrichtungen: Er kann vorwärts wie rückwärts fahren. Diese Bewegungsrichtungen werden mit dem *Vorzeichen* angegeben. Welche der beiden Bewegungsrichtungen das Plus-Zeichen bekommt, ist eine Frage des Koordinatensystems. Da wir im Abschnitt 5.4 das Massband von Zürich nach Pfäffikon ausgerollt haben, ist die Geschwindigkeit des Zuges von Zürich nach Pfäffikon positiv und in die umgekehrte Richtung negativ. Wir hätten das Massband aber auch von Pfäffikon nach Zürich ausrollen können, dann wären die Vorzeichen der Geschwindigkeit genau umgekehrt herausgekommen. Sie dürfen das Massband legen, wie Sie gerade Lust haben, d. h., die Wahl des Koordinatensystems ist an sich willkürlich. Haben Sie aber für eine gewisse Situation das Koordinatensystem einmal festgelegt, müssen Sie sich für alle weiteren Angaben stur daran halten. So verhindern Sie ein Durcheinander mit Vorwärts- und Rückwärtsbewegungen.

Geschwindigkeit ist eine Grösse mit Richtungssinn. Vorwärts- und Rückwärtsbewegungen können durch das Vorzeichen der Geschwindigkeit unterschieden werden.

- Eine positive Geschwindigkeit bedeutet, dass die s-Werte mit der Zeit grösser werden.
- Eine negative Geschwindigkeit bedeutet, dass die s-Werte mit der Zeit kleiner werden.

Das Vorzeichen der Geschwindigkeit hängt von der Wahl der s-Koordinatenachse ab. Ist die s-Koordinatenachse einmal festgelegt, ist auch das Vorzeichen der Geschwindigkeit festgelegt.

Aufgabe 36

Wann ist bei der Bewegung in Abbildung 6.1 die Geschwindigkeit negativ?

[Abb. 6.1] s-t-Diagramm

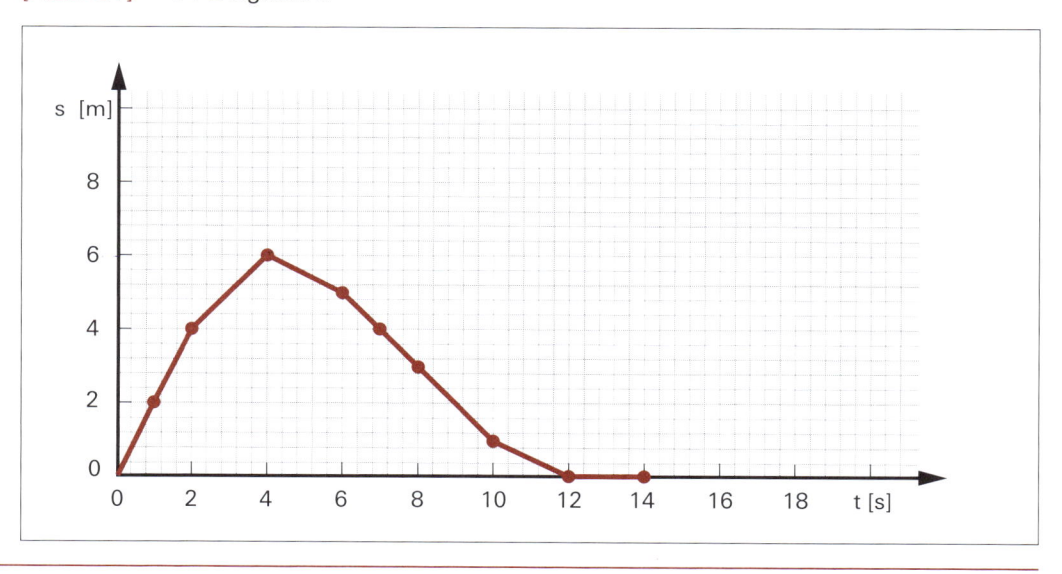

6.3 Die Geschwindigkeit im Orts-Zeit-Diagramm

Kurzer Rückblick: Wir sind auf der Suche nach einer geeigneten Weise, Bewegungen zu beschreiben, auf das *s-t*-Diagramm gestossen. Dann haben wir festgehalten, dass die Geschwindigkeit bei der Beschreibung einer Bewegung ebenfalls eine relevante Grösse ist. Nun stellt sich die Frage, ob man die zwei Dinge unter einen Hut bringen kann, oder noch besser: Sieht man womöglich die Geschwindigkeit im *s-t*-Diagramm?

In der folgenden Abbildung sind im Orts-Zeit-Diagramm des S-Bahnzuges S8 von Zürich nach Pfäffikon die Geschwindigkeiten auf 3 Wegabschnitten notiert.

[Abb. 6.2]   *s-t*-Diagramm des S-Bahnzuges S8

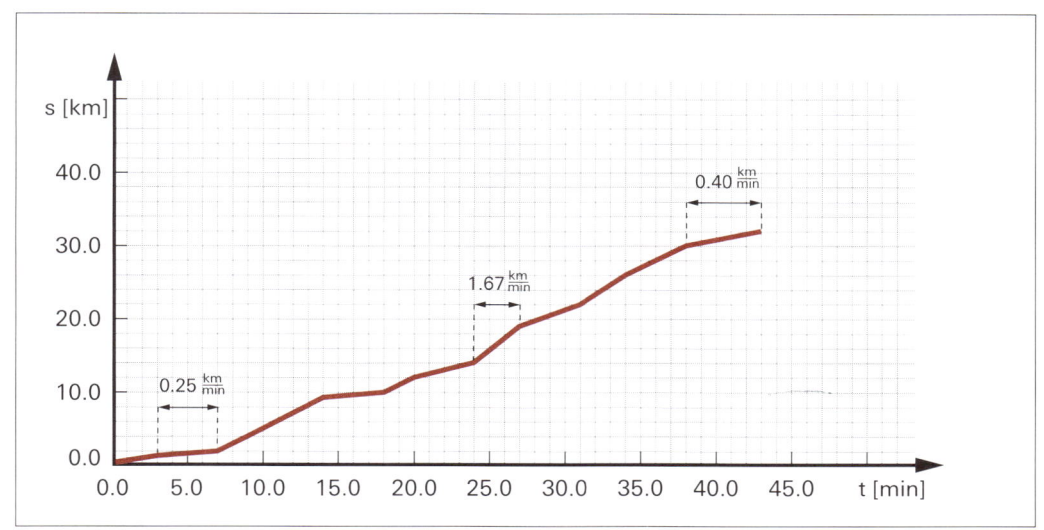

Ins *s-t*-Diagramm des S-Bahnzuges S8 sind einige Geschwindigkeiten des Zuges notiert.

Sehen Sie einen Zusammenhang zwischen diesen Zahlen und der Kurve im Orts-Zeit-Diagramm? Richtig, je steiler die Kurve, desto grösser die Geschwindigkeit! Wir sehen die Geschwindigkeit im *s-t*-Diagramm an der Steilheit oder, mathematisch ausgedrückt, an der Steigung der Kurve.

Der Begriff «Steigung» wurde am Beispiel der Geraden im Abschnitt 3.2 besprochen. Die Steigung einer Kurve wurde dort definiert als das Verhältnis:

$$\frac{\Delta y}{\Delta x} = \frac{y_2 - y_1}{x_2 - x_1}$$

Die Steigung der Kurve im Orts-Zeit-Diagramm ist somit:

$$\frac{\Delta s}{\Delta t} = \frac{s_2 - s_1}{t_2 - t_1}$$

Dies entspricht aber exakt der Definition der Geschwindigkeit:

$$\frac{\Delta s}{\Delta t} = v$$

Die Steigung der Kurve im Orts-Zeit-Diagramm ist also gleich der Geschwindigkeit der Bewegung. Da die Kurve im Orts-Zeit-Diagramm ansteigend, horizontal, aber auch abnehmend sein kann, kann die Steigung positiv, null oder negativ sein (siehe Abbildung 6.3).

[Abb. 6.3]   s-t-Diagramm

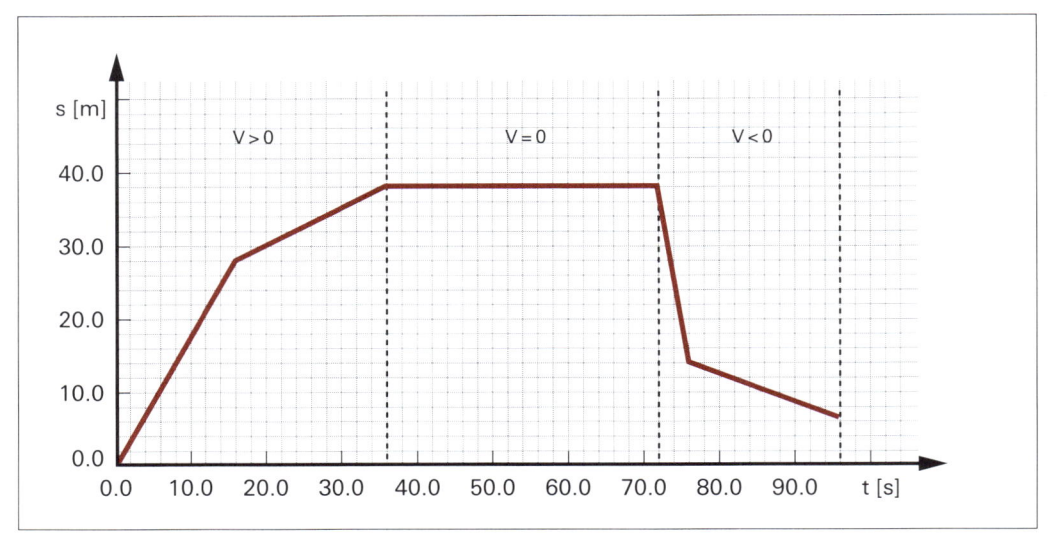

Die Richtung der Geschwindigkeit erkennt man daran, ob die Kurve im s-t-Diagramm steigt oder fällt.

Eine positive Steigung entspricht dabei einer positiven Geschwindigkeit (s nimmt also zu), negative Steigung einer negativen Geschwindigkeit (s nimmt also ab). Eine horizontale Kurve im Orts-Zeit-Diagramm, die einem Stillstand entspricht, hat die Steigung null, entsprechend ist auch die Geschwindigkeit null (s bleibt also gleich).

Die Steigung der Kurve im Orts-Zeit-Diagramm ist die Geschwindigkeit der Bewegung. Im s-t-Diagramm «sieht» man deshalb die Geschwindigkeit als Steigung der Kurve.

- Eine ansteigende Kurve hat eine positive Steigung, der Körper hat eine positive Geschwindigkeit.
- Eine horizontale Kurve hat die Steigung null, der Körper steht still.
- Eine fallende Kurve hat eine negative Steigung, der Körper hat eine negative Geschwindigkeit.

Aufgabe 42

Das folgende s-t-Diagramm beschreibt eine geradlinige Bewegung.

[Abb. 6.4]   s-t-Diagramm

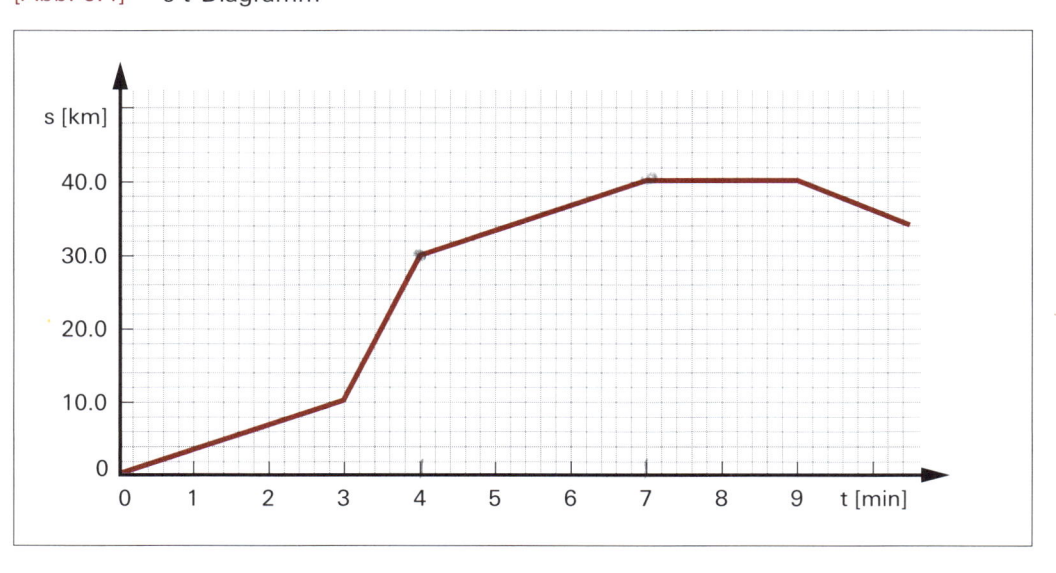

A] In welchem Zeitintervall ist die Geschwindigkeit am grössten? *3 min – 4 min*

B] Was können Sie über die Bewegung zwischen $t = 7$ min und $t = 9$ min aussagen? *keine Geschwindigkeit*

C] Was können Sie über die Bewegung nach $t = 9$ min aussagen? *negative Geschwindigkeit, fährt rückwärts*

D] Wie gross ist die Geschwindigkeit zwischen $t = 4$ min und $t = 7$ min?

10 km / 3 min → 200 km/h → 10000 m / 180 s → 56 m/s

6.4 Das Geschwindigkeits-Zeit-Diagramm

Sie sind nun mit dem Begriff Geschwindigkeit vertraut und Sie können die Geschwindigkeit aus einem s-t-Diagramm heraus berechnen. Wir wollen noch einen Schritt weitergehen: Wir tragen direkt die Geschwindigkeit zu den verschiedenen Zeitpunkten auf. Das sieht für die Fahrt des S-Bahnzuges S8 ungefähr so aus:

[Abb. 6.5]   v-t-Diagramm des S-Bahnzuges S8

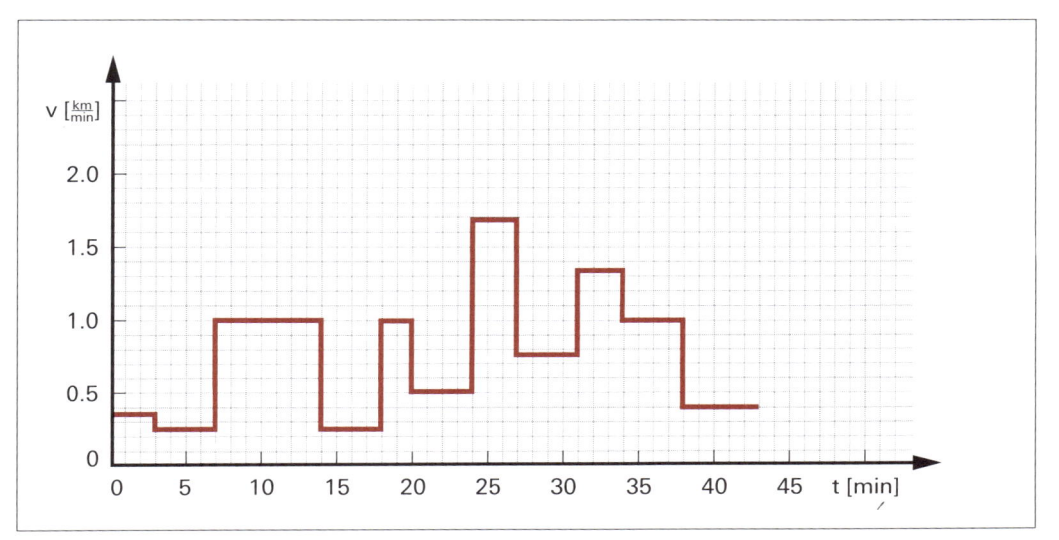

Geschwindigkeits-Zeit-Diagramm des S-Bahnzuges S8 auf seiner Fahrt von Zürich nach Pfäffikon.

v-t-Diagramm, Geschwindigkeits-Zeit-Diagramm

Diese Art, eine Bewegung zu beschreiben, nennt sich **v-t-Diagramm oder Geschwindigkeits-Zeit-Diagramm**. Das v-t-Diagramm kennen LKW-Fahrer übrigens bestens, nur nennen sie es «Fahrtenschreiber». In einem Lastwagen wird die Geschwindigkeit nämlich von einem Schreiber fortwährend aufgezeichnet. Die Polizei überprüft diese Aufzeichnungen gelegentlich.

Im Geschwindigkeits-Zeit-Diagramm (v-t-Diagramm) wird eine Bewegung durch die Angabe der Geschwindigkeit v zum Zeitpunkt t charakterisiert.

6.5 Der zurückgelegte Weg im Geschwindigkeits-Zeit-Diagramm

Wir haben jetzt zwei verschiedene grafische Werkzeuge zur Beschreibung von Bewegungen zur Verfügung, das s-t-Diagramm und das v-t-Diagramm. Sie fragen sich vielleicht, welches davon denn nun das bessere ist? Antwort: Die beiden Diagramme streichen verschiedene Aspekte einer Bewegung heraus, und daher ist je nach Situation und Fragestellung eher das eine oder eher das andere praktischer. Grundsätzlich enthalten aber beide Diagramme gleiche Informationen; denn man kann immer das eine aus dem anderen ableiten! Wie man aus einem *s-t*-Diagramm ein *v-t*-Diagramm macht, haben Sie im Abschnitt 6.4 gesehen. Aber wo soll man im *v-t*-Diagramm bloss den Ort bzw. den zurückgelegten Weg ablesen?

Schauen wir uns eine Bewegung mit konstanter Geschwindigkeit im *v-t*-Diagramm an:

[Abb. 6.6]   *v-t*-Diagramm

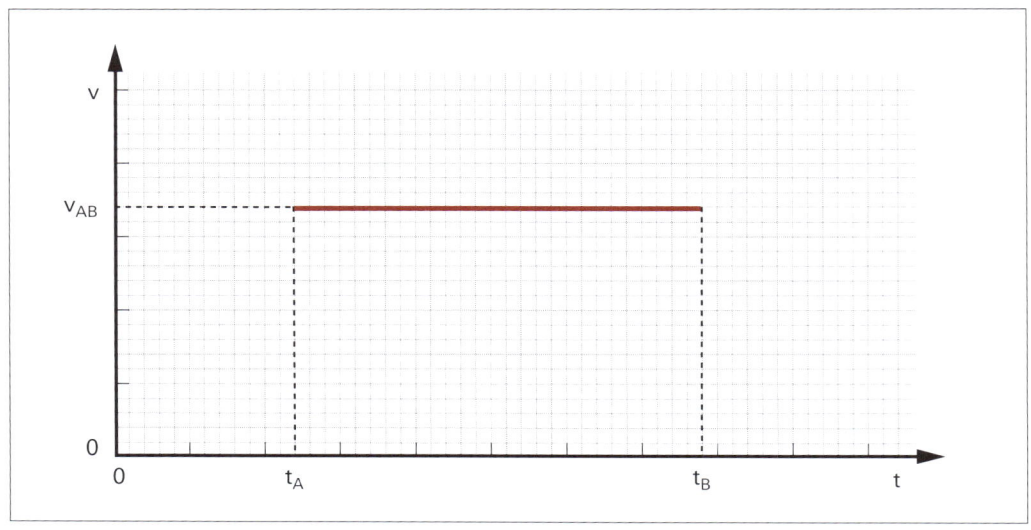

Wie berechnet man das *s-t*-Diagramm, wenn man das *v-t*-Diagramm kennt?

Der Körper bewegt sich vom Zeitpunkt t_A an bis zum Zeitpunkt t_B mit der Geschwindigkeit v_{AB}. Den zurückgelegten Weg $\Delta s = s_B - s_A$ berechnen wir, indem wir

$$v_{AB} = \frac{\Delta s}{\Delta t} = \frac{\Delta s}{t_B - t_A}$$

nach dem zurückgelegten Weg Δs auflösen:

$$\Delta s = (t_B - t_A) \cdot v_{AB}$$

Nun hat das Produkt in der letzten Gleichung eine Interpretation im Diagramm: Das Produkt $(t_B - t_A) \cdot v_{AB}$ ist gerade die Rechtecksfläche zwischen der Kurve und der *t*-Achse!

[Abb. 6.7]   *v-t*-Diagramm

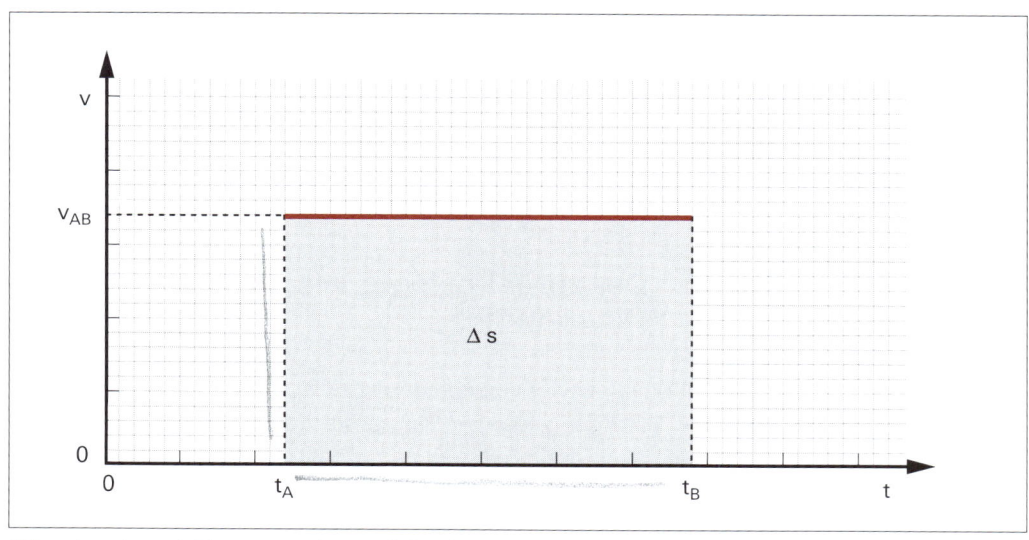

Wir sehen im *v-t*-Diagramm den zurückgelegten Weg Δs als Fläche unter der Kurve!

Zurückgelegter Weg Wir sehen im *v-t*-Diagramm den zwischen Zeitpunkt t_1 und Zeitpunkt t_2 *zurückgelegten Weg* Δs als Fläche unter der Kurve. Dies gilt auch, wenn sich die Geschwindigkeit über die Zeit hinweg verändert! Wir verzichten auf den Beweis, machen aber ein Beispiel dazu:

Beispiel 6.2 Die Abbildung 6.8 gibt das *v-t*-Diagramm einer Bewegung mit linear zunehmender Geschwindigkeit. Auch hier sehen wir im *v-t*-Diagramm den zurückgelegten Weg als Fläche unter der Kurve.

[Abb. 6.8] *v-t*-Diagramm

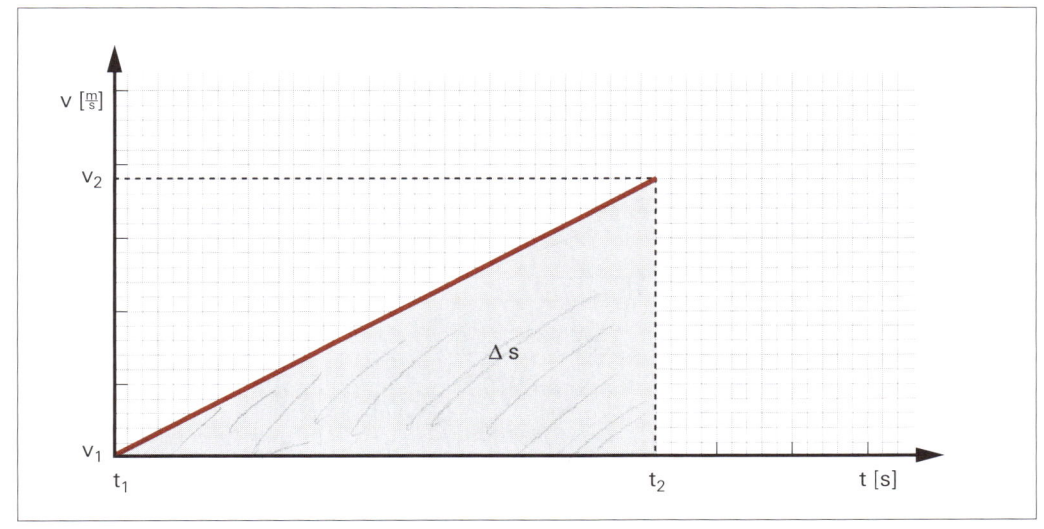

Auch hier sehen wir im *v-t*-Diagramm den zurückgelegten Weg Δs als Fläche unter der Kurve.

Da die Fläche unter der Kurve eine Dreiecksfläche ist, berechnet sie sich aus der Grundlinie und der Höhe des Dreiecks gemäss:

$$\text{Dreiecksfläche} = \frac{1}{2} \cdot \text{Grundlinie} \cdot \text{Höhe}$$

Die Grundlinie ist t_2, die Höhe ist v_2. Somit ist der zwischen dem Zeitpunkt $t_1 = 0$ s, wo der Körper still steht ($v_1 = 0$ m/s), und dem Zeitpunkt t_2 zurückgelegte Weg Δs:

$$\Delta s = \frac{1}{2} \cdot t_2 \cdot v_2$$

Im *v-t*-Diagramm «sieht» man den zurückgelegten Weg als Fläche unter der Kurve.

Aufgabe 13 Zeichnen Sie das *v-t*-Diagramm zum *s-t*-Diagramm in Abbildung 6.9.

[Abb. 6.9] *s-t*-Diagramm

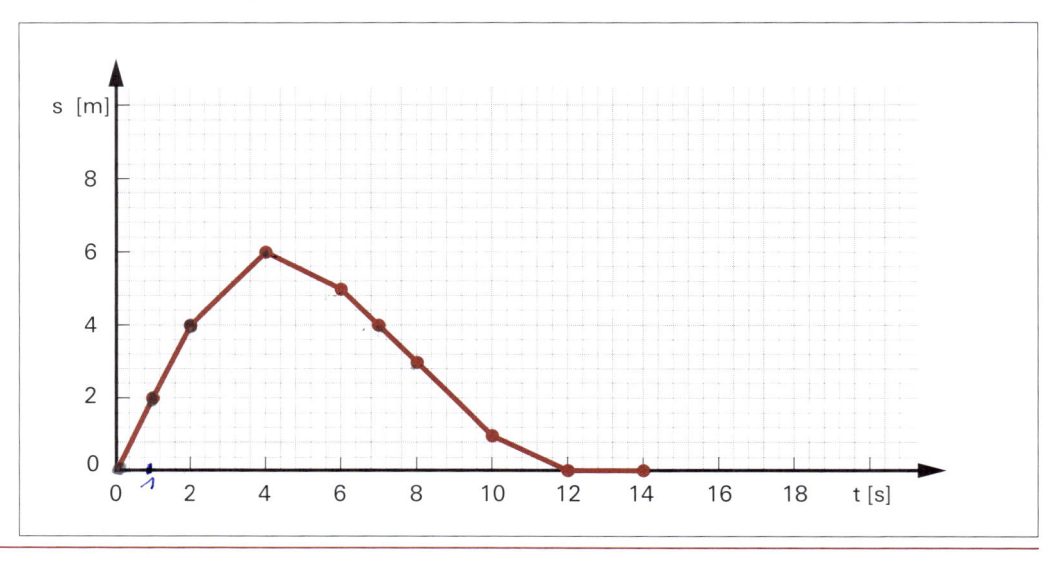

Aufgabe 19 Ein Zug fährt während 10 Minuten konstant mit 100 km/h.

A] Legen Sie ein Koordinatensystem fest und zeichnen Sie das *v-t*-Diagramm der Bewegung.

B] Legen Sie ein Koordinatensystem fest und zeichnen Sie das *s-t*-Diagramm der Bewegung.

Aufgabe 25 Die folgende Abbildung zeigt das *v-t*-Diagramm einer Bewegung.

[Abb. 6.10] *v-t*-Diagramm

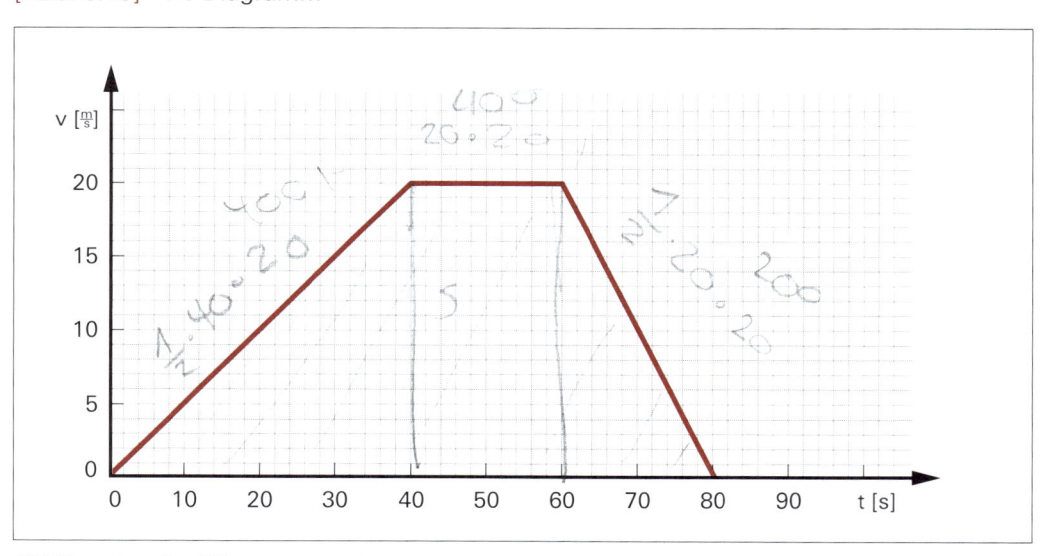

A] Wann ist der Körper am weitesten vom Ausgangspunkt entfernt?

B] Wie weit ist der Körper am Schluss der Bewegung vom Ausgangsort entfernt?

Aufgabe 31

Das folgende *s-t*-Diagramm zeigt die Bewegung eines Körpers:

[Abb. 6.11]   *s-t*-Diagramm

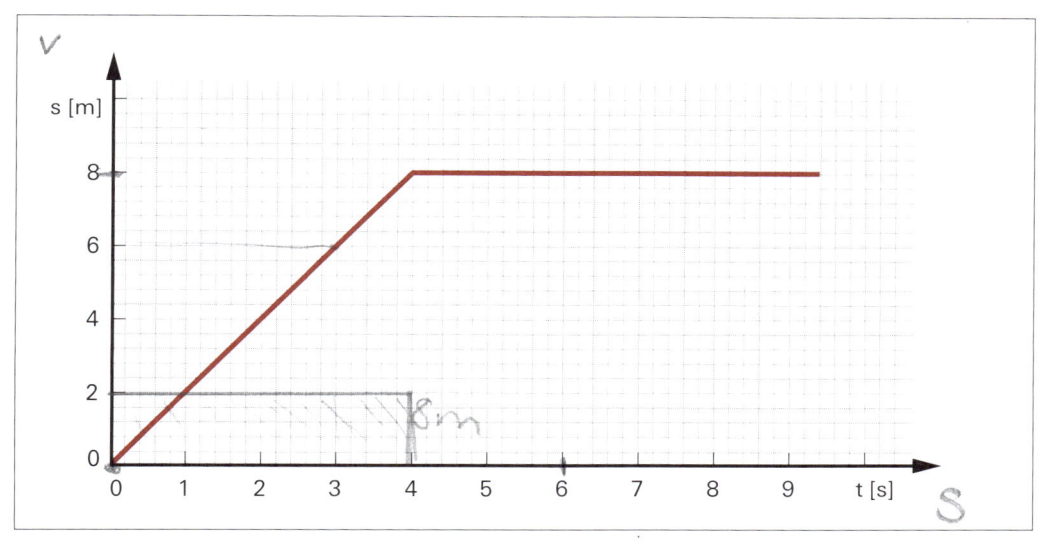

A] Wie sieht das *v-t*-Diagramm dieser Bewegung aus?

B] Lesen Sie aus Ihrem *v-t*-Diagramm den Weg heraus, der zwischen $t = 0$ s und $t = 6$ s zurückgelegt wird. Vergleichen Sie ihn mit dem Weg, den Sie direkt dem *s-t*-Diagramm entnehmen.

6.6   Durchschnitts- und Momentangeschwindigkeit

Durchschnittsgeschwindigkeit

Wie gross ist die Geschwindigkeit unseres S-Bahn-Zuges zwischen Zürich und Pfäffikon? «$v = \Delta s/\Delta t$ = 32 km / 43 min = 12 m/s», können Sie antworten. Aber wie Sie im *v-t*-Diagramm in Abbildung 6.5 gesehen haben, ist dies nicht die Geschwindigkeit auf jedem einzelnen Teilstück. Was ist es dann? 12 m/s bezieht sich auf die ganze Fahrt von Zürich nach Pfäffikon, es ist die *Durchschnittsgeschwindigkeit* der ganzen Fahrt. Die Durchschnittsgeschwindigkeit mag für den nach Pfäffikon reisenden Passagier durchaus relevant sein, wohingegen sich der Lokführer eher um die verschiedenen Geschwindigkeiten auf den einzelnen Wegabschnitten kümmern muss. Es kommt also sehr auf die Fragestellung an, ob und wie viel Aussagekraft die Durchschnittsgeschwindigkeit hat.

Die Aussagekraft der Durchschnittsgeschwindigkeit ist besonders dann fraglich, wenn sich eine Bewegung sowohl aus negativen wie auch positiven Geschwindigkeiten zusammensetzt (d. h. Vor- und Rückwärtsbewegungen). Extremes Beispiel: Der S-Bahn-Zug, der Zürich 06:43 Richtung Pfäffikon verlässt, ist 08:16 wieder zurück in Zürich. Durchschnittsgeschwindigkeit zwischen 06:43 und 08:16? Null, denn die Ortsdifferenz zwischen Anfangs- und Endpunkt ist null, d. h. $\Delta s = 0$ m! Sie sehen, dass man mit der Durchschnittsgeschwindigkeit vorsichtig sein muss.

Sie kennen nun die Möglichkeiten der Durchschnittsgeschwindigkeit, aber noch mehr die Einschränkungen. Nun fragen Sie: Was wäre besser in jenen Fällen, bei denen die Durchschnittsgeschwindigkeit nicht befriedigt?

Knöpfen wir uns nochmals unseren S-Bahn-Zug vor. Auch die Geschwindigkeiten auf den einzelnen Wegabschnitten sind natürlich Durchschnittsgeschwindigkeiten. Bedenken Sie nur, wie die Bewegung eines Zuges in den Bahnhöfen abläuft: Noch im Bahnhof steht der

Zug still, v = 0 m/s. Dann rollt der Zug an, v wird grösser, bis die Reisegeschwindigkeit erreicht ist. Gegen den nächsten Bahnhof hin wird v wieder kleiner, bis sie im Bahnhof wieder null ist.

Die Geschwindigkeit und somit die Steigung der Kurve im s-t-Diagramm ändert sich also kontinuierlich. Das bedeutet, ==dass die Kurve im Orts-Zeit-Diagramm keine Knicke hat.== Ein Knick in dieser Kurve entspräche einer plötzlichen, sprunghaften Steigungsänderung und damit einer sprunghaften Geschwindigkeitsänderung. Sprunghafte Geschwindigkeitsänderungen sind jedoch für die Bewegung des Zuges unmöglich. Das Orts-Zeit-Diagramm sieht daher eher etwa so aus:

[Abb. 6.12] s-t-Diagramm des S-Bahnzuges S8

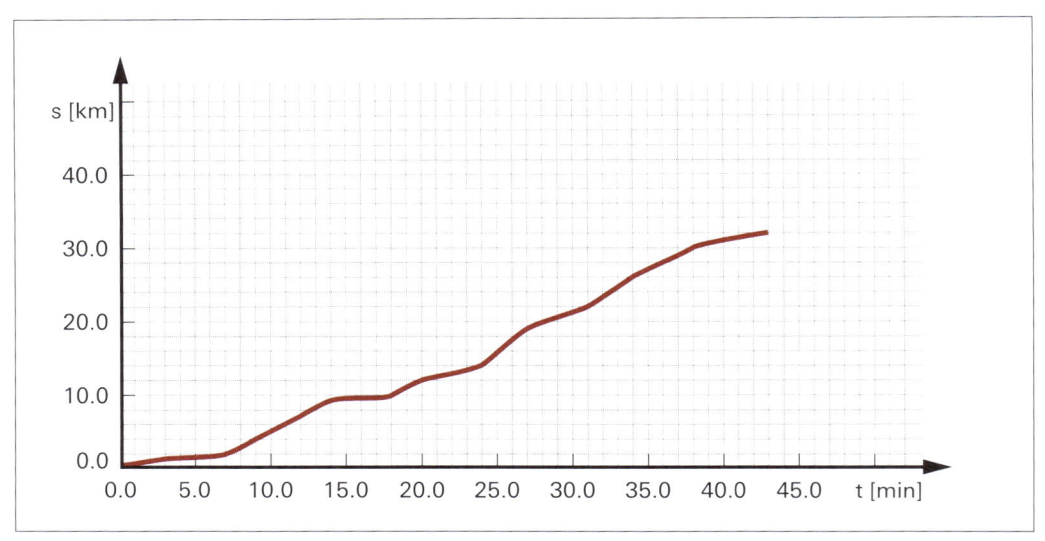

Sprunghafte Veränderungen der Steigung im Orts-Zeit-Diagramm sind in der Realität unmöglich.

Momentangeschwindigkeit

Und was zeigt der Geschwindigkeitsmesser im Führerstand der Lokomotive oder im Auto während der kontinuierlich ändernden Geschwindigkeit an? Das ist die augenblickliche, momentane Geschwindigkeit, die *Momentangeschwindigkeit*. Der Name Momentangeschwindigkeit sagt etwas über die Länge des Zeitintervalls $\Delta t = t_2 - t_1$ aus.

Welches der Zeitintervalle in der Abbildung 6.13 eignet sich am besten, um die Momentangeschwindigkeit im Punkt X zu berechnen?

[Abb. 6.13] *s-t*-Diagramm

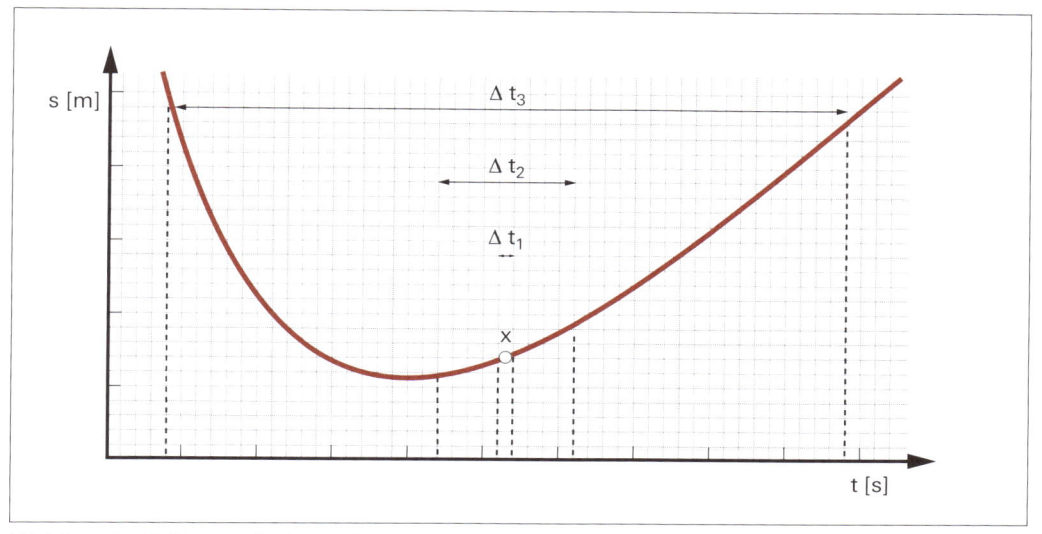

Welches der Zeitintervalle ist am besten geeignet, um die Momentangeschwindigkeit am Punkt X zu berechnen?

Ganz schlecht ist sicher das längste Intervall. Am besten ist natürlich das kürzeste Intervall, weil es am stärksten auf den Punkt X konzentriert ist und daher die dortige Steigung und somit Geschwindigkeit am besten repräsentiert. Konsequenz: Die Momentangeschwindigkeit wird nach der Gleichung $v = \Delta s/\Delta t$ berechnet, genau wie die Durchschnittsgeschwindigkeit, aber diesmal ist das Zeitintervall Δt so klein wie möglich zu wählen. In der Mathematik würde man sagen: Δt muss unendlich klein sein.

Zeitintervall

Die Momentangeschwindigkeit und die Durchschnittsgeschwindigkeit berechnen sich beide mit der Gleichung $v = \Delta s/\Delta t$. Der Unterschied liegt in der Länge des *Zeitintervalls* Δt:

- Für die Berechnung der Durchschnittsgeschwindigkeit kann Δt beliebig gross sein.
- Für die Berechnung der Momentangeschwindigkeit hingegen muss Δt minimal klein sein.

Sie können sich die Sache auch konkreter vorstellen: Das Zeitintervall könnte man bei einem Eisenbahnzug mit zwei Personen mit Uhren messen. Die zwei Personen sind entlang der Bahnschiene postiert und messen beide den Zeitpunkt der Vorbeifahrt des Zuges. Wo und wie weit auseinander sollen sich die beiden Personen aufstellen? Wenn sie die exakte Momentangeschwindigkeit an einem ganz bestimmten Punkt des Weges messen wollen, stellen Sie die Personen natürlich direkt vor und nach diesem Punkt auf und nicht 500 m auseinander.

Tangente

Auch für die Momentangeschwindigkeit gilt: Die Momentangeschwindigkeit sieht man im *s-t*-Diagramm an der Steigung der Kurve. Bei genauer Betrachtung zeigt sich, dass die Momentangeschwindigkeit im Punkt X gleich gross ist wie die Steigung der *Tangente* an die Kurve.

[Abb. 6.14] *s-t*-Diagramm

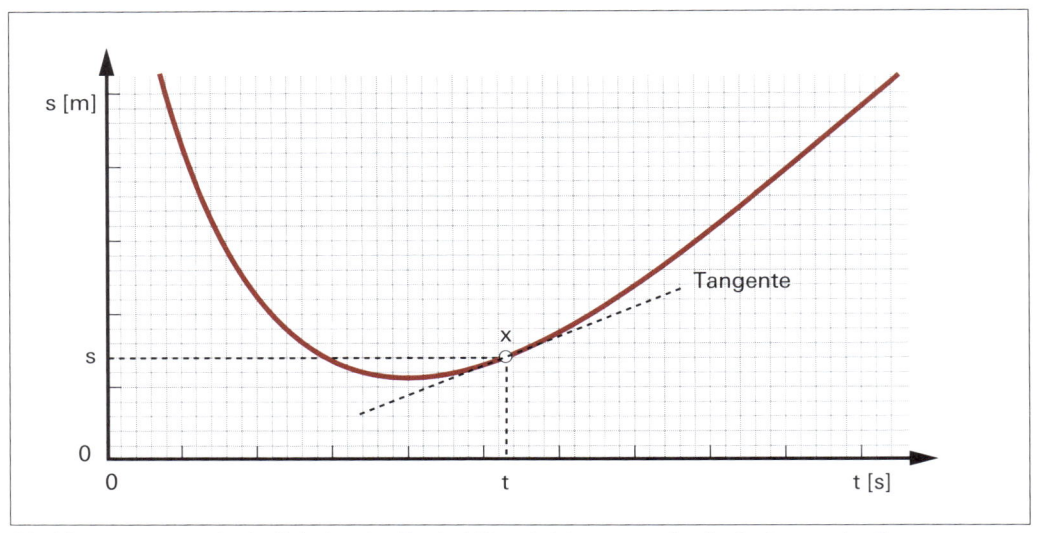

Die Momentangeschwindigkeit *v* im Punkt X ist gleich gross wie die Steigung der Tangente.

Die Durchschnittsgeschwindigkeit ist nicht unbedingt gleich der Momentangeschwindigkeit auf jedem Wegstück der Bewegung. Die Momentangeschwindigkeit berechnet sich zwar auch nach der Gleichung $v = \Delta s / \Delta t$, aber Δt muss minimal klein sein.

Im *s-t*-Diagramm sieht man die Momentangeschwindigkeit immer an der Steigung der Tangente.

Aufgabe 37

Ein Flugzeug legt einen Weg von insgesamt 1000 km zurück, davon die ersten 500 km mit nur 180 m/s (die Flugsicherung erlaubt nicht mehr), die verbleibenden 500 km dafür mit 300 m/s (Höchstgeschwindigkeit des Flugzeugs, um Zeit aufzuholen). Was ist die Durchschnittsgeschwindigkeit der Reise?

Tipp: Wenn Sie jetzt «240 m/s» notieren wollen, sind Sie zu voreilig. Überlegen Sie es sich systematisch!

6.7 Die gleichförmige Bewegung

Konstante Geschwindigkeit, gleichförmige Bewegung

Gibt es vielleicht auch Bewegungen, bei denen Momentan- und Durchschnittsgeschwindigkeit identisch sind? Natürlich, nämlich wenn die Geschwindigkeit immer gleich gross, konstant ist. Ein Flugzeug wird meist mehrere Hundert Kilometer mit gleich bleibender Geschwindigkeit zurücklegen. Die Momentangeschwindigkeit ist dann in jedem Moment die gleiche. Die Momentangeschwindigkeit ist dann immer gleich der Durchschnittsgeschwindigkeit. Man spricht dann nur noch von der Geschwindigkeit. Eine solche Bewegung mit *konstanter Geschwindigkeit* nennt man eine *gleichförmige Bewegung*. Im Orts-Zeit-Diagramm erscheint eine gleichförmige Bewegung als eine Gerade, denn eine Gerade hat eine konstante Steigung und somit eine konstante (Momentan-)Geschwindigkeit *v*.

[Abb. 6.15] *s-t*-Diagramm

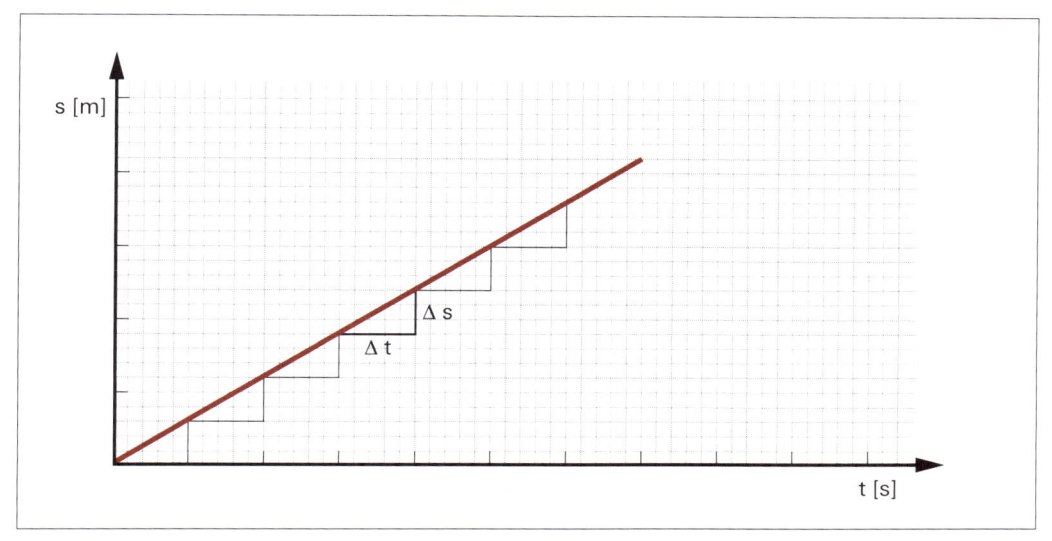

Im Orts-Zeit-Diagramm erscheint eine gleichförmige Bewegung als eine Gerade.

Wo befindet sich der Körper bei einer gleichförmigen Bewegung zum Zeitpunkt t? Diese Frage zielt darauf ab, eine Bewegungsgleichung für die gleichförmige Bewegung herzuleiten, d. h. eine Gleichung der Form $s = \ldots$

Herleitung der Bewegungsgleichung

Wenn ein Körper zum Zeitpunkt $t = 0$ s am Ort $s = 0$ m eine gleichförmige Bewegung mit einer Geschwindigkeit v beginnt, so sieht sein *v-t*-Diagramm wie folgt aus:

[Abb. 6.16] *v-t*-Diagramm

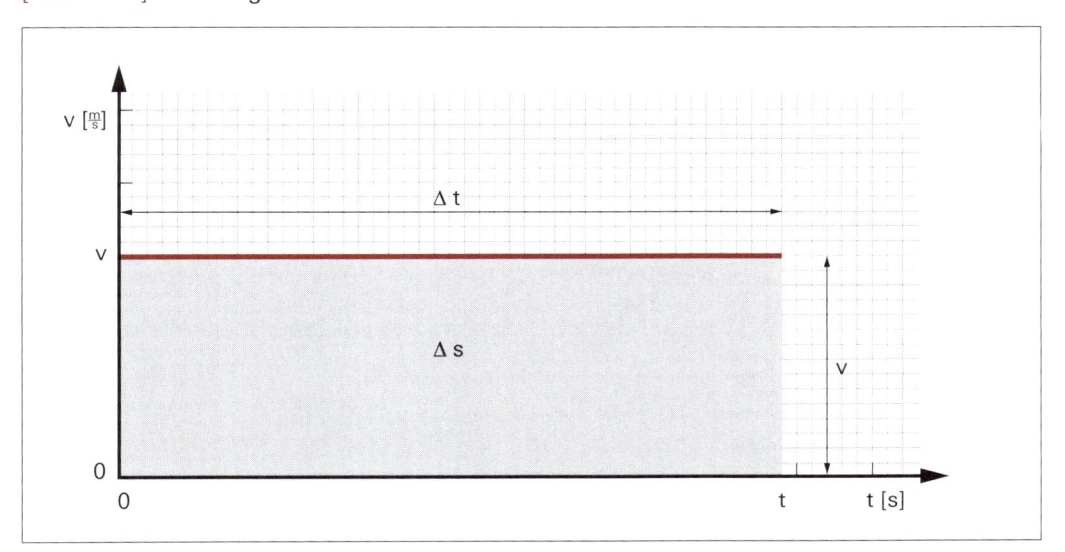

Im Geschwindigkeits-Zeit-Diagramm erscheint eine gleichförmige Bewegung mit Geschwindigkeit v als eine horizontale Gerade.

Die Fläche unter der Kurve im *v-t*-Diagramm gibt wie immer den zurückgelegten Weg Δs an.

Die Rechtecksfläche in Abbildung 6.16 ist:

$$\Delta s = v \cdot \Delta t$$

Wenn sich der Körper zum Zeitpunkt $t = 0$ s am Ort $s = 0$ m befindet, so befindet er sich zu einem späteren Zeitpunkt t am Ort s. Es gilt dann:

$$t = \Delta t$$
$$s = \Delta s$$

Somit haben wir folgende Bewegungsgleichung für die gleichförmige Bewegung:

Bewegungsgleichung der gleichförmigen Bewegung

Gleichung 6.2

$$s = v \cdot t$$

Bewegungsgleichung der gleichförmigen Bewegung

Diese *Bewegungsgleichung der gleichförmigen Bewegung* fasst das Wesentliche dieser Bewegung in einer Gleichung zusammen!

Beispiel 6.3

Ein Körper macht eine gleichförmige Bewegung mit der Geschwindigkeit von $v = 5$ m/s, d.h., er legt in jeder Sekunde 5 m zurück. Nach $t = 15$ s wird er also einen Weg $\Delta s = v \cdot \Delta t = 5$ m/s $\cdot$ 15 s $= 75$ m zurücklegt haben. Wenn der Körper zum Zeitpunkt $t = 0$ bei $s = 0$ m gestartet ist, wird er zum Zeitpunkt $t = 15$ s bei $s = v \cdot t = 75$ m sein.

> Eine Bewegung bezeichnet man als gleichförmige Bewegung, wenn die Momentangeschwindigkeit immer gleich gross, d. h. konstant ist.
>
> Wenn ein Körper zum Zeitpunkt $t = 0$ s am Ort $s = 0$ m eine gleichförmige Bewegung mit der Geschwindigkeit v beginnt, so befindet er sich zum Zeitpunkt t am Ort:
>
> $$s = v \cdot t$$
>
> Dies ist die Bewegungsgleichung der gleichförmigen Bewegung.

Aufgabe 43

A] Wie sieht das *s-t*-Diagramm einer gleichförmigen Bewegung aus?

B] Wie sieht das *v-t*-Diagramm einer gleichförmigen Bewegung aus?

7 Bewegungen mit der Beschleunigung beschreiben

In den meisten Beispielen der bisherigen Abschnitte ging es um Bewegungen, die früher oder später schneller oder langsamer werden. Im Alltag ist dies mit allem so. Oft ist von Interesse, wie schnell die Geschwindigkeit zu- oder abnimmt. Nehmen Sie nur eine Reklame für einen Sportwagen zur Hand: «Der Porschoghini Knatter V12 Turbo beschleunigt in nur 7 s von 0 km/h auf 100 km/h», heisst es da vielleicht.

7.1 Beschleunigung

Wir benötigen also ein Mass für die Geschwindigkeitsänderungen. In der Dynamik wird sich dieses Mass als zentrale Grösse der Mechanik entpuppen. Unsere Sportwagenreklame liefert schon die Bezeichnung des Masses – «Beschleunigung» – und die Idee für die Definition – um wie viel ändert sich die Geschwindigkeit innerhalb einer bestimmten Zeit?

Definition der Beschleunigung

Beschleunigung, Geschwindigkeitsänderung

Als *Beschleunigung a* definieren wir deshalb die *Geschwindigkeitsänderung* Δv dividiert durch die währenddessen verflossene Zeit Δt:

$$a = \frac{\Delta v}{\Delta t} = \frac{v_2 - v_1}{t_2 - t_1}$$

Bemerkungen zur Beschleunigung

a

Die Variable *a* (acceleration = engl. Beschleunigung) ist allgemein in Gebrauch für Beschleunigungen. Aus der Definition der Beschleunigung ergibt sich die SI-Einheit:

$$[a] = \frac{m}{s^2}$$

Die Geschwindigkeit $v = \Delta s / \Delta t$ sieht man an der Steigung der Kurve im *s-t*-Diagramm. Die Beschleunigung $a = \Delta v / \Delta t$ sieht man analog an der Steigung der Kurve im *v-t*-Diagramm.

Momentanbeschleunigung, Durchschnittsbeschleunigung

Wie bei der Momentangeschwindigkeit muss das Zeitintervall Δt möglichst klein sein, wenn man mit $a = \Delta v / \Delta t$ die *Momentanbeschleunigung* berechnen will. Wenn das Zeitintervall Δt gross ist, so berechnet man mit $a = \Delta v / \Delta t$ die *Durchschnittsbeschleunigung*.

Beispiel 7.1 Wie gross ist die Beschleunigung des Sportwagens im Beispiel oben, angegeben in m/s²?

$$a = \frac{100\frac{km}{h} - 0\frac{km}{h}}{7\,s - 0\,s} = \frac{100\frac{km}{h}}{7\,s} = \frac{28\frac{m}{s}}{7\,s} = 4\,\frac{m}{s^2}$$

Die Geschwindigkeit des Sportwagens nimmt also pro Sekunde um 4 m/s zu. Sie sehen an diesem Beispiel übrigens ein weiteres Mal, wie wichtig es ist, alles in SI-Einheiten umzurechnen!

Die Beschleunigung a gibt an, wie schnell sich die Geschwindigkeit einer Bewegung ändert. Sie ist definiert als die Geschwindigkeitsänderung Δv dividiert durch die währenddessen verflossene Zeit Δt:

$$a = \frac{\Delta v}{\Delta t}$$

Die SI-Einheit der Beschleunigung ist m/s².

Aufgabe 14

A] Welche Einheiten kommen für die Beschleunigung in Frage:

- m²s⁻¹
- m/s²
- s⁻²m
- km/h²
- cm/s²
- s/m²

B] Welche Beschleunigung ist für einen anfahrenden Zug wahrscheinlich:

- 0.2 m/s²
- 2 m/s²
- 20 m/s²

Aufgabe 20

Ein Passagierflugzeug beschleunigt auf der Startpiste mit einer konstanten Beschleunigung.

A] Wenn die Geschwindigkeit beim Abheben 80 m/s ist und diese Geschwindigkeit nach 45 s erreicht wird, wie gross ist dann die Beschleunigung?

B] Wenn die Beschleunigung 1.8 m/s² beträgt und die Abhebegeschwindigkeit nach 45 s erreicht wird, wie gross ist dann die Abhebegeschwindigkeit?

C] Wenn die Beschleunigung 1.8 m/s² beträgt und die Abhebegeschwindigkeit 80 m/s, wie lange rollt das Flugzeug dann auf der Piste?

Aufgabe 26

Wie gross ist die Beschleunigung eines Zuges, der gleichförmig mit 140 km/h fährt?

7.2 Die gleichmässig beschleunigte Bewegung

Gleichmässig beschleunigte Bewegung

Aus der Definition für die Beschleunigung ist ersichtlich, dass sich die Beschleunigung während der Bewegung verändern kann. Beim Losfahren des Zuges zum Beispiel ist die Beschleunigung am Anfang am grössten und nimmt nach und nach ab, bis der Zug seine Reisegeschwindigkeit erreicht hat, dann wird die Beschleunigung null sein. Wir werden uns im Folgenden auf Beispiele beschränken, bei denen die Beschleunigung einen konstanten Wert behält. Eine Bewegung mit konstanter Beschleunigung (a = konstant) nennt man eine *gleichmässig beschleunigte Bewegung*.

Bei der gleichmässig beschleunigten Bewegung ändert sich die Geschwindigkeit in der Zeit Δt um $\Delta v = a \cdot \Delta t$. Somit hat ein zuerst stillstehender und während der Zeit t gleichmässig beschleunigter Körper die Geschwindigkeit:

Gleichung 7.1

$$v = a \cdot t$$

Bei einer gleichmässig beschleunigten Bewegung ist also die Geschwindigkeit v proportional zur seit dem Start $t = 0$ s verstrichenen Zeit t. Die Proportionalitätskonstante ist die konstante Beschleunigung a. Das Diagramm einer Proportionalität ist eine Gerade. ==Damit erscheint eine gleichmässig beschleunigte Bewegung im v-t-Diagramm als Gerade.== Je nach Beschleunigung ist die Gerade steiler oder weniger steil. Die Beschleunigung $a = \Delta v / \Delta t$ sieht man an der Steigung der Geraden. In Abbildung 7.1 ist zur Illustration das v-t-Diagramm von drei gleichmässig beschleunigten Körpern ($a = 2$ m/s², $a = 4$ m/s², $a = 8$ m/s²) dargestellt: $v = a \cdot t$

[Abb. 7.1] v-t-Diagramm einer gleichmässig beschleunigten Bewegung

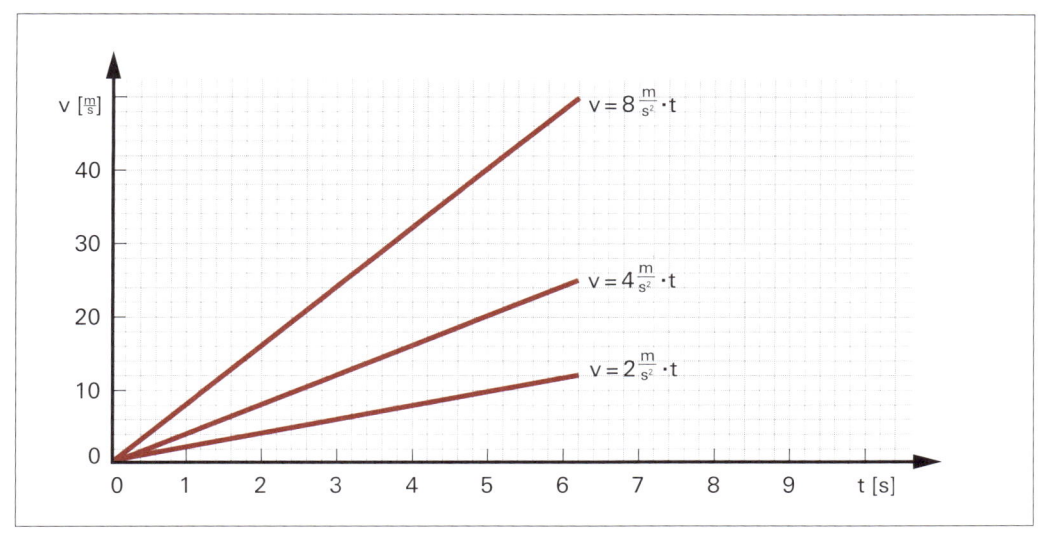

Im v-t-Diagramm erscheint eine gleichmässig beschleunigte Bewegung als Gerade.

Beispiel 7.2   Ein Körper macht eine gleichmässig beschleunigte Bewegung mit einer Beschleunigung von $a = 5$ m/s², d. h., seine Geschwindigkeit wird in jeder Sekunde um 5 m/s grösser. Nach $t = 15$ s wird also seine Geschwindigkeit um $\Delta v = a \cdot \Delta t = 5$ m/s² $\cdot$ 15 s = 75 m/s zugenommen haben. Wenn der Körper zum Zeitpunkt $t = 0$ s gestartet ist ($v = 0$ m/s), wird er zum Zeitpunkt $t = 15$ s eine Geschwindigkeit $v = a \cdot t = 75$ m/s haben.

Das v-t-Diagramm in Abbildung 7.1 besagt: Drei zuerst ruhende Körper ($v = 0$ m/s) werden von $t = 0$ s, $s = 0$ m an gleichmässig beschleunigt. Der Ort s des gleichmässig beschleunigten Körpers zu einem späteren Zeitpunkt t berechnet sich mit einer der drei Gleichungen:

Bewegungsgleichungen der gleichmässig beschleunigten Bewegung

Gleichung 7.2 $s = \frac{1}{2} \cdot v \cdot t$

Gleichung 7.3 $s = \frac{1}{2} \cdot a \cdot t^2$

Gleichung 7.4 $s = \frac{1}{2} \cdot \frac{v^2}{a}$

Bewegungsgleichungen der gleichmässig beschleunigten Bewegung

==Diese drei Gleichungen nennt man die *Bewegungsgleichungen der gleichmässig beschleunigten Bewegung*. Sie beschreiben eine solche Bewegung eindeutig und bilden den Kern der Kinematik.==

Es folgt die Herleitung der drei Bewegungsgleichungen:

Herleitung der Bewegungsgleichungen

[Abb. 7.2]   *v-t*-Diagramm

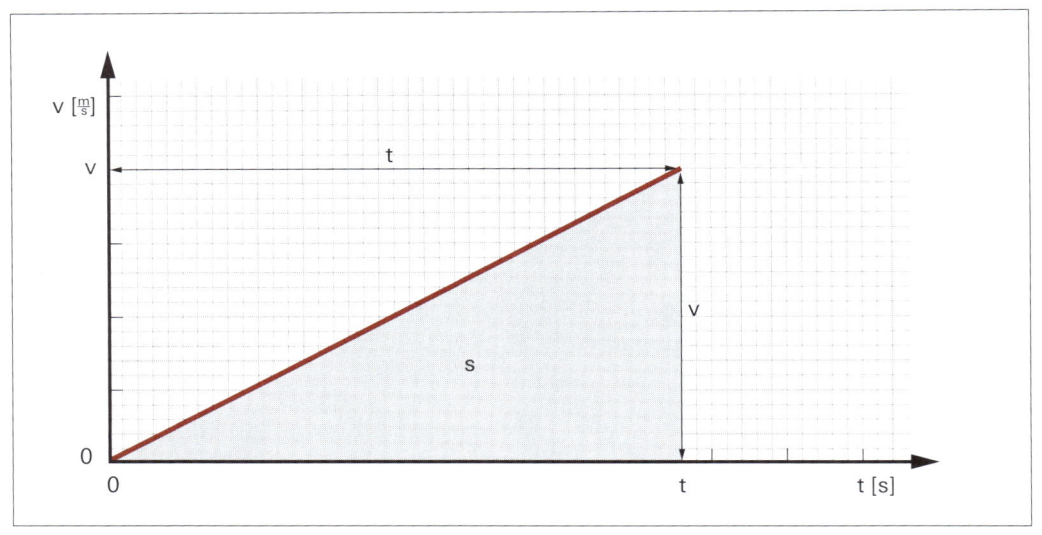

Der zurückgelegte Weg *s* entspricht der Fläche *s* unter der Kurve im *v-t*-Diagramm.

Gleichmässige Beschleunigung

Im *v-t*-Diagramm wird die *gleichmässige Beschleunigung* (d. h. *a* = konstant) durch eine steigende Gerade wiedergegeben. Im *v-t*-Diagramm sehen Sie den zurückgelegten Weg als Fläche unter der Kurve. Das Dreieck hat eine Seite der Länge *t* und eine Höhe der Länge *v*. Damit lassen sich die Gleichungen herleiten:

- Gleichung 7.2: Berechnen Sie die Dreiecksfläche, so erhalten Sie die Gleichung 7.2.
- Gleichung 7.3: Für eine gleichmässig beschleunigte Bewegung aus dem Stand gilt die Gleichung 7.1: $v = a \cdot t$. Setzen Sie dies in Gleichung 7.2 ein und Sie erhalten Gleichung 7.3.
- Gleichung 7.4: Wenn Sie Gleichung 7.2 nach *t* auflösen und diesen Ausdruck für *t* anschliessend in die Gleichung 7.3 einsetzen, erhalten Sie Gleichung 7.4.

Rechnen Sie dies doch gemäss angegebener Herleitung selbst Schritt für Schritt nach!

> Von einer gleichmässig beschleunigten Bewegung spricht man, wenn der Wert der Beschleunigung konstant gleich gross bleibt. Erfolgt eine gleichmässige Beschleunigung aus dem Stand zum Zeitpunkt $t = 0$ s vom Ort $s = 0$ m, so berechnet sich der Ort des Körpers mit den Bewegungsgleichungen der gleichmässig beschleunigten Bewegung (Gleichungen 7.2, 7.3 und 7.4).

Aufgabe 32   Zeichnen Sie das *v-t*-Diagramm einer Beschleunigung von 2.5 m/s² während der ersten 7 s.

Aufgabe 38   Ein Passagierflugzeug beschleunigt auf der Startpiste mit einer konstanten Beschleunigung. Berechnen Sie den Rollweg des Flugzeugs aus den jeweiligen Angaben.

A] Wenn die Geschwindigkeit beim Abheben 80 m/s ist und diese Geschwindigkeit nach 45 s erreicht wird, wie gross ist dann der Rollweg?

B] Wenn die Beschleunigung 1.8 m/s² beträgt und die Abhebegeschwindigkeit nach 45 s erreicht wird, wie gross ist dann der Rollweg?

C] Wenn die Beschleunigung 1.8 m/s² beträgt und die Abhebegeschwindigkeit 80 m/s, wie gross ist dann der Rollweg?

7.3 Der freie Fall: eine gleichmässig beschleunigte Bewegung

Fallbewegung

Jedes Kind weiss, dass ein Gegenstand zu Boden fällt, wenn er nicht durch irgendeine stützende Kraft (z. B. durch den Tisch, auf dem er liegt, oder durch eine Hand) daran gehindert wird. Dies kommt daher, dass jeder Körper die Erdanziehung spürt. Wie aber läuft eine solche *Fallbewegung* im Detail ab: *s-t*-Diagramm, *v-t*-Diagramm? Hatten die Alten Griechen Recht, die glaubten, dass ein Körper umso schneller fällt, je schwerer er ist? Es sind übrigens genau diese Fragen, die den Physiker Galileo Galilei (1564–1642) die Kinematik entwickeln liessen, wie Sie sie im Teil «Kinematik» kennen lernen.

Luftwiderstand, freier Fall

Vorerst muss man die Fallbewegung vom Einfluss der Luft (*Luftwiderstand*) möglichst gut befreien. Mit Fallbewegung soll hier so etwas gemeint sein, wie es ein fallen gelassener Stein vorführt. Ein Blatt, das im Herbst von einem Baum niedertanzt, oder ein Luftballon sind hingegen nicht repräsentativ, da die Luft hier einen grossen Einfluss auf die Bewegung hat. Wenn der Luftwiderstand vernachlässigbar klein ist, spricht man von einem *freien Fall*.

Masse, chemische Zusammensetzung

Frei fallende Körper fallen unabhängig von ihrer *Masse* und *chemischen Zusammensetzung* gleich schnell. Dies kann mit einem Glasrohr von etwa 5 cm Durchmesser und 1 m Länge gezeigt werden, das luftleer gepumpt ist. Darin befindet sich z. B. eine Bleikugel und eine Hühnerfeder. Dreht man das Rohr um, fallen beide Körper gleich schnell nach unten, die Hühnerfeder ist genauso schnell wie die Bleikugel am Boden! Natürlich hat man es im Alltag nie mit luftleeren Räumen zu tun. Aber wenn wir uns auf schwere, kompakte Körper mit kleiner Fallgeschwindigkeit beschränken, ist der Einfluss der Luft nur sehr klein und wir dürfen ihn getrost vernachlässigen. Sie können das obige Experiment auch ohne Vakuumanlage durchführen, indem Sie zwei gleich grosse Kugeln fallen lassen: z. B. eine massive und eine hohle Metallkugel.

Fallzeit, Fallweg

Mit einer elektronischen Einrichtung lassen sich Fallzeiten auf 1000stel Sekunden genau messen. Damit findet man leicht folgende *Fallzeiten* und *Fallwege*:

[Tab. 7.1]   Fallstrecken und Fallzeiten eines freien Falls

Fallweg s [m]	Fallzeit t [s]
1.00	0.4515
1.01	0.4538
3.00	0.7821
3.01	0.7834
5.00	1.0096
5.01	1.0106
10.00	1.4278
10.01	1.4286
15.00	1.7487
15.01	1.7493
20.00	2.0193
20.01	2.0198

Spielen wir Galilei und analysieren die Daten der obigen Tabelle. Wie stellt sich die Fallbewegung im *s-t*-Diagramm und im *v-t*-Diagramm dar? Was lässt sich über die Beschleunigung aussagen? Um was für einen Typ von Bewegung handelt es sich?

Im s-t-Diagramm in Abbildung 7.3 liegen die kurz nacheinander gemachten Messungen so nahe beieinander, dass man sie nicht unterscheiden kann, deshalb sieht man nur 6 Punkte statt der 12 Messpunkte in Tabelle 7.1:

[Abb. 7.3] s-t-Diagramm

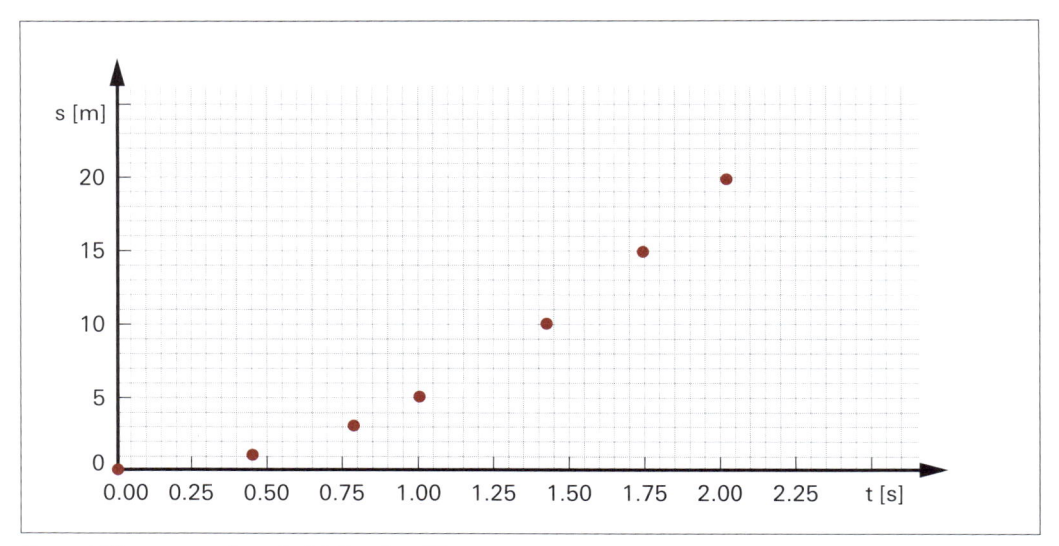

Das s-t-Diagramm eines frei fallenden Körpers.

Fallgeschwindigkeit Für das v-t-Diagramm müssen wir zuerst die Geschwindigkeiten berechnen. Hierfür bieten sich die Wertepaare an, die jeweils ganz kurz aufeinander folgen. Die Geschwindigkeit, die wir bestimmen, kann dadurch als Momentangeschwindigkeit betrachtet werden. Damit erhalten wir die folgenden Fallzeiten und *Fallgeschwindigkeiten:*

[Tab. 7.2] Fallgeschwindigkeiten

Fallzeit t [s]	Fallgeschwindigkeit v [m/s]
0.45	4.4
0.78	7.7
1.01	10.0
1.43	12.5
1.75	16.7
2.02	20.0

Im *v-t*-Diagramm dargestellt:

[Abb. 7.4] v-t-Diagramm

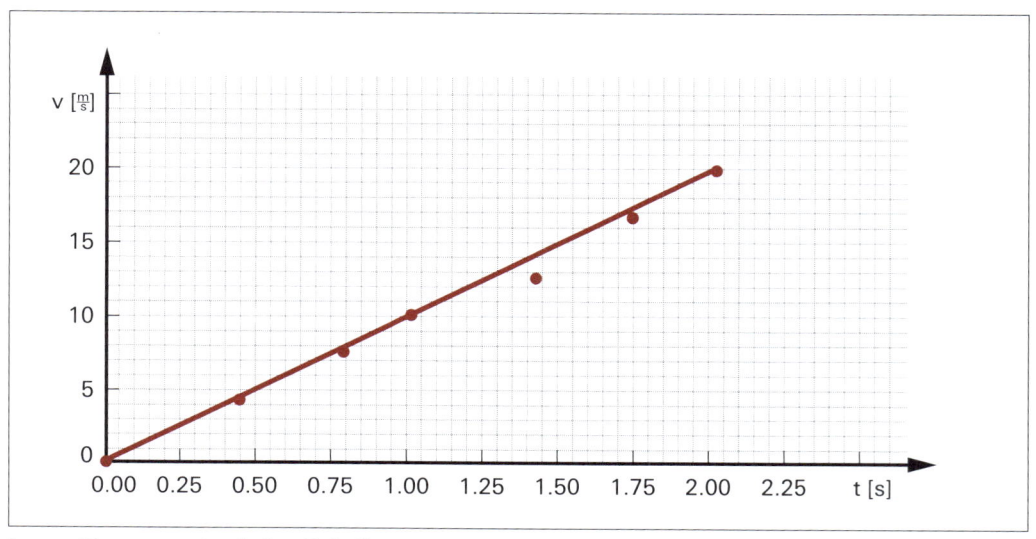

Im *v-t*-Diagramm des freien Falls liegen alle Messpunkte auf einer Geraden durch den Ursprung.

Hier liegen die Punkte auf einer Geraden! Zugegeben, nicht ganz genau, aber innerhalb der Messgenauigkeit schon. Eine Gerade im v-t-Diagramm hat eine konstante Steigung. Dies bedeutet, wie Sie wissen, eine *konstante Beschleunigung*. Die Fallbewegung ist also eine gleichmässig beschleunigte Bewegung! Aus irgendeinem Wertepaar, z. B. $t = 2.02$ s, $v = 20.0$ m/s, errechnet man grob eine Beschleunigung von etwa $a = v/t = 10$ m/s^2.

Dies ist das Charakteristische an der Fallbewegung: konstante Beschleunigung $a \approx 10$ m/s^2. Ein Stein fällt je länger je schneller. Was aber immer gleich bleibt, ist die Beschleunigung a.

Wir haben also folgende Eigenschaften der Fallbewegung:

Gesetz des freien Falls

Erdbeschleunigung, Fallbeschleunigung, g

Im Vakuum oder wenn der Einfluss der Luft unbedeutend ist, werden alle Körper unabhängig von ihrer Masse, ihrer Form oder chemischen Zusammensetzung gleich beschleunigt. Bei der Fallbewegung handelt sich um eine gleichmässig beschleunigte Bewegung. Die Beschleunigung a der Fallbewegung wird *Erdbeschleunigung* oder *Fallbeschleunigung* genannt und mit dem Buchstaben g abgekürzt. Der Wert der Fallbeschleunigung g beträgt:

$$a = g = 9.81 \frac{m}{s^2}$$

Bemerkungen zum Fallgesetz

Die «Fallbeschleunigung» g kann etwas grösser oder etwas kleiner sein, je nachdem, wo man sich befindet. Am Nord- und am Südpol beträgt sie $g = 9.83$ m/s^2, am Äquator dagegen nur 9.78 m/s^2. Bei uns ist sie $g = 9.81$ m/s^2. Viel kleiner ist g übrigens auf dem Mond. Dort fällt alles ziemlich gemächlich zu Boden, wie Sie vielleicht schon auf Filmaufnahmen der Apollo-Astronauten gesehen haben. Die Erklärung dazu folgt im Abschnitt 18.3. Bis dann wollen wir immer den Wert $g = 9.81$ m/s^2 verwenden.

Es gelten für eine Fallbewegung alle Gleichungen, wie sie im Abschnitt 7.2 für die gleichmässige Beschleunigung hergeleitet wurden, nur müssen Sie für die Beschleunigung (im allgemeinen Fall mit a bezeichnet) den speziellen Wert g einsetzen. Der Ort eines zum Zeitpunkt $t = 0$ s bei $s = 0$ m frei fallenden Körpers berechnet sich also wie bei einer gleichmässigen Beschleunigung, einfach mit der Besonderheit, dass $a = g = 9.81$ m/s^2 ist.

Manchmal werden Beschleunigungen nicht als Vielfaches der SI-Einheit m/s^2 angegeben, sondern als Vielfaches der Fallbeschleunigung $g = 9.81$ m/s^2. «Eine Rakete beschleunigt mit 6 g» heisst z. B., dass die Beschleunigung der Rakete $a = 6 \cdot g = 58.8$ m/s^2 beträgt.

Der freie Fall:

Fällt ein Körper im Vakuum oder ist der Luftwiderstand unbedeutend, so führt er eine gleichmässig beschleunigte Bewegung durch. Die Beschleunigung ist beim freien Fall für alle Körper gleich. Sie ist die Fallbeschleunigung, auch Erdbeschleunigung genannt. Der Wert der Fallbeschleunigung ist bei uns $g = 9.81$ m/s^2.

Der Ort s eines frei fallenden Körpers berechnet sich mit den Bewegungsgleichungen der gleichmässig beschleunigten Bewegung, mit der Besonderheit, dass $a = g$ ist.

$s = \frac{1}{2}at^2 \Rightarrow t = \sqrt{\frac{1.2 \cdot 2}{9.81}} = 0.49 s$

Aufgabe 44

A] Sie lassen einen Stein fallen. Nach welcher Zeit ist er 1.2 m gefallen?

0,49 s

B] Welche Annahmen haben Sie bei der Berechnung der Fallzeit gemacht?

Freier Fall

Aufgabe 15

Bei der Besichtigung einer alten Burgruine treffen Sie auf einen alten Brunnenschacht, der ziemlich tief scheint – zumindest verliert sich der Grund des Schachtes in der Dunkelheit. Um die Tiefe herauszufinden, lassen Sie einen Stein hinunterfallen und hören ihn nach 2.8 s aufschlagen. Wie tief ist der Brunnen? (Anmerkung: Die Zeit, die der Schall braucht, um vom Boden zum Ohr zu kommen, wird vernachlässigt.)

Aufgabe 21

Die Niagarafälle sind 51 m hoch. Mit welcher Geschwindigkeit schlägt frei fallendes Wasser unten auf? $32 \frac{m}{s}$

7.4 Beschleunigungen mit Anfangsgeschwindigkeit

Anfangsgeschwindigkeit

$s = \frac{1}{2}at^2$

$t = \frac{v}{a}$

$s = \frac{1}{2}a \cdot \frac{v^2}{a^2}$

$s = \frac{1}{2}\frac{v^2}{a}$

$v = \sqrt{2 \cdot a \cdot s}$

Manchmal besitzt ein Körper bereits eine gewisse *Anfangsgeschwindigkeit* (nennen wir sie v_0), aber ab einem bestimmten Moment wird er noch weiter beschleunigt. Denken Sie beispielsweise ans Autofahren: Sie fahren mit konstant 80 km/h und holen einen langsamer fahrenden Lastwagen ein. Um ihn zu überholen, beschleunigen Sie jetzt Ihren Wagen.

Nehmen wir nun an, die Beschleunigung fängt zum Zeitpunkt $t = 0$ s an und erfolgt gleichmässig mit dem Betrag a. Entsprechend der Definition der Beschleunigung ändert sich die Geschwindigkeit bis zum Zeitpunkt t um den Betrag $a \cdot t$, d. h., während des Beschleunigungsmanövers steigt die Geschwindigkeit von v_0 auf:

$v = v_0 + a \cdot t$

Eine Anfangsgeschwindigkeit zählt sich einfach zur Geschwindigkeitsänderung $a \cdot t$ dazu. Das zu dieser gleichmässig beschleunigten Bewegung mit Anfangsgeschwindigkeit gehörende *v-t*-Diagramm sieht also wie folgt aus:

[Abb. 7.5] *v-t*-Diagramm

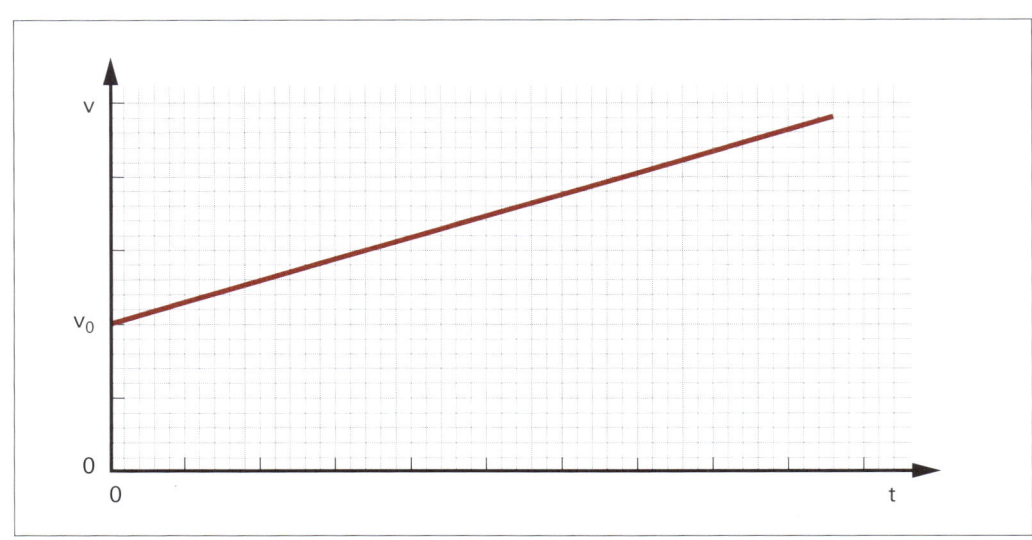

v-t-Diagramm einer gleichmässig beschleunigten Bewegung mit Anfangsgeschwindigkeit v_0.

Wie lauten nun die Bewegungsgleichungen aus dem Abschnitt 7.2?

handwritten at top: $v = v_0 + at \qquad a = \dfrac{v - v_0}{t} \qquad t = \dfrac{v - v_0}{a}$

Ein gleichmässig beschleunigter Körper, der bei $t = 0$ s und $s = 0$ m eine Anfangsgeschwindigkeit v_0 hat, befindet sich zum Zeitpunkt t am Ort s:

Bewegungsgleichungen der gleichmässig beschleunigten Bewegung mit v_0

Gleichung 7.5
$$s = \frac{v_0 + v}{2} \cdot t$$

Gleichung 7.6
$$s = v_0 \cdot t + \frac{1}{2} \cdot a \cdot t^2$$

Gleichung 7.7
$$s = \frac{v^2 - v_0^2}{2 \cdot a}$$

Bewegungsgleichungen der gleichmässig beschleunigten Bewegung mit v_0

Man nennt dies die Bewegungsgleichungen der gleichmässig beschleunigten Bewegung mit v_0.

Herleitung der Bewegungsgleichungen

[Abb. 7.6] v-t-Diagramm

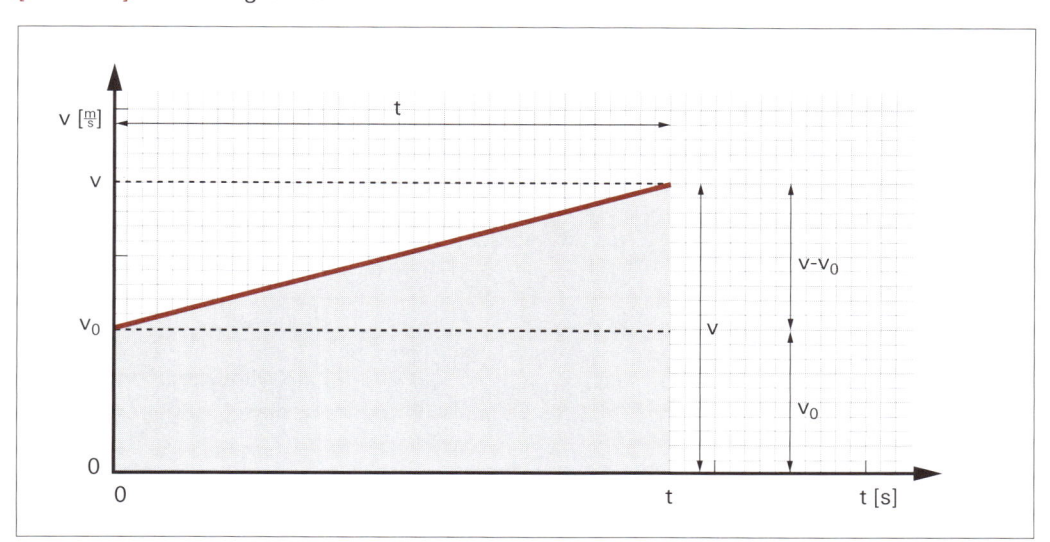

Der zurückgelegte Weg entspricht der Fläche unter der Kurve im v-t-Diagramm.

Im v-t-Diagramm wird die gleichmässige Beschleunigung mit Anfangsgeschwindigkeit durch eine steigende Gerade wiedergegeben. Die Gerade fängt nicht bei $v = 0$ an, sondern bei $v = v_0$. Im v-t-Diagramm sehen Sie den zurückgelegten Weg als Fläche unter der Kurve. Diese Fläche setzt sich neu zusammen aus einem Dreieck mit Seite t und Höhe $(v - v_0)$, also einer Dreiecksfläche $1/2 \cdot (v - v_0) \cdot t$, und einem Rechteck mit Länge t und Höhe v_0, also einer Rechtecksfläche $v_0 \cdot t$. Dies ist Ausgangspunkt für die Herleitung der 3 Bewegungsgleichungen:

- Gleichung 7.5: Die Summe der beiden Flächen ausgerechnet, ergibt Gleichung 7.5.
- Gleichung 7.6: Bei der gleichmässig beschleunigten Bewegung ist zum Zeitpunkt t die Geschwindigkeit $v = v_0 + a \cdot t$. Wir können also v in Gleichung 7.5 durch $v = v_0 + a \cdot t$ ersetzen. Dies ergibt direkt die Gleichung 7.6.
- Gleichung 7.7: Wenn Sie Gleichung 7.5 nach t auflösen und das Resultat in Gleichung 7.6 einsetzen, erhalten Sie 7.7.

Diese Gleichungen entsprechen den Gleichungen aus Abschnitt 7.2, falls die Anfangsgeschwindigkeit null ist.

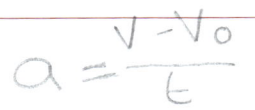

Ein Körper hat eine Anfangsgeschwindigkeit v_0 und wird von $t = 0$ s, $s = 0$ m an gleichmässig beschleunigt. Der Ort, an dem sich der Körper zu einem späteren Zeitpunkt befindet, lässt sich mit den Bewegungsgleichungen 7.5, 7.6 und 7.7 der gleichmässig beschleunigten Bewegung berechnen.

Aufgabe 27

Eine Auto beschleunigt gleichmässig mit 1.5 m/s² von 60 km/h auf 120 km/h. Welchen Weg legt es dabei zurück?

7.5 Vorzeichen der Beschleunigung

Bisher war immer von steigenden Geschwindigkeiten die Rede und der Begriff «Beschleunigung» passt dafür bestens (Z. B. Sportwagen von 0 km/h auf 100 km/h). Aber Geschwindigkeiten ändern sich gerade so oft in die andere Richtung: Autos werden langsamer oder halten gar an; Autos haben neben dem Gas- ja auch noch ein Bremspedal!

Beispiel 7.3

Ein Auto fährt mit 22.2 m/s über Land (= 80 km/h) und bremst bei der Einfahrt in ein Dorf auf 13.9 m/s (= 50 km/h) ab. Die Verlangsamung erstreckt sich über 25 s (die Fahrerin nimmt einfach den Fuss 25 s lang vom Gas). Die entsprechende Beschleunigung a berechnen wir aus der Definition der Beschleunigung $a = \Delta v / \Delta t$. Dabei halten wir uns stur an die Definition der Beschleunigung: Geschwindigkeit nachher minus Geschwindigkeit vorher dividiert durch die verflossene Zeit:

$$a = \frac{13.9 \frac{m}{s} - 22.2 \frac{m}{s}}{25 \text{ s}} = -0.33 \frac{m}{s^2}$$

In diesem Beispiel sticht wieder einmal ein Minuszeichen ins Auge. Dieses Minuszeichen rührt daher, dass die Geschwindigkeit vor dem Manöver grösser ist als nachher.

Negative Beschleunigung, Vorzeichen der Beschleunigung

Im Alltag spricht man nur von einer Beschleunigung, wenn die Geschwindigkeit zunimmt. Bei einer Verlangsamung spricht man im Alltag von einer «Abbremsung». Wir schlagen Ihnen aber vor, von einer *negativen Beschleunigung* zu sprechen (respektive einer positiven Beschleunigung, falls Sie eine Geschwindigkeitszunahme betonen wollen). Das *Vorzeichen der Beschleunigung* gibt also an, ob die Geschwindigkeit zu- oder abnimmt.

[Abb. 7.7]   v-t-Diagramm

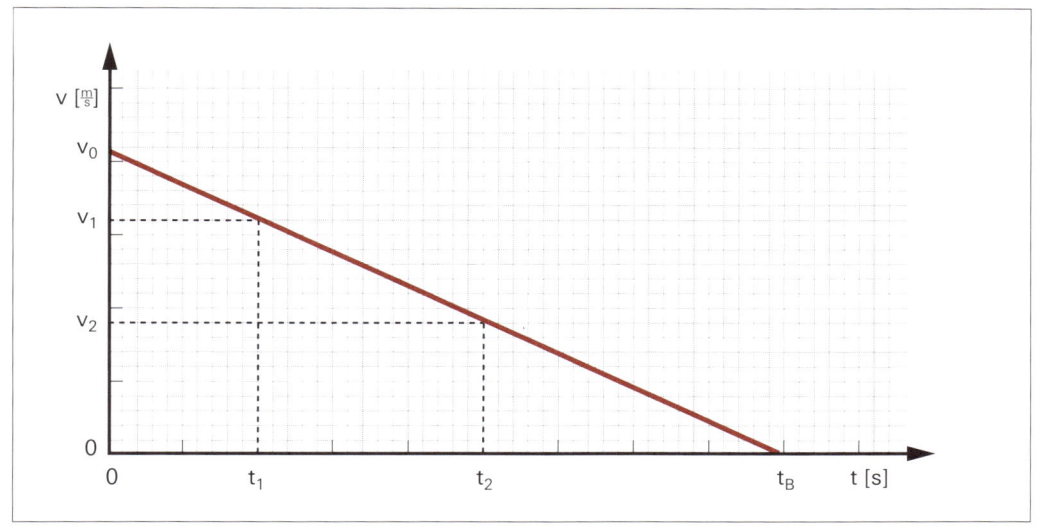

v-t-Diagramm einer gleichmässig beschleunigten Bewegung mit negativer Beschleunigung.

Die Geschwindigkeit während der negativen Beschleunigung berechnet sich wie bei der positiven Beschleunigung:

Gleichung 7.8

$$v = v_0 + a \cdot t$$

Bremszeit

Beachten Sie: Durch den negativen Wert der Beschleunigung a nimmt die Geschwindigkeit von v_0 zum Zeitpunkt $t = 0$ s auf $v = 0$ m/s zum Zeitpunkt $t_B = -v_0/a$ ab. Da die Beschleunigung a negativ ist, wird die *Bremszeit* $t_B = -v_0/a$ wieder positiv.

Welcher Weg wird während eines Bremsvorgangs zurückgelegt? Diese Frage ist beispielsweise im Strassenverkehr von Bedeutung!

Ein Körper, der bei $t = 0$ s, $s = 0$ m eine Geschwindigkeit v_0 hat und dann gleichmässig abbremst, hat zum Zeitpunkt t nur noch die Geschwindigkeit v. Der Ort, wo der Körper die Geschwindigkeit v hat, berechnet sich mit den Bewegungsgleichungen der gleichmässig beschleunigten Bewegung aus Abschnitt 7.5. Beachten Sie aber, dass a beim Bremsen immer negativ ist. Dafür ist v nach dem Beginn des Bremsens kleiner als v_0, so dass ein positives s herauskommt.

Bremsweg

Um den *Bremsweg* s_B, d. h. den Ort, wo der Körper zum Stillstand kommt, oder die Bremszeit t_B, d. h. die Zeit, wann der Körper zum Stillstand kommt, zu berechnen, setzt man in den Bewegungsgleichungen aus Abschnitt 7.4 $v = 0$ m/s ein. Man erhält dann:

Gleichung 7.9

$$s_B = \frac{v_0}{2} \cdot t_B$$

Gleichung 7.10

$$s_B = v_0 \cdot t_B + \frac{1}{2} \cdot a \cdot t_B^2$$

Gleichung 7.11

$$s_B = \frac{-v_0^2}{2 \cdot a}$$

Das Orts-Zeit-Diagramm der gleichmässig beschleunigten Bewegung mit negativer Beschleunigung ist in Abbildung 7.8 dargestellt. Es entspricht einer grafischen Darstellung der Bewegungsgleichung der gleichmässig beschleunigten Bewegung mit Anfangsgeschwindigkeit (Gleichung 7.10).

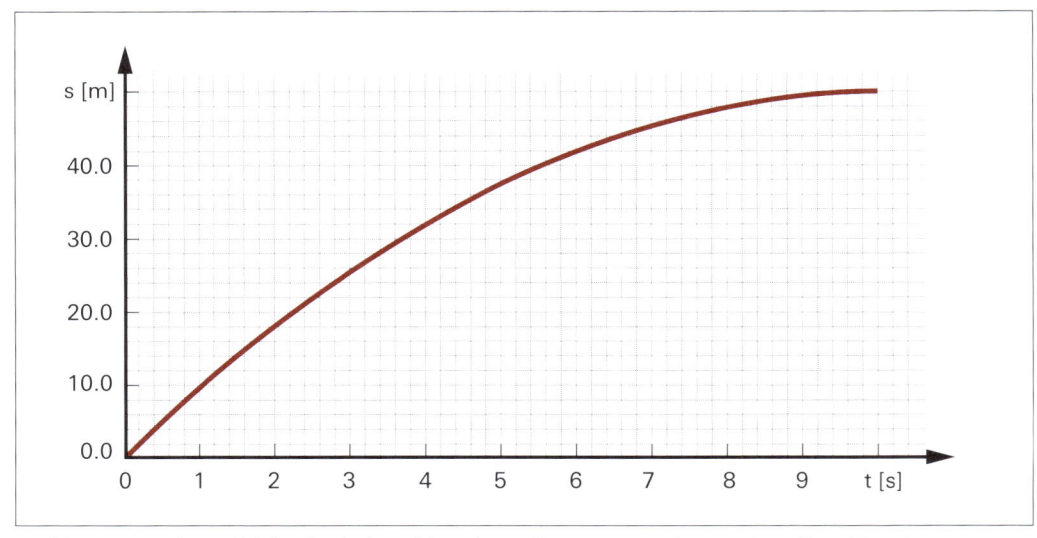

[Abb. 7.8]   *s-t*-Diagramm

s-t-Diagramm einer gleichmässig beschleunigten Bewegung mit negativer Beschleunigung (Anfangsgeschwindigkeit v_0 = 10 m/s, Beschleunigung a = –1 m/s^2).

Beispiel 7.4   Angenommen, Ihr Auto hat ein Bremsvermögen a = –8 m/s^2 und Sie selber haben – nichts Böses erwartend – eine Reaktionszeit von 1.5 s. Sie fahren mit 80 km/h. Können Sie noch stoppen, wenn 70 m vor Ihnen plötzlich ein Hindernis sichtbar wird?

Der Anhalteweg besteht aus zwei Teilen, dem Reaktionsweg und dem Bremsweg:

Reaktionsweg   Den *Reaktionsweg* s_R legen Sie während der 1.5 s zurück, bevor Sie auf die Bremse getreten sind. Dabei bewegen Sie sich gleichförmig mit v_0. Gemäss Gleichung 6.2:

$$s_R = v_0 \cdot t_R = 80 \frac{\text{km}}{\text{h}} \cdot 1.5 \text{ s} = 22 \frac{\text{m}}{\text{s}} \cdot 1.5 \text{ s} = 33 \text{ m}$$

Den Bremsweg s_B legen Sie zurück, nachdem Sie auf die Bremse getreten sind. Dabei bremsen Sie gleichmässig von v_0 auf 0 m/s ab. Gemäss Gleichung 7.11:

$$s_B = \frac{-v_0^2}{2 \cdot a} = \frac{-\left(22 \frac{\text{m}}{\text{s}}\right)^2}{2 \cdot \left(-8 \frac{\text{m}}{\text{s}^2}\right)} = 30 \text{ m}$$

Der Anhalteweg ist also $s_R + s_B$ = 33 m + 30 m = 63 m. Es reicht also gerade noch, um vor dem Hindernis zu stoppen.

Bremsvermögen   Konkret sieht es mit dem *Bremsvermögen* von Autos folgendermassen aus:

[Tab. 7.3]   Typische Beschleunigungen beim Bremsen (Bremsvermögen)

Situation	Beschleunigung
Idealwert (Neuer Reifen auf trockener Strasse)	–10 m/s^2
gut	–8 m/s^2
Mindestwert laut TÜV	–6 m/s^2
auf Schnee	–2 m/s^2
auf Eis	–1 m/s^2

Auch eine Abbremsung ist eine beschleunigte Bewegung. Die Beschleunigung a ist in diesem Fall negativ ($a < 0$). Ein Körper hat eine Anfangsgeschwindigkeit v_0 und wird von $t = 0$ s, $s = 0$ m an gleichmässig abgebremst. Der Ort, an dem sich der Körper zu einem späteren Zeitpunkt befindet, lässt sich mit den Bewegungsgleichungen der gleichmässig beschleunigten Bewegung berechnen.

Aufgabe 33

Ein Zug hat beim Bremsen eine Beschleunigung von –0.50 m/s². Reichen 20 s zum Anhalten aus einer Fahrt von 72 km/h? Achten Sie beim Lösen dieser Aufgabe auf eine korrekte Handhabung der Vorzeichen.

Aufgabe 39

Ein Auto donnert ungebremst mit 50 km/h in eine massive Mauer (die natürlich keinen Millimeter nachgibt). Die Knautschzone (der Motorraum) des Autos wird dabei um 40 cm gestaucht.

A] Berechnen Sie, welcher Beschleunigung die Fahrgastzelle hinter der Knautschzone ausgesetzt ist (in m/s² und als Vielfaches von g).

B] Wie viele Millisekunden dauert der Knautschvorgang?

Aufgabe 16

Als Sie Auto fahren lernten, erhielten Sie wahrscheinlich eine Faustregel zur Berechnung des Anhalteweges s eingetrichtert. Diese Faustregel sieht als Gleichung wie folgt aus:

$$s = \frac{v_0}{3} + \left(\frac{v_0}{10}\right)^2$$

Dabei muss man in der Gleichung die Geschwindigkeiten in km/h einsetzen, damit der Anhalteweg s in m herauskommt.

Was setzt diese Faustregel über die Reaktionszeit der Fahrerin und das Bremsvermögen des Autos voraus?

Tipp: Die Antwort fällt Ihnen vielleicht am einfachsten, wenn Sie sich eine konkrete Geschwindigkeit denken, z. B. $v = 60$ km/h – schliesslich muss die Regel ja für jede Geschwindigkeit Gültigkeit haben.

Exkurs: Galileo Galilei und die mathematische Formulierung

Galileo Galilei

Der 16. Oktober 1604 dürfte der erste Tag gewesen sein, an dem ein Naturgesetz mathematisch formuliert wurde. Konkret ging es um die Frage, wie sich beim freien Fall die Fallstrecke s mit der Fallzeit t verändert. *Galileo Galilei* (1564–1642) schrieb dazu in einem Brief:

$$\frac{s_1}{s_2} = \frac{t_1^2}{t_2^2}$$

Galilei schloss daraus fälschlicherweise, dass die Fallgeschwindigkeit v proportional zur Fallstrecke s ist. Erst vier Jahre später korrigierte sich Galilei: Die Fallgeschwindigkeit v ist proportional zur Fallzeit t:

$$\frac{v_1}{v_2} = \frac{t_1}{t_2}$$

Die Legende besagt, dass Galilei seine Experimente am schiefen Turm von Pisa ausgeführt haben soll, was eher unwahrscheinlich ist. Die beim freien Fall auftretenden Fallzeiten sind zu kurz, um damals genau messbar gewesen zu sein. Die erste brauchbare Pendeluhr wurde erst 1657 durch Christian Huygens erfunden. Galileis Einsichten in den Ablauf des freien Falls stammen aus Experimenten mit einer sorgfältig präparierten schiefen Ebene, auf der eine Kugel herunterrollte. Er konnte dadurch gewissermassen den verlangsamten freien Fall ausmessen. Als Stoppuhr diente ihm ein grosser Wasserbehälter, aus dem ein feiner Wasserstrahl austreten konnte. Das ausfliessende Wasser wurde in einem Messgefäss aufgefangen und war ein Mass für die verstrichene Zeit. Galilei griff auch zu einem anderen Trick für die Zeitmessung: Während die Kugel runterrollte, sang er dazu ein rhythmisches Lied.

Nach heutiger Auffassung war Galilei der erste Mensch, der die Natur mit Experimenten untersucht hat.

8 Die Richtung von Bewegungen mit Vektoren beschreiben

Bewegungsrichtung

Bei der bisherigen Beschreibung von Bewegungen ist ein Aspekt zu kurz gekommen: die *Bewegungsrichtung*. Sie können zwar vorwärts und rückwärts mithilfe des Vorzeichens unterscheiden, was für geradlinige Bewegungen ausreichend ist. Doch wie geben Sie die Richtung eines Körpers an, der ständig seine Bewegungsrichtung ändert, wie z. B. die Bewegung eines Autos im Stadtverkehr?

Im Abschnitt «Einführung in die Methoden der Physik» haben Sie gesehen, dass man mit Vektoren die Richtung einer Grösse beschreiben kann. Wir werden deshalb die für die Kinematik relevanten Grössen Ort, Geschwindigkeit und Beschleunigung mithilfe von Vektoren beschreiben.

8.1 Orts-Vektor

Zur Erinnerung: Bis jetzt haben wir den Ort eines Körpers durch die Entfernung vom Nullpunkt eines ausgerollten Massbandes angegeben. Z. B bedeutete die Angabe $s = 10$ m bisher, dass sich der Körper bei der 10-m-Markierung des ausgerollten Massbandes befindet.

Wie gehen wir vor, wenn wir den Ort eines Körpers mit einem Vektor beschreiben wollen?

Orts-Vektor

Wir legen auch dann zuerst einen Nullpunkt fest, auf den wir die Ortsangaben beziehen. Von diesem Nullpunkt aus zeichnen wir einen Pfeil zum Ort, den wir angeben wollen. Diesen Pfeil nennen wir den *Orts-Vektor* $\vec{r}$.

r

- Die Entfernung lesen wir am Betrag (Länge) r des Orts-Vektors $\vec{r}$ ab.
- Die Richtung, in der sich der Ort vom Nullpunkt aus gesehen befindet, ist die Richtung des Orts-Vektors $\vec{r}$.

Ein Beispiel zur Illustration: Ein Auto befindet sich zu Beginn der Fahrt 100 m nordwestlich vom Bahnhof, am Ende der Fahrt befindet es sich 120 m nördlich vom Bahnhof. Um die ständigen Richtungswechsel während der Fahrt möglichst genau beschreiben zu können, verwenden wir nun Orts-Vektoren. In Abbildung 8.1 ist die Bewegung des Autos mit Orts-Vektoren dargestellt. Der Nullpunkt entspricht dem Ort des Bahnhofs.

[Abb. 8.1]   Orts-Vektoren

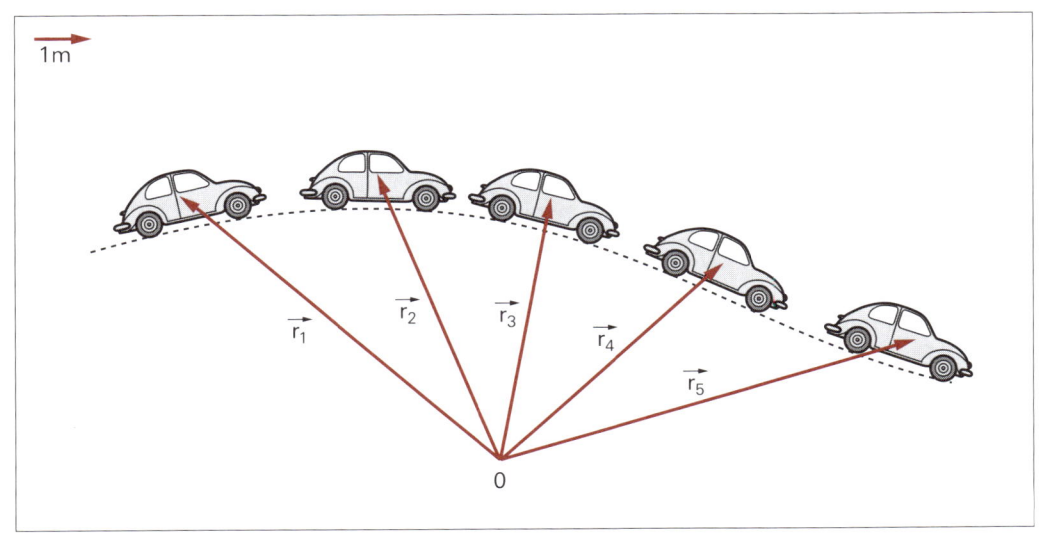

Der Ort des Autos wird mit den Orts-Vektoren angegeben.

Die Beschreibung der Bewegung des Autos besteht jetzt aus der Angabe der Orts-Vektoren $\vec{r}_1$, $\vec{r}_2$ etc. und der zugehörigen Zeitpunkte t_1, t_2 etc.

Ortsänderungs-Vektor

Wenn wir den Ort des Autos mit Orts-Vektoren darstellen, so wird automatisch auch die Ortsänderung des Autos durch einen Vektor dargestellt, denn die Differenz zweier Vektoren ist wieder ein Vektor, der *Ortsänderungs-Vektor* $\vec{\Delta r}$:

Gleichung 8.1

$$\vec{\Delta r} = \vec{r}_2 - \vec{r}_1$$

Wie die Differenz von zwei Vektoren geometrisch bestimmt wird, haben Sie im Abschnitt 3.3 gelernt. In der Abbildung 8.2 sind die Ortsänderungs-Vektoren $\vec{\Delta r}$ für die Bewegung unseres Autos in Abbildung 8.1 eingezeichnet.

- Die Richtung der Ortsänderung wird durch die Richtung von $\vec{\Delta r}$ angegeben.
- Der zurückgelegte Weg wird durch die Länge von $\vec{\Delta r}$ angegeben.

[Abb. 8.2] Vektoren der Ortsänderung

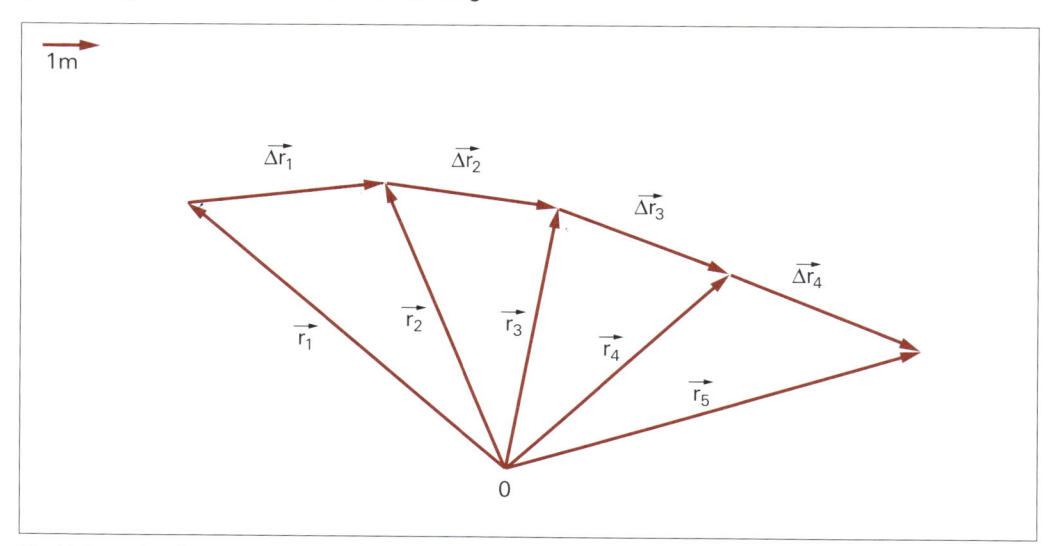

Ein Vektor der Ortsänderung berechnet sich aus der Differenz zweier Orts-Vektoren.

Die Bewegung des Autos ist von nun an durch die Vektoren der Ortsänderung, $\vec{\Delta r}_1$, $\vec{\Delta r}_2$, $\vec{\Delta r}_3$, ... in der Abbildung 8.2 beschrieben. Den aktuellen Aufenthaltsort des Autos können wir zum Beispiel aus den Vektoren der Ortsänderung berechnen: Der aktuelle Aufenthaltsort ist die Summe aller vorherigen Vektoren der Ortsänderung, addiert zum Orts-Vektor des Ausgangspunktes.

Die Ortsangabe des Autos mit Vektoren der Ortsänderung funktioniert jetzt wie die Ortsangabe auf einer Schatzkarte: «Laufe 100 m nach Norden, 20 m nach Nordwesten, 150 m nach Westen, 300 m nach Norden ... .»

Wir kennen jetzt zwei Methoden, um eine Bewegung zu beschreiben:

- Wir rollen entlang der Bahn des Körpers ein Massband aus. Damit messen wir die Ortsänderung $\Delta s = s_2 - s_1$.
- Wir zeichnen Orts-Vektoren zum Aufenthaltsort des Körper. Dann konstruieren wir die Ortsänderung $\vec{\Delta r} = \vec{r}_2 - \vec{r}_1$.

Die Länge von $\vec{\Delta r}$ gibt uns ebenfalls einen zurückgelegten Weg Δr. Was ist der Zusammenhang zwischen Δs und Δr? Betrachten wir dazu Δs und Δr für den S-Bahnzug S8 von Zürich nach Pfäffikon. In Abbildung 8.3 sind beide Methoden der Ortsangabe dargestellt.

[Abb. 8.3]   Bewegung des S-Bahnzuges S8

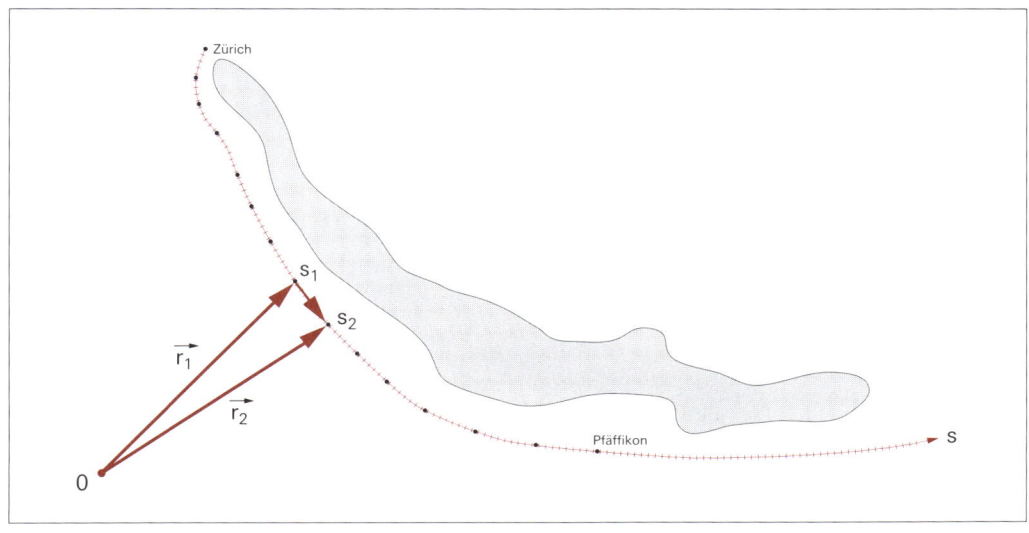

Was ist der Zusammenhang zwischen Δr und Δs?

Aus Abbildung 8.3 wird erkennbar: Der Vektor der Ortsänderung $\vec{\Delta r}$ liegt genau auf dem Massband, wenn benachbarte Orte, d. h. kleine Zeitintervalle betrachtet werden:

$$\Delta r = \Delta s$$

Das heisst, solange wir kleine Zeitintervalle Δt betrachten, ergeben beide Arten der Ortsangabe den gleichen Betrag für die Ortsänderung. Da bei der Berechnung der Momentangeschwindigkeit $v = \Delta s/\Delta t$ das Zeitintervall Δt klein ist, führen beide Methoden der Ortsangabe zu den gleichen Beträgen für die Momentangeschwindigkeit, denn

$$v = \frac{\Delta s}{\Delta t} = \frac{\Delta r}{\Delta t}$$

Alle Grössen der Kinematik beruhen direkt oder indirekt auf Ortsänderungen. Solange wir kleine Zeitintervalle Δt betrachten, gilt $\Delta r = \Delta s$, d. h., wir können bei der Beschreibung von Bewegungen mit Vektoren wie folgt vorgehen:

Wir ersetzen in allen bisherigen Gleichungen der Kinematik die skalaren Grössen s, Δs, v, Δv und a durch Vektoren:

- Die Länge der Vektoren gibt wie immer den Betrag der Grössen an.
- Die Richtung der Vektoren gibt wie immer die Richtung der Grössen an.

Der Orts-Vektor $\vec{r}$ beschreibt die Richtung und die Entfernung des Körpers vom Nullpunkt. Der Orts-Vektor $\vec{r}$ ändert sich, wenn sich der Körper bewegt.

Solange wir sehr kleine Zeitintervalle Δt betrachten, führt die Ortsangabe mithilfe des ausgerollten Massbandes und die Ortsangabe mithilfe von Orts-Vektoren $\vec{r}$ zu gleichen zurückgelegten Wegen, d. h. $\Delta r = \Delta s$ und somit auch zur gleichen Momentangeschwindigkeit und Momentanbeschleunigung.

Aufgabe 22 Ein Bauer läuft die Grenze seines quadratischen Feldes ab. Stellen Sie diese Bewegung mit Orts-Vektoren dar. Zeichnen Sie anschliessend einige Vektoren der Ortsänderung ein.

8.2 Geschwindigkeits-Vektor

Geschwindigkeits-Vektor

Die Geschwindigkeit hatten wir definiert als $v = \Delta s/\Delta t$. Mit Vektoren beschrieben, ist der *Geschwindigkeits-Vektor* $\vec{v}$ somit:

Gleichung 8.2

$$\vec{v} = \frac{\vec{\Delta r}}{\Delta t} = \frac{\vec{r_2} - \vec{r_1}}{t_2 - t_1}$$

- Die Richtung der Geschwindigkeit wird durch die Richtung des Geschwindigkeits-Vektors angezeigt.
- Der Betrag der Geschwindigkeit durch die Länge des Geschwindigkeits-Vektors.

Da wir den Vektor $\vec{\Delta r}$ durch die skalare Grösse Δt dividieren, hat $\vec{v}$ die gleiche Richtung wie $\vec{\Delta r}$. Damit wir in Abbildung 8.4 die Geschwindigkeits-Vektoren des Autos einzeichnen können, müssen wir festlegen, wie lang ein Geschwindigkeits-Vektor z. B. vom Betrag 1 m/s ist, damit wir wissen, wie lang der Geschwindigkeits-Vektor z. B. vom Betrag 5 m/s gezeichnet werden muss.

[Abb. 8.4] Geschwindigkeits-Vektoren

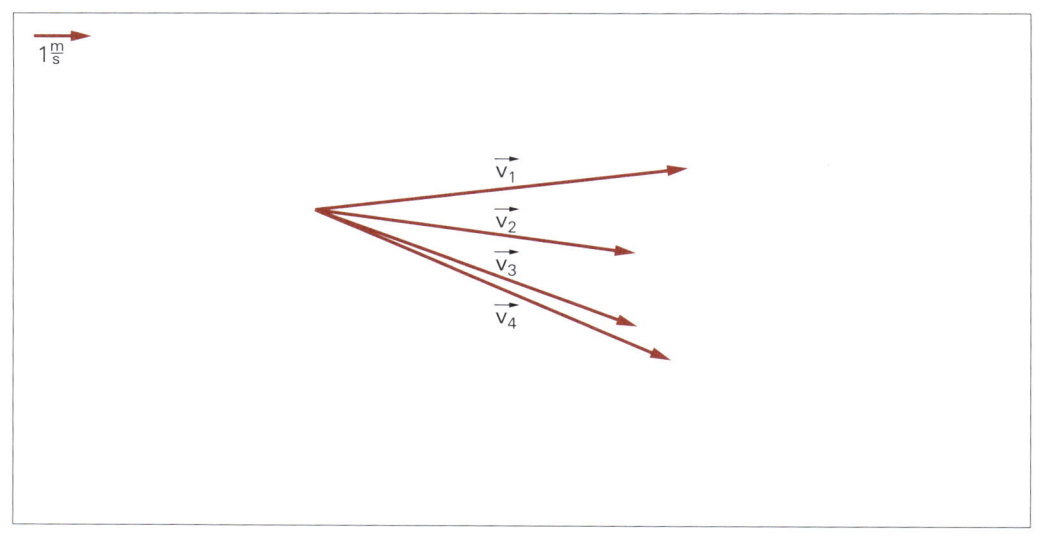

Der Geschwindigkeits-Vektor hat die gleiche Richtung wie der entsprechende Vektor der Ortsänderung in Abbildung 8.2.

Damit $\vec{v} = \vec{\Delta r}/\Delta t$ die Momentangeschwindigkeit ist, muss das Zeitintervall Δt sehr kurz sein.

- Der Geschwindigkeits-Vektor einer gleichförmigen Bewegung ist immer gleich lang.
- Der Geschwindigkeits-Vektor einer geradlinigen gleichförmigen Bewegung hat immer die gleiche Richtung.

Geschwindigkeitsänderungs-Vektor

Die Geschwindigkeitsänderung wird vektoriell durch $\vec{\Delta v} = \vec{v_2} - \vec{v_1}$ beschrieben. In der Abbildung 8.5 ist der *Vektor der Geschwindigkeitsänderung* $\vec{\Delta v}$ für die Bewegung unseres Autos dargestellt.

[Abb. 8.5]   Vektoren der Geschwindigkeitsänderung

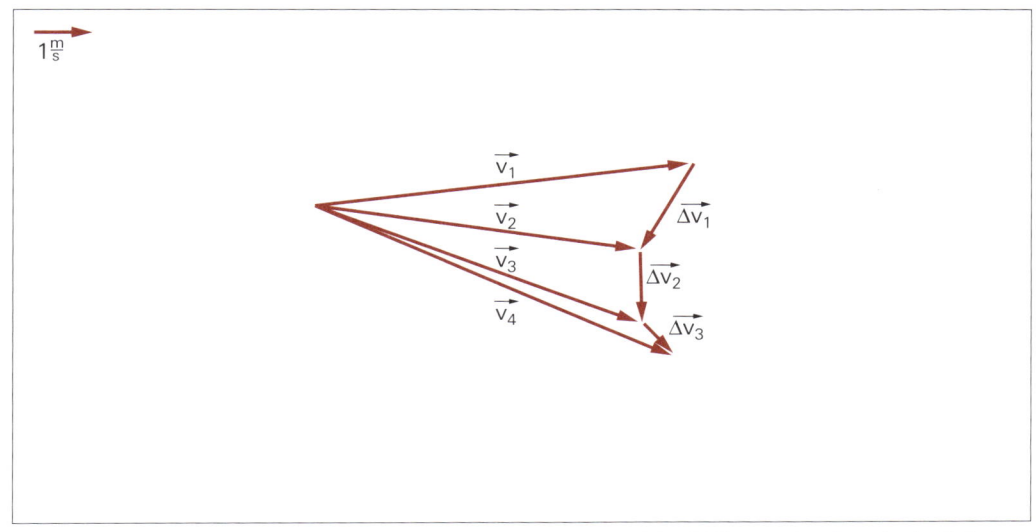

Die Vektoren der Geschwindigkeitsänderung sind die vektorielle Differenz der Geschwindigkeits-Vektoren.

Die Geschwindigkeit des Autos können wir nun aus der Kenntnis aller $\vec{\Delta v}$ rekonstruieren: Jede neue Geschwindigkeit $\vec{v_2}$ können wir aus der alten Geschwindigkeit $\vec{v_1}$ und der Geschwindigkeitsänderung $\vec{\Delta v}$ berechnen:

$$\vec{v_2} = \vec{v_1} + \vec{\Delta v}$$

Wichtig: Die Geschwindigkeit $\vec{v}$ ändert sich nicht nur bei Änderung des Betrags von $\vec{v}$, sondern auch bei einer Änderung der Richtung von $\vec{v}$.

> $\vec{v}$ beschreibt Richtung und Betrag der Geschwindigkeit. Die Richtung der Geschwindigkeit wird durch die Richtung des Geschwindigkeits-Vektors angezeigt. Für die Berechnung der Momentangeschwindigkeit muss das Zeitintervall Δt sehr kurz sein. Die Geschwindigkeit $\vec{v}$ ändert sich, wenn sich der Betrag oder die Richtung oder beides ändert.

Aufgabe 28 Ein fallender Stein hat zum Zeitpunkt $t_1 = 1$ s die Geschwindigkeit $v_1 = 10$ m/s. Zum Zeitpunkt $t_2 = 2$ s hat er eine Geschwindigkeit $v_2 = 20$ m/s. Stellen Sie die Geschwindigkeiten des Steins zu den beiden Zeitpunkten mit Geschwindigkeitsvektoren dar. Zeichnen Sie anschliessend den Vektor der Geschwindigkeitsänderung in Ihre Abbildung ein. Was ist die Richtung und was der Betrag des Vektors der Geschwindigkeitsänderung des Steins?

8.3 Beschleunigungs-Vektor

Beschleunigungs-Vektor

Bleibt uns noch, die Beschleunigung vektoriell zu verstehen. Die Beschleunigung hatten wir definiert als $a = \Delta v / \Delta t$. Mit Geschwindigkeits-Vektoren geschrieben, ist die Beschleunigung somit auch wieder ein Vektor, der *Beschleunigungs-Vektor* $\vec{a}$:

Gleichung 8.3

$$\vec{a} = \frac{\vec{\Delta v}}{\Delta t} = \frac{\vec{v_2} - \vec{v_1}}{t_2 - t_1}$$

- Die Richtung der Beschleunigung entspricht der Richtung des Beschleunigungs-Vektors.
- Der Betrag der Beschleunigung entspricht der Länge des Beschleunigungs-Vektors.

Da wir für den Beschleunigungs-Vektor $\vec{a}$ den Vektor $\vec{\Delta v}$ durch die skalare Grösse Δt dividieren, hat $\vec{a}$ die gleiche Richtung wie $\vec{\Delta v}$. Damit wir die Beschleunigungs-Vektoren zeichnen können, müssen wir natürlich festlegen, wie lang ein Beschleunigungs-Vektor vom Betrag 1 m/s² ist.

[Abb. 8.6]   Beschleunigungs-Vektoren

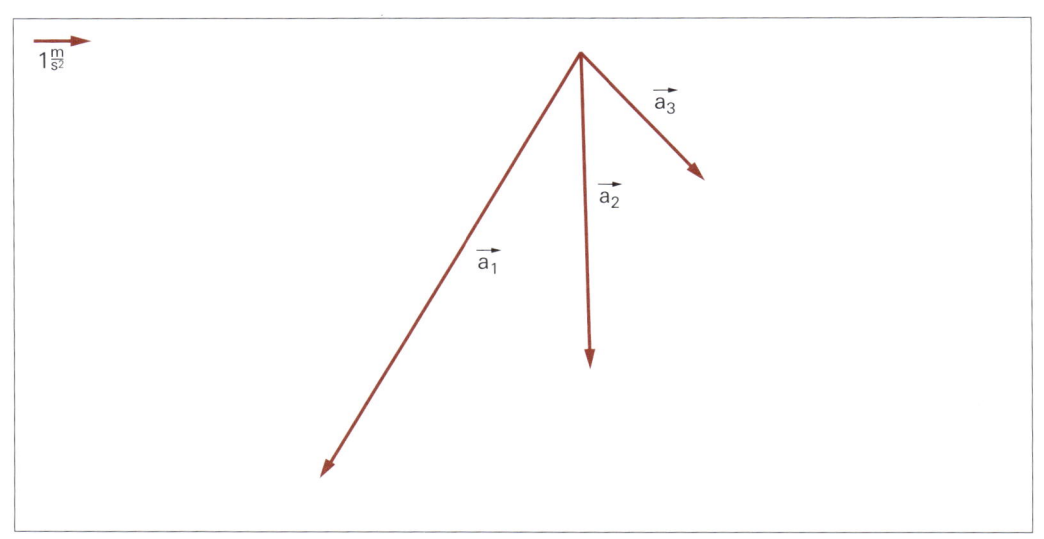

Die Beschleunigungs-Vektoren haben die gleiche Richtung wie die zugehörigen Vektoren der Geschwindigkeitsänderung in Abbildung 8.5.

Das Zeitintervall Δt muss möglichst klein sein, damit die berechnete Beschleunigung die momentane Beschleunigung ist.

Wenn wir die Geschwindigkeit $\vec{v_1}$ zum Zeitpunkt t_1 sowie die Beschleunigung $\vec{a}$ kennen, können wir für beliebige Bewegungen die Geschwindigkeit zum Zeitpunkt t_2 berechnen, denn gemäss Gleichung 8.3 gilt: $\vec{v_2} = \vec{v_1} + \vec{a} \cdot \Delta t$.

Wichtig: Die Beschleunigung kann sich ändern, wenn sich der Betrag oder die Richtung oder beides ändert.

$\vec{a} = \vec{\Delta v}/\Delta t$ beschreibt die Richtung und den Betrag der Beschleunigung. Für die Momentanbeschleunigung muss das Zeitintervall sehr klein sein. Die Beschleunigung ändert sich, wenn sich die Richtung oder der Betrag der Beschleunigung oder beides ändert.

Aufgabe 34   Was ist die Richtung und der Betrag des Beschleunigungs-Vektors beim freien Fall?

9 Gleichförmige Kreisbewegungen

Kreisförmige Bahn, Kreisbewegung, kreisförmige Bewegung, gleichförmige Kreisbewegung

Wir betrachten einen Körper, der sich auf einer *kreisförmigen Bahn* bewegt. Wir sprechen dann von einer *Kreisbewegung* oder von einer *kreisförmigen Bewegung*. Denken Sie sich vorläufig vielleicht eine Modelleisenbahn, deren Schienen Sie kreisförmig ausgelegt haben und die nun, nachdem Sie alles angeschlossen haben, Runde um Runde dreht. Unser Modellzug rolle immer mit konstanter Geschwindigkeit, z. B. $v = 0.5$ m/s auf einem Kreis mit Radius $r = 0.5$ m herum. Bis anhin hätten wir das als gleichförmige Bewegung bezeichnet. Nun nennen wir dies *gleichförmige Kreisbewegung*. Soweit ist bis auf den neuen Begriff alles wie gehabt. Wäre unsere S-Bahn in den Abschnitten 5–7 auf einer Kreisbahn gefahren, hätte dies am Text nicht viel geändert.

Kreisradius

Um auch die Richtung der Bewegung zu beschreiben, geben wir den Ort des Zuges auf seiner Kreisbahn neu mit Orts-Vektoren an. Als Nullpunkt der Orts-Vektoren wählen wir die Kreismitte. Der Betrag der Orts-Vektoren $\vec{r}$ ist somit immer gleich dem *Kreisradius r*. In Abbildung 9.1 ist der Ort des Zuges mit einem Orts-Vektor $\vec{r}$ dargestellt.

[Abb. 9.1]   Orts-Vektoren

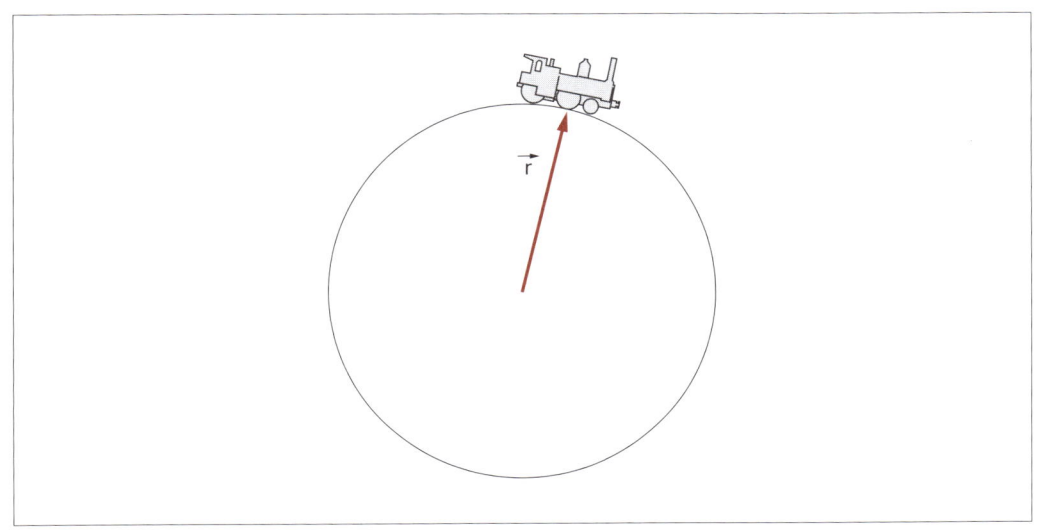

Der Betrag der Orts-Vektoren ist bei der Kreisbewegung immer gleich dem Kreisradius.

Wie gross ist bei einer gleichförmigen Kreisbewegung die Geschwindigkeit und die Beschleunigung? Ihr erster Gedanke ist vielleicht: Die Geschwindigkeit ist konstant und somit ist die Beschleunigung null. Überlegen wir uns das genauer, denn wir haben es hier mit einer Bewegung zu tun, bei der die Richtung der Bewegung ebenfalls wichtig ist: Wie steht es mit der Geschwindigkeit $\vec{v}$ und der Beschleunigung $\vec{a}$ bei der gleichförmigen Kreisbewegung?

9.1 Geschwindigkeit der gleichförmigen Kreisbewegung

Um die Geschwindigkeit $\vec{v}$ zu berechnen, gehen wir von der vektoriellen Gleichung aus:

Gleichung 9.1

$$\vec{v} = \frac{\vec{\Delta r}}{\Delta t}$$

Wie steht es mit der Richtung des Geschwindigkeits-Vektors $\vec{v}$? Um die Richtung der Geschwindigkeit $\vec{v}$ herzuleiten, zeichnen wir die Vektoren der Ortsänderung $\vec{\Delta r}$ in der Abbildung 9.2 ein, denn die Richtung von $\vec{\Delta r}$ ist auch die Richtung von $\vec{v}$.

[Abb. 9.2]   Orts-Vektoren und Vektoren der Ortsänderung

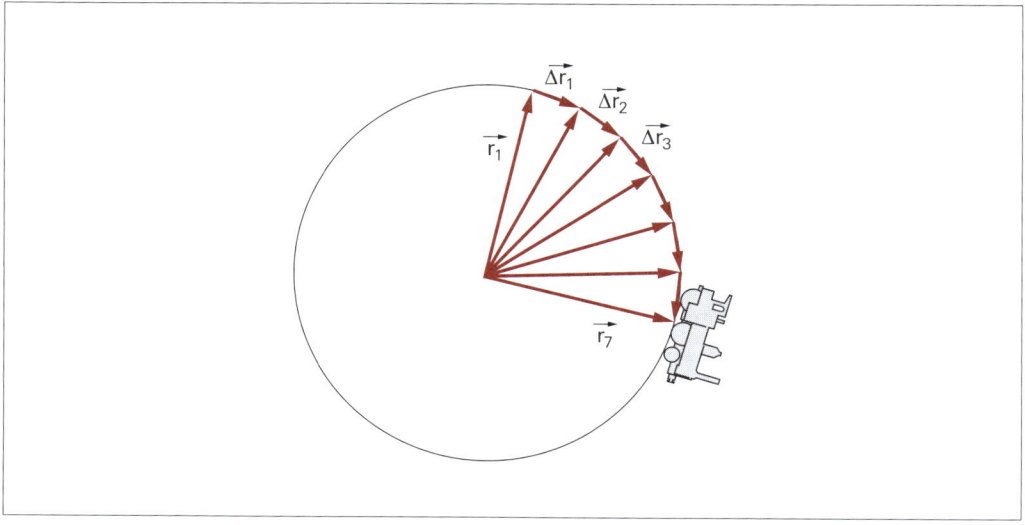

Für kleine Zeitintervalle Δt ist die Richtung des Vektors der Ortsänderung tangential zum Kreis.

Die Abbildung 9.2 zeigt, dass für kleine Zeitintervalle die Vektoren der Ortsänderung $\vec{\Delta r}$ fast rechtwinklig zu den jeweiligen Orts-Vektoren stehen. Je kleiner das Zeitintervall, umso näher ist der Winkel zwischen $\vec{\Delta r}$ und $\vec{r}$ bei einem rechten Winkel. Die Momentangeschwindigkeit $\vec{v}$ ist somit immer rechtwinklig zum Orts-Vektor, d. h. tangential zum Kreis:

[Abb. 9.3]   Geschwindigkeits-Vektoren

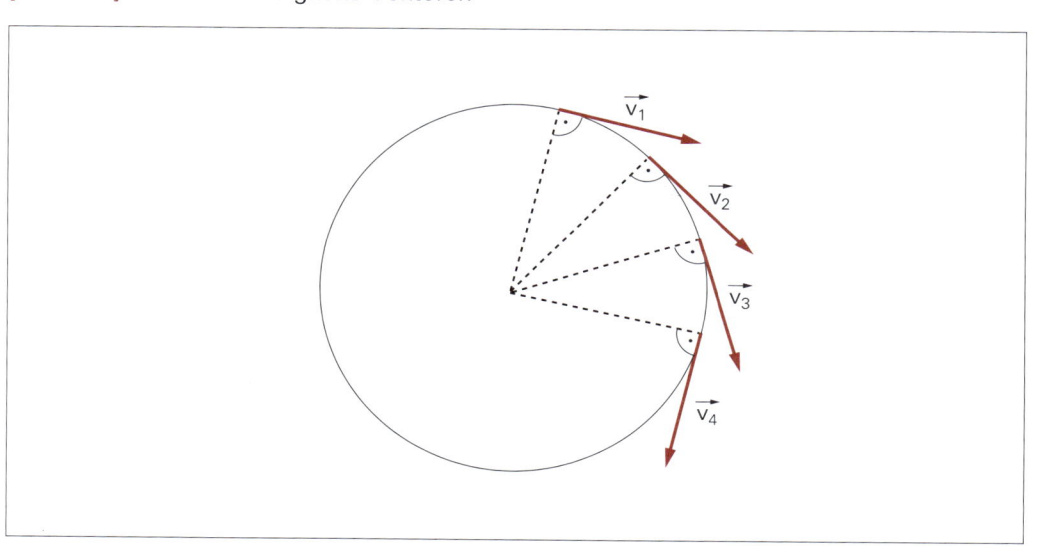

Die Momentangeschwindigkeit ist immer tangential zum Kreis.

Weil die Momentangeschwindigkeit immer tangential zum Kreis ist, ändert sich die Richtung von $\vec{v}$ ständig. Der Vektor der Geschwindigkeitsänderung $\vec{\Delta v}$ ist somit nicht null, wie in Abbildung 9.4 ersichtlich.

[Abb. 9.4]   Vektoren der Geschwindigkeitsänderung

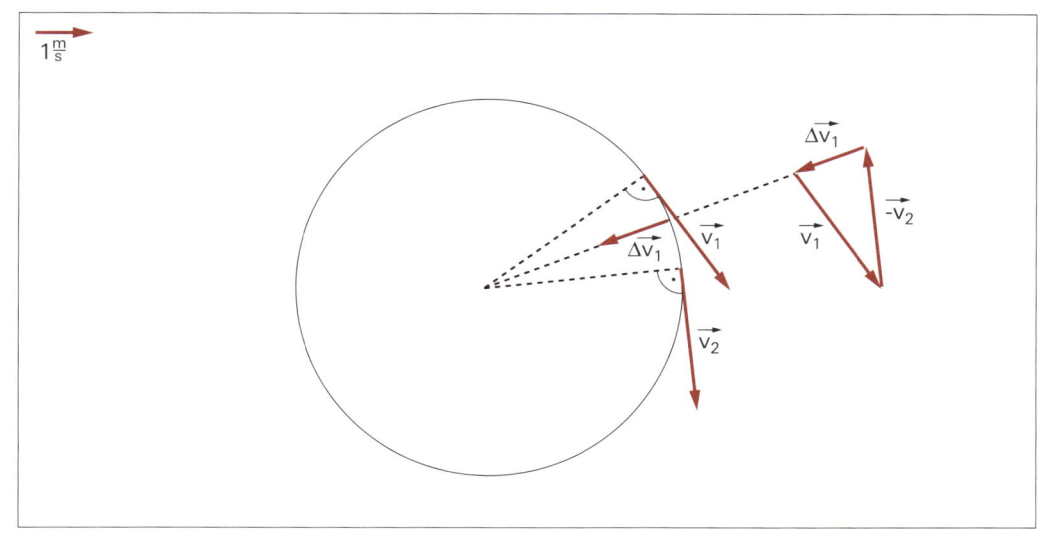

Der Vektor der Geschwindigkeitsänderung zeigt bei der gleichförmigen Kreisbewegung für kleine Δt auf den Kreismittelpunkt.

Aus der Abbildung 9.4 ist ersichtlich, dass $\vec{\Delta v} \neq \vec{0}$. Aus der Abbildung 9.4 geht auch die Richtung des Vektors der Geschwindigkeitsänderung hervor. Der Vektor der Geschwindigkeitsänderung $\vec{\Delta v}$ zeigt bei kleinem Δt genau auf den Kreismittelpunkt.

Kreisumfang, Periode, T

Denken wir über den Betrag der Geschwindigkeit nach. Der zurückgelegte Weg bei einer Umrundung ist der *Kreisumfang*: $2 \cdot \pi \cdot r$. Die Zeit, die der Zug für eine Umrundung der Kreisbahn braucht, wird in der Physik mit einem grossen T abgekürzt und *Periode* genannt. Die Einheit der Periode T ist die Sekunde. Also ist der Betrag der Geschwindigkeit bei einer gleichförmigen Kreisbewegung:

Gleichung 9.2

$$v = \frac{\Delta s}{\Delta t} = \frac{2 \cdot \pi \cdot r}{T}$$

Bei einer gleichförmigen Kreisbewegung ist der Betrag der Geschwindigkeit: $v = 2 \cdot \pi \cdot r / T$. Die Richtung des Vektors der Momentangeschwindigkeit $\vec{v}$ ist immer tangential an den Kreis, ändert sich also ständig. Für sehr kleine Δt zeigt $\vec{\Delta v}$ genau auf den Kreismittelpunkt.

Aufgabe 40

In der Zirkus-Manege läuft ein Pferd gleichförmig im Kreis. Der Radius des Kreises ist 5 m, für eine Umrundung braucht das Pferd 15 s.

A] Zeichnen Sie 8 Vektoren der Momentangeschwindigkeit in die Bahn des Pferdes ein.

B] Wie gross ist die Geschwindigkeit dem Betrag nach?

9.2   Beschleunigung der gleichförmigen Kreisbewegung

Bleibt uns noch übrig, die Beschleunigung $\vec{a}$ zu berechnen:

Gleichung 9.3

$$\vec{a} = \frac{\vec{\Delta v}}{\Delta t}$$

Da die Geschwindigkeitsänderung $\vec{\Delta v}$ nicht null ist, ist die Beschleunigung $\vec{a}$ auch nicht null. Somit ist der Betrag der Beschleunigung $a = \Delta v / \Delta t$ auch nicht null, wie vielleicht im ersten Moment vermutet wurde. Eine vektorielle Berechnung von $\vec{a}$, die wir hier nicht durchführen wollen, ergibt für den Betrag der Momentanbeschleunigung $\vec{a}$:

Gleichung 9.4
$$a = \frac{v^2}{r}$$

Die Momentanbeschleunigung bei der gleichförmigen Kreisbewegung hängt also von der Geschwindigkeit und vom Kreisradius ab.

Der Vektor der Momentanbeschleunigung $\vec{a}$ zeigt ständig auf den Kreismittelpunkt, da $\vec{\Delta v}$ auf den Kreismittelpunkt zeigt und die beiden Vektoren die gleiche Richtung haben.

[Abb. 9.5]   Beschleunigungsvektor

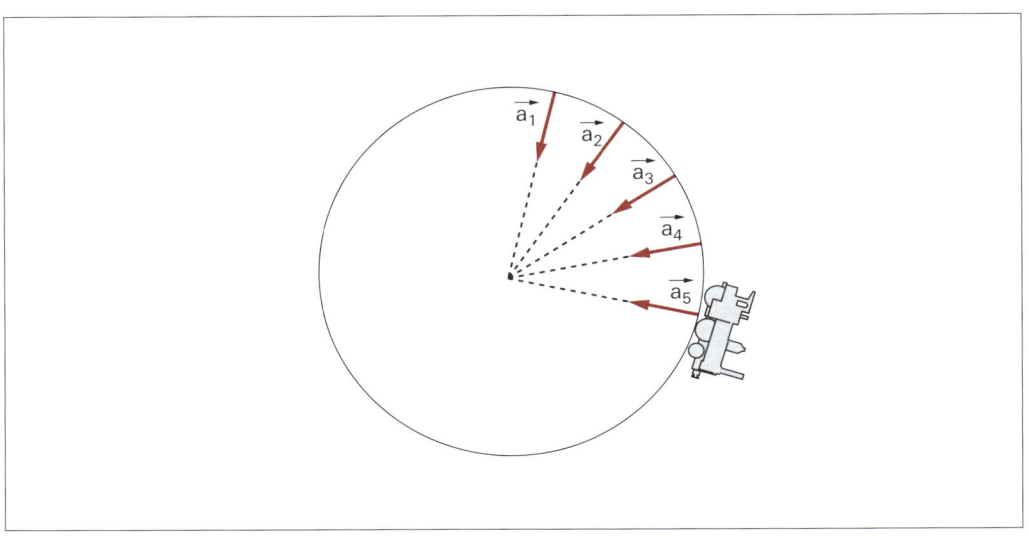

Bei einer gleichförmigen Kreisbewegung zeigt der Beschleunigungs-Vektor ständig auf den Kreismittelpunkt.

Zentral-, Zentripetal-, Radialbeschleunigung

Weil der Beschleunigungs-Vektor immer den Radius entlang auf den Kreismittelpunkt zeigt, spricht man hier auch von *Zentralbeschleunigung*, *Zentripetalbeschleunigung* oder *Radialbeschleunigung*.

Gleichförmige Kreisbewegungen sind beschleunigte Bewegungen, selbst wenn der Betrag der Geschwindigkeit konstant ist:

- Der Beschleunigungs-Vektor $\vec{a}$ zeigt auf die Kreismitte.
- Der Betrag der Beschleunigung ist $a = v^2/r$.

Aufgabe 17

Wegen der Erdrotation bewegen Sie sich in der Schweiz mit 311 m/s um die Erdachse herum. Der Radius dieser Kreisbahn ist auf der geografischen Breite der Schweiz 4 270 km. Was ist die Richtung und der Betrag der Beschleunigung dieser Kreisbewegung? Ist diese Beschleunigung grösser oder kleiner als die Fallbeschleunigung g?

Aufgabe 23

Ein Flugzeug mit einer Geschwindigkeit von 500 km/h muss einen Kreis fliegen. Es ist bekannt, dass einem Teil der Passagiere übel wird, wenn die Beschleunigung grösser als 3.6 m/s² ist. Welches ist der kleinste Kurvenradius, der demnach geflogen werden sollte?

9.3 Weitere Grössen der gleichförmigen Kreisbewegung

Frequenz, f

Eine weitere Grösse zur Periode ist die *Frequenz* (Variable *f*). Die Frequenz gibt die Anzahl Kreisumläufe pro Zeiteinheit an:

Gleichung 9.5

$$\text{Frequenz } f = \frac{\text{Anzahl Umläufe}}{\text{benötigte Zeit}}$$

Hertz, Hz

Die Frequenz hat die Einheit s^{-1}. Dafür gibt es fakultativ, d. h. nicht durchgehend verwendet, einen eigenen Namen, nämlich *Hertz* oder abgekürzt *Hz*: 1 Hz = 1 s^{-1}, benannt nach dem Physiker Heinrich Hertz (1857–1894).

Die Periode *T* haben wir definiert als die Zeit, die der Körper für eine ganze Umrundung braucht, oder etwas allgemeiner formuliert:

Gleichung 9.6

$$\text{Periode } T = \frac{\text{benötigte Zeit}}{\text{Anzahl Umläufe}}$$

Ein Vergleich der letzten beiden Gleichungen zeigt den Zusammenhang zwischen Periode *T* und der Frequenz *f*:

$$f = \frac{1}{T}$$

Die Frequenz ist der Reziprokwert der Periode, und umgekehrt.

Winkelgeschwindigkeit, ω

Zudem definieren wir die Winkelgeschwindigkeit ω (kleiner griechischer Buchstabe «omega») als:

Gleichung 9.7

$$\omega = \frac{2 \cdot \pi}{T} = 2 \cdot \pi \cdot f$$

Die Einheit der Winkelgeschwindigkeit ist die gleiche wie für die Frequenz: s^{-1}.

Wir können den Betrag der Geschwindigkeit bei einer gleichförmigen Kreisbewegung somit durch *T*, *f*, ω und *r* ausdrücken:

Gleichung 9.8

$$v = \frac{2 \cdot \pi \cdot r}{T} = 2 \cdot \pi \cdot r \cdot f = \omega \cdot r$$

Für den Betrag der Beschleunigung bei einer gleichförmigen Kreisbewegung erhalten wir ebenfalls drei alternative Ausdrücke:

Gleichung 9.9

$$a = \frac{v^2}{r} = \omega^2 \cdot r = \omega \cdot v$$

Für die Zeitangabe bei einer Kreisbewegung gibt es drei weitere Grössen: Periode *T*, Frequenz *f* und Winkelgeschwindigkeit ω. Dies führt zu weiteren Ausdrücken für den Betrag der Geschwindigkeit und der Beschleunigung:

$$v = \frac{2 \cdot \pi \cdot r}{T} = 2 \cdot \pi \cdot r \cdot f = \omega \cdot r$$

$$a = \frac{v^2}{r} = \omega^2 \cdot r = \omega \cdot v$$

Aufgabe 29 Sie bewegen sich auf Grund der Rotation der Erde auf einer Kreisbahn um die Erdachse herum. Auf der geografischen Breite der Schweiz sind wir vom Mittelpunkt dieser Kreisbahn etwa 4 270 km entfernt. Berechnen Sie (in SI-Grundeinheiten):

A] Geschwindigkeit

B] Winkelgeschwindigkeit

C] Periode

D] Frequenz

Aufgabe 35 Gehören die Angaben: $T = 365$ d, $f = 1/365$ d, $\omega = 1.99 \cdot 10^{-7}$ s^{-1} zur gleichen Kreisbewegung?

Aufgabe 41 Welche der folgenden Aussagen ist/sind richtig?

- Bei gegebener Geschwindigkeit ist die Winkelgeschwindigkeit umso grösser, je grösser der Bahnradius ist.
- Bei gegebener Geschwindigkeit ist die Winkelgeschwindigkeit umgekehrt proportional zum Radius.
- Die Geschwindigkeit ist bei gegebenem Radius proportional zur Winkelgeschwindigkeit.

Teil C Dynamik

Einstieg «Dynamik»

Das «Verstehen, was passieren wird» ist das zentrale Thema der Physik. Da Veränderungen oft mit Bewegungen verknüpft sind, haben Sie in der Kinematik als Erstes gelernt, wie man Bewegungen beschreibt. Sie sind also diesbezüglich bereits so weit, dass Sie mit Begriffen wie «Geschwindigkeit» und «Beschleunigung» beschreiben können, «was passiert».

Dynamik

In der *Dynamik* werden wir nun mit den Begriffen und Konzepten aus der Kinematik nach den Ursachen von Bewegungen suchen, wodurch wir dann auch «verstehen, was passieren wird». Sie werden also nachher für gewisse Situationen in der Lage sein, vorherzuberechnen, «was passieren wird». Dabei wird sich die «Kraft» als Ursache von Beschleunigung herausstellen. Wir werden uns deshalb erst mit den Eigenschaften der Grösse «Kraft» auseinander setzen und einige konkrete Kräfte besprechen, bevor wir untersuchen, wie Kräfte und Bewegungen miteinander verknüpft sind.

Die wichtigsten Lernziele der Dynamik lauten:

- Sie können Kräfte mit Hilfe von Vektoren darstellen.
- Sie wissen, wie Sie mehrere Kräfte, die auf einen Körper wirken, zusammenzählen und so die resultierende Kraft berechnen.
- Sie kennen die Eigenschaften der Federkraft, Gewichtskraft, Normalkraft und Reibungskraft.
- Sie können die Kraft-Wirkungen Deformation und Beschleunigung mit Beispielen illustrieren.
- Sie sind in der Lage, die beschleunigende Wirkung einer Kraft mit dem Kraftwirkungsgesetz zu berechnen.
- Sie kennen die Eigenschaften der kräftefreien Bewegung.
- Sie sind fähig, für gewisse Kräfte-Situationen die Bewegung vorherzuberechnen.
- Sie können erklären, unter welchen Umständen es zu einer geradlinigen, gleichmässig beschleunigten Bewegung kommt.
- Sie können erklären, unter welchen Umständen es zu einer gleichförmigen kreisförmigen Bewegung kommt.

10 Beschreibung der Kraft

Kraft

Wir wollen uns zuerst überlegen, was eine *Kraft* ist. Zudem machen wir uns erste Gedanken über die Wirkung von Kräften. Wie immer bei einer neuen Grösse müssen wir wissen, wie man die Grösse messen kann und welche Eigenschaften sie hat. Dies bildet den Kern des Abschnitts 10.

10.1 Kraft: Ein Begriff aus dem Alltag

Was eine Kraft ist, wissen Sie bestens aus dem Alltag und aus der Alltagssprache. Einige bekannte Aktivitäten, bei denen Kräfte eine zentrale Rolle spielen:

- Eine Feder dehnen
- Hartes Brot schneiden
- Einen Einkaufswagen stossen
- Einen Stein wegwerfen
- Einen Basketball auffangen
- Ein Kind auf dem Schlitten ziehen
- Einen Gewichtsstein stemmen und hochhalten
- Das Bungee-Jumping-Seil reisst Sie in die Höhe
- Einen Teig kneten

Diese Liste lässt sich noch lange fortsetzen. Bei jeder dieser Situationen ist es interessant, die Kraft sowie ihre Wirkung zu kennen. Drei der obigen Beispiele sind in der Tabelle 10.1 auf Kraft und Wirkung analysiert:

[Tab. 10.1]   Einige Kräfte und ihre Wirkung

Kraft	Wirkungen
Reibungskraft am Schlitten ...	... bremst den Schlitten ab
Gewichtskraft des Steins ...	... zieht den Stein nach unten
Federkraft des Seils ...	... zieht Sie am Bungee-Jumping-Seil nach oben

Die Wirkungen von Kräften stehen im Zentrum der Dynamik. Um über konkrete Beispiele zu verfügen, werden wir aber auch einige Kraft-Beispiele besprechen.

F

So, wie man für die Geschwindigkeit meist den Buchstaben v braucht und für die Beschleunigung ein a, ist die Variable für die Kraft ein F. Wie bei einem Grossteil der mechanischen Grössen stand auch hier die englische Sprache Pate: «F» wie «force» («Kraft»).

> In der Physik wird der Begriff «Kraft» ähnlich verwendet wie im Alltag. Bei Kräften interessiert uns besonders ihre Wirkung.

Aufgabe 45

Beschreiben Sie in möglichst wenigen Worten die Wirkung folgender Kräfte:

- Reibungskraft auf einen dahingleitenden Curling-Stein
- Zupfkraft auf eine Gitarrensaite
- Gewichtskraft auf ein Hagelkorn

Aufgabe 51

Nennen Sie Kräfte, die folgende Wirkungen herbeiführen:

- Ein Apfel fällt vom Baum.
- Die Puffer dämpfen den Stoss zwischen zwei Eisenbahnwagen ab.
- Die Billardkugel rollt nicht weit genug, um ins Loch zu fallen.

10.2 Die Wirkung der Kraft

Wirkung, Deformation

Woran erkennen Sie eigentlich, dass irgendwo eine Kraft auftritt? Sie erkennen Kräfte an ihrer *Wirkung!* Zweierlei Wirkungen können Sie schon in der obigen Liste beobachten:

- Deformation
- Beschleunigung

Beispiel 10.1

Muskelkraft kann einen Brotteig deformieren. Sie können den Teig sogar zerreissen, d. h. so «deformieren», dass er anschliessend aus zwei Teilen besteht.

Sie werfen einen Stein weg, Ihre Muskelkraft bringt den Stein in Bewegung. Ihre Kraft bewirkt eine Beschleunigung des Steins.

Sie fangen einen Ball auf. Sie bremsen also die Bewegung des Balls. Ihre Kraft bewirkt nun ein Bremsen (negative Beschleunigung) des Balls.

Die Wirkung «Beschleunigung» wird sich als zentraler Punkt der ganzen Mechanik entpuppen. Die exakte Formulierung des Zusammenhangs zwischen Kraft und Beschleunigung, der im Abschnitt 12 besprochen wird, ist der Kern der «Dynamik»! Dies als Vorankündigung.

Deformierende und beschleunigende Kräfte haben wichtige Gemeinsamkeiten:

- Wenn keine Kraft wirkt, so verändert sich auch nichts an der Form oder am Bewegungszustand eines Körpers. Anders herum formuliert: Kräfte sind Ursache von Veränderungen. Was das im Detail bedeutet, werden Sie später noch erfahren. Aber anschaulich ist klar, solange der Fussball nicht getreten wird, fliegt er nicht davon. Solange die Orange nicht gepresst wird, kommt auch kein Saft heraus.
- Eine Kraft wirkt immer auf einen Körper und geht immer von einem Körper aus. Dies ist in der Abbildung 10.1 schematisch dargestellt: Eine Kraft geht hier vom Körper 1 aus und wirkt auf den Körper 2. Dadurch wird der Körper 2 deformiert oder beschleunigt.

[Abb. 10.1]   Eigenschaften der Kraft

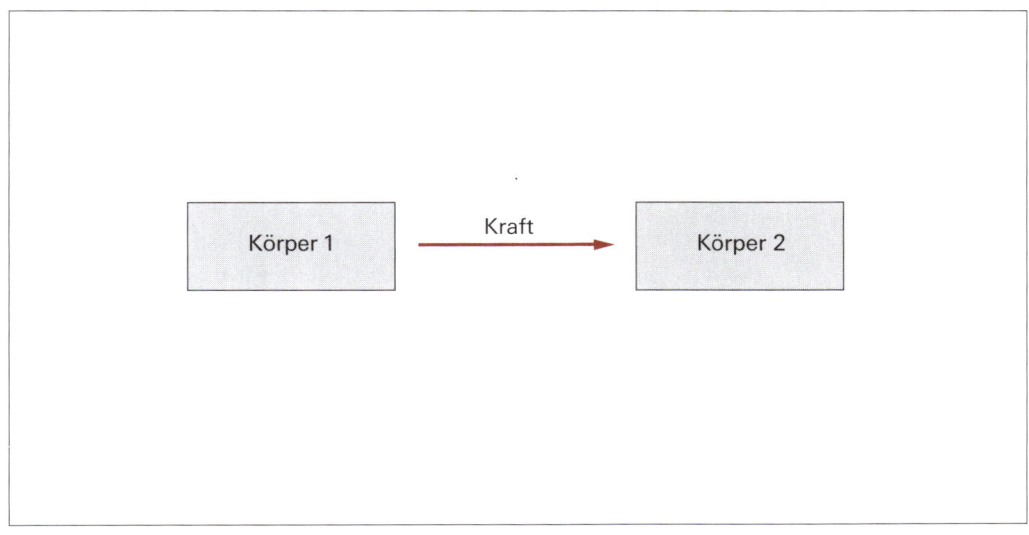

```
   Körper 1  ——Kraft——▶  Körper 2
```

Die Kraft geht von einem Körper 1 aus und wirkt auf einen anderen Körper 2.

In den meisten Situationen wirken mehrere Kräfte zugleich auf einen Körper ein. Betrachten wir zum Beispiel das Seilziehen. An den beiden Seil-Enden ziehen zwei Personen. Die beiden Zugkräfte können unterschiedlich am Seil wirken.

Beispiel   10.2   Wenn beide Personen gleich stark ziehen, wird das Seil in Ruhe bleiben, d. h. nicht beschleunigt. Dafür wird das Seil etwas gedehnt werden, d. h. deformiert.

Ist die eine Person etwas stärker als die andere, so beginnt sich das Seil zu bewegen, wird also beschleunigt. Zudem ist das Seil aber auch gespannt, d.h deformiert.

Lässt die eine Person das Seil los, wird das Seil beschleunigt, dafür aber nicht mehr deformiert.

Diesem Beispiel entnehmen wir:

- Soll ein Körper deformiert, aber nicht beschleunigt werden, so muss der Kraft eine gleich starke Kraft entgegenwirken.
- Kräfte haben im Allgemeinen gleichzeitig deformierende und beschleunigende Wirkungen.

Für die Wirkung einer Kraft gilt:

- Eine Kraft wirkt immer von einem Körper auf einen anderen Körper.
- Wirken Kräfte auf einen Körper, so wird er beschleunigt oder deformiert.
- Wirkt keine Kraft auf einen Körper, wird er weder deformiert noch beschleunigt.

Aufgabe 56   Eine Billardkugel rollt über den Billardtisch und kommt wegen der Reibung vor dem Loch zum Stillstand. Von welchem Körper geht die Reibungskraft aus, die offenbar auf die Kugel wirkt?

10.3 Kraftmessung mit Hilfe von Federwaagen

Eine physikalische Grösse kann man definieren, indem man sagt, wie sie gemessen werden kann. So wird der sehr abstrakte Begriff «Zeit» definiert als das, was z. B. eine Penduluhr anzeigt.

Schraubenfeder

Versuchen wir dies auch für den Begriff «Kraft» zu tun – mit was könnte man eine Kraft messen? Wir können die Kraft durch die Stärke ihrer Wirkung messen. Die Kraft kann also durch die Stärke der Deformation oder durch die Stärke der Beschleunigung gemessen werden. Eine Möglichkeit bieten deshalb deformierbare Federn, die Sie vielleicht auch aus dem Kraftraum kennen. Wir wollen hier ausschliesslich an *Schraubenfedern* denken, es gäbe ja auch noch andere Arten von Federn.

[Abb. 10.2]   Kraftmessung mit einer Feder

Federn werden auch im Alltag benutzt, um die Kraft zu messen, auch wenn man nach der Messung meist keine Masszahl für die Kraft hat.

Federwaage

Um eine solche Schraubenfeder in Abbildung 10.2 zu dehnen, braucht es Kraft. Je grösser die Kraft an beiden Enden der Feder, desto weiter wird die Feder gedehnt. Daraus können wir ein Messgerät für die Kraft konstruieren: die *Federwaage*. Eine Federwaage besteht z. B. aus einer Feder zwischen zwei ineinander verschiebbaren Hülsen. An der inneren Hülse lässt sich die Dehnung der Feder auf einer Skala ablesen.

[Abb. 10.3] Aufbau der Federwaage

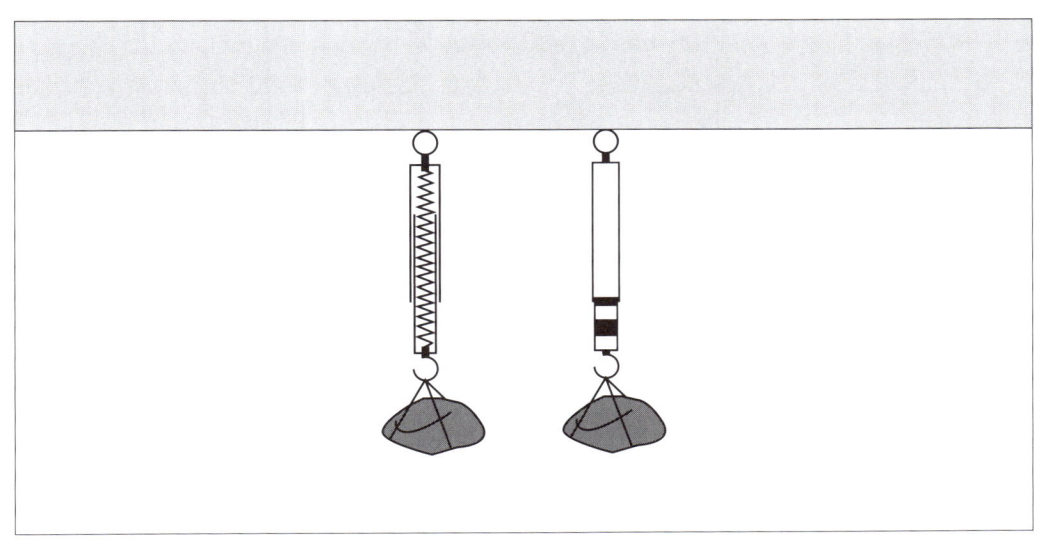

Mit Federn lässt sich ein einfacher Kraftmesser bauen: die Federwaage.

Wir messen hier die Kraft mit der Wirkung «Deformation». Die ganze Kraft soll die Federwaage deformieren und nicht beschleunigen. Die Federwaage muss deshalb oben festgehalten werden. In der Abbildung hält z. B. die Decke die Federwaage hoch.

Provisorische Definition der Krafteinheit, Newton

Nun fragen Sie sich vielleicht, in welcher Mass-Einheit die Kraft auf der Skala der Federwaage angeschrieben ist. Bei vielen Waagen ist eine Skala in g oder kg aufgedruckt. Sie werden jedoch bald sehen, dass dies keine physikalisch korrekte Kraftangabe ist. Die SI-Einheit heisst vielmehr *Newton* (ausgesprochen: ['nju:tn]) benannt nach dem englischen Physiker, Isaac Newton (1642–1727). Eine klare Definition dieser Einheit wird sich im Abschnitt 12.1 ergeben; an dieser Stelle wäre sie noch unverständlich. Wir verschieben die offizielle Definition daher auf später. Zwischenzeitlich benutzen wir eine provisorische Definition, die uns trotzdem das Rechnen mit Zahlen ermöglicht. Die *provisorische Definition der Krafteinheit* Newton orientiert sich am Beispiel mit der einfachen Waage:

Provisorische Definition der Krafteinheit

Hängen an einer Feder 100 g, so wirkt auf die Feder eine Kraft von ungefähr 1 N.

Bemerkungen zur Definition der Krafteinheit

Newton ist eine SI-Einheit. Wir werden später sehen, dass es eine abgeleitete Einheit ist, also keine Grundeinheit wie Kilogramm, Meter oder Sekunde. Die Stärke einer Kraft wird immer in Newton angegeben. Ein Kraftmesser sollte also in Newton geeicht sein.

Wir benutzen die Kraft-Wirkung «Deformation» für die provisorische Definition der Kraft. Die endgültige Definition wird später die Kraft-Wirkung «Beschleunigung» benutzen.

Beispiel 10.3   Eine Person bringt 75 kg auf die Waage, will heissen, dass die Kraft, mit der die Person auf die Waage drückt, $F = 75 / 0.1$ N $= 750$ N beträgt. Mehr zum Zusammenhang bzw. Unterschied zwischen kg und N folgt in Bälde.

Kräfte kann man messen, indem man die Dehnung einer geeichten Federwaage abliest. Die SI-Einheit der Kraft heisst Newton (abgekürzt N). 1 N entspricht etwa der Gewichtskraft von 100 g.

Aufgabe 62   Wie kräftig können Sie Ihre Hände zusammendrücken? Messen Sie dies, indem Sie eine Personenwaage zwischen Ihren Händen zusammendrücken.

10.4 Kraftbeschreibung mit Hilfe von Vektoren

Sie wollen ein volles Büchergestell verschieben. Dazu ist bekanntlich einiges an Kraft notwendig. Diese können Sie auf mehr als eine Weise einsetzen. Dabei wissen Sie aus Erfahrung:

Angriffspunkt der Kraft

Die Stärke der Kraft bestimmt die Stärke der Wirkung. Die Richtung der Kraft bestimmt die Richtung der Wirkung. Der Ort, auf den die Kraft einwirkt, bestimmt die Wirkung der Kraft. Je nachdem auf welcher Höhe des Gestells Sie die Kraft ausüben, wird es verschoben oder es wird umkippen. Dies ist in Abbildung 10.4 schematisch dargestellt. Man nennt den Punkt, auf den die Kraft auf den Körper einwirkt, *Angriffspunkt der Kraft*.

[Abb. 10.4]   Angriffspunkt der Kraft

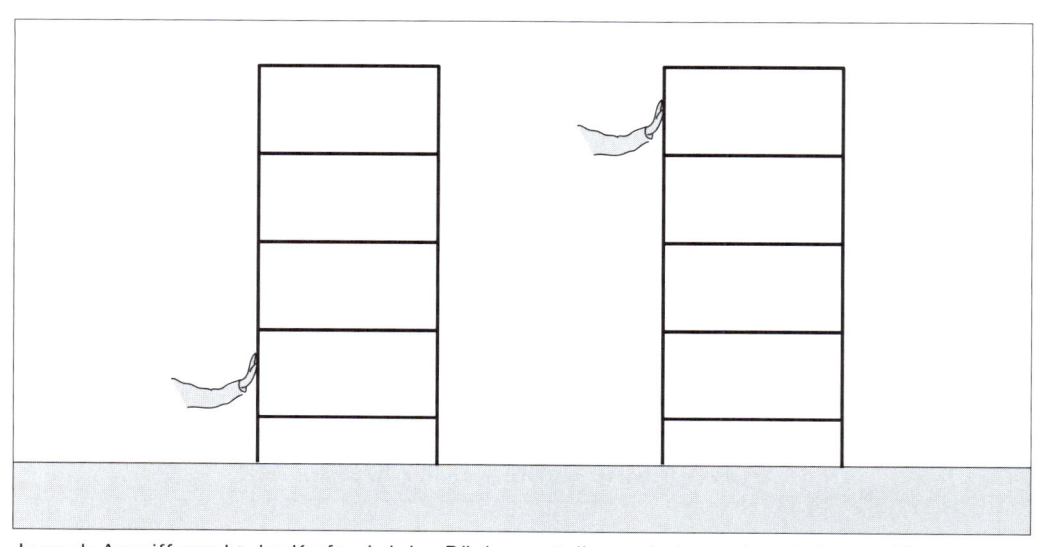

Je nach Angriffspunkt der Kraft wird das Büchergestell verschoben oder wird es umkippen.

Um eine Kraft eindeutig zu beschreiben, braucht es die Angabe von:

- Stärke
- Richtung
- Angriffspunkt

Konstante Kraft

Zwei Kräfte mit gleicher Stärke, gleicher Richtung und gleichem Angriffspunkt haben die gleiche Wirkung. Wenn Stärke, Richtung und Angriffspunkt der Kraft gleich bleiben, so spricht man von einer *konstanten Kraft*.

Kraft-Vektor

Eine physikalische Grösse, die nicht allein durch ihre Stärke charakterisiert ist, sondern auch noch einen Richtungssinn hat, ist eine vektorielle Grösse. Die Kraft wird deshalb mithilfe von Vektoren, so genannten *Kraft-Vektoren* $\vec{F}$ dargestellt.

Anfangspunkt des Kraft-Vektors

- Die Richtung des Kraft-Vektors $\vec{F}$ stellt die Richtung der Kraft dar.
- Die Länge des Kraft-Vektors $\vec{F}$ stellt die Stärke (Betrag) der Kraft dar.
- Der *Anfangspunkt* des Kraft-Vektors $\vec{F}$ stellt den Angriffspunkt der Kraft dar.

Ortsgebundener Vektor

Man bezeichnet Vektoren mit einem ortsgebundenen Anfangspunkt als *ortsgebundene Vektoren*. Der Kraft-Vektor $\vec{F}$ ist ein ortsgebundener Vektor!

In Abbildung 10.5 wird die Kraft, die eine Zug-Leine auf einen Koffer ausübt, dargestellt. Der Angriffspunkt, die Stärke und die Richtung der Kraft werden durch den Anfangspunkt, die Länge und die Richtung des Kraft-Vektors $\vec{F}$ beschrieben.

[Abb. 10.5] Kraft-Vektor

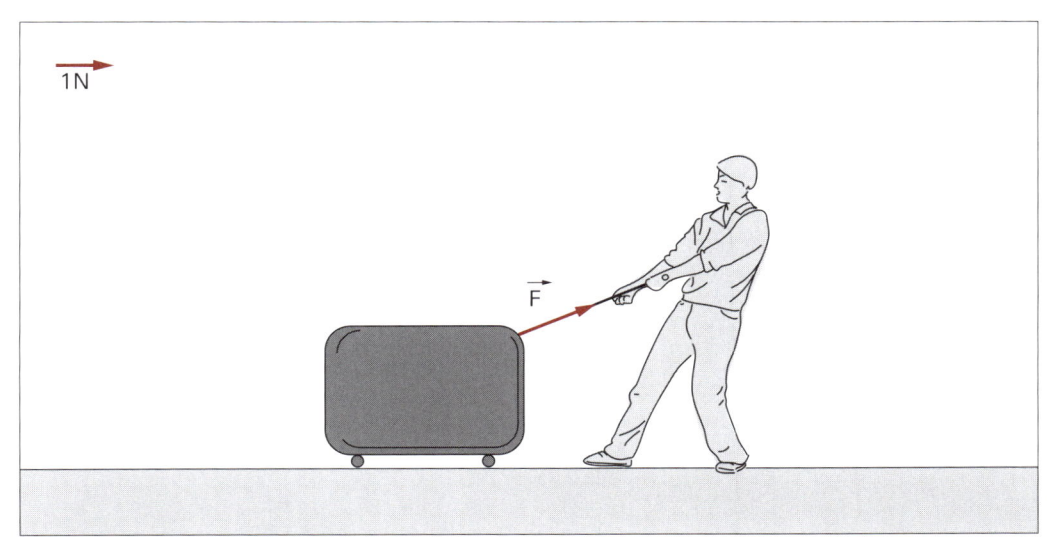

Kraftbeschreibung mit einem Kraft-Vektor.

Eine Kraft ist vollständig beschrieben, wenn man ihre Stärke, ihre Richtung und ihren Angriffspunkt kennt.

Eine Kraft kann durch einen ortsgebundenen Kraft-Vektor $\vec{F}$ dargestellt werden:

- Die Richtung des Kraft-Vektors $\vec{F}$ stellt die Richtung der Kraft dar.
- Die Länge (Betrag) des Kraft-Vektors $\vec{F}$ stellt die Stärke der Kraft dar.
- Der Anfangspunkt des Kraft-Vektors $\vec{F}$ stellt den Angriffspunkt der Kraft dar.

Aufgabe 67 Die Angabe «Es wirkt eine Kraft von 10 N auf einen Körper» ist unvollständig, weil die Wirkung der Kraft nicht nur von ihrer ...., sondern auch von ihrer .... und ihrem .... abhängt. Deshalb werden Kräfte mit .... dargestellt.

Aufgabe 73 An einer am Baum angelehnten Leiter hängt ein Eimer. Der Eimer zieht mit 150 N an der zweitobersten Sprosse der Leiter. Skizzieren Sie diese Situation und zeichnen Sie die Kraft, die auf die Leiter wirkt, mithilfe eines Kraft-Vektors ein.

10.5 Die resultierende Kraft mehrerer Kräfte

Im Alltag ist selten nur eine einzige Kraft am Werk. Auf ein beschleunigendes Mofa wirken z. B. folgende Kräfte:

- Das Gewicht des Mofas zieht nach unten.
- Die Strasse stützt von unten.
- Die Antriebskraft wirkt vorwärts.
- Das Gewicht des Fahrers zieht nach unten.
- Reibung und Luftwiderstand bremsen.
- Der Anhänger zieht nach hinten.

[Abb. 10.6] Kräfte am Mofa

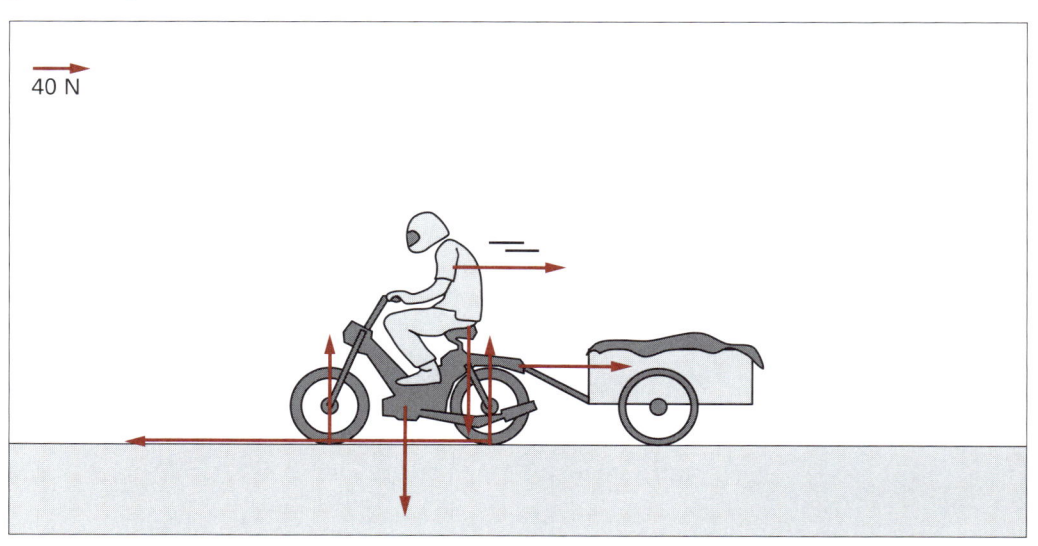

Auf das Mofa wirken mehrere Kräfte. Wie berechnen wir die Gesamtwirkung dieser Kräfte?

Resultierende Kraft

Wie berechnen wir die Gesamtwirkung aller Kräfte? Jede Kraft ist wirksam, aber nur die aus allen Kräften *resultierende Kraft* $\vec{F}_{res}$ ist schlussendlich für die Bewegung oder Deformation des Körpers (hier des Mofas) wichtig. Da die wirkenden Kräfte $\vec{F}_1$, $\vec{F}_2$, $\vec{F}_3$, ... durch Kraft-Vektoren beschrieben werden können, liegt die Vermutung nahe, dass die resultierende Kraft $\vec{F}_{res}$ als Summe aller Kraft-Vektoren berechnet werden kann:

$$\vec{F}_{res} = \vec{F}_1 + \vec{F}_2 + \vec{F}_3 + \dots$$

Wie bei einer einzelnen Kraft gilt auch für die resultierende Kraft $\vec{F}_{res}$:

- Ist die resultierende Kraft nicht null, so wird der Körper beschleunigt.
- Ist die resultierende Kraft null, so wird der Körper nicht beschleunigt.

Zur Berechnung der resultierenden Kraft summiert man die einzelnen Kraft-Vektoren. Vektoren summieren wurde im Abschnitt 3.3 besprochen. Im Fall der Kraft-Vektoren kommt die Schwierigkeit hinzu, dass Kraft-Vektoren ortsgebundene Vektoren sind.

Um zu sehen, wo die Schwierigkeit der Summation von Kraft-Vektoren liegt, betrachten wir ein Beispiel, bei dem zwei Kräfte auf einen Körper wirken.

10.6 Vereinfachtes Berechnen der resultierenden Kraft

Auf eine Kugel wirken zwei Kräfte. Die Kraft-Vektoren der beiden Kräfte sind in der Abbildung 10.7 mit $\vec{F}_1$ und $\vec{F}_2$ bezeichnet.

[Abb. 10.7]   Zwei Kräfte wirken auf eine Kugel

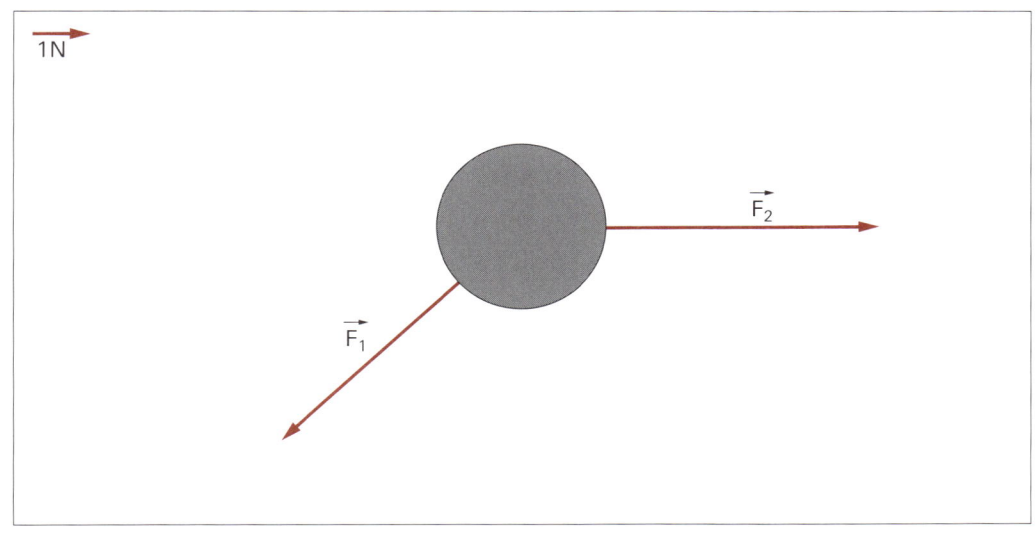

Auf eine Kugel wirken zwei Kräfte mit unterschiedlichen Angriffspunkten.

Wie sieht die resultierende Kraft $\vec{F}_{res} = \vec{F}_1 + \vec{F}_2$ der beiden Kraft-Vektoren aus? Da Kraft-Vektoren ortsgebunden sind, können wir sie zur Addition nicht einfach parallel verschieben. Um dies zu zeigen, haben wir in der Abbildung 10.8 die beiden Kraft-Vektoren $\vec{F}_1$ und $\vec{F}_2$ auf zwei unterschiedliche Arten parallel verschoben, so dass sie den gleichen Anfangspunkt haben. Anschliessend haben wir die verschobenen Kraft-Vektoren vektoriell zusammengezählt.

[Abb. 10.8]   Kraft-Vektoren zusammenzählen

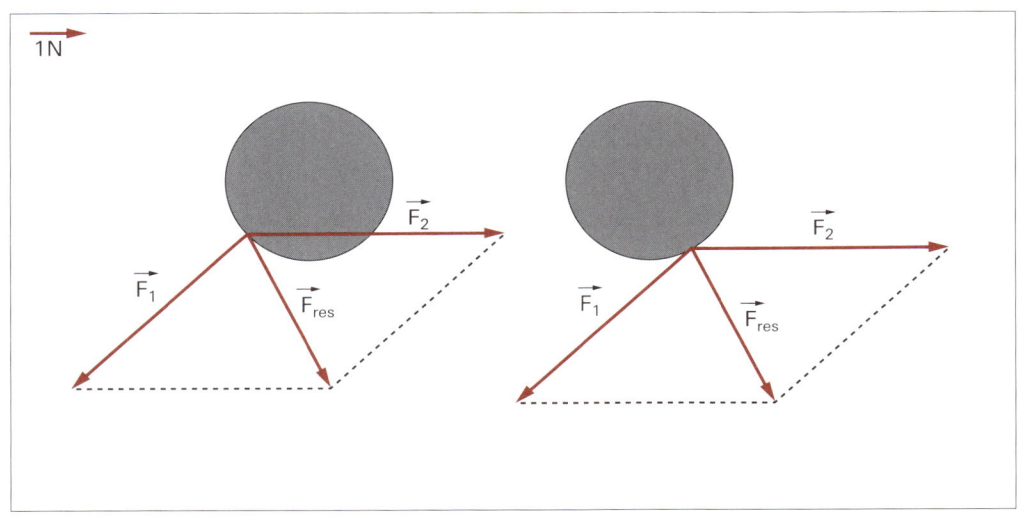

Zwei Kraft-Vektoren wurden zusammengezählt, ohne zu berücksichtigen, dass sie ortsgebunden sind.

Es ist leicht vorstellbar, dass die resultierende Kraft $\vec{F}_{res}$ auf die beiden Kugeln in Abbildung 10.8 nicht die gleiche Wirkung haben wird. Die Kugel rechts wird wahrscheinlich nur in Richtung der resultierenden Kraft $\vec{F}_{res}$ beschleunigt, während die Kugel links zusätzlich noch in Drehung versetzt wird. Welche resultierende Kraft ist nun richtig berechnet, das heisst, welches ist der richtige Anfangspunkt des Kraft-Vektors der resultierenden Kraft? Wird die Kugel auch gedreht oder wird sie nur geradeaus beschleunigt?

Obwohl es spannend wäre zu wissen, ob sich etwas zu drehen (kippen) beginnt oder nicht, wollen wir dies hier nicht besprechen, sondern nur die beschleunigende Wirkung von $\vec{F}_{res}$ betrachten.

Wir machen deshalb die folgende Vereinfachung: Wir berücksichtigen nicht, dass Kräfte meist an verschiedenen Orten am Körper angreifen, sondern nehmen immer an, dass alle Kräfte im Zentrum des Körpers angreifen. Wir ersetzen also den Körper durch seinen Massenpunkt. Die Kräfte greifen dann alle am Massenpunkt an. Die Kraft-Vektoren haben somit alle den gleichen Anfangspunkt und können sofort vektoriell zusammengezählt werden. Der Nachteil dieses vereinfachenden Modells: Wir können nicht sagen, ob ein Körper in Drehung versetzt wird.

Für die unter dieser Vereinfachung berechnete resultierende Kraft $\vec{F}_{res}$ gilt:

- Die Stärke der resultierenden Kraft ist durch die Länge (den Betrag) von $\vec{F}_{res}$ gegeben.
- Die Richtung der resultierenden Kraft ist durch die Richtung von $\vec{F}_{res}$ gegeben.
- Wenn die Kräfte, die summiert wurden, eigentlich nicht den gleichen Angriffspunkt haben, bleibt der wahre Angriffspunkt der resultierenden Kraft $\vec{F}_{res}$ unbekannt.

Wichtig: Beim Berechnen der resultierenden Kraft darf man natürlich nur Kräfte zusammenzählen, die auf den betrachteten Körper wirken. Deshalb sollten Sie sich immer erst klar machen, welchen Körper Sie eigentlich betrachten, bevor Sie sich überlegen, welche Kräfte zur resultierenden Kraft beitragen.

Wir betrachten nun einige Beispiele zur Berechnung der resultierenden Kraft $\vec{F}_{res}$:

Beispiel 10.4 Andreas und Susanna streiten sich um ein Buch. Andreas zieht mit 20 N in die eine Richtung, Susanna mit 30 N in die entgegengesetzte Richtung, ohne dass das Buch dabei zerrissen wird.

Wir vernachlässigen das Gewicht des Buchs in dieser Betrachtung. Die Kraftvektoren für die beiden Zugkräfte $\vec{F}_1$ und $\vec{F}_2$ zeichnen wir mit dem gleichen Anfangspunkt beim Buch ein und addieren sie vektoriell zur resultierenden Kraft $\vec{F}_{res} = \vec{F}_1 + \vec{F}_2$.

[Abb. 10.9] Kraft-Vektoren zusammenzählen

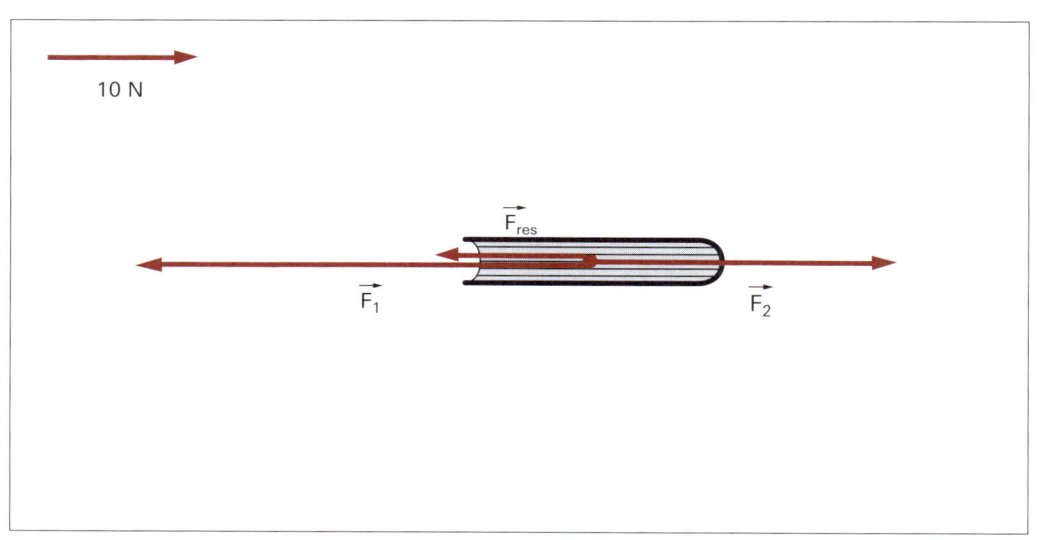

Die resultierende Kraft aus zwei Kräften, die in entgegengesetzte Richtungen wirken.

Die Vektorsumme ergibt einen Kraft-Vektor in Richtung Susanna. Die Länge (Betrag) des Kraftvektors zeigt, dass die Stärke der resultierenden Kraft F_{res} = 30 N − 20 N = 10 N ist.

Beispiel 10.5 Marcel führt seine zwei grossen Hunde an der Leine Gassi. Die beiden Leinen sind am Ende mit einem Haltegriff fest verbunden. Nicht immer ziehen beide Hunde in die gleiche Richtung. Die Richtungen und Stärke, mit der sie ziehen, sind in der Abbildung 10.10 an den Kraft-Vektoren erkennbar.

[Abb. 10.10] Kraft-Vektoren der Zugkräfte

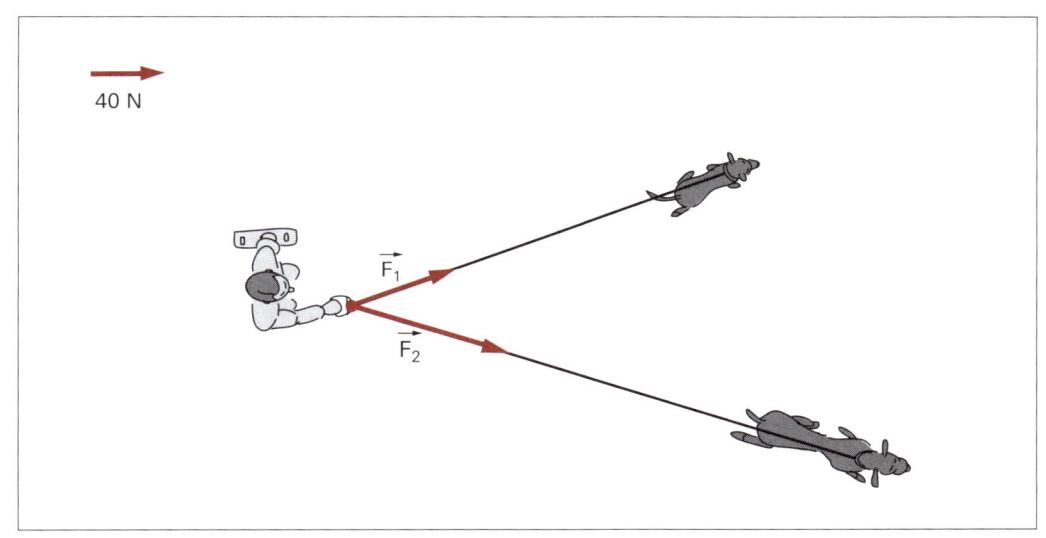

Die Kraft-Vektoren geben die Richtung und die Stärke der Kräfte an, mit denen die Hunde am Haltegriff ziehen.

Wie stark ist die resultierende Kraft der Hunde und was ist ihre Richtung? Mit welcher Kraft muss Marcel den Haltegriff halten können, damit er nicht beschleunigt wird?

In diesem Beispiel wirken die Kräfte von Marcel und den beiden Hunden auf den Haltegriff. Der betrachtete Körper ist der Haltegriff. Wir zeichnen alle Kräfte, die am Haltegriff wirken, am Massenpunkt des Haltegriffs ein.

Man muss die beiden Zugkräfte $\vec{F}_1$ und $\vec{F}_2$ der Hunde, die am Haltegriff wirken, wie in der Abbildung 10.11 dargestellt, wieder vektoriell addieren, um die resultierende Kraft der beiden Hunde zu erhalten.

[Abb. 10.11] Kraft-Vektoren zusammenzählen

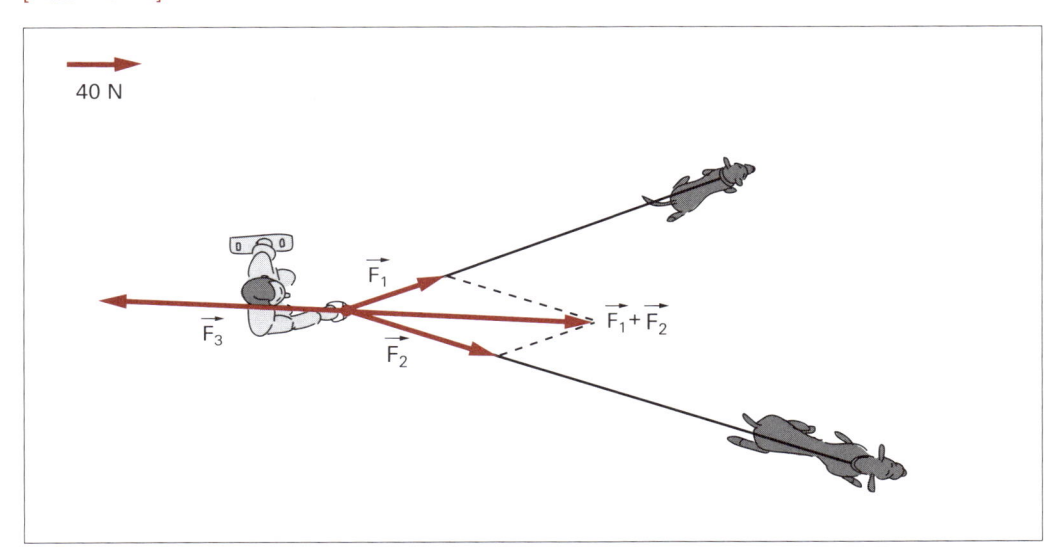

Damit Marcel nicht weggezogen wird, muss er in die entgegengesetzte Richtung ziehen wie die resultierende Kraft der beiden Hunde.

Die Länge des Kraft-Vektors $\vec{F_1} + \vec{F_2}$ in Abbildung 10.11 zeigt die Stärke der Kraft, mit der die Hunde am Haltegriff ziehen. Die Richtung des Kraft-Vektors $\vec{F_1} + \vec{F_2}$ zeigt an, in welche Richtung der Haltegriff gezogen wird. Damit der Haltegriff nicht weggezogen wird, muss Marcel gleich stark in die entgegengesetzte Richtung am Haltegriff ziehen. Dann nämlich wird die resultierende Kraft auf den Haltegriff null sein. Diese Situation wäre also vektoriell beschrieben:

$$\vec{F_3} + \vec{F_1} + \vec{F_2} = \vec{F_{res}} = \vec{0}$$

Für die Zug-Kraft von Marcel gilt somit:

$$\vec{F_3} = -(\vec{F_1} + \vec{F_2}) = -\vec{F_1} - \vec{F_2}$$

Um zu wissen, welche Wirkung mehrere Kräfte auf einen Körper haben, zählen wir alle Kräfte, die auf den Körper wirken, zur resultierenden Kraft $\vec{F_{res}}$ zusammen. Dazu denken wir uns alle Kräfte am Massenpunkt angreifend. Wir berechnen die resultierende Kraft $\vec{F_{res}}$, indem wir die Kraft-Vektoren aller Kräfte vektoriell zusammenzählen:

$$\vec{F_{res}} = \vec{F_1} + \vec{F_2} + \vec{F_3} + \ldots$$

Wir berücksichtigen also dabei nicht, dass Kräfte meist an verschiedenen Orten am Körper angreifen. Der Nachteil dieser Vereinfachung: Wir können nicht sagen, ob ein Körper durch die ansetzenden Kräfte in Drehung versetzt wird.

Bei der Berechnung der resultierenden Kraft darf man dabei nur Kräfte zusammenzählen, die auf den gleichen Körper wirken. Deshalb sollten Sie sich immer erst klar machen, welcher Körper betrachtet wird, bevor Sie überlegen, welche Kräfte zur resultierenden Kraft etwas beitragen.

Wenn die resultierende Kraft auf einen Körper null ist, so wird der Körper nicht beschleunigt. Wenn die resultierende Kraft auf einen Körper ungleich null ist, so wird er beschleunigt.

Aufgabe 79 Sie halten einen Stein in der Hand. Welche Kräfte wirken auf den Stein? Wie gross ist die resultierende Kraft?

Aufgabe 46 Die Kraft-Vektoren in Abbildung 10.12 geben die Kräfteverhältnisse in zwei unterschiedlichen Situationen wieder.

A] Führen Sie das Zusammenzählen der drei Kraft-Vektoren grafisch aus, indem Sie zuerst zwei der Kraft-Vektoren zusammenzählen und zu dieser Zwischensumme den dritten Kraft-Vektor dazuzählen, denn:

$$\vec{F}_1 + \vec{F}_2 + \vec{F}_3 = (\vec{F}_1 + \vec{F}_2) + \vec{F}_3 = \vec{F}_1 + (\vec{F}_2 + \vec{F}_3) = \vec{F}_2 + (\vec{F}_1 + \vec{F}_3)$$

B] Messen Sie die Stärke der resultierenden Kraft mit einem Massstab.

[Abb. 10.12] Kraft-Vektoren zusammenzählen

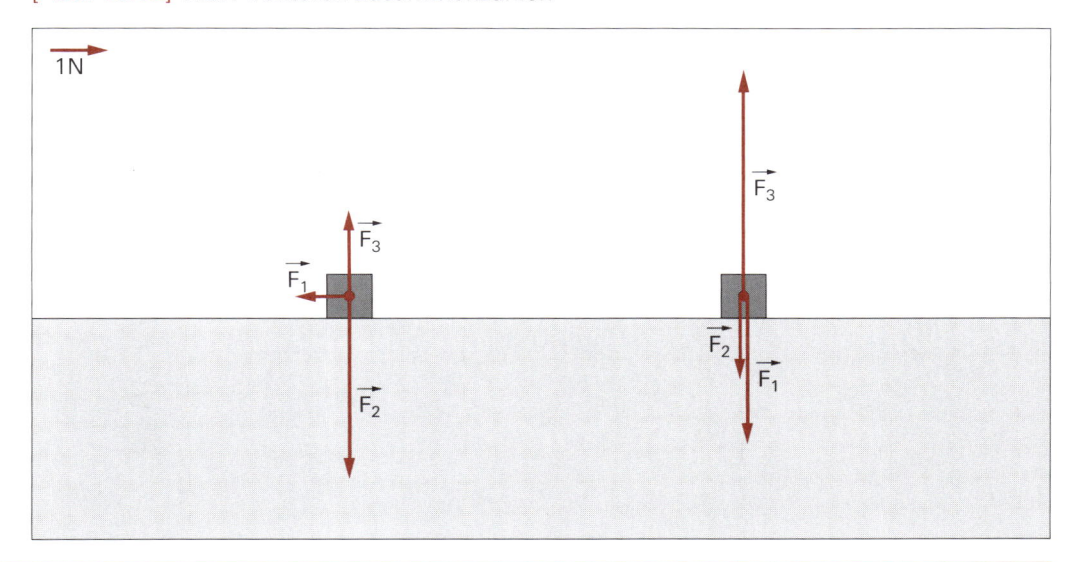

11 Kraft-Beispiele

In Abschnitt 10 haben Sie gelernt, wie Kräfte beschrieben werden können. Bevor wir im Abschnitt 12 die Wirkung von Kräften untersuchen, betrachten wir vier Kraft-Beispiele: Federkraft, Gewichtskraft, Normalkraft und Reibungskraft.

11.1 Die Federkraft

Wir wollen die Federwaage aus Abschnitt 10.3 noch etwas genauer betrachten. Dabei interessiert uns vor allem: Was ist der Zusammenhang zwischen der Kraft, mit der die Feder zieht, genannt Federkraft F_F, und der Dehnung y der Feder?

Das einfache Experiment in Abbildung 11.1 demonstriert das Dehnverhalten einer Feder. Wir bezeichnen mit der Strecke y die Dehnung der Feder, wenn an ihr gezogen wird.

[Abb. 11.1]   Dehnung einer Feder mithilfe von Gewichten

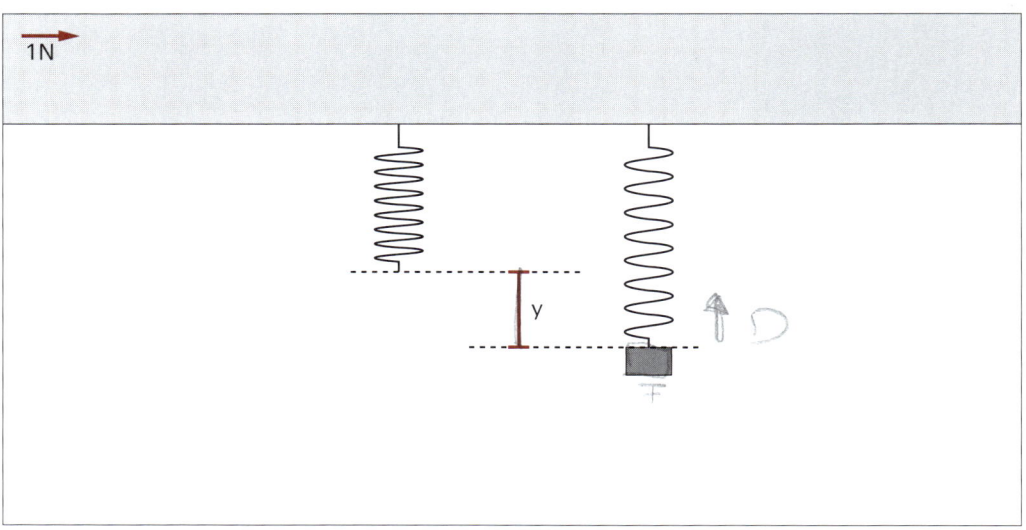

Eine gedehnte Feder übt eine Federkraft auf den Gewichtsstein aus.

Wenn wir die Masse des angehängten Gewichts kennen, kennen wir auch die Stärke der Federkraft, die das Gewicht nach oben zieht, da die Feder so stark nach oben ziehen muss, wie das Gewicht nach unten zieht. Die folgende Tabelle listet ein paar Wertepaare auf, die mit einer Feder gemessen wurden:

[Tab. 11.1]   Messwerte der Federkraft

Federkraft F_F [N]	Dehnung der Feder y [cm]
1.0	1.6
2.0	3.2
3.0	4.8
5.0	8.0

Zeichnen wir diese Werte in ein Diagramm ein:

[Abb. 11.2] F_F-y-Diagramm der Federkraft

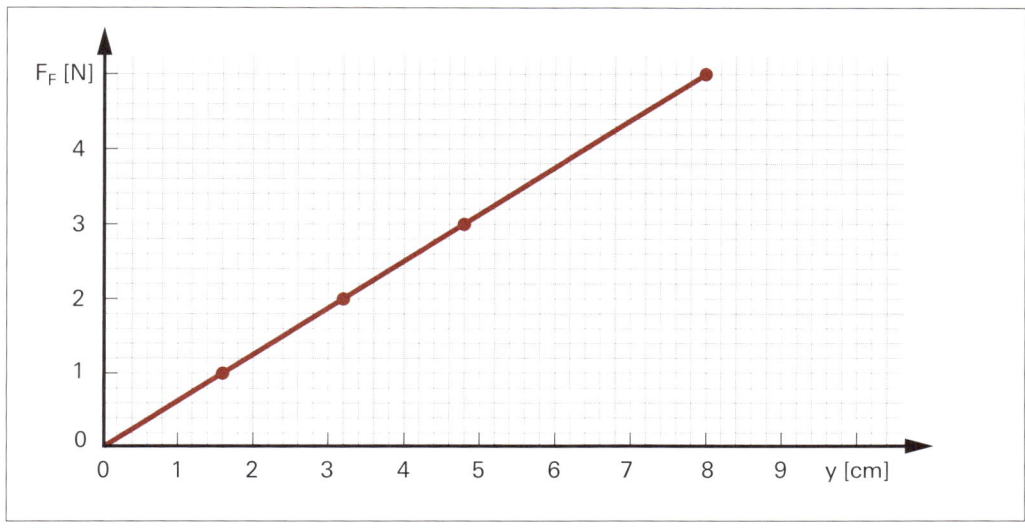

Federkraft bei verschiedenen Dehnungen y. Die Messwerte stammen aus Tabelle 11.1.

Sie sehen, dass sich die Punkte auf einer Geraden anordnen. Obwohl in der Tabelle weggelassen, ist auch $F_F = 0$ N, $y = 0$ cm ein Wertepaar, denn ohne Dehnung keine Federkraft. Also geht die Gerade durch den Nullpunkt des Diagramms. Im Abschnitt 3.2 haben Sie gesehen, dass dieses Diagramm einer Proportionalität entspricht. Wir erkennen also:

Stärke der Federkraft

Gleichung 11.1

$$F_F = D \cdot y$$

Federkraft F_F, Dehnung, y

Ist eine Feder um die Strecke y gedehnt, zieht sie mit der *Federkraft* $F_F = D \cdot y$.

Richtung der Federkraft

Die Federkraft zieht in Richtung der Feder.

Bemerkungen zur Federkraft

Hooke'sches Federgesetz

Das Gesetz für die Federkraft ist auch als *Hooke'sches Federgesetz* bekannt, so benannt nach dem englischen Naturforscher *Robert Hooke* (1635–1703).

Federkonstante, D

Die Federkraft, mit der die Feder zieht, ist proportional zur Dehnung y der Feder. Die Proportionalitätskonstante D nennt man *Federkonstante*. Die Federkonstante hängt von der Art der Feder ab: Ist sie stark oder schwach? Natürlich zieht eine harte Feder bei gleicher Dehnung stärker als eine weiche. Eine grosse Federkonstante D bedeutet eine harte Feder. Aus der Definition ergibt sich für die Federkonstante die Einheit N/m. Die Federkonstante gibt also an, wie viele Newton die Federkraft beträgt, wenn man die Feder 1 Meter dehnt.

Stauchung

Wie sieht es aus, wenn Sie eine Feder nicht dehnen, sondern im Gegenteil *stauchen*, z. B. bei der Federung eines Eisenbahnwagens? Die Grösse y ist dann die Stauchung, aber abgesehen davon ändert sich an der F_F-y-Beziehung nichts. Auch hier gilt das Hooke'sche Gesetz für die Federkraft.

Elastizität, Elastizitätskonstante

Schraubenfedern sind dazu gemacht, sich dehnen oder stauchen zu lassen. Aber auch jeder andere Körper bietet diese Möglichkeit – mehr oder weniger, Gummi beispielsweise mehr, Steine weniger. Wie verhält es sich mit der Dehnbarkeit (*Elastizität*) ganz allgemein? Meist genau wie bei einer Feder! Jede Kraft eines Körpers durch Dehnung oder Stauchung lässt sich in der Regel durch ein Federgesetz berechnen. Man nennt dann die Federkonstante aber eher *Elastizitätskonstante*.

Plastischer Bereich

Die meisten physikalischen Gesetze gelten nur in einem eingeschränkten Wertebereich. Das Federgesetz ist ein Paradebeispiel dafür. Auch die stärkste Feder wird ab einer bestimmten Belastung zerreissen. Noch vorher kommt der *plastische Bereich:* Wird die Feder zu stark belastet, wird sie überstreckt und federt dann nicht mehr auf die Originallänge zurück, wenn man sie entlastet. Im plastischen Bereich gilt das Hooke'sche Gesetz nicht mehr.

Im Abschnitt 10.2 hiess es: «Soll ein Körper deformiert, aber nicht beschleunigt werden, so muss der Kraft eine gleich starke Kraft entgegen wirken.» Für die Feder in Abbildung 11.1 bedeutet dies, dass die Decke die Feder gleich stark nach oben ziehen muss, wie das angehängte Gewicht nach unten zieht. Andernfalls würde die Feder mit dem Stein nach unten beschleunigt (fallen).

Beispiel 11.1

Die Federkonstante D lässt sich aus der Steigung der Geraden im F_F-y-Diagramm berechnen. Für die betrachtete Feder in Abbildung 11.2 lässt sich die Federkonstante D aus zwei beliebigen Wertepaaren berechnen:

$$D = \frac{\Delta F}{\Delta y} = \frac{F_2 - F_1}{y_2 - y_1} = \frac{5.0\,\text{N} - 1.0\,\text{N}}{8 \cdot 10^{-2}\,\text{m} - 1.6 \cdot 10^{-2}\,\text{m}} = 63\,\frac{\text{N}}{\text{m}}$$

Das Hooke'sche Gesetz beschreibt die Kraft, die elastische Körper bei Dehnung/Stauchung ausüben. Die Federkraft F_F einer Schraubenfeder ist proportional zur Dehnung/Stauchung y:

$$F_F = D \cdot y$$

Dabei ist D die Federkonstante. Sie beschreibt die Steifheit der Feder (allgemein die Steifheit des elastischen Körpers).

Aufgabe 52

Berechnen Sie die Verlängerung, die sich in der Tabelle 11.1 ergeben würde, wenn an der Feder eine Kraft von 4.0 N ziehen würde.

Aufgabe 57

Der Puffer eines Eisenbahnwagens besteht aus einer Feder mit einer Federkonstante $D = 250$ kN/m. Ohne Krafteinwirkung ist die Länge der Feder 45 cm. Welche Krafteinwirkung ist nötig, um die Feder auf eine Länge von 33 cm zu stauchen?

Aufgabe 63

Nach einer Beladung mit 6.5 t liegt ein Lastwagen 15 mm tiefer als unbeladen. Wie gross ist die Federkonstante der gesamten Federung des Lastwagens?

11.2 Die Gewichtskraft

In diesem Abschnitt beschäftigen wir uns mit der Frage: «Was verstehen wir eigentlich unter dem Begriff «Gewicht»? Denken wir uns dazu noch einmal einen Stein, der an einer Feder hängt:

[Abb. 11.3]   Gewichtskraft

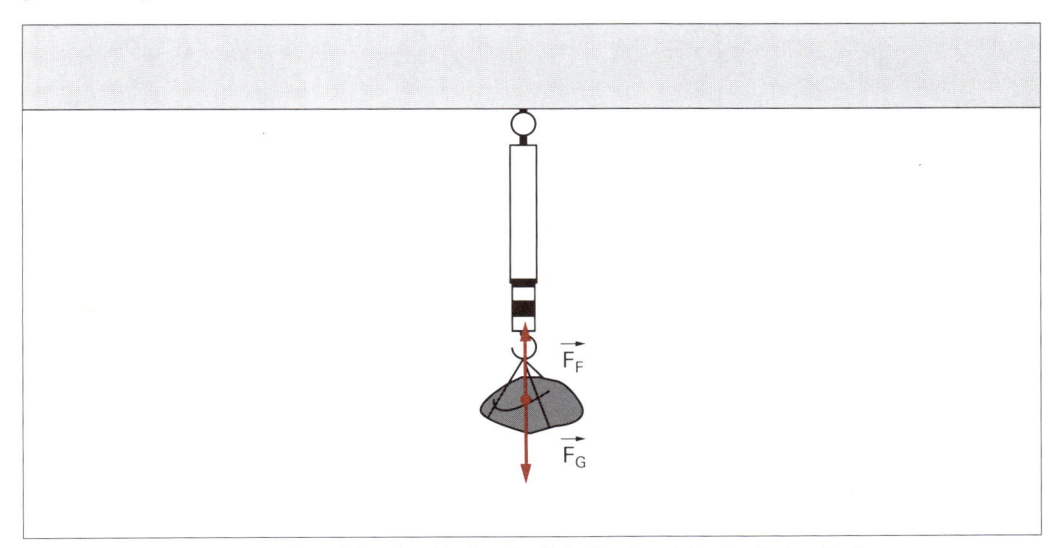

Die Federwaage zeigt es: Es wirkt eine Kraft, nämlich die Gewichtskraft des Steins.

Gewichtskraft

Die Feder wird gedehnt – das stellt klar, dass eine Kraft am Werk ist. Andrerseits ist auch klar, dass es das «Gewicht» des Körpers ist, das die Dehnung der Feder bewirkt. Um klar zu machen, dass es sich um eine Kraft handelt, wollen wir statt vom «Gewicht» immer von der *Gewichtskraft* sprechen! Wir haben die Gewichtskraft schon verwendet, um über eine provisorische Definition für die Krafteinheit Newton zu verfügen.

Schwerkraft, Erdanziehungskraft

Die Gewichtskraft ist die Kraft, mit der ein Körper von der Erde angezogen wird. Man kann genauso gut von *Schwerkraft* oder *Erdanziehungskraft* sprechen. Diese Begriffe sind synonym und wir werden mal den einen, mal den anderen verwenden. Wir verwenden für die Gewichtskraft die Variable F_G. Den Kraft-Vektor der Gewichtskraft bezeichnen wir dementsprechend mit $\vec{F}_G$.

Stärke und Richtung sind wichtige Eigenschaften einer Kraft (Abschnitt 10.4). Wie sieht das bei der Gewichtskraft aus?

Richtung der Gewichtskraft

Erdmittelpunkt

Die Abbildung 11.3 macht dies klar. Die Gewichtskraft ist nach unten gerichtet. Aber was heisst «nach unten»? So klar Ihnen dies im Moment scheinen mag, es bedarf doch einer Präzisierung, vor allem wenn man den Horizont etwas weiter fasst und sich beispielsweise fragt, was «unten» in Australien bedeutet. Natürlich fallen die Kängurus nicht ins Weltall «hinunter», sondern landen nach jedem Sprung wieder auf dem Boden. «Nach unten» heisst also: Richtung Erde, Richtung *Erdmittelpunkt,* um genau zu sein. Abbildung 11.4 macht dies klar:

[Abb. 11.4]   Richtung der Gewichtskraft

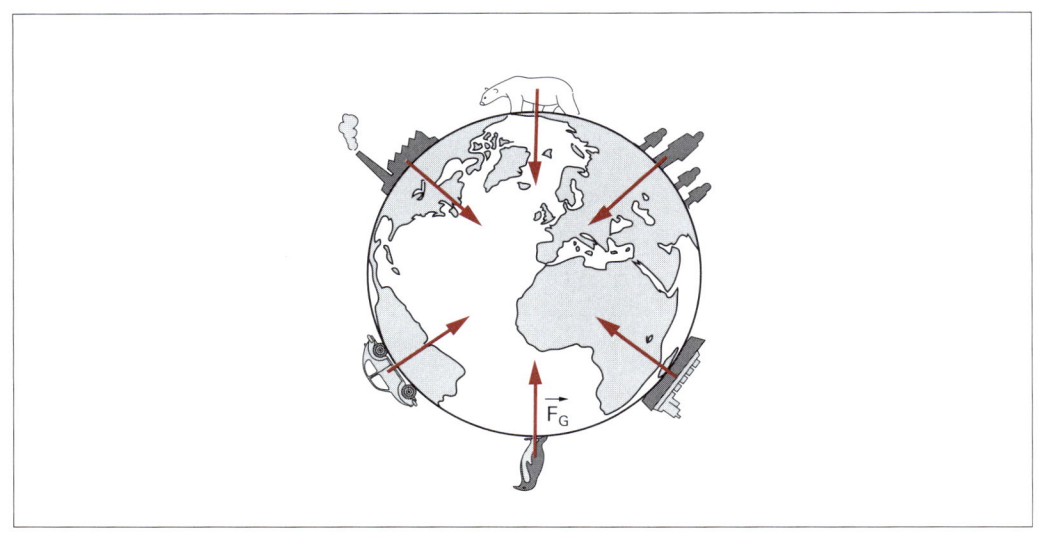

Die Gewichtskraft zeigt überall auf der Erde gegen den Erdmittelpunkt.

Die Richtung des Kraft-Vektors der Gewichtskraft ist also von Ort zu Ort verschieden, denn der Kraft-Vektor der Gewichtskraft zeigt immer zum Erdmittelpunkt. So ist der Kraft-Vektor für die Gewichtskraft am Nordpol entgegengesetzt zum Kraft-Vektor für die Gewichtskraft am Südpol.

Stärke der Gewichtskraft

Sie werden vermuten, dass Sie überall auf der Erde die gleiche Gewichtskraft nach unten zieht, dass die Stärke der Gewichtskraft F_G immer gleich ist. Das stimmt auch fast. Die Stärke der Gewichtskraft z. B. auf einen Eisbär ist überall auf der Erde ungefähr gleich gross. Wenn aber eine genaue Federwaage in der Schweiz eine Gewichtskraft von 600 N anzeigt, wird sie am Äquator nur eine Gewichtskraft von 598 N anzeigen, am Nordpol dagegen 602 N. Im Abschnitt 18.3, in dem wir die Gewichtskraft als Spezialfall der allgemeinen Gravitationskraft erkennen, wird diese Veränderung der Stärke der Gewichtskraft erläutert werden. Merken Sie sich für den Moment, dass die Gewichtskraft F_G nicht überall auf der Erde exakt gleich gross ist. Deutlich wird diese Veränderlichkeit der Gewichtskraft F_G, wenn wir uns von der Erde entfernen. Natürlich gibt es eine drastische Änderung der Gewichtskraft, wenn wir als Astronauten auf einem anderen Himmelskörper wandern, da wir dann von diesem Himmelskörper angezogen werden und nicht mehr von der Erde. Auf dem Mond zum Beispiel ist die Gewichtskraft so stark reduziert, dass Menschen und Gegenstände nur noch im Zeitlupentempo zu Boden fallen.

Wir wissen jetzt, wie sich die Richtung und die Stärke der Gewichtskraft verhalten. Im Alltag werden die Begriffe Gewicht und Masse meist gleich verwendet. Es ist aber wichtig die Begriffe Masse und Gewichtskraft klar zu unterscheiden. Es folgen deshalb ein paar Bemerkungen zu diesem Thema.

Bemerkungen zur Gewichtskraft

Angenommen, Sie finden sich etwas zu dick, Sie glauben Übergewicht zu haben – hilft es Ihnen dann, an den Äquator umzuziehen (sagen wir nach Kenya), wo Ihre Gewichtskraft etwas reduziert ist? Natürlich nicht! Hier droht eine begriffliche Verwirrung. In der Physik ist es wichtig, die Begriffe «Gewichtskraft» und «Masse» zu unterscheiden.

In der Physik drückt sich dieser Unterschied schon in der Einheit und der mathematischen Darstellung der Grössen aus:

- Die Gewichtskraft geben wir in Newton an, denn es handelt sich um eine Kraft. Dagegen geben wir die Masse in kg an.
- Die Gewichtskraft hat wie jede Kraft auch eine Richtung. Sie wird deshalb mit einem Kraft-Vektor dargestellt. Die Masse ist eine richtungslose Grösse, wird also mit einer Zahl beschrieben.

Um den Unterschied mit einem frappanteren Beispiel zu illustrieren: Eine Astronautin nimmt auf ihren Flug in den Weltraum Orangen als Zwischenverpflegung mit. Die Masse als Körpereigenschaft bleibt gleich, die Gewichtskraft hängt aber davon ab, welcher Himmelskörper mit seiner Anziehungskraft gerade auf die Orangen wirkt.

Was macht es für uns schwierig, Masse und Gewichtskraft auseinander zu halten? Es liegt daran, dass die beiden Grössen proportional zueinander sind: Doppelte Masse bedeutet auch doppelte Gewichtskraft etc.

> Die Gewichtskraft F_G, die auf jeden Körper wirkt, kommt auf der Erdoberfläche durch die Erdanziehung zustande. Die Gewichtskraft ist an jedem Punkt auf der Erdkugel immer gegen den Erdmittelpunkt gerichtet. Die Gewichtskraft auf 100 g ist etwa 1 N. Wenn man die Stärke der Gewichtskraft eines Körpers genau misst, zeigt sich jedoch, dass sie auf der Erde nicht an jedem Ort gleich stark ist.
>
> Die Masse ist eine reine Körpereigenschaft und ist deshalb überall gleich gross. Die Masse wird in kg angegeben und ist eine skalare Grösse.

Aufgabe 68   Wenn man mit einem Körper vom Äquator zum Nordpol wandert, so ändert sich die Richtung seiner Gewichtskraft um .... Grad. Am Nord- und am Südpol haben die Gewichtskräfte des Körpers entgegengesetzte ....

Aufgabe 74   Was sagen Sie zu folgendem Satz aus einer Tageszeitung: «Die Triebwerke eines Jumbojets erzeugen beim Start eine Schubkraft von 105 Tonnen.»

Aufgabe 80   Welchen grundlegenden Unterschied gibt es bei der mathematischen Beschreibung von Masse und Gewichtskraft?

11.3 Die Normalkraft

Ein Buch liegt auf einem Tisch. Es bleibt im Zustand der Ruhe, obwohl auf das Buch eine Gewichtskraft $\vec{F_G}$ wirkt. Sie haben im Abschnitt 10.5 gesehen, dass die resultierende Kraft, die auf einen Körper wirkt, null sein muss, damit der Körper nicht beschleunigt wird. Das heisst, dass neben der Gewichtskraft eine zweite Kraft entgegenwirken muss. Diese Kraft bewirkt, dass die resultierende Kraft, die auf das Buch wirkt, null ist: $\vec{F}_{res} = \vec{F_G} + \vec{F_N} = \vec{0}$

[Abb. 11.5] Normalkraft

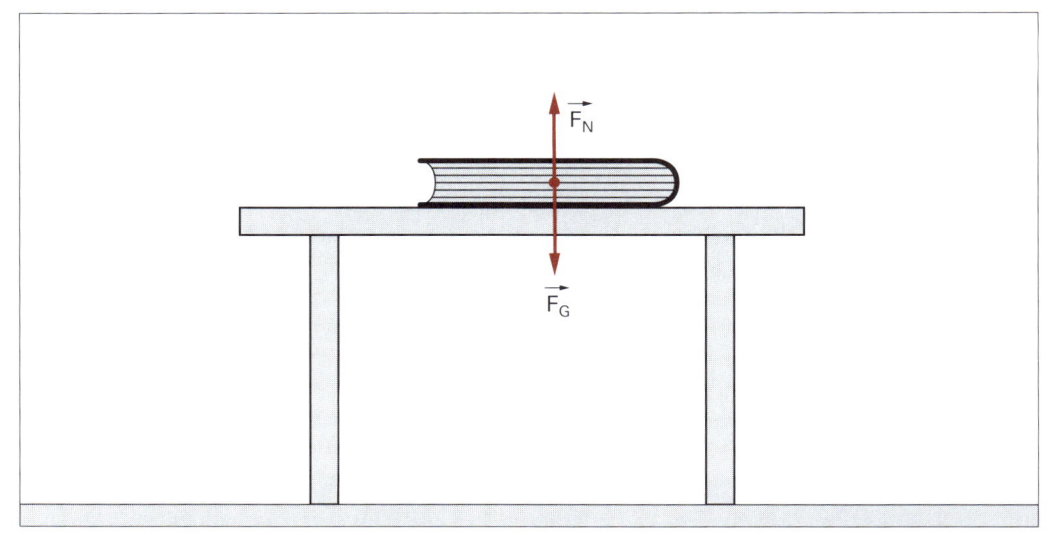

Der Gewichtskraft des Buchs muss eine Kraft entgegenwirken, damit die resultierende Kraft null ist.

Unterlage, Normalkraft F_N

Natürlich kommt diese zweite Kraft $\vec{F_N}$ vom Tisch, denn ohne Tisch fällt das Buch auf den Boden. Eine solche Kraft von der *Unterlage* nennt man *Normalkraft* $\vec{F_N}$.

Stärke der Normalkraft

Kompensieren

In Situationen, wo ein Körper auf einer horizontalen Unterlage liegt, wird der Körper von der Gewichtskraft nach unten gezogen. Die Normalkraft sorgt hier dafür, dass der Körper nicht nach unten beschleunigt wird. Bei horizontalen Unterlagen, bei denen die Normalkraft die Gewichtskraft *kompensieren* muss, gilt für die Normalkraft:

$$F_N = F_G$$

Später in Abschnitt 15.3 werden wir Situationen antreffen, in denen die Normalkraft nicht nur die Gewichtskraft, sondern auch andere Kräfte kompensieren muss.

Richtung der Normalkraft

Was ist die Richtung der Normalkraft? Die Normalkraft steht wie in unserem Beispiel immer rechtwinklig zur stützenden Unterlage und auf den Körper gerichtet. In der Mathematik würde man auch «normal zu» für «rechtwinklig zu» sagen, deshalb der Name Normalkraft. Die Unterlage muss nicht horizontal sein: Wenn Sie sich zum Beispiel an einer Wand abstützen, so wirkt die Wand mit einer Normalkraft rechtwinklig zur Wand auf Sie.

Die Normalkraft der Unterlage hält Körper in Ruhe. Sie ist stets rechtwinklig zur Unterlage

11.4 Die Reibungskraft

Reibungskraft

Unterlagen wirken oft auch mit einer zweiten Kraft neben der Normalkraft auf Körper: mit der Reibungskraft nämlich. Sie kennen die Wirkung der *Reibungskraft* (kurz Reibung): Zwei Körper, die sich berühren, lassen sich nicht ohne Widerstand gegeneinander verschieben. Denken Sie an ein Buch, das Sie über den Tisch schieben wollen; oder an den Kleiderschrank, der in die andere Zimmerecke soll; oder das Gleiten eines Curlingsteins, das nach einigen Metern ausläuft. Die Kraft, die sich diesen Bewegungen widersetzt, ist die Reibungskraft. Im Alltag nehmen wir die Reibungskraft oft als etwas Hinderliches wahr. Spätestens auf Glatteis, wo die Reibung sehr klein ist, erfahren Sie aber auch, wie hilfreich Reibung sein kann. Denn hier würde eine grössere Reibungskraft besseres Anfahren oder Bremsen ermöglichen.

Herleitung einer Gleichung für die Reibungskraft

Wir wollen im Folgenden herausfinden, von welchen Grössen die Reibungskraft abhängt. Genauer: Wovon hängt die Stärke und Richtung der Reibungskraft ab? Diese Fragen lassen sich experimentell beantworten, indem man die Reibungskraft zwischen zwei Körpern misst. Experimente, z. B. mit einem Schlitten, fördern einiges zu Tage, das vielleicht selbstverständlich erscheint, aber auch einiges, das eher überrascht.

Oberflächenbeschaffenheit

Die Reibungskraft am Schlitten ist bei der Fahrt auf Asphalt grösser als auf Eis. Die Stärke der Reibungskraft ist also abhängig von der Beschaffenheit der beiden Körper, genauer gesagt von der *Oberflächenbeschaffenheit*. Bei rauen Flächen und bei weichen Materialien ist die Reibung oft gross, bei glatten und harten ist sie oft gering. Wir wollen übrigens nur die Reibung zwischen trockenen Körpern betrachten. Hätte man beispielsweise noch eine Flüssigkeit (Öl) zwischen den beiden Körpern, würden etwas andere Gesetzmässigkeiten gelten.

Kontaktfläche

Ein langer Schlitten erfährt die gleiche Reibungskraft wie ein gleich schwerer kurzer. Die Stärke der Reibungskraft hängt also nicht davon ab, wie gross die *Kontaktfläche* ist.

Ein voll beladener Schlitten erfährt eine stärkere Reibungskraft als ein leerer. Die Reibung hängt also davon ab, wie stark der Schlitten auf den Boden gepresst wird.

Gleitgeschwindigkeit

Sie können so schnell unterwegs sein, wie Sie wollen, auf den Schlitten wirkt immer die gleich starke Reibung. Die Stärke der Reibungskraft hängt nicht von der *Gleitgeschwindigkeit* ab.

Gleitreibungskraft, Haftreibungskraft

Speziell verhält es sich jedoch beim Losfahren. Damit der Schlitten in Bewegung kommt, muss man ihm einen Ruck geben. Einmal in Bewegung, ist die Reibungskraft nicht mehr so gross wie vorher. Solange der Schlitten in Ruhe ist, wirkt also die *Haftreibungskraft*. Bewegt er sich einmal, wirkt die *Gleitreibungskraft*. Die Haftreibung ist immer etwas grösser als die Gleitreibung. Daher ist beim Losfahren eine stärkere Zugkraft nötig als beim Gleiten.

Die Haftreibung will verhindern, dass der Schlitten in Bewegung kommt, wenn man an ihm zieht. Haftreibung wirkt also der Kraft entgegen, die den Körper zum Gleiten bringen will.

Die Gleitreibung ist so gerichtet, dass die Gleitbewegung gebremst wird. Gleitreibung ist also der Geschwindigkeit entgegengesetzt.

Welche Beobachtungen finden Sie überraschend, welche finden Sie selbstverständlich? Die Antwort auf diese Frage ist natürlich etwas subjektiv. Aber die Mehrheit der Studierenden wird über den zweiten (die Reibungskraft ist unabhängig von der Grösse der Kontaktfläche) und über den vierten Punkt (die Reibungskraft ist unabhängig von der Geschwindigkeit) staunen, wogegen die anderen intuitiv als richtig befunden werden.

Das über die Reibungskraft Gesagte gilt nicht exakt: Reibung ist im Detail komplizierter.

Stärke der Reibungskraft

Die Beobachtungen zur Reibungskraft lassen sich in einer Gleichung für die Reibungskraft F_R zusammenfassen:

Bei einer Gleitbewegung bremst eine Gleitreibungskraft von

Gleichung 11.2
$$F_R = \mu_G \cdot F_N$$

Solange noch kein Gleiten stattfindet, wehrt sich eine Haftreibungskraft gegen die Zugkraft, die dadurch die Zugkraft kompensiert. Wenn die Zugkraft grösser ist als die maximal mögliche Haftreibungskraft, beginnt der Körper zu gleiten. Die maximal mögliche Haftreibungskraft ist dabei:

Gleichung 11.3
$$F_R = \mu_H \cdot F_N$$

Wird stärker gezogen, ist die Haftreibungskraft zu schwach und der Körper beginnt zu gleiten. Es wirkt dann die Gleitreibungskraft. Merken Sie sich diesen Umstand gut; die Gleichung $F_R = \mu_H \cdot F_N$ liefert nur den Wert der maximal möglichen Haftreibungskraft.

Richtung der Reibungskraft

Die Richtung der Reibungskraft ist immer so, dass sie Bewegungen verhindert (Haftreibungskraft) oder bremst (Gleitreibungskraft).

[Abb. 11.6]   Kraft-Vektoren der Reibungskraft

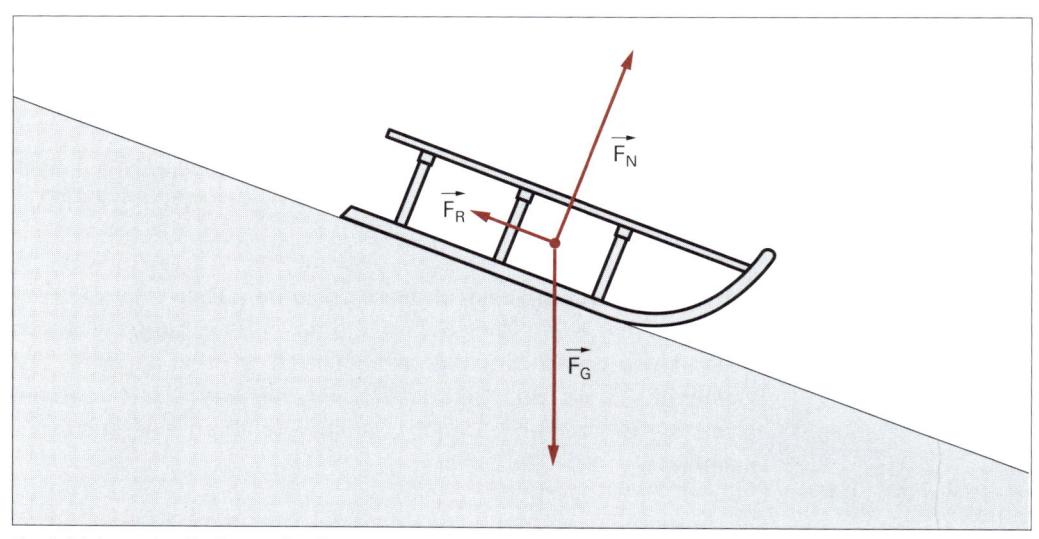

Kraft-Vektor der Reibungskraft zusammen mit der Gewichtskraft und der Normalkraft.

Bemerkungen zur Reibungskraft

F_N ist die Normalkraft. Die Normalkraft ist die stützende Kraft der Unterlage aus Abschnitt 11.3. Bei horizontaler Unterlage ist der Betrag der Normalkraft gleich gross wie der Betrag der Gewichtskraft: $F_N = F_G$ (siehe Abschnitt 11.3). Der Schlitten wird infolge der Gewichtskraft auf den Boden gedrückt. Reibung gibt es aber auch, wenn die reibenden Flächen durch eine andere Kraft aufeinander gedrückt werden, z. B. wenn Bremsklötze gegen eine Bremsscheibe gepresst werden.

Gleitreibungszahl, Haftreibungszahl, Reibungszahl

μ_G und μ_H heissen *Gleitreibungszahl* und *Haftreibungszahl* und haben keine Einheit. Der Buchstabe μ (sprich «mü») ist ein griechisches m. Sie kennen es bereits als Einheiten-Vorsilbe für «Millionstel». Beide *Reibungszahlen* hängen von der Beschaffenheit der beiden aneinander reibenden Oberflächen ab, bringen also die Oberflächenbeschaffenheit in die Gleichungen hinein. Einige Werte können Sie der Tabelle 11.2 entnehmen. Die Reibungszahlen in der Tabelle 11.2 müssen für jede Situation experimentell gemessen werden.

[Tab. 11.2] Ungefähre Werte für Reibungszahlen in verschiedenen Situationen

Berührungsflächen	μ_G	μ_H
Holz auf Holz	0.4	0.6
Stahl auf Stahl	0.1	0.15
Stahl auf Eis	0.014	0.027
Pneu auf trockener Asphaltstrasse	0.6	1.0

Eine grössere Reibungszahl in der Tabelle 11.2 bedeutet eine grössere Reibungskraft.

Rollreibungskraft, Rollreibungszahl

Neben Haft- und Gleitreibung gibt es auch etwas Drittes, die *Rollreibungskraft*. Wenn man ein Gefährt auf Rädern (z. B. eine Bowlingkugel) anstösst und dann loslässt, rollt es eine Strecke weit, hält aber früher oder später an. Auch hier wirkt eine Reibungskraft, obwohl es bei den Rädern nicht um einen Gleitvorgang geht. Die Rollreibungskraft berechnet sich analog wie die Gleitreibung nach der Gleichung $F_R = \mu_R \cdot F_N$. Dabei ist μ_R die *Rollreibungszahl*, die durch Experimente bestimmt werden muss.

Luftwiderstand, Wasserwiderstand

Auch der *Luftwiderstand* (kennen Sie bestens vom Velofahren) oder der *Wasserwiderstand*, der einem beim Schwimmen entgegenwirkt, ist eine Art Reibung. Die Stärke dieser Widerstände ist im Gegensatz zur Reibung auch durch die Geschwindigkeit des Körpers bestimmt. Diese Widerstände behandeln wir deshalb hier nicht.

Reibungsfreie Bewegung

Haftreibung, Gleitreibung, Rollreibung, Luftwiderstand – alles setzt sich Bewegungen entgegen. Man könnte sagen, dass Reibung ein Ärgernis ist, das jegliche Bewegung behindert. Stimmt, aber es gibt auch einen anderen Aspekt. Stellen Sie sich vor, Sie hätten extrem glatte Schuhsohlen, ohne jegliche Reibung zum Boden (*reibungsfreie Bewegung* bedeutet $\mu = 0$). Könnten Sie sich damit bewegen? Nein, denn Sie bewegen sich im Grunde genommen, indem Sie sich vom Boden wegstossen, was nur Dank der Reibung Ihrer Sohlen mit dem Boden gelingt. Auch beim Bremsen nützen Sie die Reibung der Sohlen aus. Oder beim Autofahren: Vorwärts kommt ein Auto nur, weil sich die Räder am Boden mithilfe der Haftreibung abstossen. Es ist kein Zufall, dass die Autopneus aus Gummi sind: Gummi hat eine grosse Haftreibungszahl.

Wenn zwei Körper Fläche an Fläche aneinander entlang gleiten, wirkt eine bremsende Reibungskraft. Paradoxerweise ist die Reibung aber auch nötig, damit alltägliche Bewegungen wie «Gehen» erst zustande kommen können.

Die Stärke der Reibungskraft beim Gleiten, die Gleitreibung also, berechnet man mit dem Reibungsgesetz:

$$F_R = \mu_G \cdot F_N$$

F_N ist dabei Normalkraft. Die Gleitreibungszahl μ_G ist eine dimensionslose Zahl. Sie hängt von der Beschaffenheit der beiden reibenden Flächen ab.

Wenn die Kontaktflächen noch nicht aneinander gleiten, ist die maximal mögliche Haftreibung:

$$F_R = \mu_H \cdot F_N$$

Ganz allgemein versucht die Haftreibungskraft so lange wie möglich den Zustand der Ruhe beizubehalten. Die Haftreibungskraft passt ihre Stärke dabei der Zugkraft so an, dass Gleichgewicht herrscht.

Die Richtung der Reibungskraft ist immer so, dass sie Bewegungen verhindert oder bremst.

Aufgabe 47 Was ist die maximale Haftreibungskraft auf einen 150 kg Holzschrank der auf einem Holzboden steht?

Aufgabe 53 Die beim Gleiten auftretende Gleitreibung ist die Ursache für die .... der Bewegung. Physikalisch gesehen handelt es sich daher bei der Reibung um eine ...., die entgegengesetzt zur .... ist. Die Gleitreibungskraft hängt nicht von der .... der Gleitfläche ab, aber von ihrer ...., die durch die .... erfasst wird. Es gilt das Reibungsgesetz: ....; dabei bedeutet F_N die Stärke der .... Darunter versteht man jene Kraft, mit der die .... den darauf liegenden Körper stützt.

Aufgabe 58 A] Wieso heisst die Grösse µ in den Reibungsgesetzen Reibungszahl?

B] In einem Versuch gleitet ein Stahlkörper auf einer Unterlage aus Stahl. Welche Grösse hat hier die Gleitreibungszahl?

Aufgabe 64 Nennen Sie Situationen beim Autofahren, bei denen Reibung

A] notwendig ist.

B] unerwünscht ist.

12 Kraftwirkungsgesetz (2. Newton'sches Gesetz)

Im Abschnitt 10.2 wurden zwei Wirkungen aufgezählt, die Kräfte auf einen Körper haben können:

- Änderung der Form des Körpers, d. h. Deformation
- Änderung der Bewegung des Körpers, d. h. Beschleunigung

Den Zusammenhang zwischen Kraft und Deformation haben wir bei der Federwaage verwendet, um die Kraft zu messen (Abschnitt 10.3). Wir haben weiter im Abschnitt 11.1 gesehen, dass die Wirkung «Deformation» in elastischen Situationen proportional zur Kraft ist. Der Zusammenhang mit der Beschleunigung wurde bisher nicht systematisch verfolgt. Das ist das Thema dieses Abschnitts. Man bezeichnet dieses Thema auch als Dynamik.

Sie werden in diesem Abschnitt Isaac Newtons Kraftwirkungsgesetz (2. Newton'sches Gesetz) kennen lernen. Die insgesamt drei Newton'schen Gesetze werden gewöhnlich als erstes, zweites und drittes Newton'sches Gesetz bezeichnet; wir werden sie aber nicht in dieser Reihenfolge besprechen.

12.1 Die Beschleunigung durch eine Kraft

Versuchen wir also, den Zusammenhang zwischen Beschleunigung und Kraft zu ergründen. Dazu erst alltägliche Beobachtungen:

- Die Bewegung eines Einkaufswagens ändert sich stark, wenn Sie ihn mit grosser Kraft schieben. Das heisst, die Beschleunigung ist gross, wenn die Kraft gross ist.
- Wenn Sie statt eines leeren Einkaufswagens einen vollen Einkaufswagen schieben, wird sich dieser langsamer in Bewegung setzen. Das heisst, die Beschleunigung ist gross, wenn die Masse des Körpers klein ist.
- Wenn Sie einen Fussball treten, so wird er sich in die Richtung in Bewegung setzen, in die Sie ihn getreten haben.

Kraftwirkungsgesetz, 2. Newton'sches Gesetz

Diese Beobachtungen lassen sich zum *Kraftwirkungsgesetz* (*2. Newton'sches Gesetz*) zusammenfassen:

Kraftwirkungsgesetz

Gleichung 12.1
$$\vec{F} = m \cdot \vec{a}$$

Betragsmässig lautet das Kraftwirkungsgesetz:

Gleichung 12.2
$$F = m \cdot a$$

Zum Betrag und der Richtung von Beschleunigung und Kraft ein Beispiel:

Beispiel 12.1
- Der Betrag der Fallbeschleunigung eines frei fallenden Blumentopfs ist proportional zur Gewichtskraft.
- Die Richtung der Fallbeschleunigung eines frei fallenden Blumentopfs ist gleich wie die Richtung der Gewichtskraft.

[Abb. 12.1] Kraft-Vektor und Beschleunigungs-Vektor

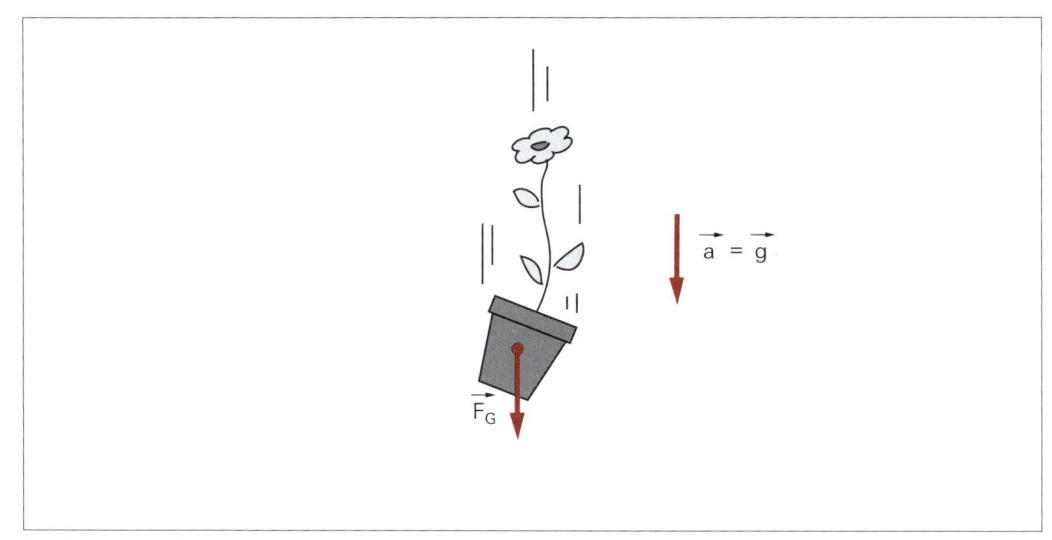

Der Beschleunigungs-Vektor ist immer parallel zum Kraft-Vektor.

Plausibilität des Kraftwirkungsgesetzes

Passt das Kraftwirkungsgesetz tatsächlich zu unseren drei alltäglichen Beobachtungen?

«Die Bewegung eines Einkaufswagens ändert sich stark, wenn Sie ihn mit grosser Kraft schieben. Das heisst, die Beschleunigung ist gross, wenn die Kraft gross ist.» Stimmt, denn nach dem Kraftwirkungsgesetz ist die Kraft proportional zur Beschleunigung und eine grössere Beschleunigung entspricht ja einer stärkeren Veränderung der Bewegung.

«Wenn Sie statt eines leeren Einkaufswagens einen vollen Einkaufswagen schieben, wird sich dieser langsamer in Bewegung setzen. Das heisst, die Beschleunigung ist gross, wenn die Masse des Körpers klein ist.» Stimmt, denn nach dem Kraftwirkungsgesetz ist die Beschleunigung umgekehrt proportional zur Masse: $a = F/m$.

«Wenn Sie einen Fussball treten, so wird er sich in die Richtung in Bewegung setzen, in die Sie ihn getreten haben.» Stimmt, denn im Kraftwirkungsgesetz wird der Beschleunigungs-Vektor mit einer positiven Zahl m multipliziert, somit hat der Beschleunigungs-Vektor die gleiche Richtung wie der Kraft-Vektor.

Bemerkungen zum Kraftwirkungsgesetz

Das Kraftwirkungsgesetz wird Sie durch die ganze Physik begleiten!

Wenn Sie mittels der Gleichung $F = m \cdot a$ die Kraft berechnen, die nötig ist, um einen Körper von $m = 1$ kg mit $a = 1$ m/s² zu beschleunigen, so finden Sie das Resultat

$$F = m \cdot a = 1\text{ kg} \cdot 1\frac{\text{m}}{\text{s}^2} = 1\frac{\text{kg} \cdot \text{m}}{\text{s}^2}$$

Definitive Definition der Krafteinheit

Laut dem 2. Newton'schen Gesetz haben Sie damit aber eine Kraft berechnet, d. h. («kg · m / s²») muss eine Kraft-Einheit sein, und zwar eine abgeleitete SI-Einheit. Für diese haben wir bereits den Namen «Newton» eingeführt. Dies ist nun die definitive Definition der Krafteinheit «Newton»:

$$1\text{ N} = 1\frac{\text{kg} \cdot \text{m}}{\text{s}^2}$$

Eine Kraft von 1 N ist also die Kraft, die einer Masse von 1 kg eine Beschleunigung von 1 m/s² verleiht. Wie schon bei der provisorischen Definition angekündigt, beruht die definitive Definition auf der Kraft-Wirkung «Beschleunigung». Die provisorische Definition beruhte auf der Kraft-Wirkung «Deformation».

Ursache

Die *Ursache* jeder Beschleunigung ist eine Kraft. Wenn ein Körper eine Geschwindigkeit hat, bedeutet dies nicht unbedingt, dass eine Kraft wirkt. Erst wenn eine Änderung der Geschwindigkeit, d.h. eine Beschleunigung stattfindet, sind Sie sicher, dass eine Kraft wirkt.

Wenn der Betrag der wirkenden Kraft gleich stark bleibt, so ist auch der Betrag der Beschleunigung konstant. Eine Bewegung mit konstanter Beschleunigung haben wir in der Kinematik gleichmässig beschleunigte Bewegung genannt. Eine konstante Kraft verursacht also eine gleichmässig beschleunigte Bewegung.

Kraftwirkungsgesetz oder «2. Newton'sches Gesetz»

Soll ein Körper eine Beschleunigung erfahren, so ist dafür eine Kraft nötig:

$$\vec{F} = m \cdot \vec{a}$$

Für den Betrag der Kraft und den Betrag der Beschleunigung gilt entsprechend:

$$F = m \cdot a$$

Das Kraftwirkungsgesetz steht im Zentrum der Mechanik. Es gibt an, welche Wirkung eine Kraft auf die Beschleunigung eines Körpers hat.

Aufgabe 69

Diskutieren Sie das Kraftwirkungsgesetz.

A] Bei gleichen Massen ist die Kraft proportional zur ....

B] Bei gleicher Kraft ist das Produkt aus .... und .... konstant.

C] Das Kraftwirkungsgesetz aufgelöst nach der Beschleunigung lautet: .... Bei konstanter Kraft ist die Beschleunigung also .... zur Masse.

Aufgabe 75

Wie ändert sich die Beschleunigung eines Objekts, wenn wir seine Masse verdoppeln und die angreifende Kraft verdreifachen?

Aufgabe 81

A] Die Krafteinheit N ist eine .... Einheit; sie ist das Produkt aus einer .... und einer ....

B] Welche der folgenden Einheiten sind Krafteinheiten: $kg \cdot m \cdot s^2$, $kg \cdot m \cdot s^{-2}$, $\frac{kg \cdot m}{s^2}$.

Aufgabe 48

Ein Auto von 1000 kg wird in 10 s gleichmässig von 0 km/h auf 100 km/h beschleunigt. Was ist der Betrag der Kraft, die das Auto beschleunigt?

12.2 Die Beschleunigung durch mehrere Kräfte

Wir haben uns bisher beim Kraftwirkungsgesetz im Abschnitt 12.1 auf den Fall beschränkt, wo nur eine Kraft auf den Körper wirkt. Sie haben aber schon früher gesehen, dass meist mehrere Kräfte auf einen Körper wirken. Im Abschnitt 10.5 haben Sie gelernt, dass dann die resultierende Kraft $\vec{F}_{res}$ entscheidet, was mit dem Körper passiert. Im Kraftwirkungsgesetz steht bei mehreren Kräften also die resultierende Kraft:

Kraftwirkungsgesetz

Gleichung 12.3
$$\vec{F}_{res} = m \cdot \vec{a}$$

Der Körper wird also immer in Richtung der resultierenden Kraft $\vec{F}_{res}$ beschleunigt.

[Abb. 12.2] Kraft-Vektor der resultierenden Kraft und Beschleunigungs-Vektor

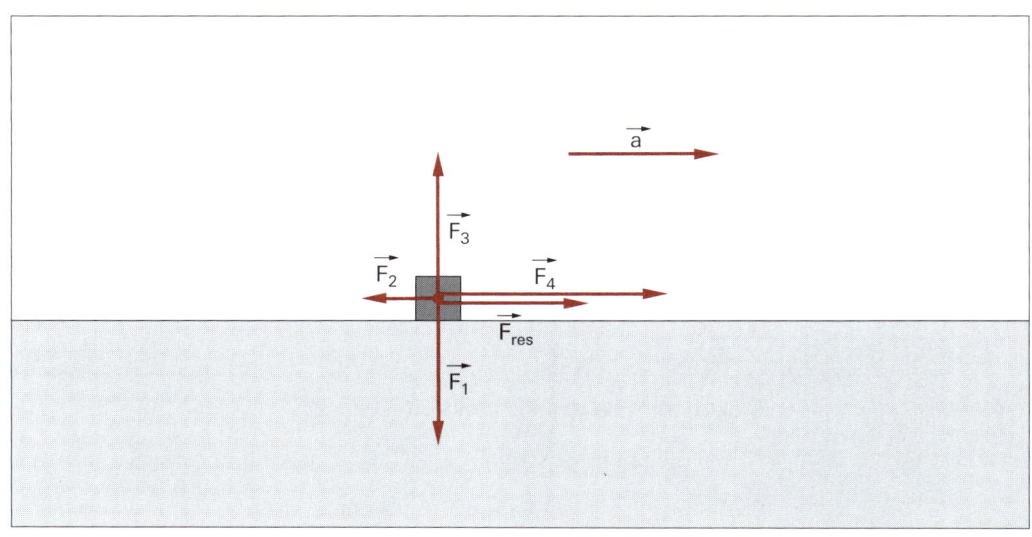

Wirken mehrere Kräfte auf einen Körper, so wird er in Richtung der resultierenden Kraft beschleunigt.

Betragsmässig lautet das Kraftwirkungsgesetz somit:

Gleichung 12.4
$$F_{res} = m \cdot a$$

Bemerkungen zum Kraftwirkungsgesetz

Wenn Sie die wirkenden Kräfte kennen, erlaubt Ihnen das Kraftwirkungsgesetz den Bewegungsablauf zu berechnen:

- Berechne aus den wirkenden Kräften die resultierende Kraft. (Dynamik)
- Berechne aus der resultierenden Kraft die Beschleunigung. (Dynamik)
- Berechne aus der Beschleunigung den Bewegungsablauf. (Kinematik)

Wenn Sie den Bewegungsablauf kennen, erlaubt Ihnen das Kraftwirkungsgesetz die resultierende Kraft zu berechnen:

- Berechne aus dem Bewegungsablauf die Geschwindigkeit. (Kinematik)
- Berechne aus der Geschwindigkeit die Beschleunigung. (Kinematik)
- Berechne aus der Beschleunigung die resultierende Kraft. (Dynamik)

Wenn mehrere Kräfte auf einen Körper wirken, so steht im Kraftwirkungsgesetz die resultierende Kraft:

$$\vec{F}_{res} = m \cdot \vec{a}$$

Die Beschleunigung findet immer in die Richtung der resultierenden Kraft statt.

Betragsmässig lautet das Kraftwirkungsgesetz:

$$F_{res} = m \cdot a$$

Das Kraftwirkungsgesetz kann auf zwei Arten verwendet werden:

- Wenn Sie die wirkenden Kräfte kennen, erlaubt Ihnen das Kraftwirkungsgesetz den Bewegungsablauf zu berechnen.
- Wenn Sie den Bewegungsablauf kennen, erlaubt Ihnen das Kraftwirkungsgesetz die resultierende Kraft zu berechnen.

Aufgabe 54

Auf einen zuerst ruhenden Körper (Masse = 1.0 kg) wirken von einem gewissen Zeitpunkt an die in der Abbildung dargestellten Kräfte.

A] Bestimmen Sie grafisch die resultierende Kraft.

B] Was ist der Betrag der resultierenden Kraft?

C] Bestimmen Sie die Geschwindigkeit des Körpers nach 5.0 s.

[Abb. 12.3]   Zwei Kräfte wirken auf einen Körper

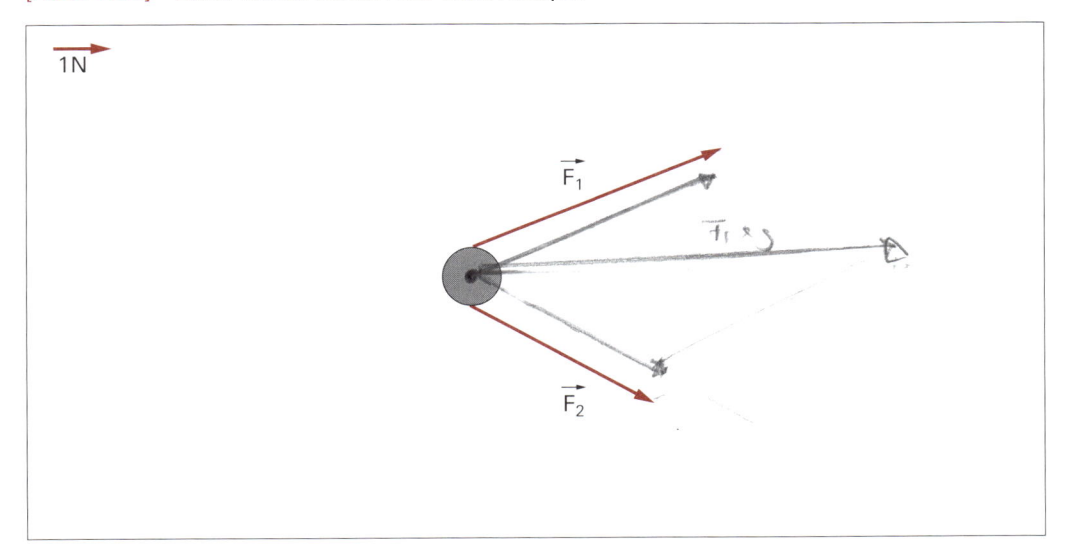

12.3 Das Inertialsystem

Inertialsystem

Das Kraftwirkungsgesetz hat nur dann Gültigkeit, wenn alle wirkenden Kräfte auf den betrachteten Körper berücksichtigt werden. Die resultierende Kraft bestimmt dann die Beschleunigung des Körpers. Dafür ist es wichtig, dass das benutzte Bezugssystem selbst nicht beschleunigt ist. Unbeschleunigten Bezugssysteme nennt man *Inertialsysteme*. Die Newton'schen Gesetze, wie wir sie besprochen haben, sind nur dann gültig, wenn die Bewegung von einem Inertialsystem aus betrachtet wird. In beschleunigten Bezugssystemen führen die Newton'schen Gesetze zu Widersprüchen.

Beispiel 12.2

Wir betrachten z. B. den freien Fall eines Steins. In Abbildung 12.4 links wird die Bewegung von einer Person am Boden beobachtet. In Abbildung 12.4 rechts wird die Bewegung von einer fallenden Person beobachtet.

[Abb. 12.4]   Freier Fall von zwei Bezugssystemen aus beobachtet

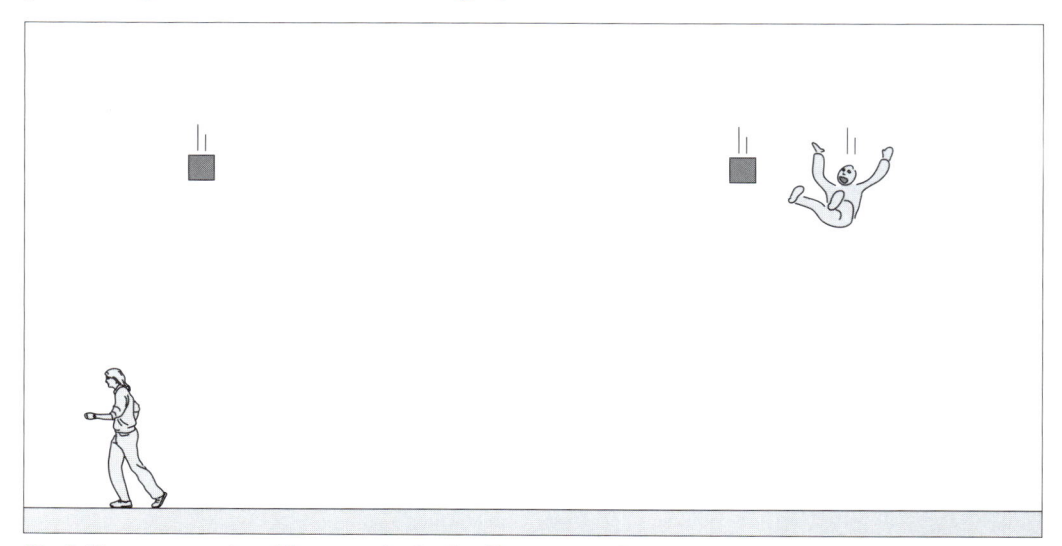

Die Fallbewegung eines Klotzes, wie sie eine Person vom Boden aus sieht und wie sie eine fallende Person sieht.

Die fallende Person sieht den Stein in Ruhe. Für sie lautet das Kraftwirkungsgesetz: $F_{res} = m \cdot a = 0$. Die Person am Boden sieht den Stein fallen, d. h. beschleunigt. Für sie lautet das Kraftwirkungsgesetz: $F_{res} = m \cdot a = m \cdot g \neq 0$

Der Widerspruch zwischen den beiden Gleichungen kommt dadurch zustande, dass die Person am Boden nicht beschleunigt, d. h. ein Inertialsystem ist, während die fallende Person beschleunigt ist, d. h. kein Inertialsystem ist.

In der Dynamik benutzen wir immer Bezugssysteme, die unbeschleunigt sind, das heisst, wir betrachten die zu analysierende Situation immer in einem Inertialsystem.

Aufgabe 59

A] Welche Bedingung muss ein Bezugssystem erfüllen, um ein Inertialsystem zu sein?

B] Nennen Sie ein Bezugssystem, das kein Inertialsystem ist.

Exkurs: Pierre Simon Laplace und der Determinismus

Pierre Simon Laplace

Für den Mathematiker und Astronom *Pierre Simon Laplace* (1749–1827) waren die philosophischen Folgen der Newton'schen Mechanik weitreichend:

«Wir müssen also den gegenwärtigen Zustand des Universums als Folge seines früheren Zustandes ansehen und als Ursache des Zustandes, der danach kommt. Eine Intelligenz, die für einen gegebenen Augenblick alle in der Natur wirkenden Kräfte sowie die gegenseitige Lage aller Gegenstände kennt, und die überdies umfassend genug wäre, um diese Grössen der Analyse zu unterwerfen, würde mit der gleichen Gleichung die Bewegungen der grössten Himmelskörper und die des leichtesten Atoms begreifen. Nichts wäre für diese Intelligenz ungewiss; Zukunft und Vergangenheit lägen ihr klar vor den Augen. Der menschliche Geist bietet in der Vollendung, die er der Astronomie zu geben verstand, ein schwaches Abbild dieser Intelligenz.»

Wegen dieser Vorbestimmtheit der Zukunft, mithilfe der Newton'schen Mechanik, spricht man auch vom deterministischen Weltbild.

Die Grundlage des Determinismus legte vielleicht Johannes Kepler (1571–1630), als es ihm gelang, mit drei Gesetzen die Bahnen der Planeten unseres Sonnensystems zu beschreiben. Etwa zur gleichen Zeit gelang es Galileo Galilei (1564–1642) aus seinen Fallexperimenten allgemeine Gesetze der Bewegung abzuleiten. Mit Isaac Newtons (1643–1727) Werk «Mathematische Prinzipien der Naturlehre» von 1687 stand dann eine umfassende Theorie von Kräften und den daraus folgenden Bewegungen zur Verfügung. Durch den Bau von Maschinen, die sich nach den Gesetzen der Mechanik als vorhersagbar verhalten, verbreitete sich das deterministische Weltbild.

Der grösste Triumph für die Anhänger des deterministischen Weltbildes war 1846 die Entdeckung des Planeten Neptun. Nachdem die Astronomen die Bahn des Uranus vermessen hatten, stellten sie in seiner Bewegung Abweichungen von der vorhergesagten Newton'schen Bewegung fest. Wenn die Newton'sche Mechanik Bewegungen korrekt vorhersagt, so mussten die Unregelmässigkeiten in der Bewegung von Uranus durch die Existenz eines weiteren Planeten verursacht werden. Der französische Astronom Urbain Jean Joseph Le Verrier berechnete aus den Unregelmässigkeiten der Bewegung von Uranus die Position des hypothetischen Planeten voraus. Johann Gotfried Galle entdeckte dann in der Nacht vom 23. September 1846 schon nach einer Stunde den vorhergesagten Planeten, fast genau an der von Le Verrier vorhergesagten Position. Der neue Planet erhielt den Namen Neptun.

13 Trägheitsgesetz (1. Newton'sches Gesetz)

In diesem Abschnitt geht es um einen wichtigen Spezialfall des Kraftwirkungsgesetzes – man muss fast schon sagen: Es geht um den Normalfall. Wenn Sie sich umschauen, wo immer Sie gerade sein mögen, werden die meisten Dinge in Ruhe sein, die Körper bewegen sich nicht. Was sagt das Kraftwirkungsgesetz denn hierzu – sagt es nicht aus, dass ein Körper in Bewegung kommt, wenn Kräfte wirken? Und es wirkt doch immer die Gewichtskraft.

13.1 Die kräftefreie Bewegung

«In Ruhe» heisst, dass die Geschwindigkeit eines Körpers null ist und null bleibt. Die Beschleunigung ist dann auch null. Nach dem Kraftwirkungsgesetz ist dann auch die Kraft null. Das hat tatsächlich alles seine Richtigkeit so. Sie müssen aber berücksichtigen, dass mit der Kraft im Kraftwirkungsgesetz die resultierende Kraft gemeint ist. Sie müssen also berücksichtigen, dass sich Kräfte ganz oder teilweise aufheben/kompensieren können. Der Gewichtskraft wirkt z. B. meist irgendeine stützende Kraft durch Boden, Tisch etc. entgegen. Wir haben diese stützende Kraft des Bodens schon im Abschnitt 11.3 angetroffen und sie ganz allgemein Normalkraft genannt. Für die Gegenstände, die um Sie herum liegen/stehen, wird also die Gewichtskraft durch die Normalkraft kompensiert.

Wenn sich alle Kräfte auf einen Körper gegenseitig aufheben und die resultierende Kraft somit null ist, ist gemäss Kraftwirkungsgesetz auch die Beschleunigung gleich null. Beschleunigung null kann heissen, dass ein Körper in Ruhe ist. Es kann aber auch eine Bewegung mit konstanter Geschwindigkeit bedeuten.

Trägheitsgesetz, 1. Newton'sches Gesetz

Ganz allgemein formuliert ist dies das *Trägheitsgesetz* (*1. Newton'sches Gesetz*).

$$\vec{F}_{res} = \vec{0} \Leftrightarrow \vec{v} = \text{konstant}$$

Ausgeschrieben: Solange die resultierende Kraft, die auf ihn wirkt, gleich null ist, bleibt der Betrag und die Richtung der Geschwindigkeit des Körpers unverändert.

Träge, Trägheit

Das Trägheitsgesetz bespricht eine Eigenschaft der Masse: Körper, auf die keine Kraft wirkt, behalten ihren Bewegungszustand bei, Körper sind also *träge*. Deshalb auch der Begriff: «Trägheitsgesetz». Die Messgrösse für die *Trägheit* ist die Masse. Je «massiger» ein Körper ist, umso schwieriger lässt sich seine Bewegung verändern.

Beispiel 13.1

Wenn man in einem schnell anfahrenden Auto sitzt, wird man in den Sitz gepresst. Umgekehrt wird man beim Bremsen nach vorn in die Sicherheitsgurte gedrückt. Überlegen wir: Unser Körper soll ja die Beschleunigung des Autos mitmachen. Das Auto muss deshalb eine Kraft auf unseren Körper ausüben. Würde unser Körper dieser Kraft nicht ausgesetzt, würde er beim Anfahren an Ort bleiben und beim Bremsen würde er seine Bewegung ungebremst fortsetzen.

Beispiel 13.2

Man kann das Eisenteil eines Hammers auf dem Griff befestigen, indem man den Griff auf eine feste Unterlage schlägt. Der Griff wird dabei sehr stark abgebremst, d. h. beschleunigt. Das Eisenteil hat wegen der Trägheit aber das Bestreben, seine Geschwindigkeit beizubehalten. Dadurch wird es mit jedem Stoss fester auf den Griff geschoben.

[Abb. 13.1] Trägheit

Das Eisenteil will die Bewegung fortsetzen, wodurch es auf den Griff festgeschoben wird.

> Das Trägheitsgesetz (1. Newton'sches Gesetz) beschreibt einen wichtigen Spezialfall des Kraftwirkungsgesetzes, nämlich:
>
> $$\vec{F}_{res} = \vec{0} \Leftrightarrow \vec{a} = \vec{0} \Leftrightarrow \vec{v} = \text{konstant}$$
>
> - Wenn die resultierende Kraft null ist, wird ein Körper nicht beschleunigt, behält also seine Geschwindigkeit bei.
> - Bei einem Körper, der sich mit konstanter Geschwindigkeit, d. h. unbeschleunigt bewegt, heben sich alle Kräfte gegenseitig auf, d. h., die resultierende Kraft auf ihn ist null.
>
> Der «Grund» für das Trägheitsgesetz: Körper sind träge, d. h. Körper verändern nicht ohne äussere Einflüsse ihre Geschwindigkeit.

Aufgabe 70 Ein Astronaut hebt auf dem Mond einen Stein auf. Da der Stein so leicht ist, beschliesst der Astronaut mit dem Stein Fussball zu spielen. Er versetzt dem Stein einen ordentlichen Fusstritt, worauf er sich wehtut. Worin besteht die Fehlüberlegung des Astronauten?

13.2 Bewegungen mit konstanter Geschwindigkeit

In etwas anderer Form wurde das Trägheitsgesetz schon von Galileo Galilei (1564–1642) formuliert. Es war für seine Zeitgenossen, die in der Gedankenwelt von Aristoteles (384–322 v. Chr.) aufgewachsen waren, kaum verständlich und stiess auf starke Ablehnung. In der Tat besagt es genau das Gegenteil der antiken Lehre. Wir stellen beide Auffassungen nebeneinander:

Aristoteles und Mittelalter	Galilei und Neuzeit
Bewegt sich ein Körper mit konstanter Geschwindigkeit, so wirkt eine Kraft auf ihn. Der Körper stoppt, wenn die Kraft aufhört zu wirken.	Bewegt sich ein Körper mit konstanter Geschwindigkeit, so ist die resultierende Kraft die auf ihn wirkt, null. Ausschliesslich für eine Beschleunigung braucht es eine Kraft.

Weshalb hat erst Galilei das Trägheitsprinzip erkannt? Die auf den ersten Blick so einfach erscheinende gleichförmige Bewegung ist in Wirklichkeit ein kompliziertes Problem. Es fällt dem Menschen zunächst schwer sich vorzustellen, wie die Geschwindigkeit eines Körpers gleich gross bleiben soll, wenn auf ihn keine Kraft wirkt. In der Praxis erleben wir es anders: Ein Eisenbahnzug braucht auch bei konstanter Geschwindigkeit eine Lokomotive, jedes Auto ist auch bei konstanter Geschwindigkeit auf den Motor angewiesen. Auch beim Velofahren auf ebener Strasse müssen Sie kräftig in die Pedale treten, damit Sie Ihre Geschwindigkeit beibehalten. Wie löst man diesen scheinbaren Widerspruch auf? Man muss alle Kräfte im Kraftwirkungsgesetz berücksichtigen! Die Kraft, von der im Trägheitsgesetz die Rede ist, ist die resultierende Kraft. Zur Aufrechterhaltung einer konstanten Geschwindigkeit sind Kräfte scheinbar unabdingbar, in Wirklichkeit gleichen sie nur andere Kräfte aus, nämlich die Reibungskraft und sonstige bremsende Kräfte. Ein Eisenbahnzug mit konstanter Geschwindigkeit benötigt also seine Lokomotive, nur weil die Wirkung der Reibungskraft und des Luftwiderstandes kompensiert werden muss.

Exkurs: Aristoteles und seine Bewegungslehre

Aristoteles

Neben Plato und Sokrates war *Aristoteles* (384–322 v. Chr.) wohl der bedeutendste Philosoph der Antike. Als Sohn eines reichen Arztes geriet Aristoteles zeitlebens nie in materielle Schwierigkeiten. Sein Interesse galt der Philosophie und der Astronomie. Mit 17 Jahren ging Aristoteles in Platos Akademie in Athen, wo er zwanzig Jahre lang blieb. Nach dem Tode von Plato (347 v. Chr) gründete Aristoteles eine eigene Philosophen-Schule. Ihre Methodik bestand hauptsächlich im Gespräch zwischen den Schülern unter sich und mit Aristoteles.

Gemäss den aristotelischen Lehren und Theorien gibt es fünf Elemente: «Erde», «Wasser», «Luft», «Feuer» und «Äther». Alles Irdische besteht aus einer Mischung der Elemente «Erde», «Wasser», «Luft» und «Feuer». Himmelskörper (Sterne, Planeten, der Mond) und der Raum zwischen den Himmelskörpern bestehen aus «Äther».

Jedes Element hat seinen natürlichen Aufenthaltsort: «Erde» am Erdmittelpunkt, «Wasser» an der Erdoberfläche, «Luft» über der Erdoberfläche, «Feuer» in der Luft. Der natürliche Aufenthaltsort eines Gegenstandes ist der natürliche Aufenthaltsort der Elemente, aus dem er besteht.

Auf der Erde gibt es zwei Arten der Bewegung: natürliche und erzwungene Bewegung:

- Natürliche Bewegungen kommen dadurch zustande, dass Gegenstände an ihren natürlichen Aufenthaltsort wollen und sind immer geradlinig. Steine z. B. fallen aufgrund ihrer Zusammensetzung natürlich zum Boden, ebenso steigt Rauch aufgrund seiner Zusammensetzung natürlich auf.
- Erzwungene Bewegungen kommen durch Kräfte zustande. Kräfte sind nötig, um einen Körper an einen Aufenthaltsort zu bringen, der für ihn nicht natürlich ist.

Die Bewegung der Himmelskörper ist immer kreisförmig und regelmässig.

Die Bewegungslehre des Aristoteles beherrschte lange Zeit das Denken und wurde erst z. B. durch Galileis und Newtons Arbeiten abgelöst.

14 Wechselwirkungsgesetz (3. Newton'sches Gesetz)

Erinnern wir uns nochmals an das Schema aus Abschnitt 10.2. In dem Schema haben wir eine grundlegende Eigenschaft der Kraft dargestellt: Die Kraft geht immer von einem Körper aus. Die Kraft wirkt immer auf einen anderen Körper.

[Abb. 14.1]   Eigenschaften der Kraft

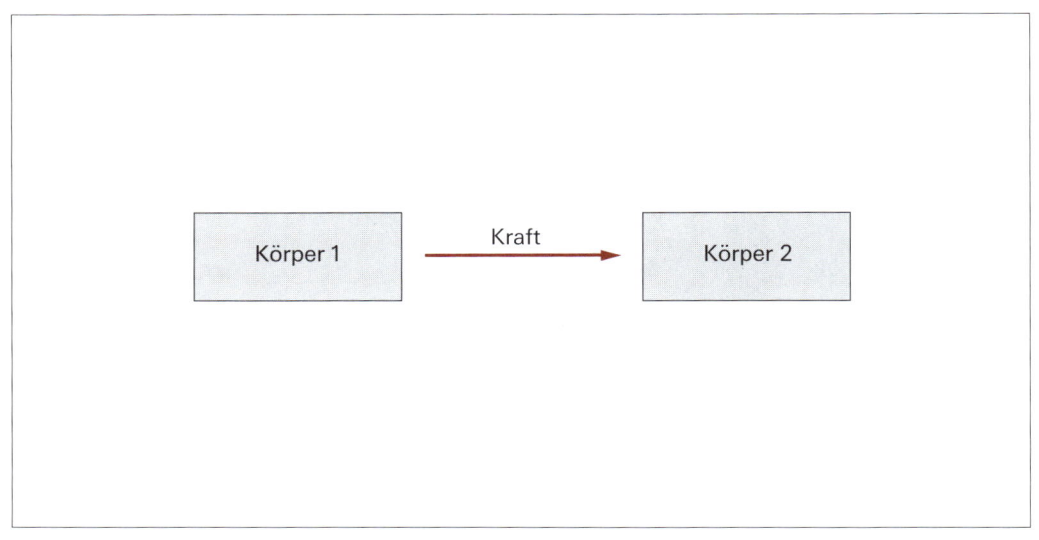

Körper 1 — Kraft → Körper 2

Die Kraft geht von einem Körper 1 aus und wirkt auf einen Körper 2.

Bisher haben wir uns auf die rechte Hälfte des Schemas konzentriert, d. h. auf das, was mit dem Körper 2 bei einer Krafteinwirkung passiert.

14.1   Das Wechselwirkungsgesetz

Gegenkraft

Alltagserfahrungen zeigen, dass auch Körper 1 durch seine Kraftwirkung eine sogenannte *Gegenkraft* vom Körper 2 erfährt:

- Ein Buch liegt auf dem Tisch: Das Buch drückt auf den Tisch – der Tisch stützt das Buch.
- Ein Stein hängt an einer Feder: Der Stein zieht an der Feder – die Feder hält den Stein hoch.
- Ein Pferd ist vor eine Kutsche gespannt: Das Pferd zieht an der Kutsche – die Kutsche zieht das Pferd zurück.

Also müssen wir das Schema um diese Gegenkraft (oder lat. reactio) erweitern:

[Abb. 14.2]   Eigenschaften der Kraft

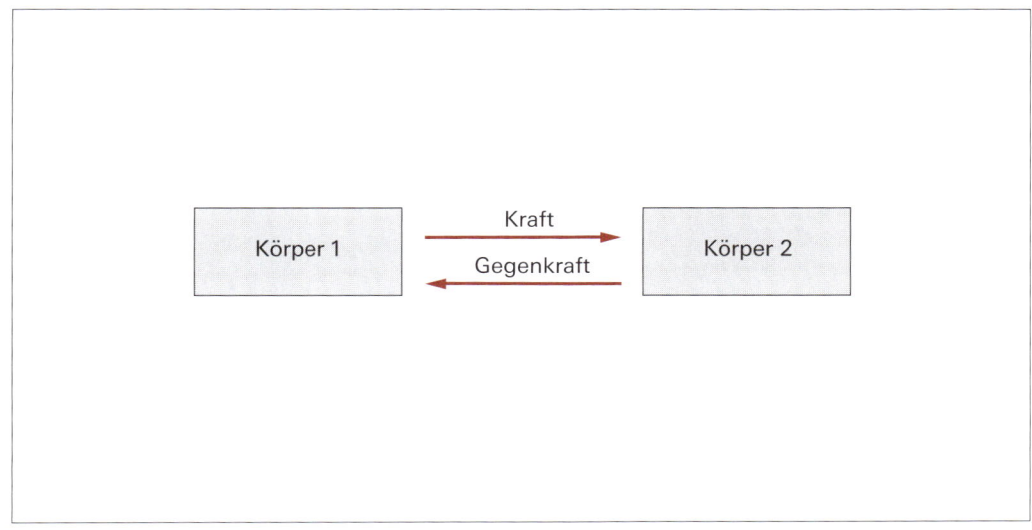

```
          Kraft
Körper 1  ——→  Körper 2
          ←——
        Gegenkraft
```

Jede Kraft bewirkt eine Gegenkraft.

Wechselwirkungsgesetz, 3. Newton'sches Gesetz

Das Phänomen, dass eine Kraft immer eine Gegenkraft zur Folge hat, wird durch das *Wechselwirkungsgesetz* (*3. Newton'sches Gesetz*) beschrieben. Das Wechselwirkungsgesetz beschreibt dabei auch die Stärke und die Richtung der Gegenkraft:

Actio, Reactio

Wirkt ein Körper 1 mit der Kraft $\vec{F}_1$ auf einen Körper 2, so wirkt der Körper 2 immer mit einer Gegenkraft $\vec{F}_2$ auf den Körper 1. Die Gegenkraft ist gleich stark wie die ursprüngliche Kraft und der ursprünglichen Kraft entgegengesetzt. Prägnant, aber leider lateinisch formuliert: «*Actio* gleich *Reactio*». Als Gleichung schreibt sich das Wechselwirkungsgesetz:

$$\vec{F}_1 = -\vec{F}_2$$

Wechselwirkung

Das Wechselwirkungsgesetz besagt also, dass Kräfte nur als *Wechselwirkung* auftreten, d. h., dass Kräfte immer paarweise auftreten. Kraft und Gegenkraft wirken aber immer auf verschiedene Körper. Deshalb heben sich Kraft und Gegenkraft nicht auf. Ferner sind Kraft und Gegenkraft entgegengesetzt gerichtet.

Dass Kraft und Gegenkraft gleich stark sind, bedeutet noch nicht, dass sie gleiche Wirkungen (Beschleunigungen etc.) verursachen. Kraft ist eine Sache, die Beschleunigung $a = F/m$, die eine Kraft hervorruft, ist eine andere.

Beispiel 14.1

Wenn Sie einen Fussball wegkicken und dabei für einen Sekundenbruchteil eine Kraft von 500 N auf den Ball ausüben, wird der Ball gleichzeitig auch mit 500 N gegen Ihren Fuss schlagen, was Sie durchaus spüren können. Der Ball (kleine Masse) erfährt eine beachtliche Beschleunigung und fliegt weit weg, die Wirkung auf Sie (grosse Masse) ist weniger auffällig.

14.2   Anwendungen des Wechselwirkungsgesetzes

Wir wollen das Wechselwirkungsgesetz durch einige Beispiele illustrieren.

Beispiel 14.2

Sie stützen sich an einer Wand ab. Die Kraft, mit der Sie sich an der Wand abstützen, nennen wir $\vec{F}_1$. Dies bewirkt eine Gegenkraft, in diesem Fall die Normalkraft $\vec{F}_2$, mit der Sie von der Wand gestützt werden. Für die Kraft der Hand und die Kraft der Wand gilt $\vec{F}_1 = -\vec{F}_2$

[Abb. 14.3] Abstützen

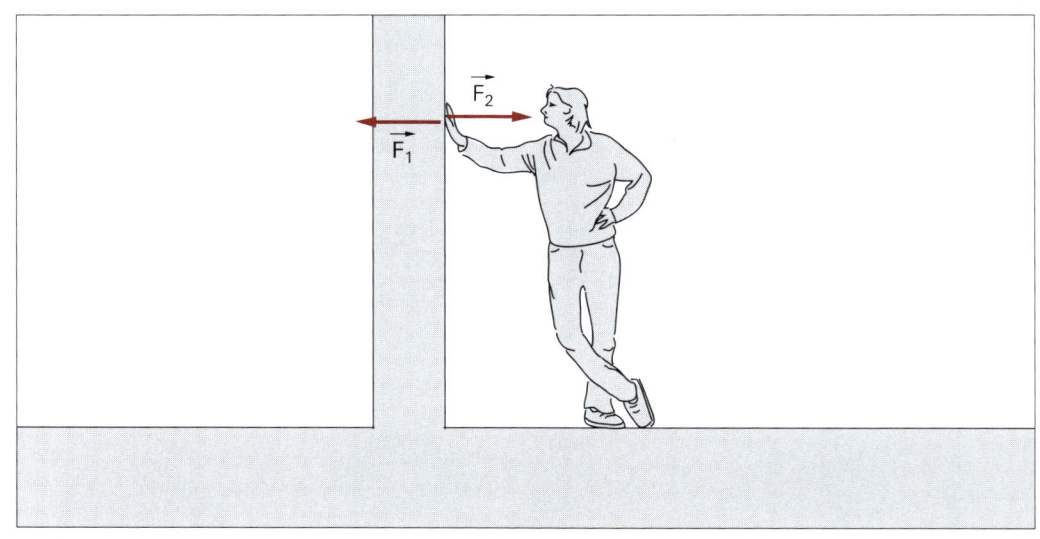

Kraft und Gegenkraft beim Abstützen.

Beispiel 14.3 Wenn Sie vorwärts gehen, stossen Sie die Beine nach hinten, Sie selber bewegen sich in der Folge nach vorne – wie passt das zusammen? Betrachten wir das Schema in Abbildung 14.2. Sie sind darin der Körper 1 und Sie stossen den Körper 2, d. h. den Boden, nach hinten. Der Boden reagiert mit einer gleich grossen entgegengesetzten Gegenkraft und stösst Sie dadurch nach vorne. Die Gegenkraft ist es also, die Sie voranbringt. Natürlich merken Sie nichts davon, dass Sie den Boden zurückstossen, aber das liegt nicht am Fehlen der Kraft, sondern an der grossen Masse der Erde. Drehen wir die Massenverhältnisse um: Sie machen das Gleiche auf einem Rollbrett: Das Rollbrett wird nach hinten rollen, Sie bleiben (fast) am Ort stehen.

[Abb. 14.4] Kraft und Gegenkraft beim Gehen

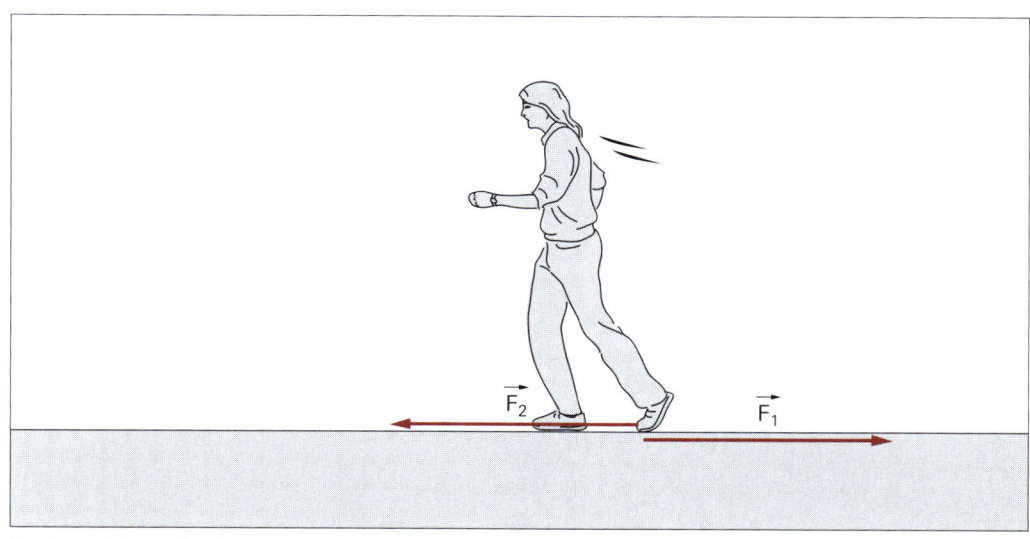

Kraft und Gegenkraft beim Gehen.

Beispiel 14.4 Nicht viel anders verhält es sich bei einem Auto. Die Antriebsräder versuchen, den Erdboden nach hinten zu schieben (auf lockerem Kies fliegen vielleicht Steine nach hinten), der Boden stösst das Auto gleichzeitig nach vorne.

[Abb. 14.5]   Fahren

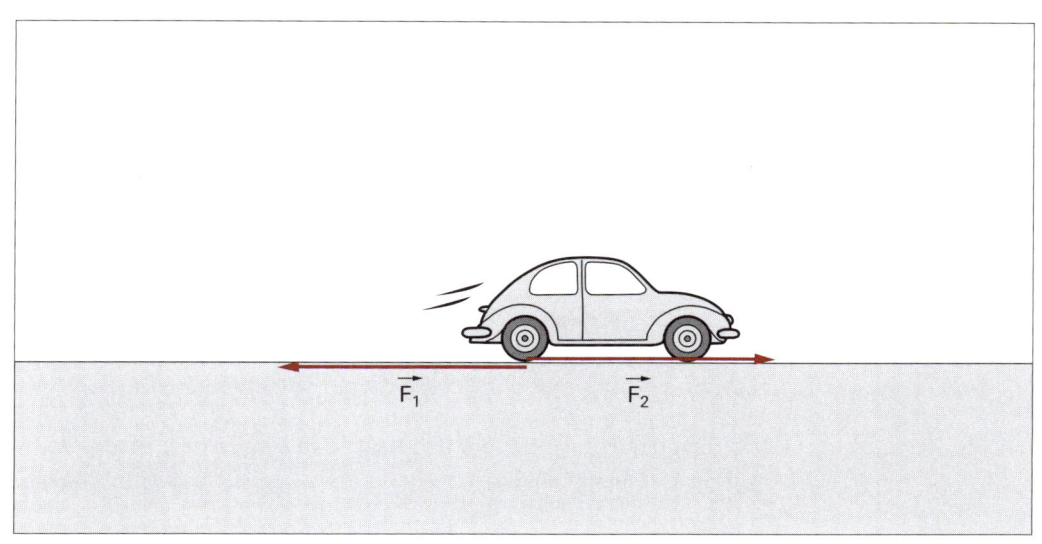

Kraft und Gegenkraft beim Fahren.

Beispiel 14.5   Jedes Verkehrsmittel funktioniert nach diesem Prinzip. Dabei ist es nicht nötig, dass das Abstossen durch Reibungskräfte geschieht. Flugzeuge stossen mit Propellern oder Düsentriebwerken Luft nach hinten, als Reaktion wird das Flugzeug von der Luft nach vorne gestossen. Raketentriebwerke erzeugen eine Schubkraft, indem sie ihre eigenen Abgase nach hinten ausstossen, als Reaktion wird die Rakete von den Abgasen nach vorne gestossen.

Beispiel 14.6   Wenn Sie irgendwo runterspringen, zieht Sie dabei die Gewichtskraft zu Boden. Wenn Sie z. B. 60 kg schwer sind, so ist diese Gewichtskraft 600 N stark. Die Erde zieht Sie an, nach dem Gesetz «Actio = Reactio» ziehen Sie die Erde gleich stark an.

[Abb. 14.6]   Freier Fall

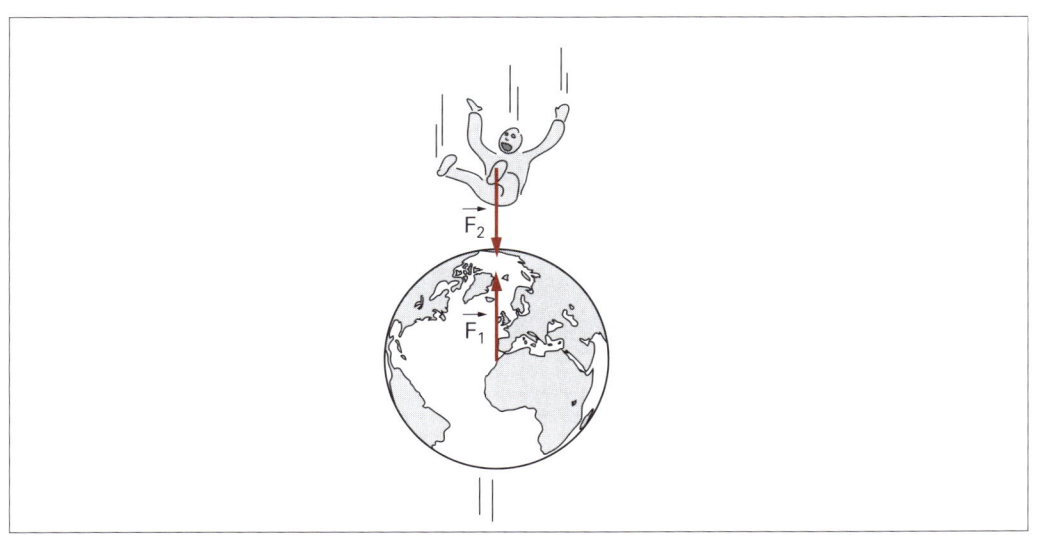

Kraft und Gegenkraft beim freien Fall.

Wenn wir nun Ihre beschleunigende Wirkung auf die Erde berechnen, so erhalten wir:

$$a_{Erde} = \frac{F_G}{m_{Erde}} = \frac{600 \text{ N}}{6 \cdot 10^{24} \text{ kg}} = 10^{-22} \frac{\text{m}}{\text{s}^2}$$

Verglichen mit der Fallbeschleunigung von 9.81 m/s², die Sie von der Erde erfahren, ist die Beschleunigung der Erde a_{Erde} wirklich vernachlässigbar klein!

> **Wechselwirkungsgesetz (3. Newton'sches Gesetz)**
>
> «Actio gleich Reactio»: Geht von einem Körper 1 eine Kraftwirkung $\vec{F_1}$ auf einen anderen Körper 2 aus, so wirkt gleichzeitig immer eine Gegenkraft $\vec{F_2}$ von Körper 2 auf Körper 1. Dabei gilt:
>
> $$\vec{F_1} = -\vec{F_2}$$
>
> Kraft und Gegenkraft wirken immer auf verschiedene Körper!
>
> Die Beschleunigungen, die aus Kraft und Gegenkraft resultieren, sind meist nicht gleich, da Körper 1 (m_1) und Körper 2 (m_2) meist nicht die gleiche Masse haben.

Aufgabe 76

In den folgenden Situationen ist jeweils eine Kraft (Actio) beschrieben. Beschreiben Sie kurz die dazugehörige Gegenkraft (Reactio).

A] Eine Feder A zieht an einer anderen Feder B.

B] Ein Haarföhn bläst Luft aus.

C] Ein Buch, das über einen Tisch gleitet, wird durch die Reibung gebremst.

D] Ein Buch liegt auf einem Tisch und drückt infolge seiner Gewichtskraft darauf.

E] Sie treten einen Ball weg.

Aufgabe 82

Wieso können Flugzeuge nicht zum Mond fliegen?

Aufgabe 49

Eine Kugel A stösst eine viermal leichtere Kugel B mit der Kraft 2 N. Wie stark ist dabei die Kraft der Kugel B auf die Kugel A?

Aufgabe 55

Petra (m_1 = 50 kg) hat in der Lotterie gewonnen und macht einen Freudensprung. Dabei stösst sie sich mit einer Kraft von 800 N vom Boden ab.

A] Beschreiben Sie die Kräfte, die auf Petra im Moment des Abstosses wirken.

B] Welche Beschleunigung erfährt Petra durch diese Kräfte im Moment des Abstosses?

C] Welche Beschleunigung erfährt die Erde (m_2 = 6.0 · 10²⁴ kg) im Moment des Abstosses?

15 Kräfte bei geradlinigen Bewegungen

Das Kraftwirkungsgesetz:

$$\vec{F}_{res} = m \cdot \vec{a}$$

gibt uns die Möglichkeit, von der resultierenden Kraft auf die Beschleunigung oder umgekehrt von der Beschleunigung auf die resultierende Kraft zu schliessen. Um mit dieser Möglichkeit vertraut zu werden, wollen wir in diesem Abschnitt einige Beispiele betrachten, wo das Kraftwirkungsgesetz zur Anwendung kommt. Die Auswahl der Anwendungen in Abschnitt 15 ist bestimmt durch folgende Einschränkungen:

Geradlinige Bewegung

- Der Betrag der resultierenden Kraft ändert sich während der Bewegung nicht.
- Die Richtung der resultierenden Kraft ändert sich während der Bewegung nicht.
- Wir betrachten nur *geradlinige Bewegungen*, d. h., die Bewegungsrichtung ändert sich nicht.

Der Schwierigkeitsgrad der Anwendungen nimmt mit jedem Abschnitt etwas zu, jeder Abschnitt verlangt etwas mehr an Mathematik-Vorkenntnissen.

15.1 Der freie Fall

Als Erstes betrachten wir die Fallbewegung, die durch die Wirkung der Gewichtskraft verursacht wird. Diese haben wir schon im Abschnitt 11.2 besprochen. Wir haben damals aber noch keine Gleichung für die Gewichtskraft F_G hergeleitet. Im Abschnitt 12.2 haben wir seither gelernt, wie man aus der Bewegung etwas über die wirkende Kraft lernt:

- Berechne aus dem Bewegungsablauf die Geschwindigkeit. (Kinematik)
- Berechne aus der Geschwindigkeitsänderung die Beschleunigung. (Kinematik)
- Berechne aus der Beschleunigung die resultierende Kraft. (Dynamik)

Wenden wir dies auf die Fallbewegung an, um eine Gleichung für die Gewichtskraft zu erhalten!

Gleichung für die Gewichtskraft

Die Details der Fallbewegung kennen Sie schon aus Abschnitt 7.3. Zur Erinnerung: Aus dem *s-t*-Diagramm der Fallbewegung haben wir das *v-t*-Diagramm abgeleitet. Das *v-t*-Diagramm hatte uns dann gezeigt, dass die Beschleunigung bei der Fallbewegung konstant ist, nämlich $a = g = 9.81$ m/s². Was sagt das Kraftwirkungsgesetz nun über den Betrag der Gewichtskraft F_G aus?

Wenn nur die Gewichtskraft F_G wirkt, so ist die resultierende Kraft $F_{res} = F_G$ und das Kraftwirkungsgesetz lautet demnach:

Gleichung 15.1

$$F_G = m \cdot g$$

Gleichung für die Gewichtskraft

Damit liest sich das Kraftwirkungsgesetz so: Die Gewichtskraft eines Körpers ist die Masse des Körpers mal die Fallbeschleunigung. Wir haben die *Gleichung für die Gewichtskraft* gefunden!

Bemerkungen zur Gleichung für die Gewichtskraft

Die Gleichung 15.1 zeigt, wieso es einen so engen Zusammenhang zwischen Masse m und Gewichtskraft F_G gibt: Die beiden Grössen unterscheiden sich, solange wir uns auf der Erde befinden, nur durch den Faktor Erdbeschleunigung $g = 9.81$ m/s^2.

Wegen der obigen Gleichung konnten wir in Abschnitt 10.3 für die provisorische Definition von 1 N (Newton) die Gewichtskraft von etwa 100 g nehmen. Die Gewichtskraft von $m = 100$ g ist genau $F_G = 0.1$ kg $\cdot$ 9.81 m/s^2 = 0.981 N, also fast 1 N.

Der direkte Zusammenhang zwischen Gewichtskraft und Masse erlaubt es Waagen, die eigentlich die Gewichtskraft F_G messen, trotzdem mit Kilogramm, der Einheit der Masse, m anzuschreiben. Dort wo auf der Waage z. B. $F_G = 687$ N stehen sollte, schreiben Sie $m = F_G / g = 687$ N / 9.81 m/s^2 = 70.0 Kg auf die Skala.

Sie wissen aus Abschnitt 7.3, dass die Fallbeschleunigung g auf der Erde nicht überall exakt $g = 9.81$ m/s^2 ist. Die Gewichtskraft $F_G = m \cdot g$ eines Körpers ist deshalb auf der Erde, wie schon in Abschnitt 11.2 erwähnt, auch nicht überall ganz genau gleich gross.

Wir haben die Eigenschaften der Gewichtskraft schon in Abschnitt 11.2 besprochen, aber ohne eine Gleichung für die Gewichtskraft zu geben. Dies ist hiermit hiermit nachgeholt.

Bemerkungen zur doppelten Bedeutung der Masse

Den Begriff der Masse haben Sie bisher in zwei unterschiedlichen Zusammenhängen angetroffen:

- Im Kraftwirkungsgesetz beschreibt die Masse die Trägheit des betrachteten Körpers. Hier bestimmt die Masse, wie stark sich der Körper der Beschleunigung widersetzt.
- In der Gleichung für die Gewichtskraft beschreibt die Masse die Schwere des Körpers. Hier bestimmt die Masse, wie stark der Körper von der Erde angezogen wird.

Schwere

Masse hat also eine zweifache Bedeutung: Die Masse verleiht einem Körper sowohl *Schwere* als auch Trägheit. Dies sind zwei verschiedene Funktionen der Masse.

Bei der Fall-Bewegung ist die Gewichtskraft $\vec{F_G}$ die beschleunigende Kraft. Die Gewichtskraft eines Körpers der Masse m ist:

$$\vec{F_G} = m \cdot \vec{g}$$

Der Betrag der Fallbeschleunigung hat bei uns den Wert $g = 9.81$ m/s^2.

Aufgabe 60 Berechnen Sie Ihre Gewichtskraft.

Aufgabe 65 Ein Buch liegt auf einem Tisch. Welchen Betrag und welche Richtung hat die Kraft, die der Tisch auf das Buch ausübt? Die Masse des Buchs ist 2.0 kg.

15.2 Die Vollbremsung

Wir haben in Abschnitt 12.2 gesehen, dass uns das Kraftwirkungsgesetz ein klares Programm gibt, wie wir aus den wirkenden Kräften den Bewegungsablauf berechnen können:

- Berechne aus den wirkenden Kräften die resultierende Kraft. (Dynamik)
- Berechne aus der resultierenden Kraft die Beschleunigung. (Dynamik)
- Berechne aus der Beschleunigung den Bewegungsablauf. (Kinematik)

Der erste Schritt ist der mathematisch aufwändigste und deshalb schwierigste Teil. Wir wollen deshalb als Nächstes eine Anleitung zusammenstellen, wie Sie diese resultierende Kraft schrittweise berechnen können.

Vollbremsung

Betrachten wir zum Beispiel ein Auto, das eine Vollbremsung macht. Die klassische *Vollbremsung* bedeutet, dass alle Räder voll blockiert werden. Bei modernen Autos mit ABS (Anti-Blockier-System) gesteuerten Bremsen sieht das etwas anders aus. Dadurch gerät das Auto sofort ins Rutschen. Das Auto kommt dann wegen der Gleitreibung (die Bremsspur ist Beweis dafür!) zum Stillstand.

Welche Kräfte wirken auf ein Auto bei einer Vollbremsung? Erwähnt haben wir schon die bremsende Gleitreibung. Zudem wirkt die Gewichtskraft und die Normalkraft der Strasse auf das Auto. Ohne die Normalkraft würde das Auto von der Gewichtskraft in den Boden gezogen (was zum Beispiel passiert, wenn ein Auto auf einem zugefrorenen See fährt, das Eis einbricht und das Auto versinkt).

Auf das Auto wirken bei einer Vollbremsung also Gleitreibungskraft $\vec{F}_R$, Gewichtskraft $\vec{F}_G$ und Normalkraft $\vec{F}_N$. Machen wir eine Skizze, in die wir alle am Auto wirkenden Kräfte am Massenpunkt einzeichnen.

[Abb. 15.1]   Kräfte bei einer Vollbremsung

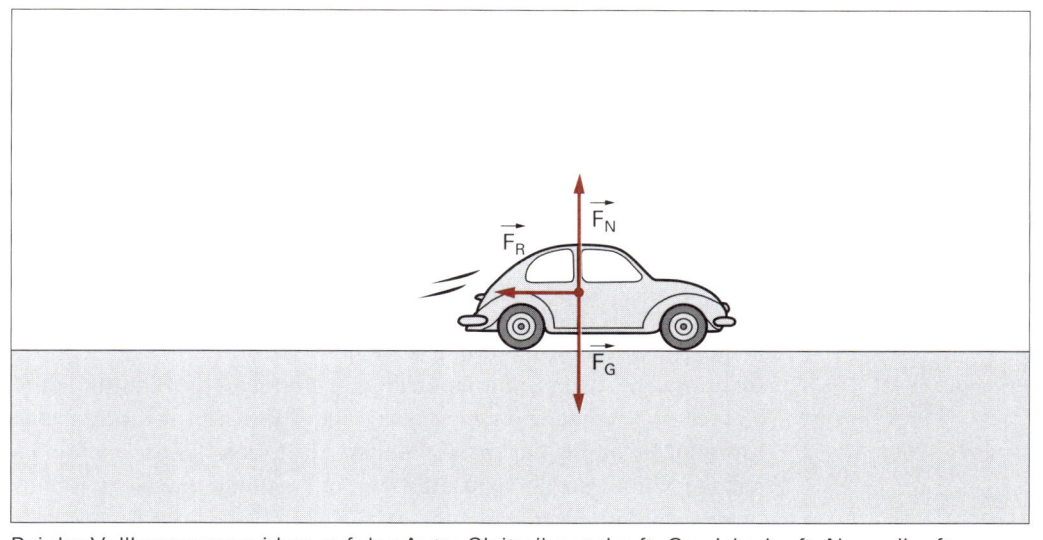

Bei der Vollbremsung wirken auf das Auto: Gleitreibungskraft, Gewichtskraft, Normalkraft.

Die resultierende Kraft ist die vektorielle Summe dieser drei Kräfte:

$$\vec{F}_{res} = \vec{F}_R + \vec{F}_G + \vec{F}_N$$

In welche Richtung zeigt die resultierende Kraft $\vec{F}_{res}$ bei der Vollbremsung? Da das Auto langsamer wird, muss die resultierende Kraft beim Bremsen entgegengesetzt zur Fahrtrichtung wirken. In Abbildung 15.2 zeichnen wir den Kraft-Vektor der resultierenden Kraft dementsprechend ein.

[Abb. 15.2]   Resultierende Kraft bei einer Vollbremsung

Beim Bremsen wirkt die resultierende Kraft entgegen der Fahrtrichtung.

Der Abbildung 15.2 entnehmen wir, dass $\vec{F_N}$ und $\vec{F_G}$ rechtwinklig zur resultierenden Kraft stehen. Diese beiden Kräfte heben sich gegenseitig auf:

$$\vec{F_G} + \vec{F_N} = \vec{0}$$

Wenn dies nicht so wäre, so würde das Auto ja auch rechtwinklig zur Strasse beschleunigt, d. h. im Boden versinken oder in die Luft abheben. Die letzte Gleichung beutet aber, dass die Gleichung für die resultierende Kraft vereinfacht werden kann:

$$\vec{F_{res}} = \vec{F_R}$$

In dieser Gleichung für die resultierende Kraft kommt nur noch eine Kraft vor, die die Richtung der resultierenden Kraft hat.

p-Kräfte, r-Kräfte

Wir überlegen uns also immer zuerst, in welche Richtung die resultierende Kraft zeigt. Anschliessend überlegen wir uns, welches die zur resultierenden Kraft parallelen Kräfte und welches die dazu rechtwinkligen Kräfte sind. Wir nennen diese Kräfte *p-Kräfte* und *r-Kräfte*. Es gilt dann immer:

- Die vektorielle Summe der p-Kräfte = $\vec{F_{res}}$.
- Die vektorielle Summe der r-Kräfte = $\vec{0}$.

In beiden Summen kommen jeweils nur Kräfte in die gleiche oder in entgegengesetzte Richtung vor. Beim Summieren können wir dann die Richtung der Kräfte statt mit Vektoren einfach mit Vorzeichen berücksichtigen. Bei den p-Kräften steht das Plus-Zeichen für Kräfte in Richtung der resultierenden Kraft, das Minus-Zeichen steht für die entgegengesetzten Kräfte. Bei den r-Kräften ist nicht wichtig, in welche Richtung Plus und Minus festgelegt werden. Einmal festgelegt muss man sich aber für alle r-Kräfte daran halten.

p-Gleichung

Bei der Vollbremsung bedeutet das für die p-Kräfte: Die bremsende Reibungskraft ist gleich der resultierenden Kraft. Wir erhalten somit die *p-Gleichung* (d. h. die Gleichung für die p-Kräfte):

$$F_{res} = F_R$$

r-Gleichung

Bei einer Vollbremsung bedeutet das für die r-Kräfte: Die Gewichtskraft minus die Normalkraft ist 0 N. Wir erhalten somit die *r-Gleichung* (d. h. die Gleichung für die r-Kräfte):

$$F_G - F_N = 0 \text{ N}$$

Für die Normalkraft gilt wie schon im Abschnitt 11.3 erwähnt:

$$F_N = F_G = m \cdot g$$

Die Reibungskraft F_R ist dann:

$$F_R = \mu_G \cdot F_N = \mu_G \cdot m \cdot g$$

Somit haben wir die resultierende Kraft F_{res}, die auf das Auto während einer Vollbremsung wirkt:

$$F_{res} = F_R = \mu_G \cdot m \cdot g$$

Uns interessiert noch der Bremsweg s_B. Mithilfe des Kraftwirkungsgesetzes berechnen wir den Betrag der Beschleunigung des Autos:

$$a = \frac{F_{res}}{m} = \mu_G \cdot g$$

Die Gleitreibungszahl μ_G für einen Pneu auf trockener Strasse ist $\mu_G = 0.6$. Dies führt zu einer Beschleunigung vom Betrag $a = 6$ m/s^2 während der Vollbremsung des Autos. Bemerkenswert ist, dass die Masse des Autos keinen Einfluss auf die Beschleunigung hat!

Wir haben den Betrag der Beschleunigung berechnet. Bei den Bewegungsgleichungen 7.9, 7.10 und 7.11 haben wir die Richtung der Beschleunigung mit dem Vorzeichen berücksichtigt. Da es sich um ein Abbremsen handelt, ist die Beschleunigung negativ. Wir müssen also $a = -\mu_G \cdot g$ in die Gleichung 7.11 für den Bremsweg einsetzen:

$$s_B = \frac{-v_0^2}{2 \cdot a} = \frac{v_0^2}{2 \cdot \mu_G \cdot g}$$

Der Bremsweg ist also proportional zum Quadrat der Anfangsgeschwindigkeit. Für 50 km/h (d. h. 14 m/s) und $\mu = 0.6$ ist der Bremsweg etwa 16 m. Bemerkenswert ist, dass der Bremsweg wiederum unabhängig von der Masse des Autos ist.

Lösungsanleitung Wir stellen den Lösungsweg für unsere Vollbremsung allgemein dar, wodurch wir eine allgemeine *Lösungsanleitung* für Aufgaben der Dynamik erhalten:

Berechnung der geradlinigen, gleichmässig beschleunigten Bewegung in Stichworten:

1. Skizze der Situation anfertigen. Massenpunkt des Körpers einzeichnen.
2. Welche Kräfte wirken auf den Körper? Alle Kraft-Vektoren beim Massenpunkt einzeichnen.
3. Kraft-Vektor der resultierenden Kraft in Skizze einzeichnen.
4. Summe der p-Kräfte = F_{res} (Plus-Zeichen für Kräfte in Richtung der resultierenden Kraft). Summe r-Kräfte = 0.
5. Gleichung für die p-Kräfte nach der resultierenden Kraft F_{res} auflösen.
6. Mit dem Kraftwirkungsgesetz den Betrag der Beschleunigung $a = F_{res} / m$ berechnen.
7. Kinematisch den Ort s aus der Beschleunigung a berechnen. Dabei Richtung von a mit dem Vorzeichen berücksichtigen.

Aufgabe 71 Sie sitzen auf einem Wagen, der von einem Esel gezogen wird. Sie wollen anhalten. Der Esel hört aber leider nicht auf Ihre Rufe. Sie blockieren die Räder mit der Handbremse, wodurch der Wagen langsam durch die Gleitreibung der Gummiräder zum Stillstand kommt.

A] In welche Richtung zeigt die Gesamtkraft während des Bremsens?

B] Berechnen Sie den Bremsweg des vom Esel gezogenen Wagens ($m = 300$ kg), wenn Sie zum Zeitpunkt, in dem Sie die Handbremse ziehen, mit 2 m/s unterwegs waren, die Gleitreibungszahl $\mu_G = 0.8$ beträgt und der Esel mit 2 000 N weiterzieht.

Aufgabe 77

Ein Auto hat bei blockierten Rädern ein Bremsvermögen von 4 m/s². Wie gross ist der Gleitreibungszahl?

15.3 Schiefe Kräfte

In Abschnitt 15.2 haben Sie gelernt, wie Sie die Gesamtkraft bei horizontalen Bewegungen berechnen. Sie haben dort gesehen, dass sich die resultierende Kraft als Summe der parallel zur resultierenden Kraft wirkenden Kräfte ergibt. Die Summe der rechtwinklig zur resultierenden Kraft wirkenden Kräfte muss sich zu null ergänzen. Wie berechnet man aber die resultierende Kraft, wenn einzelne Kräfte weder parallel noch rechtwinklig zur resultierende Kraft sind? Dies ist z. B. der Fall, wenn man einen Koffer hinter sich herzieht.

Die Kraft $\vec{F}$, mit der man den Koffer zieht (Abbildung 15.3), ist nicht parallel und auch nicht rechtwinklig zur Bewegungsrichtung.

[Abb. 15.3]   Koffer ziehen

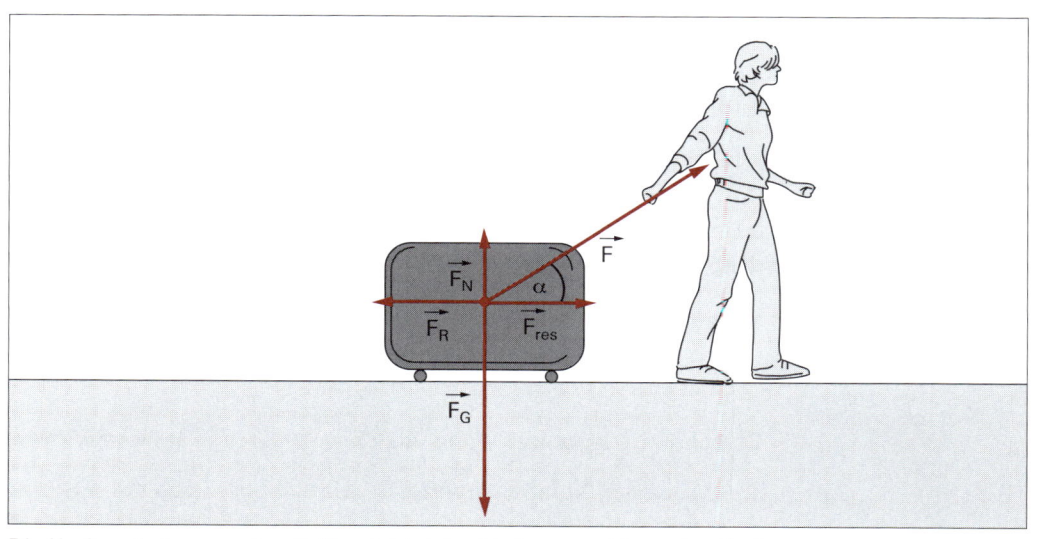

Die Kraft, mit der man den Koffer zieht, ist schief zur resultierenden Kraft.

In Abbildung 15.4, links, wirkt die Kraft $\vec{F}$ auf den Koffer, in Abbildung 15.4, rechts, wirken stattdessen die zwei Kräfte $\vec{F}_\perp$ und $\vec{F}_\parallel$. Dabei gilt für die Kräfte:

Gleichung 15.2

$$\vec{F} = \vec{F}_\parallel + \vec{F}_\perp$$

Komponentenzerlegung der Kraft, Kraftkomponenten, Ersatzkräfte, schiefe Kraft

Nach dem Prinzip «Gleiche Kraft bedeutet gleiche Wirkung» können wir die Kraft $\vec{F}$ durch die beiden Kräfte $\vec{F}_\parallel$ und $\vec{F}_\perp$ ersetzen, um die Bewegung des Koffers zu berechnen! Wir ersetzen also eine *schiefe Kraft* $\vec{F}$ immer durch eine parallele Kraft $\vec{F}_\parallel$ und eine rechtwinklige Kraft $\vec{F}_\perp$ geeigneter Stärke. Man nennt diese Zerlegung der Kraft in zwei Teilkräfte: *Komponentenzerlegung* der Kraft. Die *Kraftkomponenten* $\vec{F}_\parallel$ und $\vec{F}_\perp$ nennt man *Ersatzkräfte* für die Kraft $\vec{F}$.

[Abb. 15.4] Zerlegung einer schiefen Kraft in zwei Kräfte

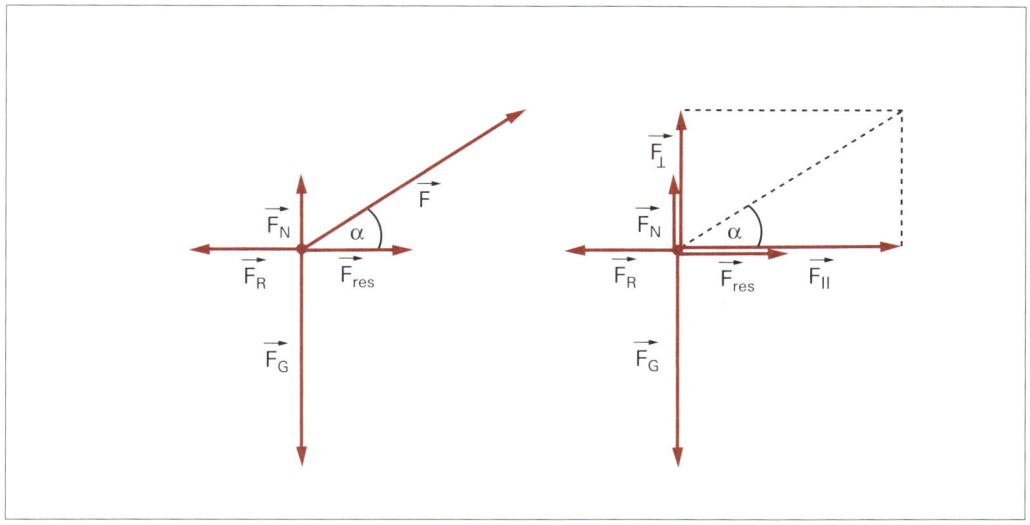

Die Wirkung von $\vec{F}_\perp + \vec{F}_\parallel$ ist die gleiche wie die von $\vec{F}$.

Was bedeutet «geeignete Stärke»? Betrachten Sie dazu Abbildung 15.5.

[Abb. 15.5] Zerlegung einer schiefen Kraft in zwei Kraftkomponenten

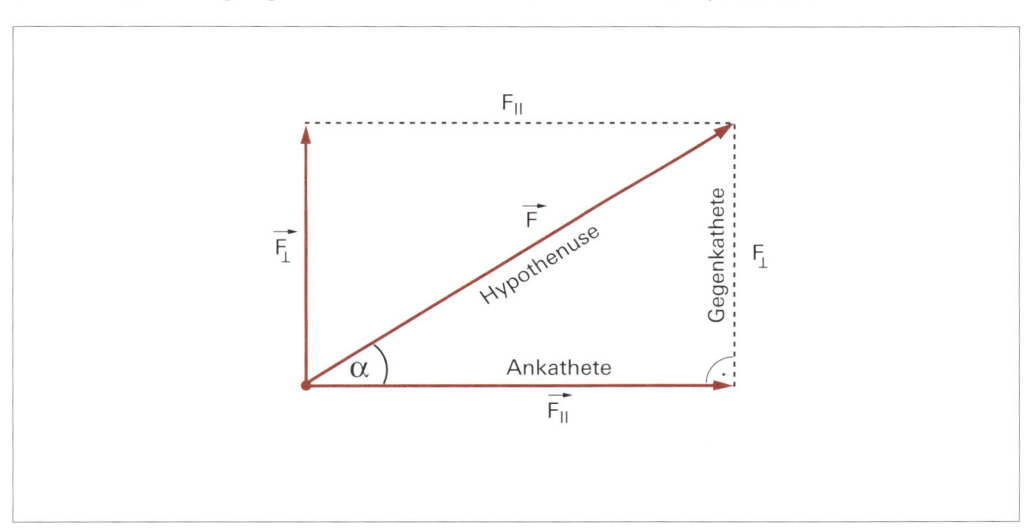

$F_\perp$ ist Länge der Gegenkathete, $F_\parallel$ ist die Länge der Ankathete und F die Länge der Hypotenuse.

Betrachten Sie das Dreieck aus den drei Kraftvektoren $\vec{F}_\parallel$, $\vec{F}_\perp$ und $\vec{F}$. Es handelt sich um ein rechtwinkliges Dreieck. $F_\perp$ ist die Länge der Gegenkathete, $F_\parallel$ ist die Länge der Ankathete und F die Länge der Hypotenuse:

$$\sin\alpha = \frac{F_\perp}{F}$$

$$\cos\alpha = \frac{F_\parallel}{F}$$

Für die Stärke der Ersatzkräfte gilt also:

$$F_\perp = F \cdot \sin\alpha$$

$$F_\parallel = F \cdot \cos\alpha$$

Die Sinus- und Cosinuswerte zu gegebenem Winkel α bestimmen wir mithilfe des Taschenrechners.

Eine Kraft $\vec{F}$, die schief zur resultierenden Kraft wirkt, können wir immer durch $\vec{F_\parallel}$ und $\vec{F_\perp}$ ersetzen, die parallel respektive rechtwinklig zu $\vec{F_{res}}$ stehen.

Rechnen wir die eben betrachtete Bewegung mit dem Koffer an einer konkreten Situation durch. Ein Koffer der Gewichtskraft F_G = 60 N werde unter dem Winkel α = 60° dem horizontalen Boden entlanggezogen. Der Koffer bewege sich dadurch gleichförmig. Der Betrag der Zug-Kraft ist F = 16 N.

Frage: Wie gross sind Normalkraft und Reibungskraft?

Dies ist eine Aufgabe des Typs: Bewegung gegeben (der Koffer bewegt sich geradlinig gleichförmig), Kräfte gesucht (Rollreibungskraft $\vec{F_R}$ und die Normalkraft $\vec{F_N}$ bestimmen).

Wir berechnen zuerst die Beträge der Ersatzkräfte:

$$F_\perp = F \cdot \sin\alpha = 16\,\text{N} \cdot \sin 30° = 14\,\text{N}$$

$$F_\parallel = F \cdot \cos\alpha = 16\,\text{N} \cdot \cos 30° = 8\,\text{N}$$

Jetzt stellen wir wie gewohnt die Gleichung für die p-Kräfte und die r-Kräfte auf, wobei wir die Zugkraft durch die beiden Ersatzkräfte ersetzen:

$$F_N + F_\perp - F_G = 0$$

$$F_\parallel - F_R = F_{res}$$

Da die Bewegung geradlinig gleichförmig ist, gilt $a = 0$. Aus dem Kraftwirkungsgesetz folgt dann: $F_{res} = m \cdot a = 0$. In diesem Fall müssen sich also sowohl die rechtwinkligen wie auch die parallelen Kräfte zu null aufheben, also:

$$F_N + F_\perp - F_G = 0$$

$$F_\parallel - F_R = 0$$

Somit können wir die Beträge für die Normalkraft und die Rollreibungskraft direkt ausrechnen:

$$F_N = F_G - F_\perp = 60\,\text{N} - 14\,\text{N} = 46\,\text{N}$$

$$F_R = F_\parallel = 8\,\text{N}$$

Die gesuchte Normalkraft und die Reibungskraft sind damit bestimmt. Da die Reibungskraft von der Normalkraft und der Rollreibungszahl abhängt ($F_R = \mu_R \cdot F_N$), haben wir jetzt die Möglichkeit die Haftreibungszahl auszurechnen:

$$\mu_R = \frac{F_R}{F_N}$$

Ersatzkräfte für schiefe Kräfte:

Eine Kraft, die schief zur resultierenden Kraft wirkt, wird durch eine parallele Kraft $\vec{F_\parallel}$ und eine rechtwinklige Kraft $\vec{F_\perp}$ ersetzt. Dies nennt man Komponentenzerlegung einer Kraft.

Aufgabe 50

In der folgenden Abbildung sind mehrere Kräfte auf einen Körper sowie ihre resultierende Kraft eingezeichnet.

A] Zeichnen Sie für die schiefe Kraft $\vec{F_1}$ die Ersatzkräfte rechtwinklig und parallel zur resultierenden Kraft ein.

B] Bestimmen Sie den Betrag der beiden Kraft-Komponenten grafisch.

C] Bestimmen Sie den Betrag der beiden Kraft-Komponenten, indem Sie den Winkel messen und dann mit den Sinus- und Cosinus-Werten den Betrag der beiden Kraft-Komponenten berechnen.

[Abb. 15.6] Kräfte und resultierende Kraft

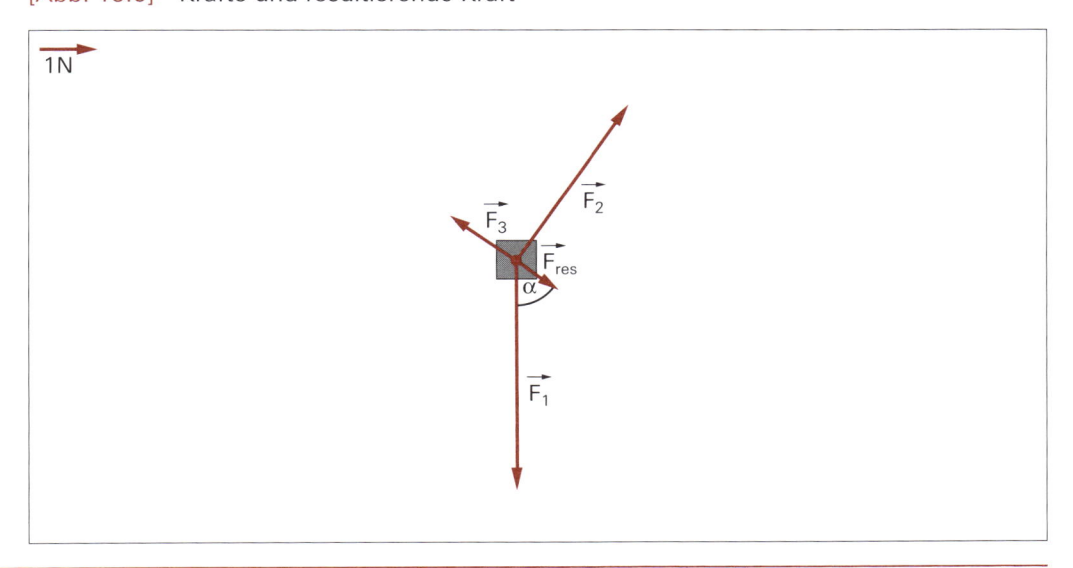

15.4 Schlitten fahren

Schiefe Ebene

Kräfte, die schief zur resultierenden Kraft sind, treten immer dann auf, wenn sich ein Gegenstand auf einer *schiefen Ebene* bewegt. Zum Üben der Komponentenzerlegung wollen wir uns als Beispiel das Schlittenfahren auf einem geneigten Hang (Physiker-Jargon: «schiefen Ebene») anschauen.

[Abb. 15.7] Schiefe Ebene

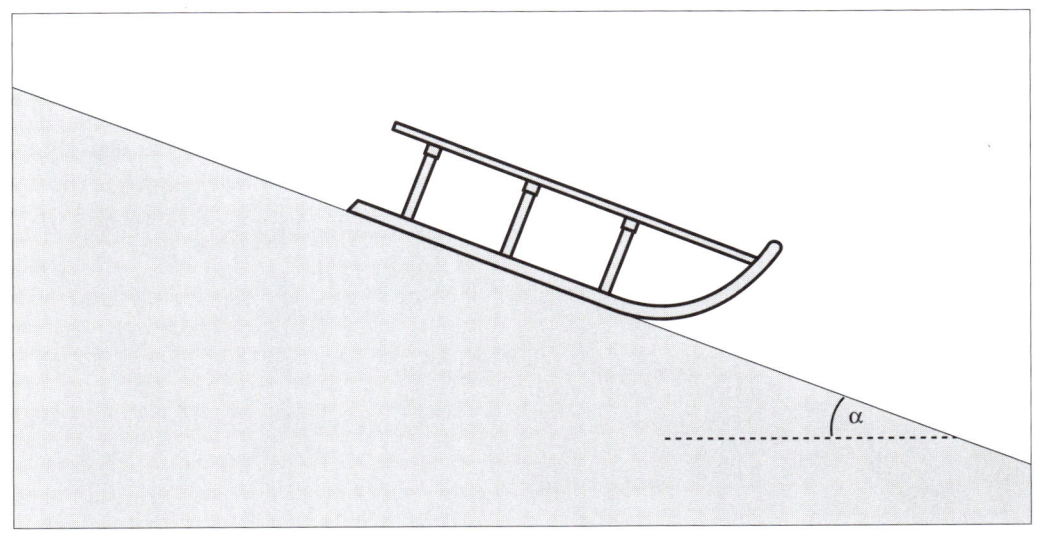

Schlitten fahren auf einer schiefen Ebene

Aus Erfahrung wissen Sie, je steiler der Hang, desto wilder die Fahrt. Also müssen wir sicher die Steilheit des Hangs bei allen Betrachtungen auf der schiefen Ebene berücksichtigen. Die Steilheit kann mit dem Steigungswinkel α angegeben werden (siehe Abbildung 15.7).

Bestimmen wir schrittweise die Bewegung des Schlittens:

- Berechne aus den wirkenden Kräften die resultierende Kraft.
- Berechne aus der resultierenden Kraft die Beschleunigung.
- Berechne aus der Beschleunigung den Bewegungsablauf.

«Berechne aus den wirkenden Kräften die resultierende Kraft.»:

Gemäss unserer Anleitung zeichnen wir in Abbildung 15.8 die Kraftvektoren aller auf den Schlitten wirkenden Kräfte am Massenpunkt ein: Gewichtskraft $\vec{F_G}$ und Reibungskraft $\vec{F_R}$ und Normalkraft $\vec{F_N}$. Jetzt, da der Boden schief ist, müssen wir ausführlicher über die Richtung der Kräfte nachdenken. Die Gewichtskraft zieht vertikal nach unten. Die Reibungskraft ist entgegengesetzt zur Bewegungsrichtung, also parallel zum Hang bzw. zum Boden. Die Normalkraft ist die stützende Kraft des Bodens. Sie wirkt immer rechtwinklig zum Hang. Die resultierende Kraft $\vec{F_{res}}$ dieser drei Kräfte zeigt hangabwärts, parallel zum Hang, in diese Richtung findet ja erfahrungsgemäss auch die Beschleunigung statt.

[Abb. 15.8] Kräfte auf den Schlitten

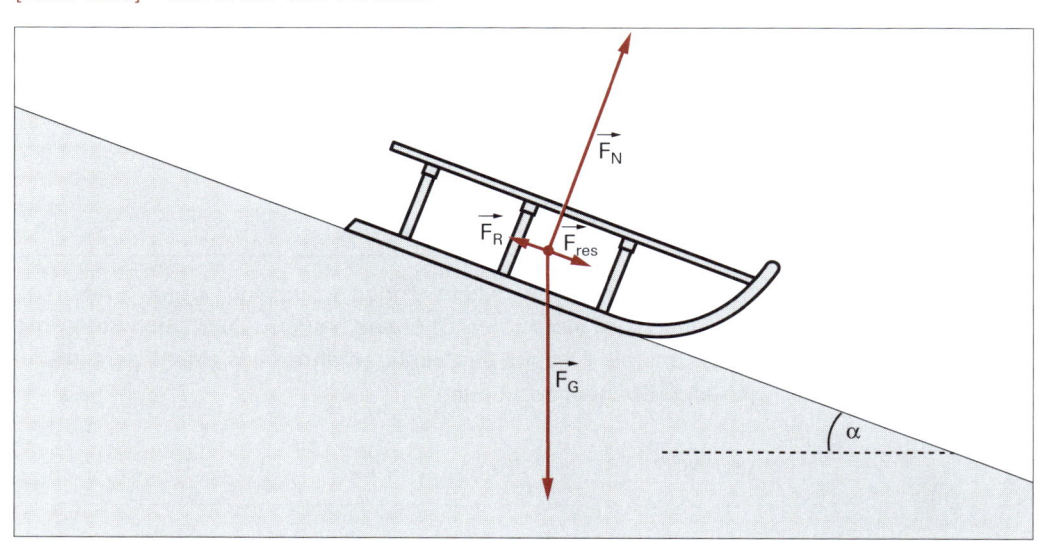

Wir zeichnen die Kraftvektoren aller auf den Schlitten wirkenden Kräfte am Massenzentrum des Schlittens ein.

Aus der Abbildung geht hervor, dass jetzt der Vektor der Gewichtskraft $\vec{F_G}$ schief zur resultierenden Kraft steht. Wir zerlegen also die Gewichtskraft in die beiden Komponente $\vec{F_{G,\parallel}}$ und $\vec{F_{G,\perp}}$.

[Abb. 15.9] Kräfte auf den Schlitten

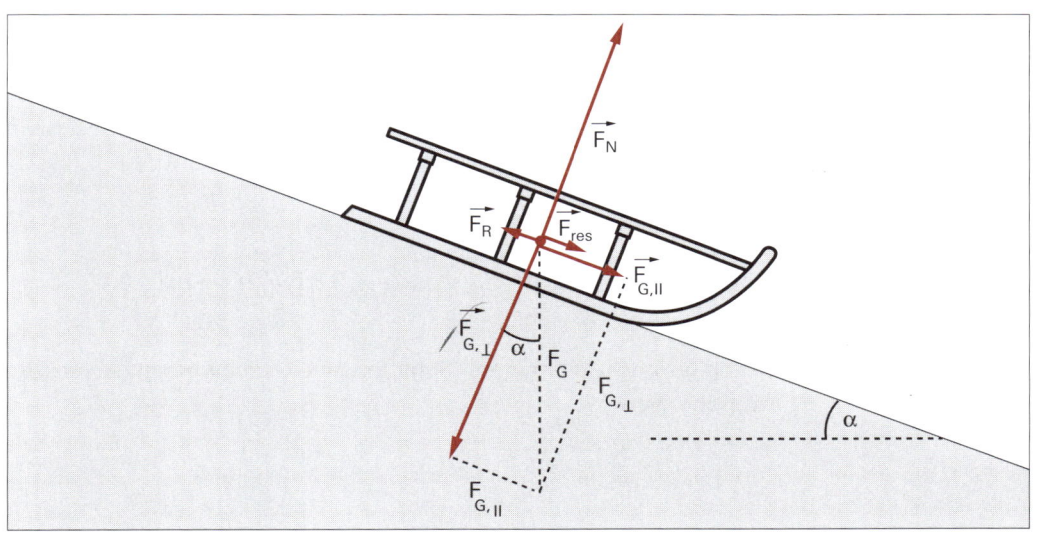

Wir ersetzen die Gewichtskraft, die schief ist zur resultierenden Kraft, durch zwei Ersatzkräfte.

Im rechtwinkligen Dreieck aus $F_{G,\parallel}$, $F_{G,\perp}$ und F_G in der Abbildung 15.9 ist der «obere» Winkel in diesem Dreieck gleich gross ist, wie der Steigungswinkel α (ein paar Überlegungen mit den beteiligten Winkeln, die wir auslassen, beweisen dies). Es muss also gelten:

$$F_{G,\perp} = F_G \cdot \cos\alpha$$

$$F_{G,\parallel} = F_G \cdot \sin\alpha$$

Wir ersetzen die Gewichtskraft $\vec{F}_G$ durch die Kraftkomponenten $\vec{F}_{G,\parallel}$, $\vec{F}_{G,\perp}$ mit dem obigen Betrag.
Die resultierende Kraft setzt sich jetzt aus $\vec{F}_{G,\parallel}$, $\vec{F}_{G,\perp}$, $\vec{F}_R$ und $\vec{F}_N$ zusammen.

Im nächsten Schritt berechnen wir die Summe der p-Kräfte und die Summe der r-Kräfte, wobei wir die Richtung der Kraft wieder mit dem Vorzeichen berücksichtigen.

Die Summe der p-Kräfte ist gleich der resultierenden Kraft:

$$F_{res} = F_{G,\parallel} - F_R = F_G \cdot \sin\alpha - F_R$$

$F_{G,\parallel}$ ist also die den Schlitten beschleunigende Kraft-Komponente der Gewichtskraft.

Für die Reibung F_R zählt nicht etwa F_G, sondern nur $F_{G,\perp}$:

$$F_R = \mu_G \cdot F_N = \mu_G \cdot F_G \cdot \cos\alpha$$

Diesen Ausdruck für die Reibungskraft setzen wir in der Gleichung der p-Kräfte ein:

$$F_{res} = F_G \cdot \sin\alpha - \mu_G \cdot F_G \cdot \cos\alpha$$

Mit der Gewichtskraft $F_G = m \cdot g$ (m = Masse des Schlittens) erhalten wir so die resultierende Kraft:

$$F_{res} = m \cdot g \cdot \sin\alpha - \mu_G \cdot m \cdot g \cdot \cos\alpha = m \cdot g \cdot (\sin\alpha - \mu_G \cdot \cos\alpha)$$

«Berechne aus der resultierenden Kraft die Beschleunigung.»:

$$m \cdot a = m \cdot g \cdot (\sin\alpha - \mu_G \cdot \cos\alpha)$$

$$a = g \cdot (\sin\alpha - \mu_G \cdot \cos\alpha)$$

«Berechne aus der Beschleunigung den Bewegungsablauf.»:

Den Bewegungsablauf wollen wir anhand eines Zahlenbeispiels durchrechnen.

Die Gleitreibungszahl sei $\mu_G = 0.08$, der Steigungswinkel der schiefen Ebene $\alpha = 10°$. Berechnen wir die Zeit, nach welcher der Schlitten eine Geschwindigkeit von 20 m/s aus dem Stillstand erreicht hat, und den dazugehörigen Weg.

Die Beschleunigung ist:

$$a = g \cdot (\sin\alpha - \mu_G \cdot \cos\alpha) = 9.81\,\frac{m}{s^2} \cdot (\sin 10° - 0.08 \cdot \cos 10°) = 0.9\,\frac{m}{s^2}$$

Nach welcher Zeit t hat der Schlitten eine Geschwindigkeit von 20 m/s, wenn er bei $t = 0$ s in Ruhe war?

$$t = \frac{v}{a} = 21\ s$$

Wie lang ist der in diesen 21.4 s zurückgelegte Weg s?

$$s = \frac{1}{2} \cdot a \cdot t^2 = 215\ m$$

Diskutieren wir unsere Rechnung für den Schlitten noch etwas:

Die Beschleunigung a des Schlittens ist unabhängig von der Masse des Schlittens (und was immer darauf sitzt)!

Wenn der Schlitten unbeschleunigt ($a = 0$ m/s²), das heisst mit konstanter Geschwindigkeit den Hang runterrutscht, gilt:

$$a = 0 = g \cdot (\sin\alpha - \mu_G \cdot \cos\alpha)$$

Nach μ_G aufgelöst:

$$\mu_G = \frac{\sin\alpha}{\cos\alpha} = \tan\alpha$$

Der Winkel α hängt für $a = 0$ m/s² nur noch von der Gleitreibungszahl ab. Für einen Schlitten mit Stahlkufen auf Schnee ist $\mu_G = 0.08$, was auf $\tan\alpha = 0.08$ führt. Ein Steigungswinkel von etwa $\alpha = 5°$ führt bei einem Schlitten mit Stahlkufen zu einer unbeschleunigten Bewegung.

Komponentenzerlegung der Gewichtskraft:

Auf einer schiefen Ebene ist die Gewichtskraft schief zur resultierenden Kraft. Die Gewichtskraft wird deshalb in zwei Kraftkomponenten zerlegt, von denen die eine parallel und die andere rechtwinklig zur resultierenden Kraft steht.

Aufgabe 61

Wie gross ist die Geschwindigkeit eines Skispringers beim Absprung von der grossen Schanze? Der Steigungswinkel sei 25°, die Länge 100 m. Die Gleitreibungszahl sei 0.1. Der Luftwiderstand ist vernachlässigbar.

15.5 Verbundene Körper

Ein Gewichtsstein hängt an einem Seil, das wie in Abbildung 15.10 skizziert über eine Rolle läuft und an einem Klotz befestigt ist. Sie können sich denken, was passiert: Der Klotz wird sich in Bewegung setzen und nach rechts rutschen, während der Stein absinkt.

[Abb. 15.10] Gekoppelte Bewegung

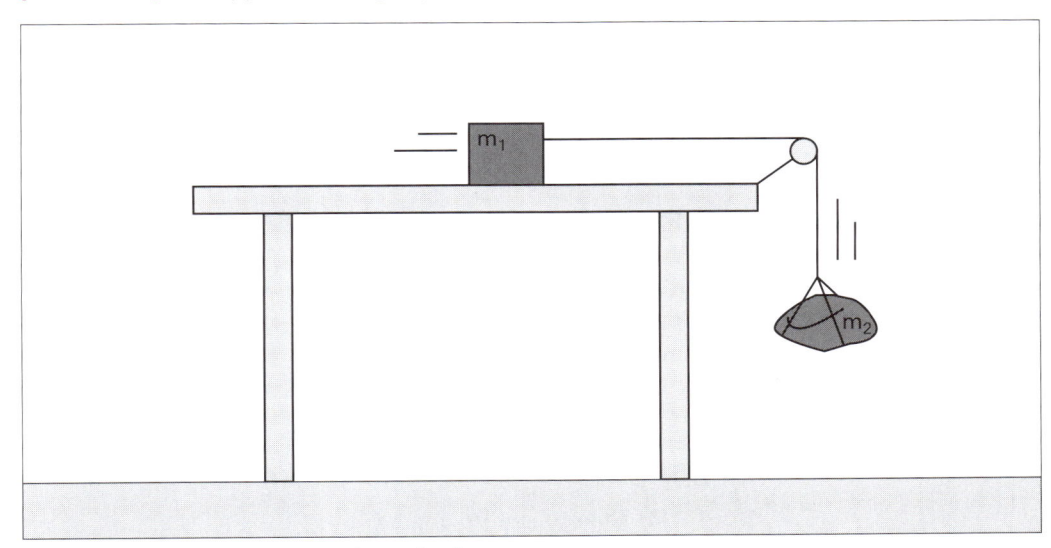

Klotz und Stein machen eine gekoppelte Bewegung.

Gekoppelte Bewegung

Durch das Seil ist die Bewegung der beiden Körper *gekoppelt,* die Geschwindigkeit des Klotzes ist so immer gleich gross wie die des Steins. Dadurch ist auch die Beschleunigung a der beiden Körper gleich gross!

Verlustfreie Kraftumlenkung

Zur Vereinfachung nehmen wir an, dass alle Kräfte zwischen den beiden Körpern von der Rolle und dem Seil *ohne Verluste umgelenkt* werden. Das heisst, Rolle und Seil ändern die Richtung der Kräfte, aber nicht ihre Beträge. (Vorausgesetzt, die Reibung und die Masse von Rolle und Seil sind vernachlässigbar.)

Man kann die Bewegung von zwei Körpern, die über ein Seil miteinander verbunden sind, relativ einfach lösen: Die beiden zusammengebundenen Körper werden als ein Körper der Masse $m_1 + m_2$ betrachtet ist. Es wirkt auf diesen Körper eine resultierende Kraft F_{res}, die sich zusammensetzt aus der Gewichtskraft des Steins und der Reibungskraft des Klotzes. Die Gewichtskraft des Steins $F_G = m_2 \cdot g$ ist eine antreibende Kraft, die Reibungskraft des Klotzes $F_R = \mu_G \cdot F_N = \mu_G \cdot m_1 \cdot g$ ist eine hemmende Kraft. Folglich sind die Vorzeichen in der Gleichung für die resultierende Kraft:

$$F_{res} = F_G - F_R = m_2 \cdot g - \mu_G \cdot m_1 \cdot g = (m_2 - \mu_G \cdot m_1) \cdot g$$

Die resultierende Kraft beschleunigt beide Körper, also die Masse $m_1 + m_2$. Das Kraftwirkungsgesetz lautet somit:

$$F_{res} = (m_2 - \mu_G \cdot m_1) \cdot g = (m_1 + m_2) \cdot a$$

Die Beschleunigung von Klotz und Stein ist dann:

$$a = \frac{m_2 - \mu_G \cdot m_1}{m_1 + m_2} \cdot g$$

Wenn die Masse m_2 extrem viel grösser ist als die Masse m_1, wird $a \approx g$, d. h., der Stein bewegt sich in etwa im freien Fall nach unten. Wenn die Masse $m_2 = \mu_G \cdot m_1$ ist, ist $a = 0$, d. h., der Klotz kommt nicht ins Rutschen. Falls er durch einen Schubs in Bewegung gesetzt wird, ist die Bewegung gleichförmig. Falls $m_2 > \mu_G \cdot m_1$, werden Stein und Klotz gleichmässig beschleunigt, bis der Klotz vom Tisch fällt.

Besprechen wir noch die Kräfte, die auf den Klotz und den Stein wirken.

Seilkraft

Welche Kräfte wirken auf den Klotz, welche Kräfte wirken auf den Stein? Auf den Klotz wirken die Zugkraft vom Seil, die Gewichtskraft des Klotzes, die stützende Normalkraft der Unterlage und die Gleitreibungskraft. Auf den Stein wirken die Gewichtskraft des Steins und die Zugkraft vom Seil. An beiden Körpern zieht also das verbindende Seil: Am Klotz zieht das Seil nach rechts, als Folge davon wird der Klotz nach rechts beschleunigt. Am Stein zieht das Seil nach oben, als Folge davon macht der Stein keinen freien Fall, sondern wird im Zeitlupentempo nach unten «fallen». Die Kraft, die das Seil auf den Stein und den Klotz ausübt, nennen wir *Seilkraft*.

Mit den vereinfachenden Annahmen lenken Rolle und Seil Kräfte nur um, ohne die Stärke der Kräfte zu verändern. Gemäss Wechselwirkungsgesetz ist dann die Seilkraft, mit welcher der Stein am Klotz zieht, gleich gross wie die Seilkraft, mit welcher der Klotz am Stein zieht. Der Betrag der Seilkraft am Klotz ($F_{S,1}$) ist gleich gross wie der Betrag der Seilkraft am Stein ($F_{S,2}$), wir bezeichnen den Betrag der Seilkraft deshalb einfach mit F_S.

Jetzt, da wir alle Kräfte, die am Klotz und am Stein wirken, durchschauen, zeichnen wir sie bei den entsprechenden Massenpunkten in Abbildung 15.11 ein.

[Abb. 15.11] Gekoppelte Bewegung

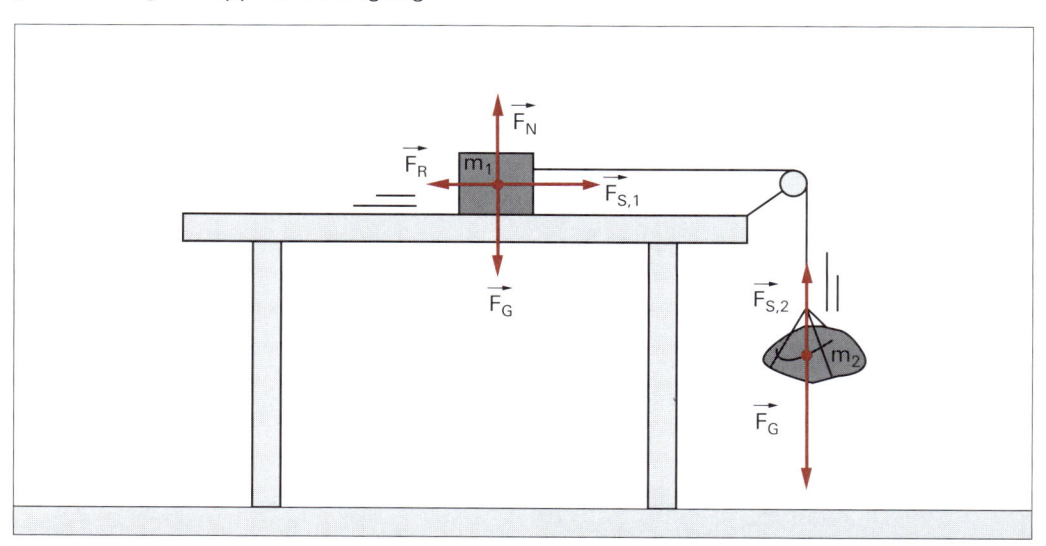

Zwei durch ein Seil verbundene Körper erfahren betragsmässig dieselbe Beschleunigung.

Stellen wir das Kraftwirkungsgesetz für den Stein (m_2) auf:

p-Kräfte:

$$F_G - F_S = F_{res} = m_2 \cdot a$$

r-Kräfte wirken keine auf den Stein.

Somit können wir in die letzte Gleichung die oben berechnete Beschleunigung a einsetzen und nach der Seilkraft F_S auflösen:

$$m_2 \cdot g - F_S = m_2 \cdot \frac{m_2 - \mu_G \cdot m_1}{m_1 + m_2} \cdot g$$

$$F_S = m_2 \cdot g - m_2 \cdot \frac{m_2 - \mu_G \cdot m_1}{m_1 + m_2} \cdot g = m_2 \cdot g \cdot \left(1 - \frac{m_2 - \mu_G \cdot m_1}{m_1 + m_2}\right)$$

Wie oben erwähnt ist die Seilkraft, die auf den Klotz wirkt, betragsmässig gleich gross.

> Bei verbundenen Körpern empfiehlt es sich in einem 1. Schritt die Beschleunigung der verbundenen Körper zu berechnen. Dabei werden die miteinander verbundenen Körper als ein Gesamtsystem betrachtet. Im Kraftwirkungsgesetz stehen dann die Gesamtmasse aller verbundenen Körper und die von aussen auf das Gesamtsystem wirkenden Kräfte.
>
> In einem 2. Schritt können die auf einen einzelnen Körper wirkenden Kräfte berechnet werden. Im Kraftwirkungsgesetz steht dann die Masse des betrachteten Körpers sowie die im 1. Schritt berechnete Beschleunigung.

Aufgabe 66

Die zwei Gewichtssteine in Abbildung 15.12, (m_1 = 4.0 kg und m_2 = 2.0 kg) sind mit einem Faden vernachlässigbarer Masse verbunden, der in der Rille einer kreisförmigen Scheibe gleitet. Der Faden kann reibungsfrei in dieser Rille gleiten.

A] Welche Beschleunigung a erfahren die Massen?

B] Wie gross ist die Seilkraft F_S?

[Abb. 15.12] Gekoppelte Bewegung

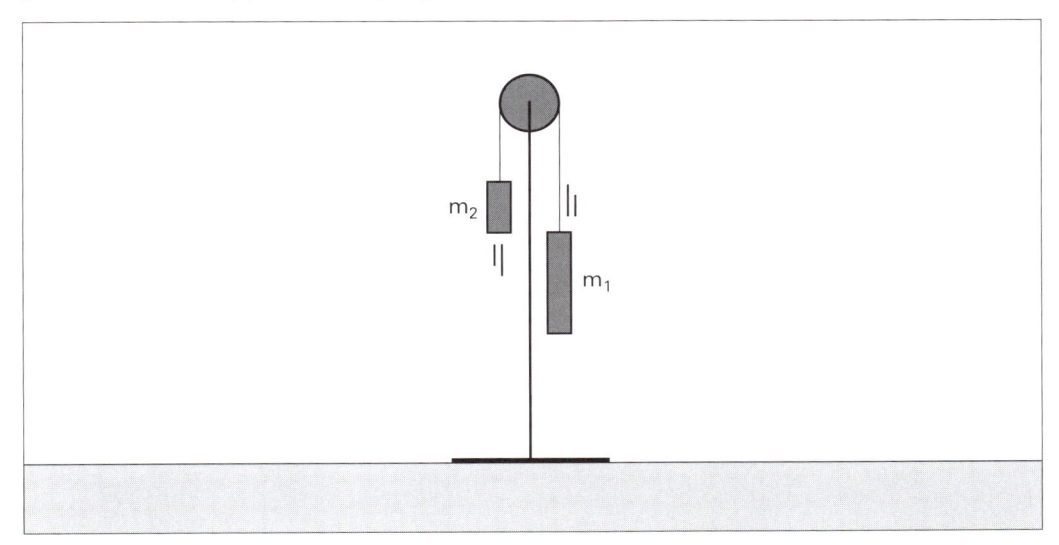

16 Kräfte bei kreisförmigen Bewegungen

In den bisherigen Anwendungen des Kraftwirkungsgesetzes haben wir nur geradlinige Bewegungen behandelt. Die geradlinige Vollbremsung des Autos, die geradlinige Bewegung des Schlittens auf der schiefen Ebene, die geradlinige Bewegung des Koffers an der Leine. Wir wollen nun eine einfache Bewegung mit krummliniger Bahn behandeln: die gleichförmige Kreisbewegung.

Die gleichförmige Kreisbewegung haben Sie im Abschnitt 9 schon kennen gelernt. Im Abschnitt 9.2 haben wir den Betrag des Beschleunigungs-Vektors $\vec{a}$ bei einer gleichförmigen Kreisbewegung berechnet:

$$a = \frac{v^2}{r} = \omega^2 \cdot r = \omega \cdot v$$

Wir haben auch gesehen, dass der Beschleunigungs-Vektor $\vec{a}$ bei einer gleichförmigen Kreisbewegung ständig auf den Kreismittelpunkt zeigt.

Das Kraftwirkungsgesetz $\vec{F}_{res} = m \cdot \vec{a}$ sagt uns bei bekannter Beschleunigung direkt, welche resultierende Kraft auf den Körper wirken muss:

Damit sich ein Körper gleichförmig (Geschwindigkeit v) auf einer Kreisbahn (Kreisradius r) bewegt, muss für die Stärke der resultierenden Kraft gelten:

Gleichung 16.1

$$F_{res} = m \cdot a = m \cdot \frac{v^2}{r} = m \cdot \omega^2 \cdot r = m \cdot \omega \cdot v$$

Da die resultierende Kraft $\vec{F}_{res}$ die gleiche Richtung hat wie $\vec{a}$ muss die resultierende Kraft für eine gleichförmige Kreisbewegung immer auf den Kreismittelpunkt zeigen.

[Abb. 16.1] Resultierende Kraft bei der Kreisbewegung

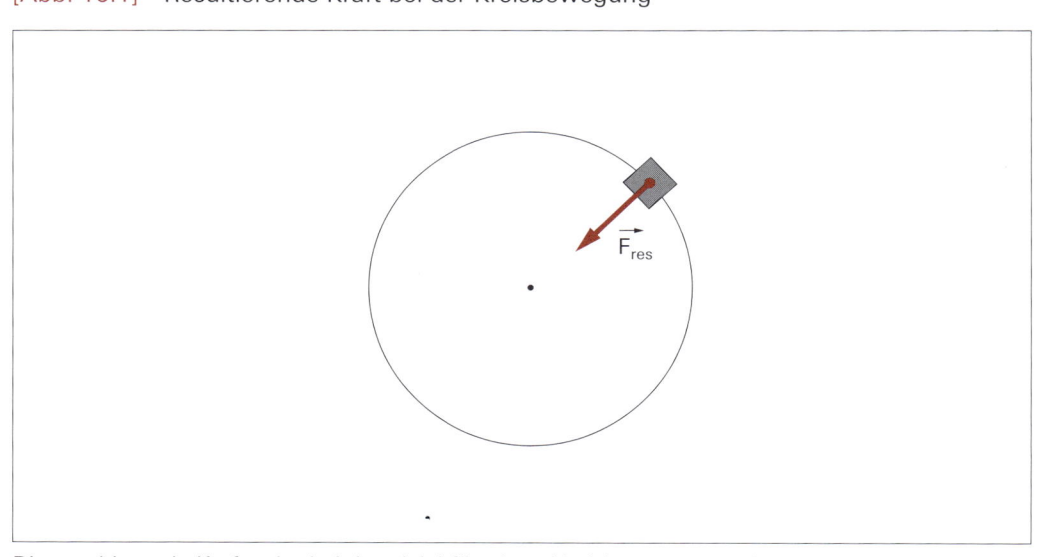

Die resultierende Kraft zeigt bei der gleichförmigen Kreisbewegung auf den Kreismittelpunkt.

Zentripetalkraft, Zentralkraft, Radialkraft

Man nennt die resultierende Kraft, die bei einer Kreisbewegung wirkt, auch *Zentripetalkraft*, *Zentralkraft* oder auch *Radialkraft*. Alle drei Namen für die resultierende Kraft deuten darauf hin, dass die resultierende Kraft aufs Zentrum der Kreisbewegung zeigt. Diese Begriffe sagen nichts darüber aus, woher die Kraft jeweils kommt. Es gibt für ihr Zustandekommen viele Möglichkeiten. Wenn Sie auf einem Karussell-Pferdchen reiten, ist es das Pferdchen, das die Kraft auf Sie ausübt. Ein Eisenbahnzug wird von den Schienen in die Kurve gedrückt. Der Mond umkreist die Erde, weil er von der Erde durch die Erdanziehung angezogen wird (mehr dazu im Abschnitt 20).

Zentrifugalkraft, Zentrifuge, Scheinkraft

In den meisten Lexika finden Sie den Begriff Zentrifugalkraft (auch: Fliehkraft). Meist folgt darauf die Erklärung der *Zentrifuge,* in der durch Zentrifugalkräfte Flüssigkeiten (z. B. Blut) in die verschiedenen Komponenten (z. B. Blutplasma und Blutzellen) getrennt werden. Wieso sprechen wir hier von der Zentralkraft und nicht von der Zentrifugalkraft? Bei der *Zentrifugalkraft* handelt es sich um eine Kraft, die nur in beschleunigten Bezugssystemen wahrgenommen wird, z. B. auf einem Karussell. Man spricht deshalb auch von einer *Scheinkraft*. Da wir aber die Kräfte immer in unbeschleunigten Bezugssystemen betrachten (Inertialsystemen), taucht diese Kraft in unseren Betrachtungen nie auf!

Das Ganze ist wie schon im Abschnitt 12.3 diskutiert eine Frage des Bezugssystems. Wenn Sie selber die Kreisbewegung mitmachen, werden Sie spürbar nach aussen gedrückt (z. B. in einem Auto, das schnell durch eine Kurve fährt). Das ist die Zentrifugalkraft. Sie selber machen dabei aber eine beschleunigte Bewegung. Sie befinden sich nicht in einem Inertialsystem. Wir haben jedoch in Abschnitt 12.3 beschlossen in diesem Buch alles aus Inertialsystemen zu betrachten. Sie müssen also selber einen unbeschleunigten Standpunkt einnehmen – z. B. indem Sie sich neben der Kurve hinstellen und von dort aus beobachten und analysieren. Das führt auf die bisherige Beschreibung mit Zentralkräften.

Beispiel 16.1

Wir betrachten ein horizontal rotierendes Rad (r = 2.0 m), wie man es auf dem Jahrmarkt antreffen kann. Die Radwand rotiert gleichförmig mit einer Geschwindigkeit v = 6.0 m/s. An der Innenwand des Rades «klebt» eine Person. Wieso fällt die Person nicht nach unten, obwohl sie keinen Boden unter den Füssen hat?

[Abb. 16.2] Rotierendes Rad

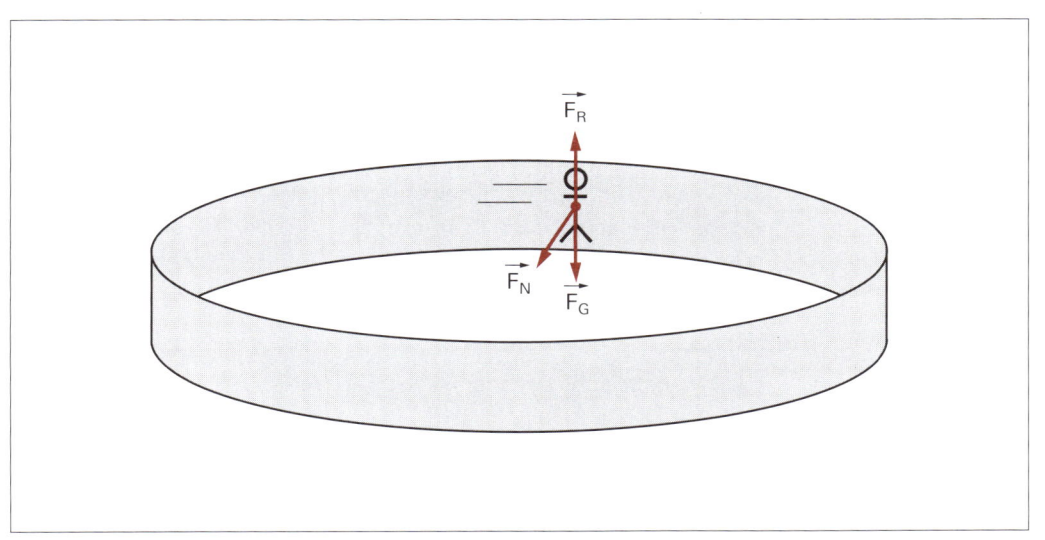

Wieso fällt die Person im rotierenden Rad nicht nach unten?

Überlegen wir uns wie immer zuerst, welche Kräfte auf die Person wirken:

Gewichtskraft (vertikal nach unten), die Normalkraft (rechtwinklig zur Rad-Wand, also in Richtung der Kreismitte) und die Haftreibungskraft, die verhindert, dass man nach unten rutscht (vertikal nach oben). Die Person macht eine gleichförmige Kreisbewegung, also zeigt die resultierende Kraft auf die Kreismitte.

Das Kraftwirkungsgesetz lautet für die Kräfte, die parallel zur resultierenden Kraft sind:

$$F_N = F_{res} = m \cdot a = m \cdot \frac{v^2}{r}$$

Die Gleichung, für die Kräfte, die rechtwinklig zur resultierenden Kraft sind, lautet:

$$F_R - F_G = 0$$

Die letzte Gleichung besagt, dass die Reibungskraft betragsmässig gleich gross ist wie die Gewichtskraft:

$$F_R = F_G$$

Die Gewichtskraft ist wie immer $F_G = m \cdot g$.

Wie gross muss der Haftreibungszahl mindestens sein, damit die Person gerade nicht nach unten wegrutscht?

Die Haftreibungskraft ist wie immer $F_R = \mu_H \cdot F_N$. Die Normalkraft F_N erhalten wir direkt aus der r-Gleichung $F_N = m \cdot v^2 / r$. Also haben wir:

$$m \cdot g = \mu_H \cdot m \cdot \frac{v^2}{r}$$

Die Masse der Person kürzt sich heraus, wodurch als einzige Unbekannte die Haftreibungszahl μ_H übrig bleibt.

$$\mu_H = g \cdot \frac{r}{v^2} = 9.81 \frac{m}{s^2} \cdot \frac{2.0\ m}{\left(6.0 \frac{m}{s}\right)^2} = 0.55$$

Das heisst, die Haftreibungszahl für die Haftreibung zwischen den Kleidern und der Wand muss mindestens $\mu_H = 0.55$ sein.

Das Kraftwirkungsgesetz $F = m \cdot a$ für die gleichförmige Kreisbewegung lautet:

$$F_{res} = m \cdot \frac{v^2}{r} = m \cdot \omega^2 \cdot r = m \cdot \omega \cdot v$$

Damit sich ein Körper mit der Geschwindigkeit v auf einer Kreisbahn mit Radius r bewegt, muss eine resultierende Kraft mit einem Betrag gemäss der obigen Gleichung wirken. Die resultierende Kraft muss zudem immer auf den Kreismittelpunkt zeigen.

Aufgabe 72

Welche der nachfolgenden Aussagen treffen bei einer Kreisbewegung zu?

A] Die Zentralkraft ist bei konstanter Geschwindigkeit proportional zum Kreisradius.

B] Die Zentralkraft ist bei konstanter Winkelgeschwindigkeit proportional zum Kreisradius.

C] Die Beschleunigung ist bei konstantem Kreisradius proportional zum Quadrat der Geschwindigkeit.

Aufgabe 78

Ein Auto mit der Masse 1000 kg durchfährt eine Kurve mit dem Radius 500 m. Die Haftreibungszahl zwischen Reifen und Strasse betrage $\mu_H = 0.3$.

A] Bei welcher Geschwindigkeit wird das Fahrzeug in der Kurve anfangen zu rutschen?

B] Erhöht sich die maximal mögliche Geschwindigkeit in der Kurve, wenn man ein schwereres Auto hat?

Teil D Gravitation

Einstieg «Gravitation»

Im Teil «Dynamik» wurde die Wirkung von Kräften behandelt. Zudem wurden einige Kraft-Beispiele besprochen. Im Laufe des Physik-Kurses treffen Sie auf weitere fundamentale Kräfte. Zuerst wollen wir aber die schon besprochene Gewichtskraft noch genauer untersuchen, wobei wir auf die allgemeine Gravitationskraft stossen.

Die wichtigsten Lernziele der Gravitation lauten:

- Sie können das Newton'sche Gravitationsgesetz für Situationen mit zwei Körpern aufstellen.
- Sie wissen, in welchen Situationen die Gleichung $F_G = m \cdot g$ mit $g = 9.81$ m/s^2 nicht verwendet werden darf.
- Sie kennen die Eigenschaften der Gravitationskraft.
- Für kreisförmige Bewegungen um einen Zentralkörper aufgrund der Gravitationskraft können Sie das Kraftwirkungsgesetz aufstellen.
- Sie sind in der Lage, den Kreisradius der Bahn und die Geschwindigkeit von geostationären Satelliten zu berechnen.
- Sie können den Begriff Schwerelosigkeit mit eigenen Worten beschreiben und kennen Situationen, wo Schwerelosigkeit herrscht.

17 Von der Gewichtskraft zur Gravitationskraft

In der Dynamik haben wir ausführlich die Gewichtskraft F_G besprochen. Wir wollen nun die Verallgemeinerung von der Gewichtskraft zur Gravitationskraft machen.

17.1 Gewichtskraft

Was wissen wir über die Gewichtskraft? Die Gewichtskraft lässt Körper zu Boden fallen, wenn sie nicht gestützt werden. Wir stellten in der Dynamik fest, dass die Gewichtskraft den Betrag $F_G = m \cdot g$ hat (m = Masse, g = Fallbeschleunigung oder Erdbeschleunigung = 9.81 m/s^2) und immer gegen das Zentrum der Erde gerichtet ist. Die von der Erde erzeugte Gewichtskraft verleiht jedem Körper auf der Erde ein Gewicht.

Wie weit kann man gehen? Haben Körper auch auf dem Mond ein Gewicht? Ja, auch auf dem Mond werden Körper durch eine Gewichtskraft am Mondboden festgehalten. Denken Sie nur an die TV-Bilder von Astronauten, die auf dem Mond in die Höhe springen und wieder zu Boden sinken. Auch auf anderen Himmelskörpern gibt es eine anziehende Kraft, die Körpern eine Gewichtskraft verleiht.

17.2 Gravitationskraft

Gravitationskraft

Etwas ist aber anders auf dem Mond! An den Bildern der Apollo-Astronauten fällt auf, dass die Astronauten auf dem Mond viel langsamer fallen als auf der Erde. Genauer formuliert: Die Fallbeschleunigung ist auf dem Mond kleiner als auf der Erde, die Gewichtskraft ist auf dem Mond kleiner. Wir dürfen offenbar nicht unser gewohntes $g = 9.81$ m/s^2 zur Berechnung der Gewichtskraft auf dem Mond verwenden, dieser Wert gilt nur an der Erdoberfläche. Wir stossen hier auf die Grenzen unserer «Theorie» der Gewichtskraft. Eine neue Messung (die Fallbewegung der Astronauten auf dem Mond) widerspricht unserer bisher funktionierenden Theorie ($F_G = m \cdot 9.81$ m/s^2). Wir bedürfen jetzt eines allgemein gültigen Gesetzes für die Gewichtskraft, das die Fallbewegung auf der Erde als Spezialfall enthält. Im nächsten Abschnitt werden wir eine neue Gleichung für die Gewichtskraft herleiten. Man spricht im Zusammenhang mit diesem allgemeineneren Gesetz für die Anziehungskraft eher von *Gravitationskraft*. «Gewichtskraft» ist physikalisch aber nicht falsch.

Die Gewichtskraft, wie wir sie im Alltag antreffen, ist ein Spezialfall der Gravitationskraft.

Aufgabe 83

Was sagen Sie zur Aussage: «Die Gewichtskraft ist konstant, solange wir auf der Erde bleiben»?

Exkurs: Johannes Kepler und die Bewegung der Planeten

Johannes Kepler

Eines der wichtigsten Treffen der Wissenschaftsgeschichte fand am 4. Februar 1600 statt. Damals trafen in Prag die beiden Astronomen Tycho Brahe (1546–1601) und *Johannes Kepler* (1571–1630) zusammen und beschlossen, in Zukunft zusammenzuarbeiten. Für die Astronomie und die Physik war dies eine Sternstunde! Tycho Brahe verfügte damals über die genausten Messungen der sich täglich ändernden Positionen der Planeten am Himmel. Diese Positionsmessungen entsprechen den projizierten Bahnen der Planeten. Der wesentlich jüngere Kepler war stark mathematisch orientiert. Kepler war ein überzeugter Vertreter des Weltbildes von Nikolaus Kopernikus (1474–1543), das besagt, dass die Sonne im Zentrum des Universums steht und nicht die Erde (Nach heutiger Auffassung gibt es kein Zentrum des Universums, wohl aber ein Zentrum des Planetensystems: die Sonne). Er hoffte aus der projizierten Bahn der Planeten auf die wahre Form der Planetenbahnen zurückschliessen zu können.

Brahe beauftragte Kepler, speziell die Bahn des Planeten Mars zu analysieren. Der Planet Mars war von Brahe auf seiner Sternwarte Oranienburg in Dänemark, wo er 22 Jahre lang gewirkt hat, besonders genau beobachtet worden. Kepler arbeitete daraufhin mit höchster Intensität an diesem Problem. Zunächst wurde ihm klar, dass die Marsbahn nicht genau kreisförmig ist. Nach mehr als 5 Jahren Arbeit an diesem mathematischen Problem kam er dann zum Schluss, dass die Marsbahn die Form einer Ellipse hat. Mit der Beschreibung durch eine Ellipse erhielt Kepler eine sehr gute Übereinstimmung mit den Positionsmessungen des unterdessen verstorbenen Tycho Brahe. Wir sprechen heute vom ersten der insgesamt drei Kepler'schen Gesetze: Die Planetenbahnen haben die Form von Ellipsen, in deren gemeinsamem Brennpunkt die Sonne steht.

Am 28. April 1686 legte Isaac Newton die handschriftliche Fassung seiner «Prinzipien» der Royal Society in London vor. Dieses Werk gehört zu den grössten Leistungen der Wissenschaft. Aus der Newton'schen Mechanik folgen unter anderem zwingend die drei Kepler'schen Gesetze.

18 Das Gravitationsgesetz

Geniessen wir erst mal einen Auszug aus dem Buch «Somnium» von Johannes Kepler (1571–1630), dem Astronomen und Astrologen, der anfangs des 17. Jahrhunderts herausfand, wie sich die Planeten um die Sonne bewegen (was mit Gravitationskraft zu tun hat ... aber davon später mehr). «Somnium» ist vielleicht das älteste Schriftstück, das wir heute als «Science Fiction» bezeichnen würden. Es handelt vom Traum einer Reise zum Mond.

«Der Anfangsstoss der Beschleunigung ist das Schlimmste, denn der Reisende wird durch die Explosion von Schiesspulver nach oben geworfen ... Deswegen muss er vorher mit Einschläferungsmitteln betäubt werden und seine Glieder müssen sorgfältig geschützt werden, sonst würden sie ausgerissen, denn der Rückstoss breitet sich über alle Teile des Körpers aus. Hierauf begegnet er neuen Schwierigkeiten: ungeheurer Kälte und Atembeschwerden .... Sobald der erste Teil der Reise vorbei ist, geht es leichter, weil der Körper auf einer derart langen Reise zweifellos der magnetischen Kraft der Erde entrinnt und in die des Mondes gerät, die nun die Oberhand gewinnt. An diesem Punkt geben wir die Reisenden frei und überlassen sie ihren eigenen Einfällen: Sie werden sich wie Spinnen ausdehnen und zusammenziehen und sich mit Hilfe der eigenen Kraft weiterbewegen – da nämlich die magnetischen Kräfte der Erde und des Mondes den Körper anziehen und in Schwebe erhalten, ist die Wirkung genau die gleiche, als wenn keine der beiden ihn anziehen würde – so dass am Ende seine Masse sich von selbst dem Mond zukehren wird.»

Dieser Text gibt Einblick in Keplers Vorstellung der Kräfte, die Mond und Erde auf uns ausüben. Kepler spricht zwar von Magnetismus; wir werden jedoch sehen, dass es nicht um magnetische Kräfte geht, sondern um die Gravitationskraft. Im Folgenden wollen wir uns mit zwei Beobachtungen beziehungsweise Messungen der Gravitationskraft beschäftigen. Dadurch werden wir ein allgemeiner gültiges Gravitationsgesetz als $F_G = m \cdot g$ erhalten.

18.1 Die Gravitationskraft hängt von der Distanz ab

Mit welchen Beobachtungen oder Messungen können wir mehr über die Gravitationskraft lernen? Wenn wir wirklich davon ausgehen dürfen, dass die Bewegung des Mondes durch die Gravitationskraft F_G der Erde gelenkt wird, können wir aus dieser Bewegung etwas über F_G erfahren. Wenn wir von einer Bewegung auf eine Kraft schliessen wollen, studieren wir am besten die Beschleunigung a, denn diese ist durch das Kraftwirkungsgesetz direkt mit der resultierenden Kraft F_{res} verknüpft:

$$\vec{F}_{res} = m \cdot \vec{a}$$

Da die einzige wirkende Kraft die Gravitationskraft ist, gilt:

$$F_{res} = F_G = m \cdot a$$

Also: Welche Beschleunigung a des Mondes verursacht die Gravitationskraft F_G?

Der Mond bewegt sich ungefähr auf einer Kreisbahn um die Erde. Überlegen wir uns also, welche Beschleunigung er dabei erfährt.

[Abb. 18.1] Erde, Mond und Mondbahn

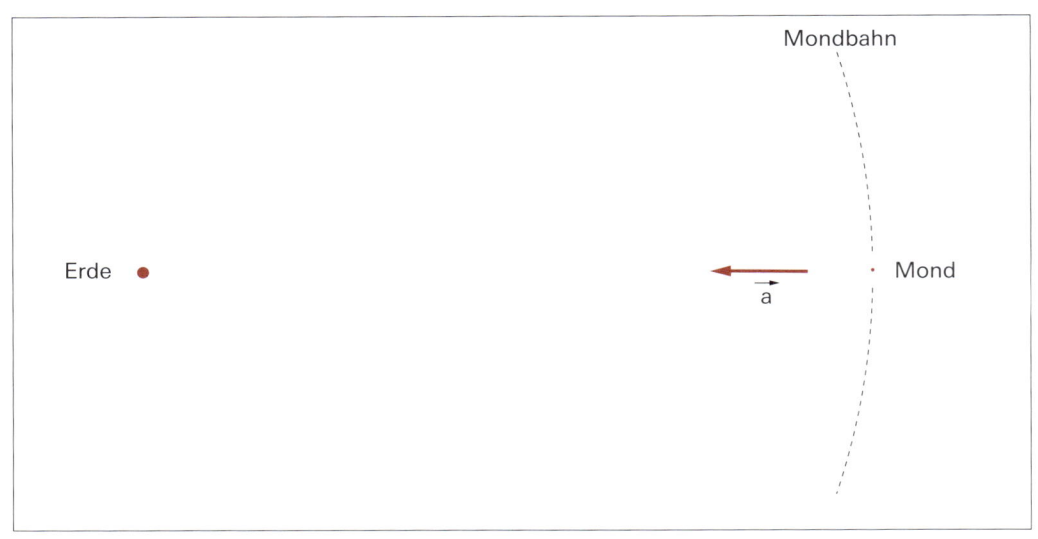

Grössenverhältnisse zwischen Erde, Mond und Mondbahn.

Wie es bei einer Kreisbewegung um die Beschleunigung steht, wissen Sie aus der Dynamik. Zur Repetition: Wenn sich ein Körper mit einer Geschwindigkeit v auf einer Kreisbahn mit Radius r bewegt, erfährt er in Richtung des Kreiszentrums eine Zentralbeschleunigung:

$$a = \frac{v^2}{r}$$

Mondbahnradius

Wir wollen diesen Wert für die Mondbewegung ausrechnen. Die Distanz Erde–Mond, das heisst der *Mondbahnradius* um die Erde, beträgt $r = 384\,000$ km. Die Geschwindigkeit können wir aus der Umlaufzeit herleiten. Der Mond braucht für eine Umkreisung der Erde etwa einen Monat; genau sind es 27.32 Tage. Daraus können wir die Geschwindigkeit v des Mondes auf seiner Kreisbahn berechnen. In 27.32 Tagen ($2.36 \cdot 10^6$ s) legt er einen Kreisumfang von $2 \cdot \pi \cdot 3.84 \cdot 10^8$ m zurück. Dies ergibt eine Geschwindigkeit:

$$v = \frac{2 \cdot \pi \cdot 3.84 \cdot 10^8 \text{ m}}{2.36 \cdot 10^6 \text{ s}} = 1022 \frac{\text{m}}{\text{s}}$$

Der Mond bewegt sich also mit einer Geschwindigkeit von etwa 1 km/s um die Erde. Dies ergibt eine Zentralbeschleunigung von:

$$a_2 = \frac{v^2}{r} = \frac{\left(1022 \frac{\text{m}}{\text{s}}\right)^2}{3.84 \cdot 10^8 \text{ m}} = 2.72 \cdot 10^{-3} \frac{\text{m}}{\text{s}^2}$$

Nun vergleichen wir diese Beschleunigung mit einer anscheinend ganz anderen, die aber ebenfalls durch die Gravitationskraft verursacht wird, nämlich die Fallbeschleunigung auf der Erde:

$$a_1 = g = 9.81 \frac{\text{m}}{\text{s}^2}$$

Erdradius

Die Gravitationskraft der Erde bewirkt in den beiden Situationen also ganz verschiedene Beschleunigungen. Wenn die Erde die Ursache der Gravitationskraft ist, so könnte es ja sein, dass es eine Rolle spielt, dass der Mond sehr viel weiter von der Erde entfernt ist als ein auf der Erde zu Boden fallender Körper. In der folgenden Tabelle werden die Beschleunigungen den Entfernungen gegenübergestellt. Mit «Entfernung» ist dabei der Abstand vom Erdmittelpunkt zum Mittelpunkt des beschleunigten Körpers gemeint, also der *Erdradius*.

[Tab. 18.1] Beschleunigung durch die Gravitationskraft

Situation	Abstand vom Erdmittelpunkt	Beschleunigung
Fallbewegung auf der Erde	$r_1 = 6370$ km (Erdradius)	$a_1 = 9.81$ m/s^2 = g (Fallbeschleunigung)
Mond umkreist die Erde	$r_2 = 384\,000$ km (Mondbahnradius)	$a_2 = 2.72 \cdot 10^{-3}$ m/s^2 (Zentralbeschleunigung)

Nun fragt es sich, ob es irgendeinen mathematischen Zusammenhang zwischen diesen Abständen und den zugehörigen Beschleunigungen gibt. Spielt man mit den Masszahlen etwas herum, so kann man entdecken, dass:

$$\frac{9.81}{2.72 \cdot 10^{-3}} \cong \frac{384000^2}{6370^2}$$

Oder durch Variablen ausgedrückt:

$$\frac{a_1}{a_2} = \frac{(r_2)^2}{(r_1)^2}$$

Das deutet darauf hin, dass es, wie schon vermutet, einen Zusammenhang zwischen a und r gibt. Welche Beziehung muss es denn zwischen der Beschleunigung a und dem Abstand r geben, damit es zu diesem Verhältnis zwischen a_1 im Abstand r_1 und a_2 im Abstand r_2 kommt? Wenn gelten würde $a \sim 1/r$, so hätten wir $a_1 / a_2 = r_2 / r_1$. Wir haben aber gefunden, dass die Quadrate der Radien im Verhältnis vorkommen, also muss gelten:

$$a \sim \frac{1}{r^2}$$

Gemäss dem Kraftwirkungsgesetz $F_G = m \cdot a$ gilt auch für die Gravitationskraft $F_G \sim a$. Somit gilt für Gravitationskraft F_G die Relation:

$$F_G \sim \frac{1}{r^2}$$

Abstandsabhängigkeit

Die Gravitationskraft F_G wird also für grosse Abstände r klein. Genauer gesagt: Die Gravitationskraft F_G nimmt mit dem Quadrat des Abstandes r ab. Das heisst, die Gravitationskraft hat eine *Abstandsabhängigkeit*.

Die Gravitationskraft nimmt mit dem Quadrat des Abstandes ab.

Aufgabe 86

Berechnen Sie die Fallbeschleunigung auf dem Gipfel des Mt. Everest, der eine Höhe von $h = 8850$ m über dem Meeresspiegel hat. (Die Fallbeschleunigung auf Höhe des Meeresspiegels, d. h. $r = 6370$ km vom Erdmittelpunkt entfernt, ist $g = 9.81$ m/s^2.)

18.2 Die Gravitationskraft wird durch die Masse verursacht

Wir haben die Bewegungen eines fallenden Steins verglichen mit derjenigen des Mondes auf seiner Bahn um die Erde. Wir erkannten aus diesem Vergleich, dass die Gravitationswirkung umso kleiner ist, je grösser der Abstand zwischen zwei Körpern ist. Allerdings haben wir noch keine Gleichung gefunden, sondern erst eine Proportionalitätsrelation.

Schauen wir die Sache mit dem fallenden Stein nochmals an. Nach dem Kraftwirkungsgesetz gilt $F = m \cdot a$. Bei einem fallenden Stein ist, wie wir nun wissen, F die Gravitationskraft F_G und a die Fallbeschleunigung g. Es gilt also:

$$F_G = m_{Stein} \cdot g$$

Diese Gleichung können wir nach der Fallbeschleunigung g auflösen:

$$g = \frac{F_G}{m_{Stein}}$$

Damit die Fallbeschleunigung g für alle Massen die gleiche, also massenunabhängig ist, muss F_G selbst proportional zur Masse m_{Stein} sein:

$$F_G \sim m_{Stein}$$

Damit haben wir erreicht, dass g unabhängig von der Masse des Steins ist:

$$g = \frac{F_G}{m_{Stein}} \sim \frac{m_{Stein}}{m_{Stein}} = \text{konstant}$$

Die Masse des Steins m_{Stein} ist also die Ursache für die Gravitationskraft der Erde auf den Stein. Erinnern wir uns nun an das Wechselwirkungsgesetz (Actio = Reactio): Zu jeder Kraft gehört eine ebenso starke, entgegengesetzt gerichtete Reaktionskraft. Also: Die Erde zieht den Stein an, so wie der Stein die Erde anzieht. Auf die Erde wirkt also eine betragsmässig gleich grosse Gravitationskraft wie auf den Stein.

[Abb. 18.2] Kraft und Gegenkraft

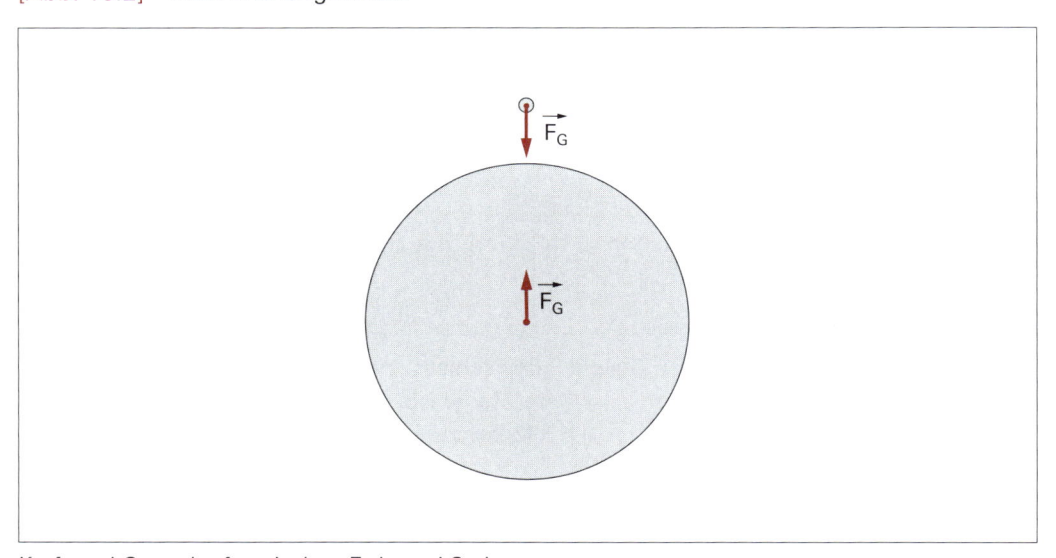

Kraft und Gegenkraft zwischen Erde und Stein.

Die Überlegung, die wir mit dem in Richtung der Erde fallenden Stein gemacht haben, gilt auch für die Erde selbst. Sie «fällt» mit einer sehr kleinen Beschleunigung ebenfalls in Richtung Stein. Wenn diese Beschleunigung der Erde ebenfalls von ihrer Masse unabhängig sein soll, muss die Gravitationskraft auch proportional zur Erdmasse sein:

$$F_G \sim m_{Erde}$$

Somit muss die Gravitationskraft proportional zur Masse des Steins und proportional zur Masse der Erde sein. Die Masse des Steins m_{Stein} und die Masse der Erde m_{Erde} müssen also beide als gleichberechtigte Faktoren im Gravitationsgesetz vorkommen:

$$F_G \sim m_{Stein} \cdot m_{Erde}$$

Massenabhängigkeit   Das heisst, die Gravitationskraft hängt von den *Massen* ab.

> Die Gravitationskraft F_G zwischen einem Stein und der Erde ist proportional zur Erdmasse und proportional zur Masse des Steins, also proportional zum Produkt der beiden Massen.

18.3 Die Gleichung für die Newton'sche Gravitationskraft

Wenn wir die Massenabhängigkeit und die Abstands-Abhängigkeit kombinieren, so erhalten wir folgende Proportionalitätsrelation für die Gravitationskraft zwischen Erde und Stein:

$$F_G \sim \frac{m_{Stein} \cdot m_{Erde}}{r^2}$$

In dieser Beziehung bedeutet r den Abstand zwischen Erdzentrum und Stein.

Newton'sches Gravitationsgesetz   Weitere Einflussfaktoren auf die Stärke der Gravitationskraft sind nicht zu erkennen. Wir verwandeln deshalb diese Proportionalitätsrelation in eine Gleichung, indem wir eine Proportionalitätskonstante G einfügen. Damit haben wir die Gleichung für das *Newton'sche Gravitationsgesetz* für die Gravitationskraft erhalten (Isaac Newton 1642–1727):

$$F_G = G \cdot \frac{m_{Stein} \cdot m_{Erde}}{r^2}$$

Die Proportionalitätskonstante G heisst «Gravitationskonstante». Diese Gleichung für das Gravitationsgesetz kann folgendermassen «gelesen» werden:

- Die Ursache der Gravitationskraft sind die beiden Massen.
- Die Wirkung der Gravitationskraft hängt vom Abstand zwischen den beiden Massen ab, d. h., je weiter die Massen voneinander entfernt sind, desto schwächer ziehen sie sich gegenseitig an.

Dies ist nicht nur zwischen Erde–Stein oder Erde–Mond so, sondern zwischen allen Körpern. Zwei Massen m_1 und m_2 ziehen sich gegenseitig mit einer Gravitationskraft an, deren Stärke von den Massen und dem Abstand r der Massen abhängt. Somit haben wir für das Newton'sche Gravitationsgesetz:

Gleichung 18.1

$$F_G = G \cdot \frac{m_1 \cdot m_2}{r^2}$$

Denken wir noch ein weiteres Mal über den Stein nach, der von der Erde angezogen wird. Wir haben jetzt zwei verschiedene Gleichungen, mit denen wir die Gewichtskraft dieses Steins berechnen können:

- die Gleichung für Newton'sche Gravitationskraft, die allgemein gültig ist,
- die Gleichung für Gewichtskraft $F_G = m \cdot g$, die nur an der Erdoberfläche gilt.

Für einen auf die Erdoberfläche fallenden Stein müssen beide Gleichungen dieselbe Kraft ergeben. Wir setzen den Ausdruck $m_{Stein} \cdot g$ für die Gewichtskraft mit dem neuen, allgemein gültigen Ausdruck für die Gravitationskraft gleich:

$$m_{Stein} \cdot g = G \cdot \frac{m_{Stein} \cdot m_{Erde}}{(r_{Erde})^2}$$

In dieser Gleichung kann m_{Stein} gekürzt und so eine Gleichung für g erhalten werden:

$$g = G \cdot \frac{m_{Erde}}{(r_{Erde})^2}$$

Wenn die Gravitationskonstante, die Erdmasse und der Erdradius bekannt sind, lässt sich aus dieser Gleichung die Fallbeschleunigung g berechnen.

Erdmasse

Wir verwenden hier umgekehrt die gemessene Fallbeschleunigung $g = 9.81$ m/s², die *Erdmasse* $m_{Erde} = 5.98 \cdot 10^{24}$ kg sowie den Erdradius $r_{Erde} = 6370$ km, um die Gravitationskonstante G zu berechnen. Wir lösen nach G auf und erhalten:

$$G = \frac{g \cdot (r_{Erde})^2}{m_{Erde}}$$

G, Gravitationskonstante

Wir erhalten für die *Gravitationskonstante G* den Wert:

$$G = 6.67 \cdot 10^{-11} \frac{N \cdot m^2}{kg^2}$$

Historisch lief es allerdings anders: Die Gravitations-Konstante G wurde experimentell bestimmt, die Masse m_{Erde} der Erde konnte in der Folge aus G, g und r zum ersten Mal berechnet werden. Sie werden das Experiment in Abschnitt 19.1 noch kennen lernen.

Wahrscheinlich fühlen Sie sich noch etwas unsicher mit dem Newton'schen Gravitationsgesetz. Kein Wunder, haben wir hier doch in kurzer Zeit eine Theorie für die Gravitationskraft erläutert, für die Isaac Newton Jahre brauchte. Sie werden mit dem Gravitationsgesetz vertrauter werden, wenn wir in den folgenden Abschnitten verschiedenste Konsequenzen dieses wichtigen Kraftgesetzes besprechen werden.

Zwei Massen m_1 und m_2 im Abstand r ziehen sich gegenseitig mit der Newton'schen Gravitationskraft F_G an:

$$F_G = G \cdot \frac{m_1 \cdot m_2}{r^2}$$

Dabei ist G eine Konstante, die so genannte Gravitationskonstante.

$$G = 6.67 \cdot 10^{-11} \frac{N \cdot m^2}{kg^2}$$

Aufgabe 89 Berechnen Sie die Gravitationskraft, mit der die Erde den Mond anzieht. Hinweis: Die Masse des Mondes ist $7.3 \cdot 10^{22}$ kg (1/81 der Erdmasse); andere Angaben, die Sie benötigen, haben wir im Text bereits verwendet.

Aufgabe 92 Kontrollieren Sie für die gleichförmige Kreisbewegung des Mondes, ob die Gravitationskraft tatsächlich die Zentralkraft ergibt.

Aufgabe 84 Ist die Masseinheit $(N \cdot m^2) / kg^2$ für die Gravitationskonstante korrekt? Kontrollieren Sie nach, indem Sie sich überlegen, was die Einheiten der anderen Grössen im Gravitationsgesetz sind.

$$F_G = G \frac{m_1 m_2}{r^2} = 6.67 \cdot 10^{-11} \cdot \frac{7.3 \cdot 10^{22} \cdot 5.98 \cdot 10^{24}}{384'000'000 \, m}$$

19 Eigenschaften der Gravitationskraft

Wir wollen mit dem Gravitationsgesetz in den beiden Abschnitten 19.1 und 19.2 etwas vertrauter werden, bevor wir es im Abschnitt 20 anwenden.

19.1 Die Gravitationskraft wirkt zwischen allen Körpern

In unserer Herleitung sind wir von der Gravitationskraft zwischen der Erde und einem anderen Körper (Stein/Mond) ausgegangen. In diesem Fall ist m_1 die Masse der Erde, m_2 ist die Masse des angezogenen Körpers. (Oder umgekehrt – es ist egal, wie Sie die Indizes 1 und 2 zuordnen.) Dann haben wir gesehen, dass die Gravitationskraft allgemein durch die Masse von Körpern verursacht wird und somit zwischen allen Körpern Gravitationskräfte wirken. So kreisen beispielsweise alle 9 Planeten um die Sonne, weil die Sonne die Planeten durch die Gravitationskraft anzieht. Wir können das Gravitationsgesetz aber auch auf nicht-astronomische Körper anwenden. Also ziehen Sie beispielsweise den Blumentopf am Fenster an. Und der Blumentopf zieht das Auto an, das vor dem Haus parkiert ist. Das Auto wiederum zieht auch Sie an sowie die Luft der Atmosphäre und so weiter!

Das scheint Ihnen unglaublich? Sie mögen vielleicht einwenden, dass man solche Gravitationskräfte ja gar nicht spürt. Sie spüren nur deshalb nichts, weil die Gravitationskraft zwischen Alltagsgegenständen winzig klein ist, jedenfalls kleiner als andere Kräfte, die zugleich auftreten. Dies wollen wir kurz mit einem Zahlenbeispiel illustrieren.

Beispiel 19.1

Die Stärke der Gravitationskraft zwischen zwei Gegenständen mit Massen $m_1 = m_2 = 1$ kg, die sich in einem Abstand von $r = 1$ m befinden, ist winzige $F_G = 6.67 \cdot 10^{-11}$ N. Dies im Vergleich zur Anziehungskraft zwischen den Massen und der Erde, die je etwa $F_G = 10$ N beträgt, also mehr als das 100-Milliardenfache ist.

Henry Cavendish, Cavendish-Waage

So gering die Gravitationskraft zwischen Alltagsgegenständen auch ist, man kann sie nachweisen und messen. So gelang es *Henry Cavendish* (1731–1810) im Jahre 1798, rund ein Jahrhundert nach Isaac Newtons Arbeit über die Gravitationskraft, diese Gravitationskraft im Labor zu messen. Er entwarf dazu die nach ihm benannte «*Cavendish-Waage*»:

[Abb. 19.1] Cavendish-Waage

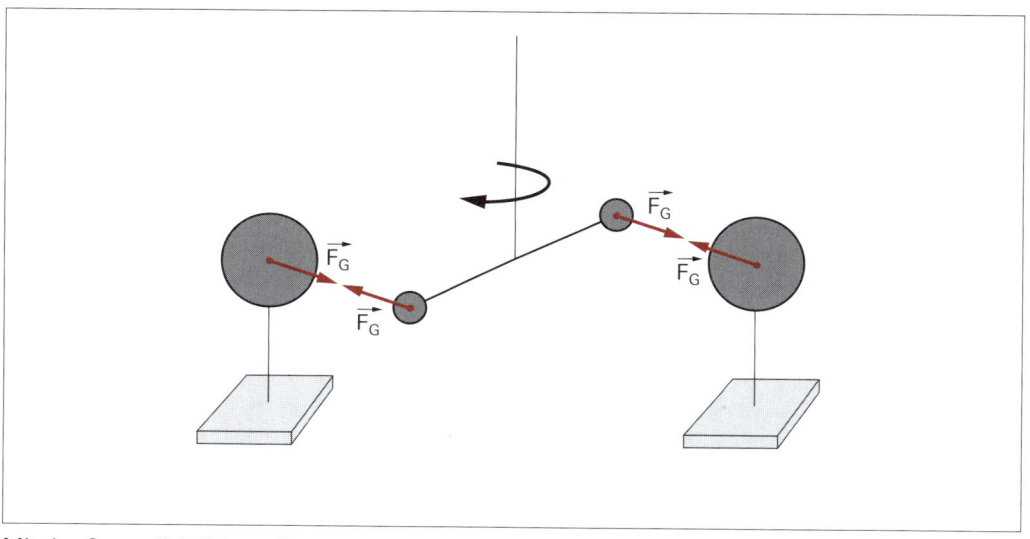

Mit der Cavendish-Waage kann die Gravitationskonstante G direkt gemessen werden.

Zwei kleine Bleikugeln werden an den Enden eines langen Stabs befestigt. Der Stab wird in der Mitte an einem dünnen Draht aufgehängt. Anschliessend werden zwei grössere Bleikugeln in der Nähe der kleinen aufgebaut. Durch die Gravitationskraft werden die kleinen Kugeln in die Richtung der grossen Kugeln gezogen. Dabei wird der Aufhängedraht verdreht. Bei der Verdrehung eines Drahts treten Deformationskräfte auf, die der Verdrehung entgegenwirken. Diese Kräfte nehmen mit zunehmender Verdrehung zu. Die kleinen Kugeln kommen daher zum Stillstand, sobald die Verdrehkräfte gleich gross wie die Gravitationskräfte sind. Der Winkel, um den sich die kleinen Kugeln bis dann gedreht haben, ist ein Mass für die Gravitationskraft F_G zwischen den kleinen und den grossen Kugeln. Da in dieser Situation F_G, m_1, m_2 und r bekannt sind, lässt sich die Gravitationskonstante G berechnen.

Die Gravitationskraft zwischen alltäglichen Gegenständen ist extrem klein, man kann sie aber zum Beispiel mit der Cavendish-Waage messen. So kann man die Gravitationskonstante G direkt messen.

Aufgabe 87

Auf einem Tisch stehen im Abstand von 1 m zwei Tassen (Masse je 0.2 kg). Offensichtlich ist die Reibungskraft zwischen Tisch und Tassen grösser als die Gravitationskraft zwischen den Tassen, denn die Tassen bewegen sich nicht aufeinander zu.

Vergleichen Sie die Gravitationskräfte zwischen den beiden Tassen mit den Reibungskräften zwischen Tassen und Tisch. Nehmen Sie $\mu = 0.2$ für die Haftreibungszahl an.

19.2 Die Gravitationskraft nimmt schnell ab, ist aber unbegrenzt

Im Gravitationsgesetz tritt der Abstand r zwischen den zwei beteiligten Körpern auf. Die von den Massen der beteiligten Körpern verursachte Gravitationskraft ist winzig klein, wenn diese weit voneinander entfernt sind. Wir wollen diese Abstandsabhängigkeit zuerst etwas präzisieren und dann noch etwas mehr über die $1/r^2$ Abhängigkeit nachdenken.

Präzisierung des Abstands

Für zwei Massenpunkte mit Massen m_1 und m_2 ist r der Abstand der beiden Punkte. Für zwei Kugeln mit Massen m_1 und m_2 bezeichnet r den Abstand zwischen den Kugelmittelpunkten. Die Sonne, ihre 9 Planeten sowie andere Sterne sind in guter Näherung kugelförmig.

In der Natur gibt es aber auch Objekte, die nicht punkt- oder kugelförmig sind. Auch in diesen Fällen gilt das Gravitationsgesetz, wie Sie es jetzt kennen. Die Berechnung der Gravitationskraft ist dann aber rechnerisch aufwändiger. Wir gehen deshalb hier nicht auf die Details ein.

Eigenschaften der Abstandsabhängigkeit

Mondmasse

Bei der Herleitung des Gravitationsgesetzes zeigte sich unter anderem, dass die Gravitationskraft vom Abstand r abhängt. Hätten Sie das erwarten können? Nun, Sie hätten wohl erraten, dass die Kraft mit zunehmendem Abstand kleiner wird. Wir selber werden ja vom Planeten Erde auch stärker angezogen als von einem weiter entfernten Planeten. Überlegungen zur Bewegung des Mondes haben in Abschnitt 18.1 eine $1/r^2$-Abhängigkeit der Gravitationskraft an den Tag gebracht. Danach wird die Gravitationskraft zwischen zwei Massen sehr schnell schwächer, wenn sie sich voneinander entfernen. Trotz der schnellen Abnahme der Gravitationskraft ist es eine Eigenschaft der $1/r^2$-Abhängigkeit, dass sie, mathematisch gesehen, erst für unendlich grosse Abstände r null wird. Somit nimmt die Gravitationskraft mit zunehmendem Abstand sehr schnell ab, wird aber nie null. In Abbildung 19.2 ist die Gravitationskraft des Mondes (*Mondmasse* $m_1 = 7.35 \cdot 10^{22}$ kg) und eines Körpers (Masse des Körpers $m_2 = 1$ kg) für verschiedene Abstände dargestellt. Die Abbildung zeigt, dass die Gravitationskraft mit zunehmendem Abstand sehr schnell winzig klein wird.

[Abb. 19.2] Gravitationskraft des Mondes

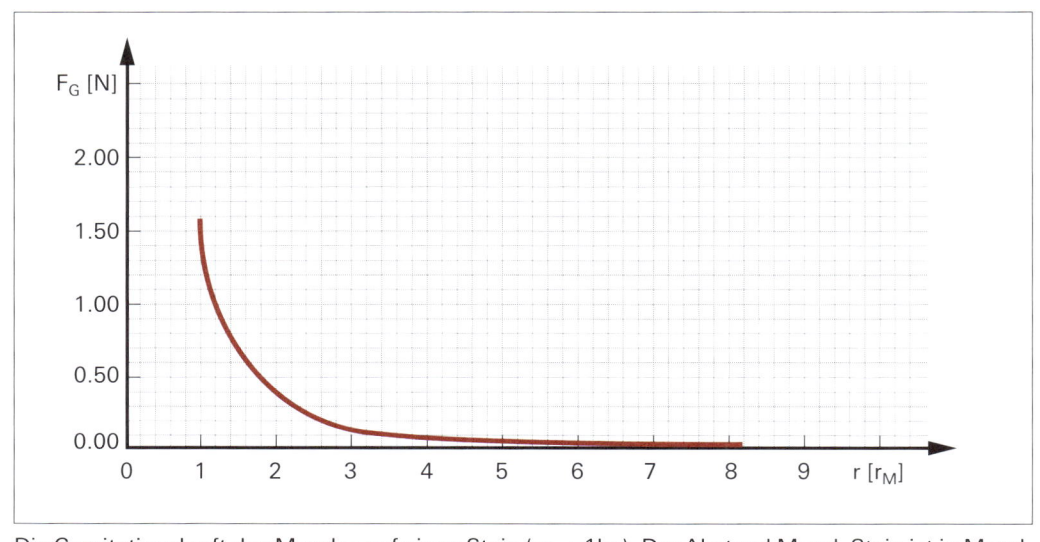

Die Gravitationskraft des Mondes auf einen Stein ($m_2 = 1$ kg). Der Abstand Mond–Stein ist in Mondradien r_M angegeben.

Mondradius

Die Abbildung 19.2 zeigt eindrücklich, dass die Gravitationskraft des Mondes mit zunehmendem Abstand (in Einheiten des *Mondradius* $r_M = 3476$ km) äusserst schnell abnimmt.

Auf der Erde merken wir sehr wohl etwas von der Gravitationskraft des Mondes. Vergleichen wir die Gravitationskraft des Mondes auf einen Körper auf der dem Mond zugewandten Seite der Erde ($r = 384000$ km $-$ 6370 km) mit derjenigen auf der dem Mond abgewandten Seite der Erde ($r = 384000$ km $+$ 6370 km). Der Abstand vom Mond zur abgewandten Seite der Erde ist gleich der Summe aus dem Radius der Mondbahn und dem Radius der Erde, der Abstand zur zugewandten Seite ist gleich der Differenz aus Radius der Mondbahn und dem Radius der Erde.

$$\frac{F_{abgewandt}}{F_{zugewandt}} = \frac{(384000 \text{ km} - 6370 \text{ km})^2}{(384000 \text{ km} + 6370 \text{ km})^2} = 0.94$$

Gezeiten

Das heisst, dass die Anziehungskraft des Mondes auf der dem Mond abgewandten Seite der Erde etwa 6 Prozent kleiner ist als auf der dem Mond zugewandten Seite. Also wird das Wasser des Meeres nicht überall gleich stark vom Mond angezogen. Das ist die hauptsächliche Ursache für die *Gezeiten* (Ebbe und Flut).

> Die Gravitationskraft wird mit zunehmendem Abstand kleiner. Dies führt z. B. zu den Gezeiten (Ebbe und Flut). Gravitation wirkt aber über beliebig grosse Abstände.

Aufgabe 90 Mit welcher Beschleunigung fällt ein Körper zu Boden, wenn man ihn auf der Mondoberfläche loslässt? Vergleichen Sie diesen Wert mit demjenigen auf der Erde.

Aufgabe 93 Wie verhält sich der Wert der Gravitationskraft F_G (in Worten) zwischen zwei Körpern, deren Abstand immer grösser wird und schliesslich extrem gross ist, oder mathematisch ausgedrückt, gegen unendlich strebt.

Aufgabe 85 Im Text von Johannes Kepler am Anfang von Abschnitt 1 heisst es: «… da nämlich die magnetischen Kräfte der Erde und des Mondes den Körper anziehen und in Schwebe erhalten, ist die Wirkung genau die gleiche, als wenn keine der beiden ihn anziehen würde …»

Erklären Sie mit Hilfe der Gravitationskraft des Mondes und der Erde diesen Sachverhalt mit eigenen Worten (ohne Magnetfelder).

Aufgabe 88 Wir betrachten die Gravitationskraft zwischen zwei Kugeln mit Massen m_1 und m_2 im Abstand r.

A] Verdoppeln wir m_1, ohne m_2 und r zu verändern, so wird die Gravitationskraft ……………………………

B] Verdoppeln wir r, ohne m_1 und m_2 zu verändern, so wird die Gravitationskraft ……………………………

C] Verdoppeln wir sowohl m_1 als auch r und lassen m_2 unverändert, so wird die Gravitationskraft ……………………………

20 Kreisbewegungen um Zentralkörper

Auch wenn die Gravitationskraft die universellste Kraft überhaupt ist, die Kraft, die auf jeden Körper wirkt, so merken wir davon im Alltag doch nur gerade die Anziehung durch die Erde (Gewichtskraft). Was in Abschnitt 15.1 steht, würde diesen Aspekt ausreichend beschreiben. Anders sieht es dagegen aus, wenn wir uns astronomischen oder astronautischen Fragestellungen zuwenden. Die Gravitationskraft choreografiert die Bewegung von Sternen, Planeten, Monden, ganzen Galaxien, ja sogar des Universums als Ganzem.

20.1 Gleichförmige Kreisbewegungen

Als Folge der Gravitationskraft bewegen sich Körper oft ungefähr auf Kreisbahnen um einen sehr viel schwereren Zentralkörper ($m_1 \gg m_2$); in diesem Fall ist es mit wenig Aufwand möglich, die Bewegung zu berechnen.

[Abb. 20.1] Gravitationskraft und Zentralkraft bei einer gleichförmigen Kreisbewegung

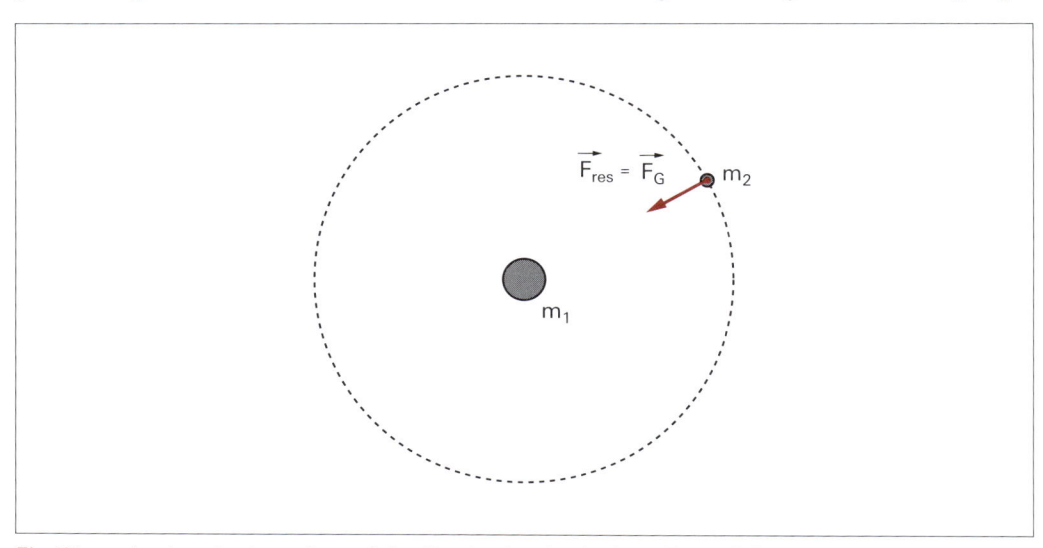

Ein Körper (m_2) umkreist aufgrund der Gravitationskraft einen Zentralkörper (m_1).

Bereits analysiert haben wir die Bewegung des Mondes um die Erde. Wie wir festgehalten haben, ist es näherungsweise eine gleichförmige Kreisbewegung, bei der die Gravitationskraft F_G der Erde die Rolle der Zentralkraft übernimmt. Analog verhält es sich auch bei Monden, die um andere Planeten kreisen (z. B. um den Planeten Jupiter) und bei der Bewegung der 9 Planeten um die Sonne. Wir schreiben zur Berechnung solcher Situationen das Kraftwirkungsgesetz auf:

$$\vec{F}_{res} = m \cdot \vec{a}$$

Zentralkörper

Die resultierende Kraft F_{res} ist jetzt die Gravitationskraft F_G, a ist hier Zentralbeschleunigung $a = v^2/r$. Dies ist der Ausgangspunkt für Probleme, bei denen ein Körper m_2 wegen der Gravitationsanziehung einen *Zentralkörper* der Masse m_1 umkreist (Kreisradius r):

Gleichung 20.1

$$G \cdot \frac{m_1 \cdot m_2}{r^2} = m_2 \cdot a = m_2 \cdot \frac{v^2}{r}$$

Zentralmasse

Die Masse m_2 kürzt sich weg. Die Kreisbewegung hängt also nicht von der Masse m_2 des kreisenden Körpers ab, sondern nur von der *Zentralmasse* m_1. Wir erhalten nach Auflösen nach der Masse des Zentralkörpers m_1:

Gleichung 20.2

$$m_1 = \frac{v^2 \cdot r}{G}$$

Diese Gleichung benutzen wir auf den nächsten Seiten, um verschiedene Fragestellungen zu untersuchen.

Beispiel 20.1

In der Gleichung 20.2 kommt die Masse m_1 des Zentralkörpers vor. Wenn die Geschwindigkeit v sowie der Bahnradius r bekannt sind, lässt sich also die Masse m_1 des Zentralkörpers bestimmen:

Erdbahnradius

So können Sie also ganz einfach die Masse der Sonne herausfinden, es braucht dafür keine Astrophysiker. Die Erde kreist ungefähr gleichförmig um die Sonne. Der *Erdbahnradius* ist 150 Mio km bzw. $r = 1.5 \cdot 10^{11}$ m. Das Ausmessen des Erdbahnradius, auch «Astronomische Einheit» genannt, war eine internationale Leistung des 18. Jahrhunderts. Die Umlaufzeit ist 1 Jahr bzw. $t = 365 \cdot 24 \cdot 60 \cdot 60$ s $= 3.15 \cdot 10^7$ s. Die Geschwindigkeit ist somit:

$$v = \frac{2 \cdot \pi \cdot r}{T} = \frac{2 \cdot \pi \cdot 1.5 \cdot 10^{11} \text{ m}}{3.15 \cdot 10^7 \text{ s}} = 3.0 \cdot 10^4 \frac{\text{m}}{\text{s}} = 30 \frac{\text{km}}{\text{s}}$$

Die Erde «rast» also – samt uns – mit 30 km/s um die Sonne herum! Bedenken Sie: Mit 30 km/s durchqueren Sie die Schweiz in weniger als 10 s!

Setzen wir die Werte in Gleichung 20.2 ein:

$$m_1 = \frac{v^2 \cdot r}{G} = \frac{\left(3.0 \cdot 10^4 \frac{\text{m}}{\text{s}}\right)^2 \cdot 1.5 \cdot 10^{11} \text{ m}}{6.67 \cdot 10^{-11} \frac{\text{N} \cdot \text{m}^2}{\text{kg}^2}} = 2.0 \cdot 10^{30} \text{ kg}$$

Die Masse der Sonne ist somit $2 \cdot 10^{30}$ kg, das ist das 300 000fache der Erdmasse!

Beispiel 20.2

Man kann Gleichung 20.2 auch nach v auflösen. So lässt sich beispielsweise folgende Frage beantworten: Bewegt sich der Planet Mars, der weiter von der Sonne entfernt ist als die Erde, schneller oder langsamer als die Erde?

Lösen wir dazu Gleichung 20.2 nach v auf:

$$v = \sqrt{\frac{G \cdot m_1}{r}}$$

Da der Bahnradius des Mars grösser als der Bahnradius der Erde ist, ist die Geschwindigkeit des Mars kleiner als die der Erde. Allgemein ist die Geschwindigkeit v klein für weit von der Sonne entfernte Planeten (z. B. Pluto) und gross für sonnennahe Planeten (z. B. Merkur).

Wenn sich ein Körper der Masse m_2 wegen der Gravitationskraft auf einer Kreisbahn mit Radius r um einen Zentralkörper der Masse m_1 bewegt, so ist die Gravitationskraft F_G gleich der Zentralkraft:

$$G \cdot \frac{m_1 \cdot m_2}{r^2} = \frac{m_2 \cdot v^2}{r}$$

Nach dem Kürzen von m_2 folgt daraus:

$$m_1 = \frac{v^2 \cdot r}{G}$$

Die Kreisbahn der Masse m_2 hängt von der Masse m_1 des Zentralkörpers ab, nicht aber von der Masse m_2 des kreisenden Körpers. Diese Gleichung ist der Ausgangspunkt für die Berechnung der Kreisbahnen von Planeten, Monden und Satelliten.

Die Geschwindigkeit v der Kreisbewegung kann wie gewohnt aus Bahnradius r und Umlaufzeit T berechnet werden:

$$v = \frac{2 \cdot \pi \cdot r}{T}$$

Aufgabe 91 Jupiter hat vier schon mit einem kleinen Fernrohr erkennbare Monde: Io, Europa, Ganymed und Kallisto. Der innerste dieser vier Monde (Io) umkreist den Planeten Jupiter im Abstand 422 000 km alle 42 Stunden einmal. Daraus können Sie die Masse von Jupiter berechnen. Wie gross ist sie?

Aufgabe 94 Der minimale Abstand eines Satelliten vom Erdmittelpunkt beträgt 6 370 km (= Erdradius).

A] Welche Geschwindigkeit hätte ein Satellit auf dieser Bahn?

B] Wie gross wäre die Umlaufszeit eines solchen Satelliten?

20.2 Geostationäre Satelliten

So, wie der Mond um die Erde kreist, tun es auch viele künstliche Satelliten, etwa Wetter- oder Telekommunikations-Satelliten. Auch hier gelten unsere Überlegungen und Gleichungen aus Kapitel 20.1.

Beispiel 20.3

Geostationäre Satelliten

Von besonderer Bedeutung sind so genannte *geostationäre Satelliten*.

«Geostationär» bedeutet, dass der Satellit sich immer über demselben Punkt der Erde befindet. Dies ist allerdings nur über dem Äquator möglich. Was muss für die Umlaufszeit und für den Bahnradius eines geostationären Satelliten gelten?

[Abb. 20.2]   Geostationärer Satellit

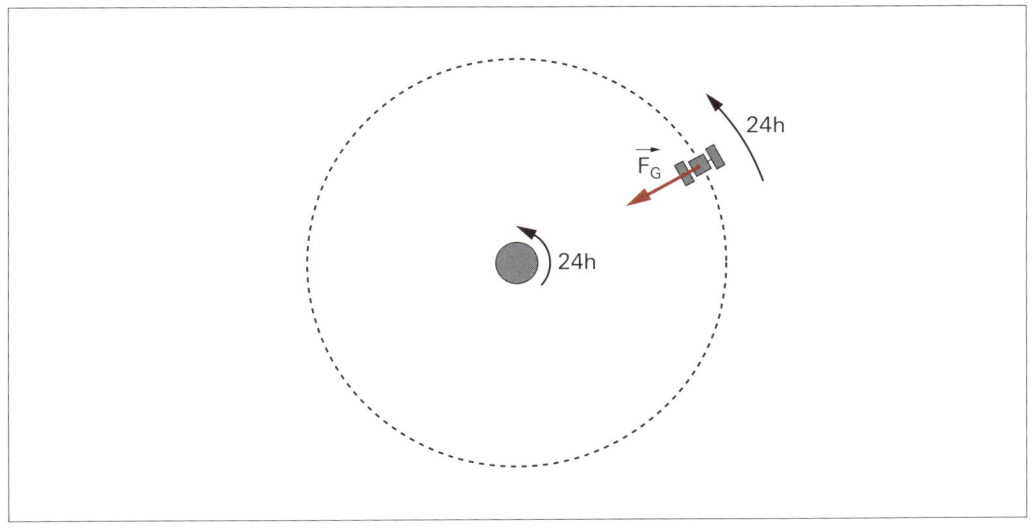

Ein Satellit muss in 24 Stunden einmal die Erde umkreisen, um geostationär zu sein.

Äquator

Die Erde dreht sich in 24 Stunden einmal um ihre Achse. Ein geostationärer Satellit muss deshalb über dem *Äquator* auf einer Kreisbahn mit eben dieser Umlaufszeit fliegen:

$$T = 24 \cdot 60 \cdot 60 \text{ s} = 86400 \text{ s}$$

Seine Geschwindigkeit ist somit:

$$v = \frac{s}{t} = \frac{2 \cdot \pi \cdot r}{T}$$

Wenn wir diese Beziehung in die Gleichung 20.2 einsetzen, erhalten wir:

$$m_1 = \frac{\left(\frac{2 \cdot \pi \cdot r}{T}\right)^2 \cdot r}{G} = \frac{\left(\frac{2 \cdot \pi}{T}\right)^2 \cdot r^3}{G}$$

Durch auflösen nach *r* kommen wir auf:

$$r = \left[G \cdot m_1 \cdot \left(\frac{T}{2 \cdot \pi}\right)^2\right]^{\frac{1}{3}}$$

Wenn wir als Erdmasse $m_1 = 6 \cdot 10^{24}$ kg und als Umlaufszeit $t = 86400$ s einsetzen:

$$r = \left[6.67 \cdot 10^{-11} \frac{\text{N} \cdot \text{m}^2}{\text{kg}^2} \cdot 6 \cdot 10^{24} \text{ kg} \cdot \left(\frac{86400 \text{ s}}{2 \cdot \pi}\right)^2\right]^{\frac{1}{3}} = 4.2 \cdot 10^7 \text{ m} = 42 \cdot 10^3 \text{ km}$$

Dies ist der Abstand vom Erdmittelpunkt. Geostationäre Satelliten befinden sich somit 36 000 km über der Erdoberfläche. In diese Höhe muss der Satellit mit äusserst teuren Raketen geschossen werden. Wesentlich billiger sind Satelliten, die tiefer fliegen, dann aber nicht immer über dem gleichen Punkt über der Erdoberfläche bleiben. Solche Satelliten haben meist Umlaufszeiten von etwa 90 Minuten. Manche sind nachts durch ihre schnelle Bewegung erkennbar.

Exkurs: Isaac Newton und die Gravitationskraft

Isaac Newton

Es ist kaum möglich eine Rangliste der grössten Naturwissenschaftler aufzustellen. Wenn man dies trotzdem versucht, müsste man *Isaac Newton* (1643–1727) im obersten Bereich der Liste einordnen. Er war als Physiker seiner Zeit weit voraus! Als in England eine Pest-Epidemie ausbrach, gelangte 1665 der dann 22-jährige Newton für zwei Jahre auf einen Bauernhof in Woolsthorpe. Später bekennt Isaac Newton, dass er damals in der Blütezeit seiner schöpferischen Kräfte gewesen sei.

Sehr oft liegt die Genialität schon in der Formulierung der Fragestellung. Bei Newton waren es zunächst die Fragen:

- Was zwingt den Mond, der offensichtlich die Erde umkreist, auf seine Kreisbahn?
- Welche Kräfte steuern die Bewegung der Planeten, die um die Sonne kreisen?

Nach Newtons eigenen Worten ist er auf die richtige Antwort gekommen, als er zufällig beobachtete, wie ein Apfel von einem Baum auf den Boden fiel, und er sich nach der physikalischen Ursache für dieses Fallen fragte. Die richtige Antwort war Newtons Erkenntnis, dass sich alle Massen gegenseitig anziehen. Das war genial, weil wir im alltäglichen Leben nichts von dieser allgemeinen Massenanziehung spüren. Es braucht ein delikates Präzisionsexperiment, um diese Massenanziehung nachzuweisen. Henry Cavendish gelang dies erst 1789!

Als Grundlage standen Newton die von Johannes Kepler empirisch entdeckten 3 Kepler'schen Gesetze für die Beschreibung der Planetenbewegung zur Verfügung. Die 3 Kepler'schen Gesetze sind eine reine Beschreibung der Gesetzmässigkeiten, nach denen sich die Planeten bewegen, ohne die Ursache der Bewegung zu erklären. Newtons Gravitationsgesetz und Kraftwirkungsgesetz erklären die 3 Kepler'schen Gesetze als Ursache der Wirkung der Gravitationskraft.

Wir haben zu Beginn Newton als einen der grössten Naturwissenschaftler dargestellt. Zum Schluss wollen wir eine kurze Bemerkung zu Isaac Newton als Mensch machen. Newton und der deutsche Mathematiker und Philosoph Leibniz haben unabhängig voneinander die Entwicklung der Differenzial- und die Integralrechnung begonnen. Diese doppelte Erfindung führte zu einer der grössten Streitigkeiten in der Wissenschaftsgeschichte. Der Streit wirft einen Schatten auf Newtons Person. Leibniz erkannte, dass Newton 10 Jahre vor ihm mit der Differenzial- und Integralrechnung begonnen hatte, dass er, Leibniz, aber nichts von dieser Entwicklung gewusst hatte. Leibniz hat Newton diesbezüglich ein versöhnliches Angebot gemacht, das Newton aber ausschlug. Newton blieb bis zu seinem Lebensende 1727 Leibniz gegenüber unerbittlich.

21 Schwerelosigkeit

Wer hat sie nicht schon gesehen, die Bilder von Astronauten, die schwerelos im Raumschiff herumschweben. In einem Text zum Thema «Gravitationskraft» darf der Begriff «Schwerelosigkeit» nicht fehlen.

21.1 Schwerelosigkeit weit weg von Himmelskörpern

Schwerelosigkeit

Der Begriff *Schwerelosigkeit* deutet an, dass die Gravitationskraft in gewissen Situationen nicht spürbar ist. Wir haben die Gravitationskraft analysiert und gesehen, dass sie schnell, nämlich mit dem Quadrat des Abstands r, abnimmt:

$$F_G = G \cdot \frac{m_1 \cdot m_2}{r^2}$$

Schwerelos

Weit weg von Himmelskörpern mit grossen Massen ist ein Körper praktisch *schwerelos*.

> Weit weg von Himmelskörpern mit grossen Massen ist ein Körper praktisch schwerelos.

21.2 Schwerelosigkeit auf einer Kreisbahn

Internationale Weltraumstation

Wie steht es z. B. mit den Bewohnern der *Internationalen Weltraumstation (ISS)*? Sind die Astronauten dort schon weit genug von der Erde weg, um praktisch schwerelos zu sein? Wir wollen das in diesem Abschnitt kurz nachrechnen.

Die ISS bewegt sich annähernd auf einer Kreisbahn um die Erde, etwa $h = 400$ km über Boden. Vergleichen wir das Verhältnis der Gravitationskraft in dieser Höhe mit der Gravitationskraft am Erdboden:

$$\frac{F_{ISS}}{F_{Erdboden}} = \frac{r^2}{(r+h)^2} = \frac{(6370 \text{ km})^2}{(6370 \text{ km} + 400 \text{ km})^2} \approx 0.9$$

Ein Kräfteverhältnis von 0.9 bedeutet, dass an Bord der ISS die Gravitationskraft immer noch 90 Prozent der Gravitationskraft am Erdboden ausmacht! Trotzdem zeigen Aufnahmen der Astronauten an Bord der ISS, dass sie schwerelos durch die Kabine schweben!

Im Unterschied zu den «Erdbewohnern» bewegen sich die Astronauten an Bord der ISS auf einer Kreisbahn um die Erde. Die auf Astronauten und Raumstation wirkenden Gravitationskräfte halten sie auf einer Kreisbahn um die Erde. Relativ zur Raumstation erfahren die Astronauten aber keine Beschleunigung, da sie bezüglich der Erde gemäss Gleichung 20.1 die genau gleiche Beschleunigung:

$$a = \frac{v^2}{r} = G \cdot \frac{m_{Erde}}{r^2}$$

wie die Raumstation erfahren. Dies gilt auch für alle Gegenstände an Bord der ISS; bezüglich der ISS sind sie alle unbeschleunigt. Eine analoge Situation liegt beim freien Fall verschiedener Körper vor: Bis zum Aufprall am Erdboden sind sie schwerelos. Hingegen behalten alle Gegenstände der Raumstation ihre Masse und somit ihre Trägheit. Es schmerzt auch in der ISS, wenn man mit dem Kopf gegen eine Wand stösst.

> Auf Kreisbahnen um einen Zentralkörper, herrscht Schwerelosigkeit.

Teil E Hydrostatik

Einstieg «Hydrostatik»

Hydrostatik

Bisher war in der Mechanik durchwegs von festen Körpern die Rede. Wir haben so die Newton'schen Gesetze durch Experimente mit Festkörpern abgeleitet. Die Theorie der Newton'schen Mechanik macht aber auch Aussagen über das Verhalten von Gasen und Flüssigkeiten. Zudem haben Flüssigkeiten und Gase Eigenschaften, die Festkörpern fehlen. Das führt dazu, dass in der *Hydrostatik* Gesetze eine Rolle spielen, die wir durch das bisherige Studium von Festkörpern nicht entdecken konnten und die für Festkörper auch nicht anwendbar sind (z. B. Gesetz über den Auftrieb).

Die wichtigsten Lernziele der Hydrostatik lauten:

- Sie kennen die makroskopischen und mikroskopischen Eigenschaften von Festkörpern, Flüssigkeiten und Gasen.
- Sie können den Begriff Druck definieren.
- Sie wissen, wieso der Druck im Zusammenhang mit Flüssigkeiten und Gasen eine hilfreiche Grösse ist.
- Sie sind fähig, Kraftverstärkung in hydraulischen und pneumatischen Maschinen zu berechnen.
- Sie können mit eigenen Worten erklären, wie die Auftriebskraft zustande kommt.
- Sie sind in der Lage, die Auftriebskraft auf einen Körper zu berechnen.
- Sie können die Begriffe schwimmen, schweben und sinken mit Hilfe der Auftriebskraft und Gewichtskraft erklären.

22 Eigenschaften von Festkörpern, Flüssigkeiten und Gasen

Ruhend, statisch

In der Hydrostatik geht es um die Mechanik von ruhenden (*ruhend = statisch*) Flüssigkeiten und Gasen. Da lohnt es sich, zuerst ein wenig über das Wesen der verschiedenen Zustände (fest – flüssig – gasförmig) nachzudenken. Was heisst das eigentlich, «flüssig»? Wie würden Sie einem Marsmenschen, der noch nie eine Flüssigkeit gesehen hat, beschreiben, was Sie mit dem Wort «flüssig» meinen? Zuerst diskutieren wir makroskopische, d. h. von Auge erkennbare Eigenschaften von Festkörpern, Flüssigkeiten und Gasen. Anschliessend wollen wir diese makroskopischen Eigenschaften mit mikroskopischen (atomaren/molekularen) Vorstellungen erklären.

22.1 Makroskopische Eigenschaften

Makroskopisch

Was unterscheidet Festkörper, Flüssigkeiten und Gase *makroskopisch*?

Form

Verformbarkeit

Der charakteristische Unterschied zwischen einer Flüssigkeit und einem festen Körper liegt wohl in der *Verformbarkeit*. Feste Körper haben eine gewisse Steifheit, Härte. Ob Stahlschraube oder Radiergummi, beide wehren sich dagegen, verformt zu werden, und verformen sich schon gar nicht «von selbst»; es braucht eine Krafteinwirkung für eine Verformung; so haben Sie es in der Dynamik zum Beispiel für Federn kennen gelernt. Eine Flüssigkeit, wie z. B. Wasser, verformt man dagegen selbst mit minimaler Kraft. Schon die Gewichtskraft der Flüssigkeit selber reicht aus, sie zu verformen. Eine Flüssigkeit sammelt sich in einem Gefäss immer am Gefässboden an und nimmt dort die Gefässform an. Was ist bei einem Gas anders? Gase sind noch leichter verformbar als Flüssigkeiten. Auch sie nehmen die Form des Gefässes an, aber im Gegensatz zu Flüssigkeiten füllen Gase jedes Gefäss vollständig aus, in alle Richtungen.

Volumen

Expansionsbestreben, Komprimierbarkeit

Gase unterscheiden sich von Flüssigkeiten und Festkörpern durch ihr *Expansionsbestreben:* Im Gegensatz zu Festkörpern und Flüssigkeiten füllen Gase ein Gefäss, in das sie einströmen, sofort aus. Umgekehrt lassen sich Gase auch zusammendrücken (*komprimieren*). Wenn Sie beispielsweise einen Fahrradreifen aufpumpen, komprimieren Sie mit der Pumpe die Luft. Flüssigkeiten und feste Körper sind nahezu «inkompressibel», d. h., es braucht einen immensen Kraftaufwand, um sie auch nur wenig zusammenzudrücken (es sei denn, sie enthalten ebenfalls noch ein Gas wie z. B. Brot mit seinen Luftblasen). Feste und flüssige Körper behalten ihr Volumen also (näherungsweise) bei, während Gase ein veränderbares Volumen haben. Sie können dies übrigens selber mit einer PET-Flasche ausprobieren! Schrauben Sie den Deckel auf die Flasche und versuchen Sie die Flasche zusammenzupressen. Wenn die Flasche «leer» ist, d. h. nur Luft enthält, lässt sich die Flasche zusammenpressen. Sobald Sie loslassen, federt die Flasche in ihre ursprüngliche Form zurück. Ist die Flasche dagegen vollständig mit Wasser gefüllt, lässt sie sich fast nicht mehr zusammenpressen.

Dichte

Erinnern Sie sich an den Begriff «Dichte»? Die Dichte wurde eingeführt als die Masse m des Körpers dividiert durch das Volumen V des Körpers. Die Dichte $\rho = m / V$ gibt an, wie viel Masse m in ein Volumen V gepackt ist. Unterscheiden Sie bitte den griechischen Buchstaben ρ für die Dichte vom lateinischen Buchstaben p, der ebenfalls oft vorkommen wird. Die SI-Einheit der Dichte ist entsprechend der Definition kg/m^3. Wir haben den Begriff Dichte hier kurz repetiert, weil diese Grösse einen weiteren charakteristischen Unterschied zwischen Gasen, Flüssigkeiten und Festkörpern markiert: Gase haben eine geringe Dichte, weit unter derjenigen von Flüssigkeiten und festen Körpern. Beispielsweise ist die Dichte der atmosphärischen Luft etwa 1.3 kg/m^3, also fast 1000-mal kleiner als die Dichte von Wasser (1000 kg/m^3), unserer wichtigsten Flüssigkeit. Da sich Gase komprimieren lassen, aber auch expandieren können, ist ihre Dichte nicht konstant. Die Dichte eines Gases ist keine feste «Stoffeigenschaft», sondern hängt davon ab, auf welches Volumen man das Gas zusammenpresst. Deshalb sprachen wir zum Beispiel bei der Dichte der Luft von «der Dichte atmosphärischer Luft».

Makroskopische Eigenschaften von Festkörpern, Flüssigkeiten und Gasen:

	Eisen (fest)	**Wasser (flüssig)**	**Luft (gasförmig)**
Form	fix	variabel	variabel
Volumen	fix	fix	variabel
Dichte	fix, gross	fix, gross	variabel, meist klein

22.2 Mikroskopische Eigenschaften

Mikroskopisch

Hinter den makroskopischen Eigenschaften von Festkörpern, Flüssigkeiten und Gasen stecken unterschiedliche *mikroskopische* (molekulare oder atomare) Eigenschaften:

[Abb. 22.1] Festkörper, Flüssigkeit und Gas schematisch

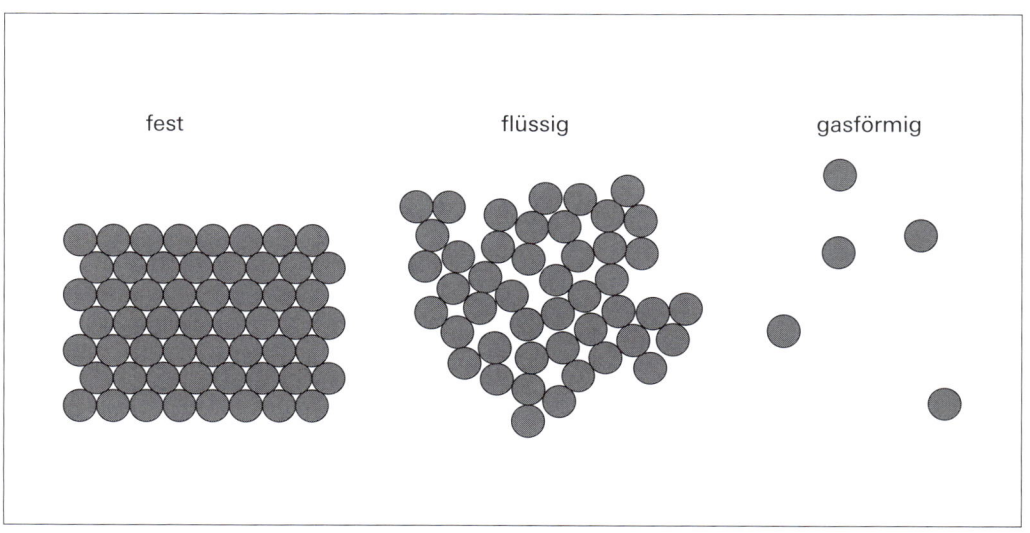

Die typischen Abstände zwischen den Molekülen sind in Festkörpern, Flüssigkeiten und Gasen sehr unterschiedlich.

Form

Bindungskraft

Fliessfähigkeit und Festigkeit sagen uns etwas über die Kräfte (*Bindungskräfte*) zwischen den Molekülen und somit über deren Beweglichkeit. Die Kräfte zwischen den Molekülen sind bei festen Körpern so gross, dass sich die Moleküle nicht mehr gegeneinander verschieben, es sei denn, eine grosse Kraft zwinge sie dazu. In Flüssigkeiten «kleben» die Moleküle zwar mehr (z. B. Honig) oder weniger (z. B. Benzin) aneinander, aber sie sind noch gegeneinander verschiebbar, gleiten aneinander entlang. Die Moleküle eines Gases sind so weit voneinander entfernt, dass praktisch keine Kräfte zwischen ihnen wirken.

Volumen

Hinter dem Volumen und dem Kompressionsverhalten steckt der Abstand zwischen den Molekülen. In Flüssigkeiten und festen Körpern sind die Moleküle nahe beieinander, so dass kaum freier Platz zwischen ihnen ist, der noch «herausgepresst» werden könnte. Wenn ein Gas eine 1000-mal kleinere Dichte hat als eine Flüssigkeit aus den gleichen Molekülen (z. B. H_2O), muss das Gas hauptsächlich aus «leerem Raum» bestehen. Deshalb kann man es auch komprimieren, man macht dabei einfach den «leeren Raum» etwas kleiner.

Dichte

Hinter der Dichte steckt die Masse der Moleküle sowie die Anzahl Moleküle pro Volumen.

> Die Atome (Moleküle) von Flüssigkeiten und Gasen sind nicht starr miteinander verbunden, sondern sie sind bei Flüssigkeiten mehr oder weniger leicht gegeneinander verschiebbar und bei Gasen frei beweglich.
>
> Gase bestehen überwiegend aus «leerem Raum», während die Atome (Moleküle) in Flüssigkeiten und Festkörpern nahe beieinander liegen.

Aufgabe 95   Der Unterschied zwischen dem Volumen eines Körpers und seiner Form kann am besten an Hand eines flüssigen Körpers, z. B. einer bestimmten Menge Milch, erklärt werden: Wird die Milch nacheinander in verschiedene Gefässe oder Gläser umgegossen, so ändert sich dabei .... des Körpers, aber .... bleibt gleich.

23 Von der Kraft zum Druck

Die mikroskopischen und makroskopischen Eigenschaften von Festkörpern, Flüssigkeiten und Gasen haben zur Folge, dass sich die Kraft, die auf ein Gas oder eine Flüssigkeit ausgeübt wird, anders verteilt als bei einem Festkörper. Wir werden nun untersuchen, wie sich die Kraft in Festkörpern, Flüssigkeiten und Gasen verteilt.

Auflagefläche

Nehmen wir an, Sie besitzen zwei gleich schwere Schränke, die auf einem weichen Teppich stehen. Der eine Schrank hat einen flachen Boden ohne Füsse, der andere steht auf vier kleinen Füsschen. Führen die beiden Schränke zu den gleichen Abdrücken im Teppich? Erfahrungsgemäss nicht: Die Füsschen werden starke Eindrücke in den Teppich pressen, der flache Schrankboden hingegen wird den Teppich weniger deformieren. Oder der Fakir auf seinem Nagelbett. Er wird sicher nicht so bequem liegen, wie Sie auf Ihrer Matratze. Wo liegt der Unterschied? In der *Auflagefläche*, auf die sich die Gewichtskraft des Körpers verteilt. Die Nagelspitzen geben zwar keine grosse Auflagefläche her, sie reicht aber – genügend Nägel vorausgesetzt – damit der Fakir die Kraft der Nägel gerade noch aushalten kann!

[Abb. 23.1]   Fakir auf seinem Nagelbett

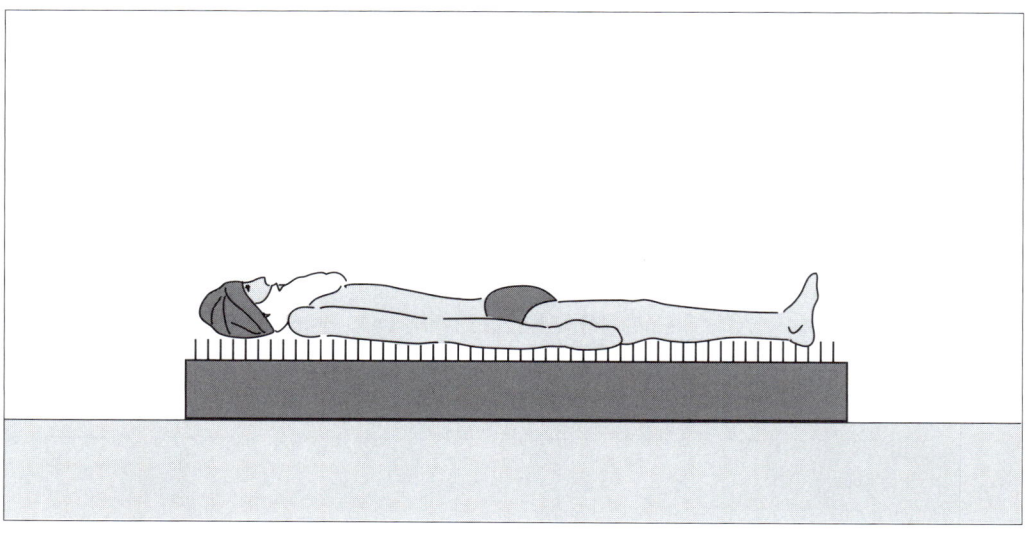

Die Auflagefläche der Nagelspitzen ist offenbar ausreichend, damit der Fakir die Kraft der Nägel aushalten kann!

23.1 Verteilung der Kraft bei Festkörpern

Kraftverteilung, Druck

Bei gewissen Fragestellungen kommt es darauf an, auf welche Fläche sich eine Kraft verteilt, also auf die *Kraftverteilung*. In unserem Beispiel interessiert die Verteilung der Gewichtskraft des Schranks auf die Bodenfläche. Oder anders gesagt, entscheidend ist das Verhältnis zwischen Kraft und Fläche. Dieses Verhältnis nennen wir *Druck*:

$$\text{Druck} = \frac{\text{Kraft}}{\text{Fläche}}$$

Der Begriff «Druck» ist gut gewählt. Denken Sie nur an unseren Schrank: Was er im Teppich je nachdem mehr oder weniger hinterlässt, nennen wir ja auch «Abdruck». Mit den entsprechenden Variablen lautet die Definition des Drucks:

Verteilt sich eine Kraft F auf eine Fläche A, so erzeugt die Kraft einen Druck p:

Gleichung 23.1

$$p = \frac{F}{A}$$

p

Dabei zählt nur der Betrag der Kraft, nicht die Richtung. Der Druck ist also eine richtungslose Grösse. Die gebräuchliche Variable p für den Druck leitet sich wieder einmal aus dem Englischen ab, sie steht als Abkürzung für «pressure».

Pascal, Pa

Die SI-Einheit für den Druck ergibt sich aus der Definition des Drucks. Wenn Druck gleich Kraft pro Fläche ist, muss die SI-Einheit N/m² sein. Sie hat einen eigenen Namen: «Pascal», abgekürzt Pa:

$$[p] = 1 \text{ Pa} = 1 \frac{\text{N}}{\text{m}^2}$$

Pascal ist eine abgeleitete SI-Einheit.

Der Name «Pascal» erinnert an den französischen Mathematiker, Physiker, Theologen und Philosophen Blaise Pascal (1623–1662).

bar

Wenn man in die Definition für den Druck alltägliche Werte für Kraft und Fläche einsetzt, stellt man fest, dass 1 Pa ein winzig kleiner Druck ist. Schon eine nur 100 Gramm schwere Tafel Schokolade drückt mit etwa 100 Pa auf den Tisch, auf dem sie liegt. Einen Druck von 1 Pa erzeugt sie, wenn sie sich (im Sonnenlicht geschmolzen?) über 1 m² Tischfläche verteilt hat. Man verwendet deshalb als zweite Einheit das «*bar*», das keine SI-Einheit ist:

$$1 \text{ bar} = 10^5 \text{ Pa}$$

Atmosphärischer Luftdruck

Viele Drücke im Alltag lassen sich bequem in bar angeben, z. B. ist der Druck in einem Autopneu etwa 2 bar. Insbesondere ist der *atmosphärische Luftdruck* gerade ungefähr 1 bar.

Wenn es um Wettervorhersagen geht, will man es aber meist genauer wissen. Deshalb spricht man dann oft in «Hektopascal» oder Millibar:

$$1 \text{ hPa} = 100 \text{ Pa} = 1 \text{ mbar} = 10^{-3} \text{ bar}$$

Verteilt sich eine Kraft F auf eine Fläche A, so herrscht ein Druck p:

$$p = \frac{F}{A}$$

Dabei zählt nur der Betrag der Kraft. Der Druck ist eine ungerichtete Grösse. Die SI-Einheit des Drucks ist gemäss der obigen Gleichung N/m², was wir mit «Pascal» benennen.

$$1 \text{ Pa} = 1 \frac{\text{N}}{\text{m}^2}$$

Aus praktischen Gründen wird alternativ die Einheit «bar» verwendet, obwohl diese keine SI-Einheit ist.

$$1 \text{ bar} = 10^5 \text{ Pa}$$

Aufgabe 99 Rechnen Sie aus, welchen Druck dieses Physik-Buch auf die Tischfläche ausübt. Schätzen Sie die nötigen Grössen und geben Sie das Resultat in Einheiten von Pa, hPa und bar an.

Aufgabe 103 Welchen Druck übt ein 4 t schwerer Elefant mit einem Fuss (Durchmesser 30 cm) auf den Boden aus? Wie vergleicht sich das mit dem Druck, den wir mit unseren Füssen auf den Boden ausüben? Schätzen Sie die benötigten Grössen selber.

23.2 Verteilung der Kraft in Flüssigkeiten und Gasen

In Flüssigkeiten sind die Atome, wie schon im Abschnitt 22 erklärt, leicht gegeneinander verschiebbar und bei Gasen sogar frei beweglich. Wegen der «fast kraftlosen Deformierbarkeit» reagieren Flüssigkeiten und Gase auf äussere Krafteinwirkungen nicht so, wie wir es von festen Körpern her gewohnt sind:

- Drücken wir von oben auf einen Holzklotz, der auf dem Tisch liegt, leitet der Klotz diese Kraft einfach an den Tisch weiter.
- «Drücken» wir mit dem Finger auf Wasser in einer Schale, weicht das Wasser einfach aus.

Eingeschlossen

Was aber passiert, wenn ein Gas oder eine Flüssigkeit *eingeschlossen* ist und nicht ausweichen kann? Denken Sie z. B. an einen Luftballon, den Sie mit Wasser oder Luft füllen. Das Wasser oder die Luft dehnen den Ballon aus. Dass der Ballon deformiert wird, zeigt, dass auch Flüssigkeiten oder Gase eine Kraft weiterleiten können. Der Umstand, dass die Ausdehnung in alle Richtungen erfolgt, zeigt zudem: Flüssigkeiten und Gase leiten die Kraft in alle Richtungen weiter. Dies steht im Gegensatz zu einem Festkörper, der die Kraft nur in der Stossrichtung weiterleitet.

Pascals Prinzip, Gesetz von Pascal

Es ist zwar nicht falsch zu sagen, dass die Flüssigkeit die Kraft in alle Richtungen weiterreicht, aber besser ist es, von der Kraft auf den Druck zu wechseln. Wenn eine Kraft auf eine Flüssigkeit oder auf ein Gas wirkt, «steht das Gas oder die Flüssigkeit unter Druck», vergleichbar wie in Abschnitt 23.1 der Teppich unter dem Druck des Schrankbeins steht. Die Flüssigkeit gibt diesen Druck im Gegensatz zum Teppich in alle Richtungen weiter. Dies ist bekannt als *Pascals Prinzip* oder als *Gesetz von Pascal:*

Prinzip von Pascal

Wird auf eine eingeschlossene Flüssigkeit oder auf ein eingeschlossenes Gas an irgendeiner Stelle ein Druck p ausgeübt, so ist dieser im ganzen Medium gleich stark. Das Medium übt dann rechtwinklig auf eine Begrenzungsfläche A die Kraft $F = p \cdot A$ aus.

Bemerkungen zu Pascals Prinzip

Das Prinzip von Pascal gilt nicht für Festkörper. Das Prinzip von Pascal ist eine Ergänzung der bisherigen Gesetze der Mechanik, die besonders für Flüssigkeiten und Gase wichtig ist. Der Begriff «Druck» ist deshalb hauptsächlich im Zusammenhang mit Flüssigkeiten und Gasen eine sehr nützliche Grösse. Das erkennen Sie schon an den Situationen, in denen auch im Alltag von Druck gesprochen wird: Luftdruck, Blutdruck, Wasserdruck. Der Grund, warum Druck für die Beschreibung von Flüssigkeiten und Gasen besonders nützlich ist, liegt in Pascals Gesetz.

Kraft ist eine gerichtete, vektorielle Grösse, wie Sie aus der Dynamik wissen. Festkörper werden nur in Stossrichtung beschleunigt. Flüssigkeiten oder Gase entweichen in alle Richtungen, wenn sie Gelegenheit dazu haben. Der Druck in Flüssigkeiten und Gasen wirkt gemäss Pascals Prinzip in alle Richtungen gleich stark. Druck ist deshalb als skalare, richtungslose Grösse definiert worden. Die Richtung der Kraft, die der Druck erzeugt, wird in Gasen und Flüssigkeiten durch die Stellung der Fläche A bestimmt. Die Kraft steht immer rechtwinklig auf dieser Fläche A.

Beispiel 23.1 Betrachten wir das Gesetz von Pascal an einem Beispiel, das Sie wahrscheinlich kennen:

[Abb. 23.2] Aufbau einer Velopumpe

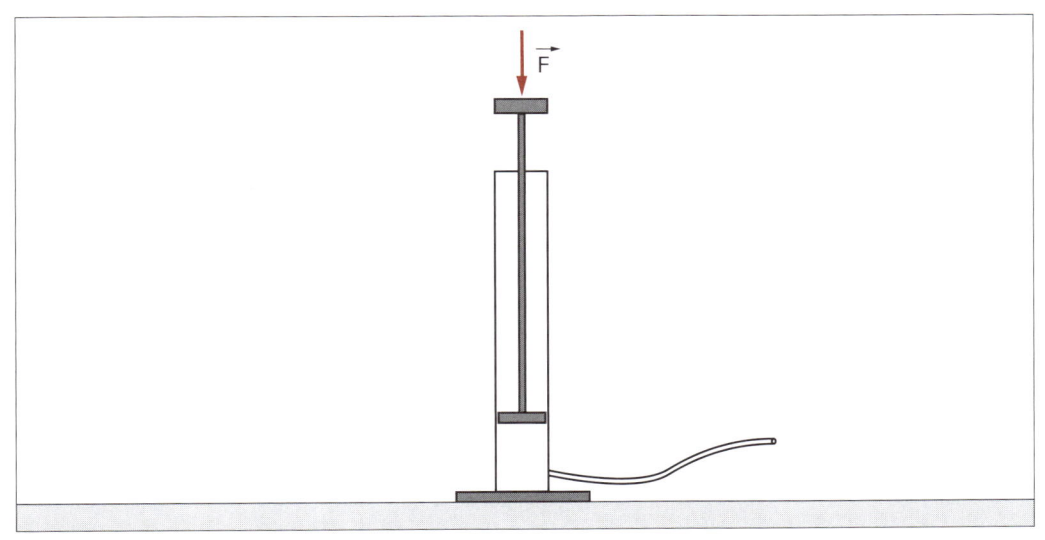

Schematischer Aufbau einer Velopumpe.

Velopumpe Eine *Velopumpe* besteht im Wesentlichen aus einem Zylinder, in den ein Kolben luftdicht gestossen werden kann. Welchen Druck erzeugt man mit der Pumpe, wenn der Kolbendurchmesser 3.0 cm ist und die auf den Kolben ausgeübte Kraft 120 N beträgt?

Definitionsgemäss ist der Druck:

$$p = \frac{F}{A}$$

Was sind hier F und A?

F ist offenbar die Kraft (120 N). A ist die Kolbenfläche, denn nur auf sie wird die Kraft ausgeübt. Wir können A mit der Gleichung für die Kreisfläche aus dem Kolbendurchmesser A berechnen:

$$A = \pi \cdot r^2 = \pi \cdot \left(\frac{d}{2}\right)^2 \approx 3.14 \cdot \left(\frac{3.0 \cdot 10^{-2}\,\mathrm{m}}{2}\right)^2 = 7.1 \cdot 10^{-4}\,\mathrm{m}^2$$

Somit erhalten wir für den Druck:

$$p = \frac{F}{A} = \frac{120\,\mathrm{N}}{7.1 \cdot 10^{-4}\,\mathrm{m}^2} = 1.7 \cdot 10^5 \frac{\mathrm{N}}{\mathrm{m}^2} = 1.7\,\mathrm{bar}$$

Wichtig: Dieser Druck von $1.7 \cdot 10^5$ Pa wirkt im Zylinder allseitig in gleicher Grösse, gegen den Kolben (als Reaktionskraft auf F sozusagen), gegen die Zylinderwände, gegen den Zylinderboden, gegen das Ventil.

Pascals Prinzip:

Wird auf eine eingeschlossene Flüssigkeit oder auf ein eingeschlossenes Gas an irgendeiner Stelle ein Druck p ausgeübt, so ist dieser im ganzen Medium gleich stark wirksam. Das Medium übt dann rechtwinklig auf jede Begrenzungsfläche A eine Kraft $F = p \cdot A$ aus, die immer rechtwinklig auf der Begrenzungsfläche A steht.

Aufgabe 107

A] Der Druck in einer Flüssigkeit bewirkt eine ....
.... auf die Begrenzungsflächen der Flüssigkeit. Die Kraft hat eine bestimmte Richtung, es handelt sich um eine ....
Grösse. Dagegen hat der Druck keine ausgezeichnete ....
........................; es muss sich somit um eine ....
.... Grösse handeln. Diese Aussagen treffen nicht nur für Flüssigkeiten, sondern auch für .... zu.

B] Wenn man bei gleich bleibender Kraft die Angriffsfläche einer Kraft verdoppelt, so ......
.... sich der Druck. Für einen gleich bleibenden Druck müsste auch die Kraft ....
werden.

Aufgabe 111

Nach dem Abfüllen von Weinflaschen wird ein Korken aufgesetzt. Nehmen wir an, dass die Flasche beim Abfüllen randvoll geraten sei, der Korken die Flüssigkeit gerade berühre und er mit einer Kraft von 15 N in die Flasche gepresst werde. Der Korken hat eine Querschnittsfläche von $A = 2.0$ cm². Wie gross sind die Drücke p_1 bis p_3 in Abbildung 23.3?

[Abb. 23.3]   Randvolle Weinflasche

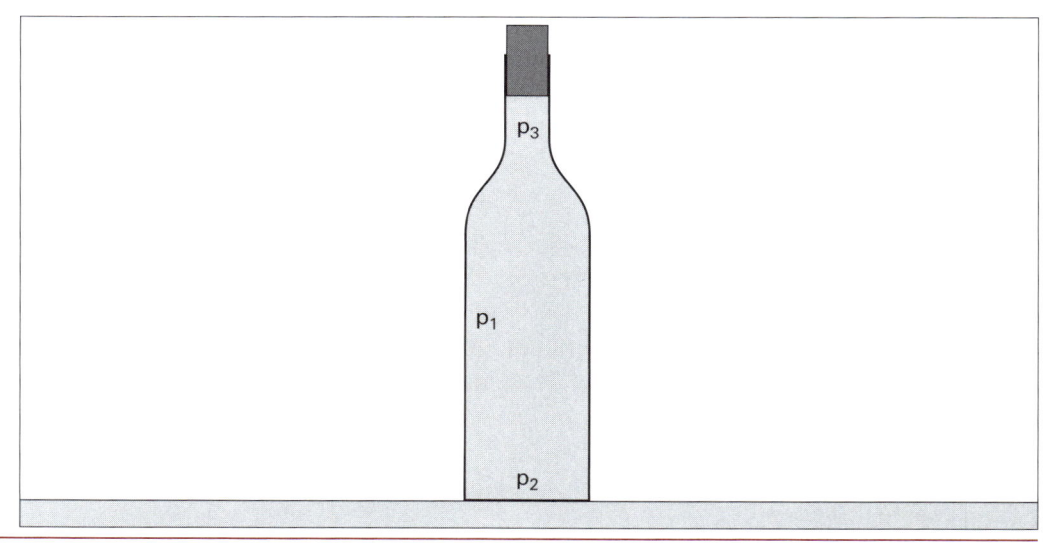

Aufgabe 115

Ein Ballon befindet sich in einem wassergefüllten Gefäss (siehe Abbildung 23.4). Durch einen Kolben kann eine Kraft auf die Wasseroberfläche ausgeübt werden. Wie verändern sich Form und Volumen eines luftgefüllten Ballons unter Wasser, wenn man eine Kraft auf die Wasseroberfläche ausübt?

[Abb. 23.4] Ballon unter Wasser

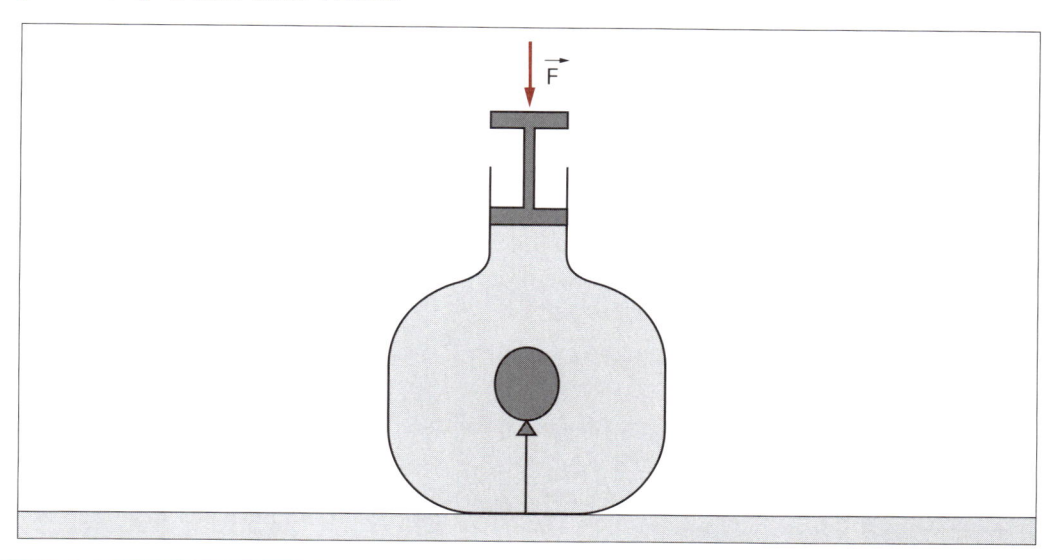

23.3 Kraftübertragung in Flüssigkeiten und Gasen

Kraftübertragung

Nun kommen wir zu einer Anwendung, der Sie im Alltag häufig begegnen, z. B. bei automatischen Türen, die mit Druckluft geschlossen werden. Wir wollen herausfinden, wieso Flüssigkeiten und Gase im Alltag so häufig zur *Kraftübertragung* verwendet werden.

Denken Sie sich zum Einstieg folgendes Experiment: Am einen Ende eines mit Wasser gefüllten Schlauchs wird ein Zapfen 1 hineingepresst. Dadurch wird der Zapfen 2 am anderen Ende des Schlauchs herausgepresst. Soweit kann man dies mit der Inkompressibilität des Wassers erklären. Man kann es aber auch mit dem Druck formulieren: Der Zapfen 1 mit der Zapfenfläche A_1 übt auf das Wasser eine Kraft F_1 aus. Der dadurch im Wasser herrschende Druck $p = F_1/A_1$ ist überall gleich gross. Auf jede Fläche, also auch auf die Zapfenfläche A_2, wirkt deshalb eine Kraft $F_2 = p \cdot A_2$. Diese Kraft auf die Zapfenfläche A_2 schiebt den Zapfen 2 hinaus.

Bremse

Damit haben wir eine Methode gefunden, Kräfte in flexibler Art von einem Ort zu einem anderen Ort zu übertragen. Auf diese Weise wird z. B. in einem Auto die Kraft vom Bremspedal auf die Bremsscheiben in den Rädern übertragen. Wie könnten Sie das sonst so unkompliziert bewerkstelligen? Die Schläuche können sich auch verzweigen und die Kraft auf mehrere Kolben verteilen, damit die vier *Bremsen* eines Autos gleichzeitig und gleich stark betätigt werden.

Hydraulik, Pneumatik

Man kann diese Art der Kraftübertragung sowohl mit Flüssigkeiten, als auch mit Gasen realisieren. Je nachdem spricht man von *Hydraulik* oder *Pneumatik*:

Hydraulik	Pneumatik
Wird eine Flüssigkeit zur Kraftübertragung eingesetzt, spricht man von Hydraulik. Die Flüssigkeit ist selten Wasser wie in unserem Modell, sondern meist ein Öl. Beispiele aus dem Alltag: • Bremsen beim Auto. Man spricht hier von «Bremsflüssigkeit» • Hebebühnen, z. B. in der Autowerkstatt • Bewegliche Arme von Baumaschinen u. Ä.	Wird ein Gas zur Kraftübertragung eingesetzt, spricht man von Pneumatik. Das Gas ist in der Regel normale Luft. Beispiele aus dem Alltag: • Bremsen bei LKWs und bei der Eisenbahn • Türen bei Bus und Zug • Presslufthammer Pneumatische Anwendungen erkennen Sie am Zischen der abgelassenen Druckluft.

Hydraulik und Pneumatik bieten zur Kraftübertragung einen weiteren grossen Vorteil. Überlegen wir uns am Beispiel des mit Wasser gefüllten Schlauches, der mit zwei Zapfen abgeschlossen ist, wie gross die übertragene Kraft ist. Angenommen, Sie drücken mit einer Kraft F_1 auf den Kolben 1. Dieser Kolben habe eine Fläche A_1. Es entsteht dabei im Wasser ein Druck:

$$p = \frac{F_1}{A_1}$$

Da dieser Druck überall im Wasser den Wert p hat (Prinzip von Pascal), ist die Kraft auf den Zapfen 2 mit Fläche A_2:

$$F_2 = p \cdot A_2$$

Einsetzen der Gleichung für den Druck p in die Gleichung für die Kraft F_2 ergibt:

$$F_2 = F_1 \cdot \frac{A_2}{A_1}$$

Aus dieser Gleichung für die Kraftübersetzung lernen wir:

Kraftverstärkung, Kraftabschwächung

- Wenn die beiden Zapfen gleich gross sind ($A_2 = A_1$), wird die Kraft betragsmässig unverändert übertragen. Ändern kann sich die Richtung der Kraft.
- Wenn die Zapfen unterschiedlich gross sind, kann der Betrag der Kraft auf diese Weise *verstärkt* ($A_1 < A_2$) oder auch *abgeschwächt* werden ($A_1 > A_2$).

Anheben, zusammenpressen

Der Effekt der Kraftverstärkung kann uns z. B. helfen, wenn wir etwas Schweres *anheben* oder etwas stark *zusammenpressen* wollen:

Beispiel 23.2

Mit einer *hydraulischen Hebebühne* soll ein $m = 1\,000$ kg schweres Auto hochgehoben werden.

Hydraulische Hebebühne

[Abb. 23.5]   Hebebühne

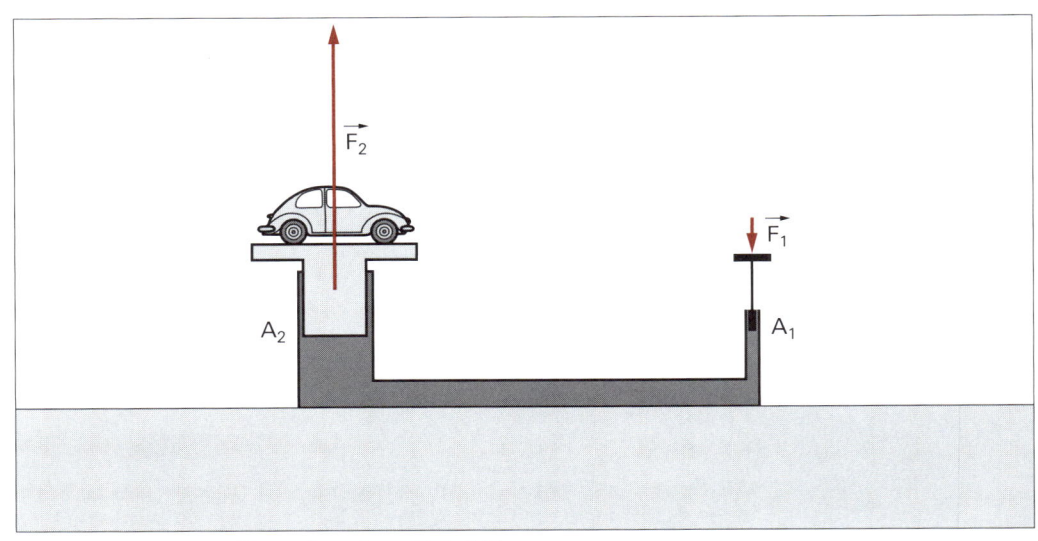

Schematische Darstellung einer Auto-Hebebühne.

Der Zylinder der Hebebühne habe die Fläche $A_2 = 1.0$ dm^2, die Kolbenfläche des Pumpkolbens betrage $A_1 = 0.02$ dm^2. Welche Kraft F_1 muss auf den Pumpkolben mindestens ausgeübt werden, damit das Auto anfängt, sich nach oben zu bewegen?

Da der Druck überall in der Ölleitung, in den Zylindern, auf die Kolben gleich ist, gilt:

$$F_1 = F_2 \cdot \frac{A_1}{A_2}$$

F_2 muss mindestens so gross sein wie die Gewichtskraft des Autos, damit sich das Auto nach oben bewegt:

$$F_2 = m \cdot g = 10^3 \text{kg} \cdot 9.81 \frac{\text{m}}{\text{s}^2} = 9810 \text{ N}$$

Die Flächen A_1 und A_2 sind in SI-Einheiten:

$$A_1 = 0.02 \text{ dm}^2 = 2 \cdot 10^{-4} \text{m}^2$$

$$A_2 = 1.0 \text{ dm}^2 = 1.0 \cdot 10^{-2} \text{m}^2$$

Die Kraft, die mindestens aufgewendet werden muss, ist damit:

$$F_1 = F_2 \cdot \frac{A_1}{A_2} = 9810 \text{ N} \cdot \frac{2 \cdot 10^{-4} \text{m}^2}{1.0 \cdot 10^{-2} \text{m}^2} = 196 \text{ N}$$

Heben, Pressen, Kaltverformung

Die Kraft, die auf den Pumpkolben wirken muss, beträgt also etwa F_1 = 200 N. D. h, um das Auto anzuheben, genügt es, einen Körper mit mindestens 20 kg auf den Pumpkolben zu stellen. Hydraulische Systeme können Kräfte nicht nur weiterleiten, sie können Kräfte auch gleichzeitig verstärken. Hydraulik erlaubt insbesondere auch die Erzeugung sehr grosser Kräfte, wie sie beim *Heben*, *Pressen* oder *Kaltverformen* benötigt werden. Die Kraftverstärkung wird mit dem längeren Pumpweg bezahlt.

Hydraulische oder pneumatische Systeme können Kräfte durch geeignete Wahl der Kolbenflächen verstärken oder abschwächen. Wenn auf die Fläche A_1 die Kraft F_1 wirkt, so wirkt auf die Fläche A_2 die Kraft F_2:

$$F_2 = F_1 \cdot \frac{A_2}{A_1}$$

Das Verhältnis A_2 / A_1 ist dabei das Übersetzungsverhältnis, mit dem die Kraft F_1 verstärkt ($A_1 > A_2$) oder abgeschwächt ($A_1 < A_2$) wird.

Aufgabe 96 Erklären Sie mithilfe der Begriffe Druck, Kraft, Fläche, Prinzip von Pascal, das Funktionsprinzip der hydraulischen Presse.

[Abb. 23.6] Schematischer Aufbau einer hydraulischen Presse

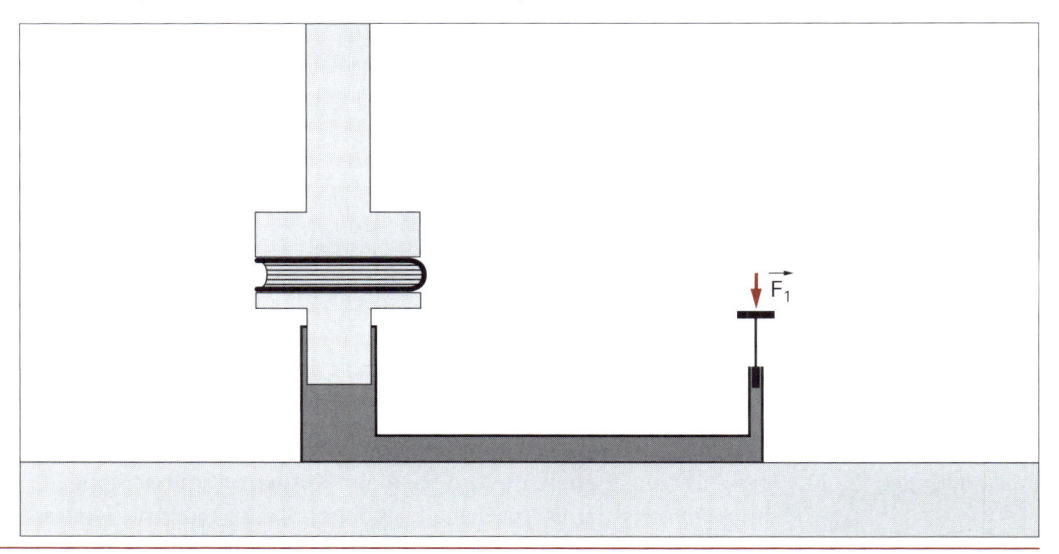

Aufgabe 100 Daten einer pneumatischen Bremse: Die auf den Bremskolben ausgeübte Kraft $F_1 = 120$ N wird pneumatisch auf die Bremsscheibe übertragen. Der Durchmesser der Luftleitung am Bremskolben ist $d_1 = 2.8$ cm (Kreisfläche A_1), der Durchmesser der Luftleitung an der Bremsscheibe ist $d_2 = 3.5$ cm (Kreisfläche A_2).

A] Berechnen Sie den Druck in der eingeschlossenen Luft.

B] Berechnen Sie die Kraft auf die Bremsscheibe.

24 Von der Schwerkraft zum Schweredruck

Bisher ging es um den Druck, der in einer Flüssigkeit oder in einem Gas als Folge äusserer Kräfte entsteht (durch einen Kolben oder etwas Ähnliches). Sie werden nun sehen, dass Flüssigkeiten und Gase auch schon «von selbst» einen Druck erzeugen. Sie kennen das vielleicht vom Tauchen: Das Wasser übt auf das Ohr einen Druck aus, obwohl niemand auf die Wasseroberfläche drückt. Es ist die Gewichtskraft des Wassers, die zu einem Druck führt.

24.1 Der Schweredruck in Flüssigkeiten

Betrachten wir zur Illustration das Wasser in einem Aquarium.

[Abb. 24.1]   Wassergefülltes Aquarium

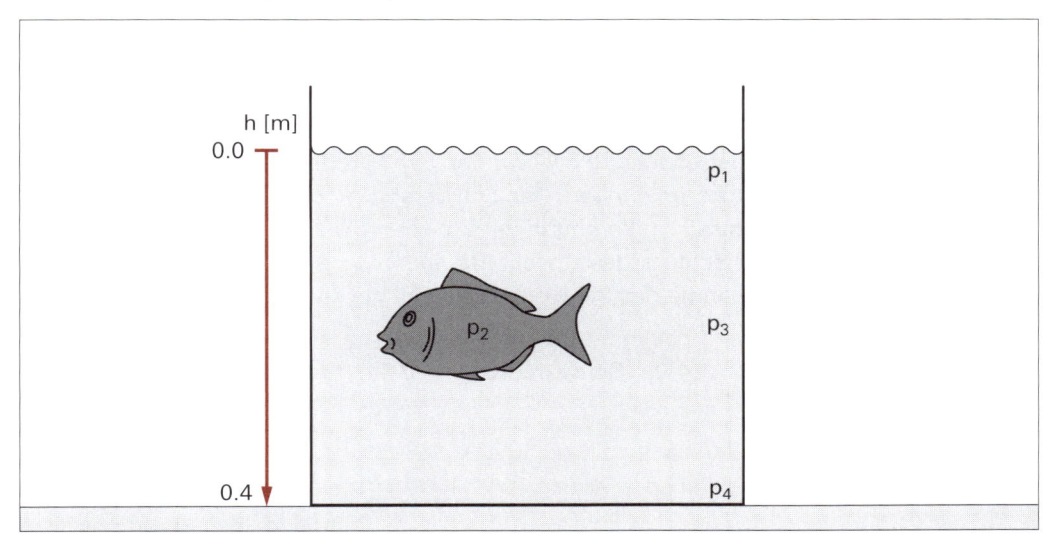

Der höhenabhängige Druck im Aquarium entsteht durch die Gewichtskraft des Wassers.

Schweredruck, hydrostatischer Druck

Auf das Wasser im Aquarium wirkt die Gewichtskraft. Mit dieser Gewichtskraft drückt es auf den Boden des Aquariums, genau wie es ein fester Körper auch tun würde. Das ist der *Schweredruck*. Der Schweredruck wird auch *hydrostatischer Druck* genannt.

Herleitung des Schweredrucks

Wir wollen ausrechnen, wie gross der Druck am Boden des Aquariums ist. Das Aquarium habe eine Bodenfläche von $0.2\ m^2$ und es seien 60 Liter, das heisst etwa 60 kg Wasser, eingefüllt. Das Wasser drückt mit seiner Schwerkraft auf den Boden:

$$F_G = m \cdot g$$

Dividieren wir diese Schwerkraft durch die Fläche des Bodens, erhalten wir den Schweredruck:

$$p = \frac{F_G}{A} = \frac{m \cdot g}{A}$$

Die Masse m des Wassers lässt sich aus der Dichte und dem Volumen des Wassers ausrechnen.

Es bezeichnet h die Tiefe im Aquarium, A die Querschnittsfläche des Aquariums und ρ die Dichte. Dann ist das Volumen des Wassers:

$$V = A \cdot h$$

Dieses Volumen hat eine Masse von:

$$m = V \cdot \rho = A \cdot h \cdot \rho$$

Einsetzen in die obige Gleichung für den Druck p:

$$p = \frac{F_G}{A} = \frac{A \cdot h \cdot \rho \cdot g}{A} = \rho \cdot g \cdot h$$

Wassertiefe, h

Damit haben wir eine einfache Gleichung für den Schweredruck gefunden. Diese Gleichung zeigt, dass der Druck beim Tauchen nur von der *Wassertiefe h* abhängt. In der Tiefe h unter der Wasseroberfläche herrscht der Schweredruck p:

Gleichung 24.1

$$p = \rho \cdot g \cdot h$$

Der Schweredruck wirkt – wie jeder Druck – in alle Richtungen. Also nicht nur auf den Boden des Gefässes und die Wände, sondern auch auf die Oberfläche von Körpern, die in die Flüssigkeit eingetaucht sind, z. B. auf Schiffe, auf das Trommelfell des Tauchers oder auf Fische.

In der Gleichung 24.1 für den Schweredruck wird eine wichtige Eigenschaft des Schweredrucks erkennbar: Der Schweredruck hängt nicht von der Form des Gefässes ab. Die Gefässform kommt in der Gleichung ja auch gar nicht vor. Das hat Konsequenzen, die wir am Schluss des Abschnitts nochmals anschauen müssen. Die Abbildung 24.2 zeigt die Zunahme des Schweredrucks mit zunehmender Tiefe h unter Wasser.

[Abb. 24.2]   Schweredruck im 0.4 m tiefen Aquarium

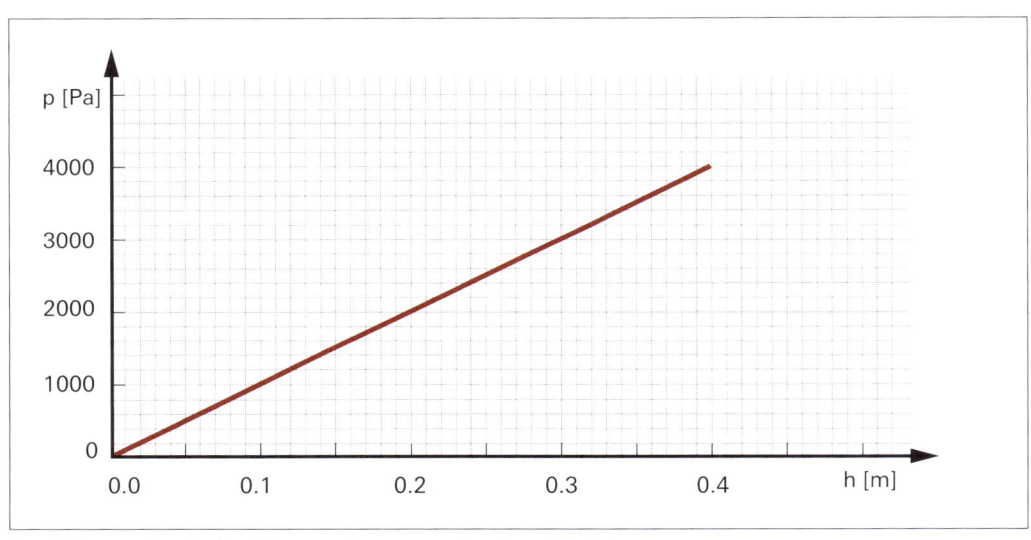

Der Schweredruck des Wassers ist proportional zur Tiefe h.

In der Tiefe von $h = 0.4$ m unter Wasser (Dichte des Wassers $\rho = 1000$ kg/m³) herrscht also ein Schweredruck von:

$$p = \rho \cdot g \cdot h = 1000 \frac{\text{kg}}{\text{m}^3} \cdot 9.81 \frac{\text{m}}{\text{s}^2} \cdot 0.4 \text{ m} = 4000 \text{ Pa}$$

Merken Sie sich doch als Faustregel: Im Wasser nimmt der Schweredruck alle 10 Meter um etwa 10^5 Pa = 1 bar zu, denn:

$$p = \rho \cdot g \cdot h \approx 1000 \frac{\text{kg}}{\text{m}^3} \cdot 10 \frac{\text{m}}{\text{s}^2} \cdot 10 \text{ m} = 10^5 \text{ Pa} = 1 \text{ bar}$$

In einer Flüssigkeit mit Dichte ρ herrscht in einer Tiefe h unter der Oberfläche der Flüssigkeit ein Schweredruck p:

$$p = \rho \cdot g \cdot h$$

Dies ist eine lineare Beziehung zwischen Schweredruck p und Tiefe h. Der Schweredruck nimmt in einer Flüssigkeit mit der Flüssigkeitstiefe h linear zu. Dies bedeutet, dass in der Nähe der Wasseroberfläche (h klein) ein kleinerer Schweredruck herrscht als weiter unten (h gross).

Wichtig: Der Schweredruck ist von der Form des Gefässes unabhängig!

Aufgabe 104

In Jules Vernes Roman «20 000 Meilen unter dem Meer» aus dem Jahre 1870 taucht Kapitän Nemo in seinem Unterseeboot «Nautilus» im Meer bis in eine Tiefe von 16 km. (In Wirklichkeit ist die tiefste Stelle des Meeres nur 11 km tief, aber das konnte Jules Verne damals noch nicht wissen.) Verne beschreibt, dass das U-Boot vom Wasser fast zerdrückt wird und wie sich die Streben im U-Boot verbiegen und wie die Fenster nach innen nachzugeben drohen.

Wie gross wäre in 16 km Tiefe die Kraft, mit der das Wasser auf ein 6 m^2 grosses Fenster drückt? Rechnen Sie mit einer Wasserdichte von 1 025 kg/m^3 (Meerwasser hat wegen des Salzgehalts eine etwas grössere Dichte als Süsswasser).

24.2 Gesamtdruck = Schweredruck + äusserer Druck

Der Schweredruck des Wassers in einer Tiefe von 5 m ist gemäss der Faustregel etwa 0.5 bar. Bedeutet dies, dass der Druck in dieser Tiefe nur halb so gross ist wie an der Oberfläche, wo ein Luftdruck von 1 bar herrscht? Nein, zum Schweredruck in Flüssigkeiten wird meist auch noch der Luftdruck auf die Flüssigkeitsoberfläche hinzuaddiert.

[Abb. 24.3]   Gesamtdruck

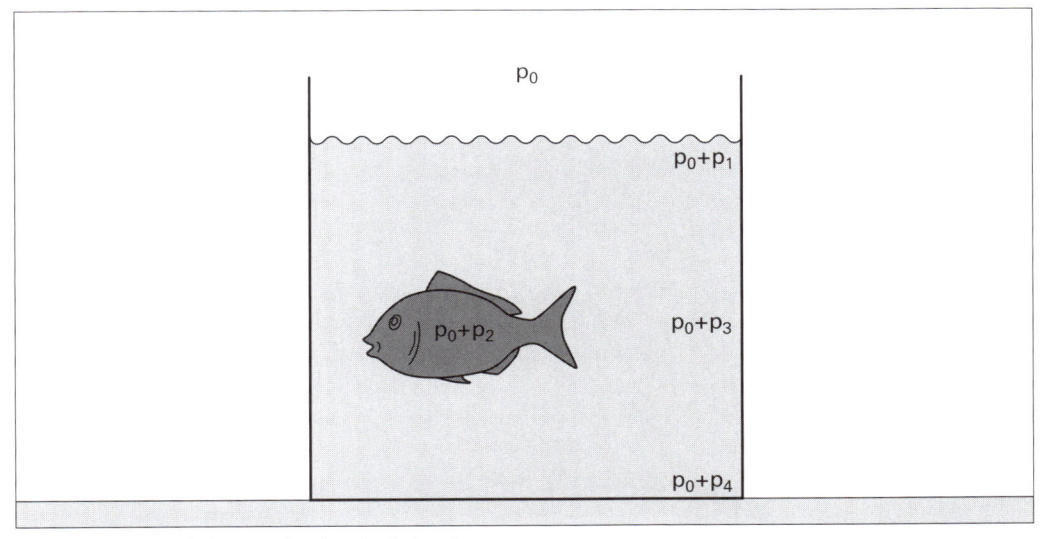

Gesamtdruck = Schweredruck + Luftdruck p_0.

Der Druck in der Tiefe h setzt sich somit aus dem Luftdruck $p_0 \approx 1$ bar und dem Schweredruck $\rho \cdot g \cdot h$ zusammen:

Gleichung 24.2
$$p = p_0 + \rho \cdot g \cdot h$$

Gesamtdruck

Zum Schweredruck kommt noch der Luftdruck p_0 dazu. Der Schweredruck des Wassers zusammen mit einem Luftdruck von $p_0 = 10^5$ Pa = 1 bar führt zu einen *Gesamtdruck* wie er in Abbildung 24.4 dargestellt ist.

[Abb. 24.4]   Gesamtdruck unter Wasser

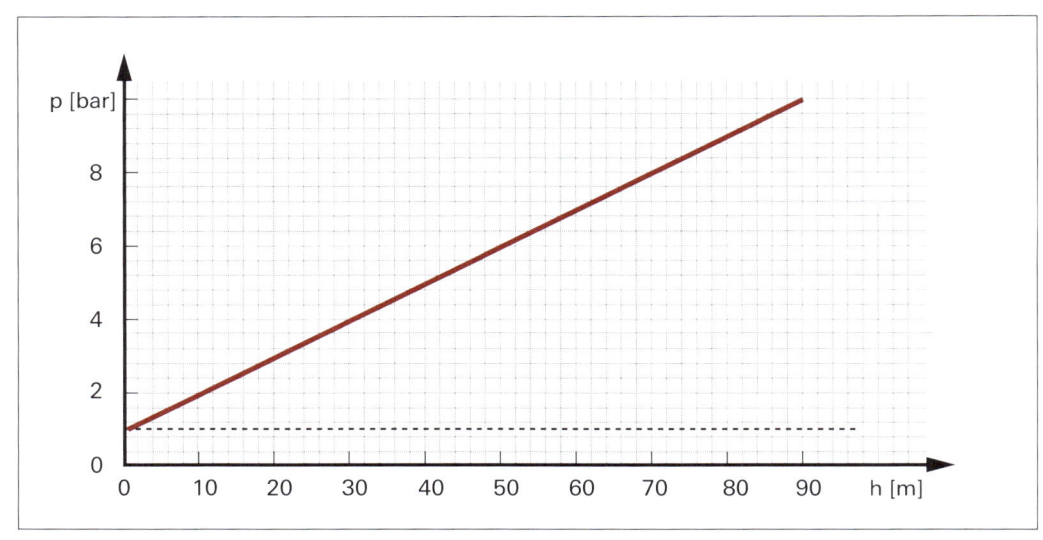

Gesamtdruck p unter Wasser = Luftdruck p_0 + Schweredruck des Wassers $\rho \cdot g \cdot h$.

Obwohl der Druck dadurch in allen Tiefen um den Wert p_0 grösser wird, ist dies nicht überall gleich wichtig. Bei grossen Tiefen ist der Wasserdruck so gross, dass der Luftdruck p_0 keinen wesentlichen Beitrag zum Gesamtdruck leistet. Bei Wassertiefen von weniger als 10 m ist hingegen der Luftdruck p_0 grösser als der Schweredruck $\rho \cdot g \cdot h$.

[Abb. 24.5]   Gesamtdruck unter Wasser

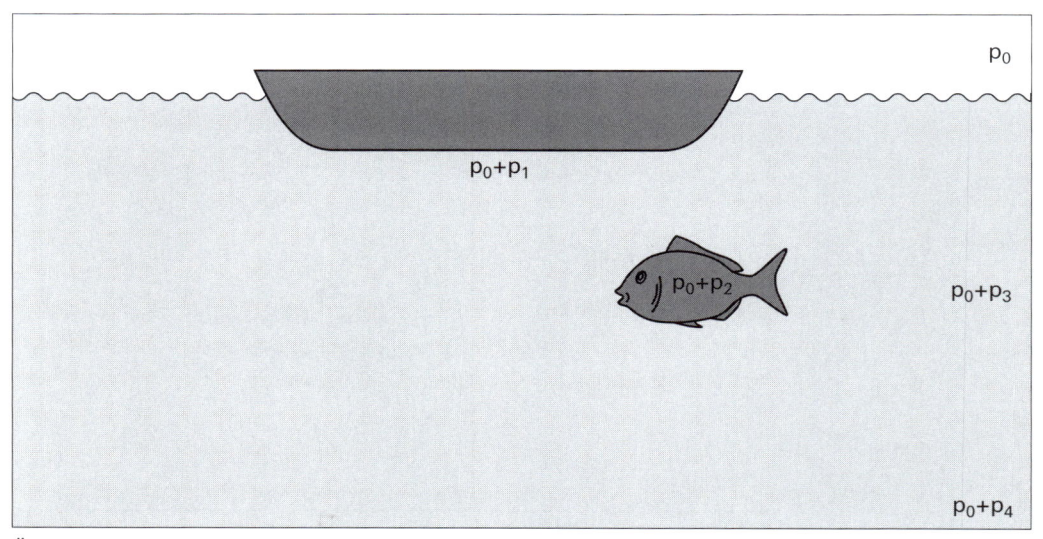

Überall unter Wasser wirkt die Summe aus Luftdruck und tiefenabhängigem Schweredruck.

Wenn wir im Abschnitt 23.2 und Abschnitt 23.3 den Schweredruck vernachlässigt haben, so haben wir – ohne es zu erwähnen – immer angenommen, dass der Schweredruck im Vergleich zum Druck durch äussere Kräfte (Luftdruck, Pressen) vernachlässigbar klein ist.

Steht die Flüssigkeitsoberfläche unter dem Druck p_0, so herrscht in der Tiefe h unter der Oberfläche die Summe aus äusserem Druck p_0 und Schweredruck $\rho \cdot g \cdot h$:

$$p = p_0 + \rho \cdot g \cdot h$$

Aufgabe 108 Ein 45 cm hohes Aquarium ist 40 cm hoch mit Wasser gefüllt. Zeichnen Sie ein Diagramm, das zeigt, wie sich der Druck auf ein Seitenfenster in Abhängigkeit von der Tiefe h unter Wasser verhält. Der Umgebungsluftdruck beträgt 100 000 Pa. Wie sieht das p-h-Diagramm aus?

24.3 Druckgleichgewicht

Kommunizierende Gefässe

Unter *kommunizierenden Gefässen* versteht man beliebig geformte Gefässe, die durch Schläuche, Röhren oder sonst irgendwie miteinander verbunden sind. In solchen kommunizierenden Gefässen herrscht immer ein einheitliches Flüssigkeitsniveau, wie in Abbildung 24.6 dargestellt.

[Abb. 24.6] Wasserstand in kommunizierenden Gefässen

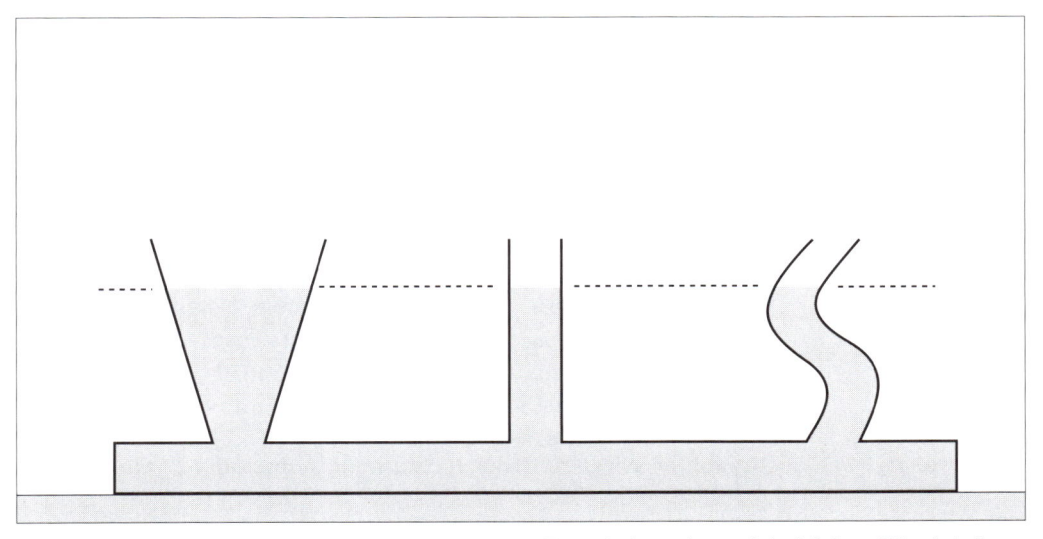

So genannte kommunizierende Röhren beliebiger Form haben einen einheitlichen Flüssigkeitsstand, wenn man sie mit einer Flüssigkeit füllt. Dies ist eine direkte Folge der Formunabhängigkeit des Schweredrucks.

Dies versteht man nur, wenn man über den hydrostatischen Druck nachdenkt:

Druckgleichgewicht

Der Druck in der Verbindung zweier kommunizierender Gefässe ist nur durch Wassertiefe h und den Luftdruck p_0 bestimmt. Wenn das Wasser in Ruhe ist, so herrscht in der Verbindung der Gefässe ein *Druckgleichgewicht*:

$$p_0 + \rho_{links} \cdot g \cdot h_{links} = p_0 + \rho_{rechts} \cdot g \cdot h_{rechts}$$

Da links und rechts der gleiche Luftdruck p_0 herrscht, muss links der gleiche Schweredruck herrschen wie rechts. Wenn links und rechts die gleiche Flüssigkeit eingefüllt ist, gilt $\rho_{links} = \rho_{rechts}$ und somit $h_{links} = h_{rechts}$. Dies erklärt das einheitliche Flüssigkeitsniveau in kommunizierenden Gefässen.

Beispiel 24.1 Ein alltägliches Beispiel für Druckgleichgewicht ist die Giesskanne. Hier ist der Wasserstand im Ausguss gleich hoch wie im eigentlichen Behälter.

[Abb. 24.7] Wasserstand in einer Giesskanne

Druckgleichgewicht in kommunizierenden Gefässen bewirkt einen einheitlichen Flüssigkeitsstand.

Druckgleichgewicht: Der Druck in der Verbindung zweier kommunizierender Gefässe ist nur durch die Höhe der Wassersäule bestimmt, d. h. unabhängig von der Form des Gefässes. Dies führt zu einem einheitlichen Flüssigkeitsniveau in kommunizierenden Gefässen.

24.4 Der Ursprung des Luftdrucks

Tiefdruckgebiet, Hochdruckgebiet

Der atmosphärische Luftdruck beträgt etwa 1 bar, so wurde es bereits gesagt. Aber Begriffe wie *Tiefdruckgebiet* oder *Hochdruckgebiet* aus den Wettervorhersagen deuten darauf hin, dass der Luftdruck nicht immer und überall gleich gross ist. Man fragt sich, wie denn der Luftdruck überhaupt zustande kommt.

Erdatmosphäre

Betrachten wir dazu den schichtartigen Aufbau der *Erdatmosphäre* in Abbildung 24.8.

[Abb. 24.8] Aufbau der Erdatmosphäre

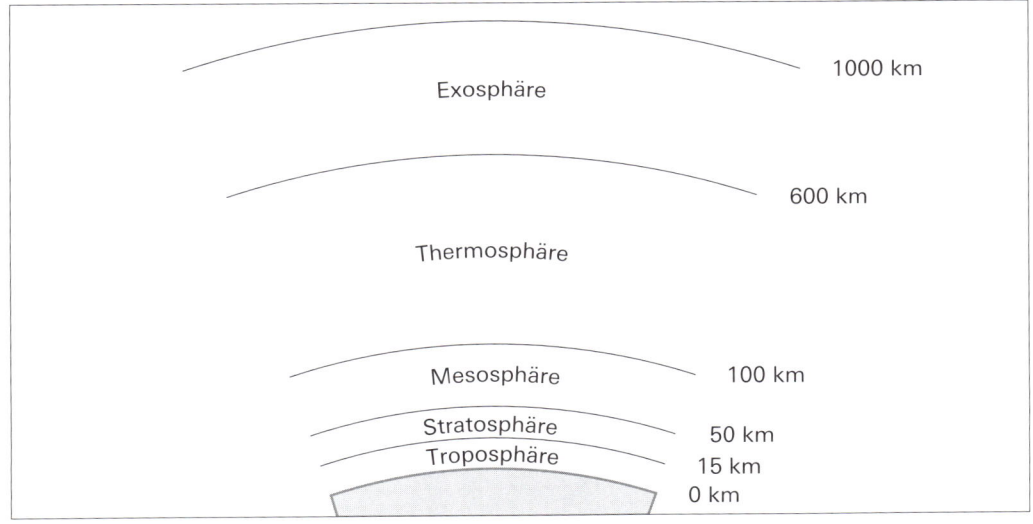

Die 5 Schichten der Atmosphäre der Erde.

Luftdruck

Der *Luftdruck* ist eine Folge der Gewichtskraft der auf uns lastenden Erdatmosphäre. Die Erdatmosphäre kann man als einen Ozean aus Luft betrachten, der auf der Oberfläche des Planeten Erde liegt. Die Luft hat eine Masse. Somit wirkt auf die Luft eine Gewichtskraft. Der Luftdruck ist der Schweredruck der Luft am Boden dieses Ozeans.

Beispiel 24.2

Um einen Eindruck zu erhalten, wie viel Luft ständig auf uns lastet, rechnen wir aus, wie viel Luft es braucht, damit der typische Luftdruck von 1 bar entsteht. Oder etwas genauer formuliert: Wie gross ist die gesamte Masse der Luft über dem Erdboden? Das können wir tatsächlich leicht berechnen. Wir müssen nur wissen, wie gross die Oberfläche der Erde ist. Diese berechnen wir aus dem Radius $r = 6370$ km der Erde:

$$A = 4 \cdot \pi \cdot r^2 \approx 4 \cdot 3.14 \cdot (6.37 \cdot 10^6 \text{m})^2 \approx 5.1 \cdot 10^{14} \text{ m}^2$$

Die von der Luft auf den Erdboden ausgeübte Gewichtskraft ist:

$$F_G = m \cdot g$$

Der auf den Erdboden wirkende Schweredruck beträgt dann analog zur Herleitung des Schweredrucks:

$$p = \frac{F_G}{A} = \frac{m \cdot g}{A}$$

Dies lösen wir nach der Masse m der gesamten Luft der Erdatmosphäre auf:

$$m = \frac{p \cdot A}{g} = \frac{10^5 \frac{\text{kg}}{\text{m} \cdot \text{s}^2} \cdot 5.1 \cdot 10^{14} \text{m}^2}{9.81 \frac{\text{m}}{\text{s}^2}} = 5 \cdot 10^{18} \text{ kg}$$

Unser Luftdruck kommt also durch die $5 \cdot 10^{18}$ kg Luft über unseren Köpfen zustande.

Auch der Luftdruck nimmt mit der «Tiefe» im Luftmeer zu bzw. vom Boden aus betrachtet nimmt der Luftdruck mit zunehmender Höhe über Boden ab. Dies merken Sie beim Bergwandern, wenn Sie eine PET-Flasche mit Wasser mitschleppen. In grösseren Höhen macht sich der kleinere Aussendruck beim Öffnen der Flasche bemerkbar: Sie drehen die PET-Flasche nach dem «Gipfeltrunk» auf 2700 m. ü. M. fest zu. Zu Hause nehmen Sie die Flasche

Druckverlauf

aus dem Rucksack – und stellen fest, dass sie eingedrückt ist. Dies ist eine Folge des im Vergleich zum Innendruck in der Flasche nunmehr wieder grösseren Luftdrucks.

Der gemessene *Druckverlauf* in den untersten 2 Schichten der Erdatmosphäre ist in Abbildung 24.9 skizziert.

[Abb. 24.9] Gemessener Luftdruck

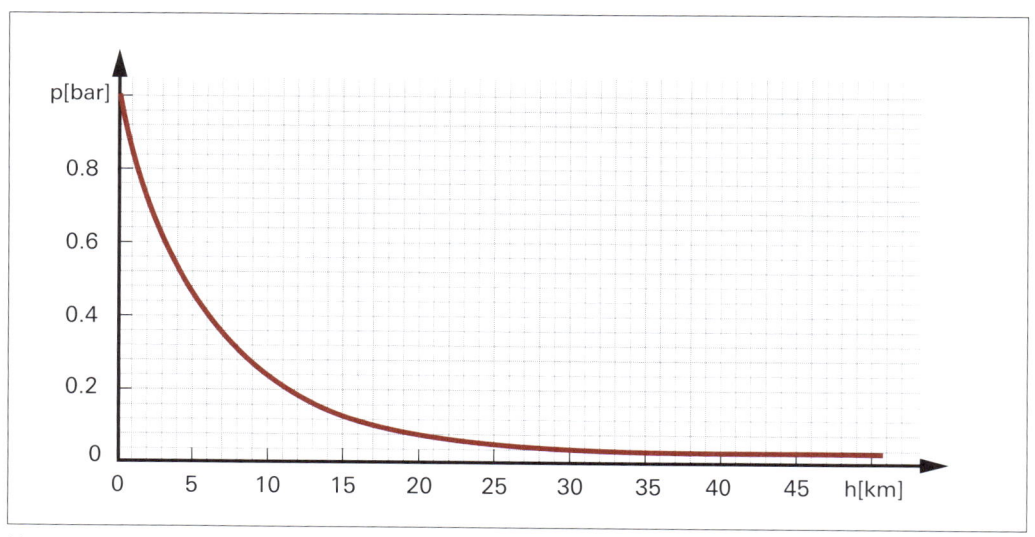

Ungefähre Höhenabhängigkeit des Luftdrucks in Troposphäre und Stratosphäre.

Die Messung zeigt eine «durchhängende» Kurve, d. h. keine Gerade, wie wir sie für den Schweredruck im Wasser gefunden haben. Was ist bei der Luft anders als beim Wasser? Im Gegensatz zu Flüssigkeiten (wie Wasser) lassen sich Gase (wie die Luft) durch eine Druckerhöhung zusammendrücken (komprimieren). Umgekehrt expandiert Gas bei einer Drucksenkung, d. h. es dehnt sich aus. Durch die Expansion wird aber die Dichte der Luft verringert. Da der Druck mit zunehmender Höhe in der Atmosphäre abnimmt, nimmt auch die Dichte der Luft ab. Somit ist aber die Dichte ρ in der Gleichung $\rho \cdot g \cdot h$ für den Schweredruck nicht mehr eine konstante Zahl, sondern nimmt mit der Höhe ab. Also darf es uns nicht wundern, dass der Druck schneller als linear abnimmt, denn beim Auftauchen aus dem «Luftozean» lassen wir einen Grossteil der Luft sehr schnell unter uns.

> Der Luftdruck ist der Schweredruck der Erdatmosphäre. Der Schweredruck der Erdatmosphäre nimmt im Gegensatz zum Schweredruck in Flüssigkeiten nicht linear mit der Höhe ab. Dies, weil die Dichte der Luft mit zunehmender Höhe sehr schnell abnimmt.

Aufgabe 112

Wir wollen die Bauweise des Quecksilber-Barometers verstehen.

Quecksilber-Barometer

Ein altehrwürdiges Instrument zur Messung des Luftdrucks ist das *Quecksilber-Barometer* in Abbildung 24.10. Es wurde 1644 von Evangelista Torricelli erfunden. Der Luftdruck drückt Quecksilber in ein luftleer gepumptes Glasrohr hinein ($p = 0$). Der Luftdruck presst das Quecksilber so weit hoch, bis der Schweredruck $\rho \cdot g \cdot h$ des Quecksilbers gleich gross ist wie der Luftdruck p_0.

Frage: Wieso nimmt man für Barometer wohl Quecksilber und nicht Wasser? Dies, obwohl Quecksilber grosse Nachteile hat, denn es ist giftig und teuer. Tipp: Rechnen Sie aus, wie hoch Wasser bei einem Luftdruck von 1 bar in das Glasrohr gepresst würde.

[Abb. 24.10] Quecksilber-Barometer zur Messung des Luftdrucks

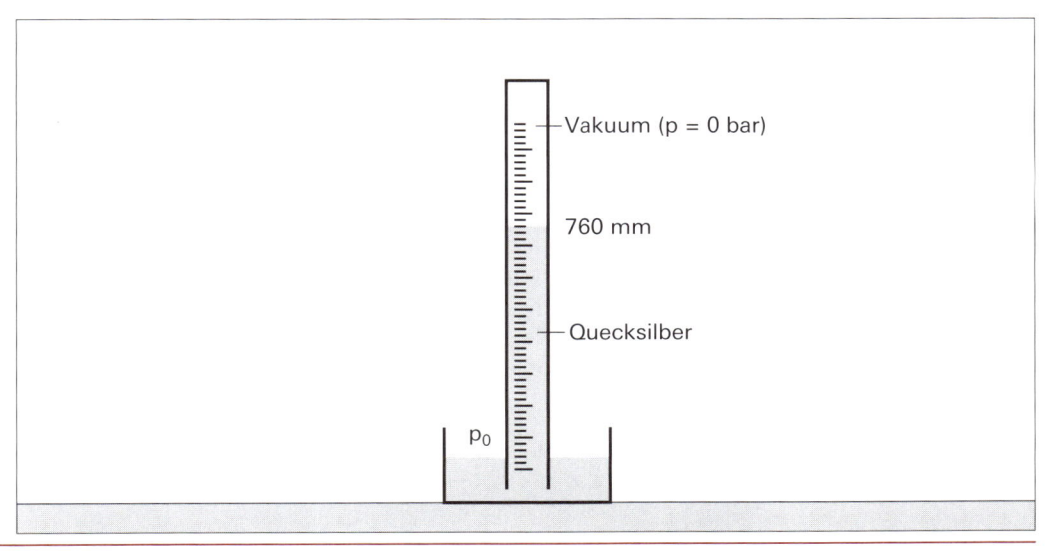

Vakuum (p = 0 bar)

760 mm

Quecksilber

p_0

Aufgabe 97 Wie hoch muss man in der Erdatmosphäre aufsteigen, um 90 Prozent der Luftmasse unter sich zu haben? Verwenden Sie dazu den Druckverlauf in der Erdatmosphäre in Abbildung 24.9.

Exkurs: Blaise Pascal und der «Horror vacui»

Blaise Pascal

Das Vakuum ($p = 0$ Pa) ist heute ein selbstverständlicher Begriff. Die Vorstellung des Vakuums hat aber historisch mehrere Wandlungen mitgemacht. Für Demokrit (ca. 460 v. Chr.) war die Existenz eines leeren Raums, in dem sich Atome bewegen können, selbstverständlich. Aristoteles (ca. 340 v. Chr.) hingegen widersprach der Existenz eines leeren Raumes, in dem sich nichts befindet. «Horror vacui» war für ihn ein Grundprinzip der Natur: Die Natur erlaubt keine leeren Räume, also kein Vakuum.

1644 hatte Evangelista Torricelli (1608–1647) das Quecksilber-Barometer erfunden, das noch heute als genaues Instrument zur Messung des Luftdrucks verwendet wird. Das Quecksilber-Barometer besteht aus einer etwa 1 m langen Glasröhre, die am einen Ende verschlossen ist. Diese Glasröhre wird vollständig mit Quecksilber gefüllt. Das offene Ende der gefüllten Glasröhre wird dann mit dem Daumen zugehalten, während die Glasröhre umgedreht in eine ebenfalls mit Quecksilber gefüllte Schale eingetaucht wird. Wenn der Daumen wieder vom Ende der Glasröhre weggenommen wird, fliesst Quecksilber aus der Glasröhre in die Schale aus. In der Glasröhre wird aber eine Quecksilbersäule von ca. 75 cm Höhe bleiben. Über dieser Quecksilbersäule hat sich dabei ein leerer Raum, also ein Vakuum gebildet (siehe Abbildung 24.10).

Zwei Jahre nach Torricellis Erfindung des Barometers interessierte sich *Blaise Pascal* (1623–1662) für das Vakuum. Er wollte wissen, ob es wirklich der Druck der Erdatmosphäre sei, der das schwere Quecksilber 760 mm hoch drücken könne, oder ob nicht doch ein «Horror vacui» die Quecksilbersäule hoch sauge. Wenn tatsächlich die Luft einen Druck ausübe, so müsste der Druck der Luft analog zum Druck im Wasser umso mehr abnehmen, je höher man auf einen Berg steigt. Entsprechend müsste das Quecksilber im Barometer absinken, wenn der Luftdruck nachlässt. Um dies zu prüfen, liess Pascal am 19. September 1648 eine Expedition von Clermont-Ferrand auf den 975 m höher gelegenen Puy de Dôme steigen. Auf der Expedition trug die Gruppe ein Torricelli-Barometer mit sich. Oben angekommen stellten die Teilnehmer fest, dass die Quecksilbersäule 85 mm kürzer war als am Fusse des Berges. Die Höhe der Quecksilbersäule ist also durch den Druck der Erdatmosphäre bestimmt, und nicht durch einen «Horror vacui».

25 Druck im Alltag

Wasser- und Luftdruck spielen in unserem Alltag eine wichtige Rolle, auch wenn dies nicht immer offensichtlich ist. In diesem Abschnitt möchten wir ein paar Beispiele genauer anschauen.

25.1 Trinken

Beispiel 25.1

Angenommen, Sie genehmigen sich nach harter Arbeit einen wohlverdienten Drink, und zwar mit einem Strohhalm. Zum Wohl! ... aber was veranlasst eigentlich den Drink im Strohhalm zum Steigen, trotz der Gewichtskraft, die auf den Drink wirkt?

Sie werden vielleicht sagen: «Ich sauge den Drink an, ich erzeuge einen Unterdruck, der die Flüssigkeit ansaugt; würde die Flüssigkeit im Strohhalm nicht steigen, gäbe es ein Vakuum (luftleeren Raum)». Auch wenn diese (populäre) Denkweise nicht völlig falsch ist, möchten wir Ihnen ein anderes Bild nahe legen, das sich besser in den Kontext von Schweredruck und Luftdruck einfügt.

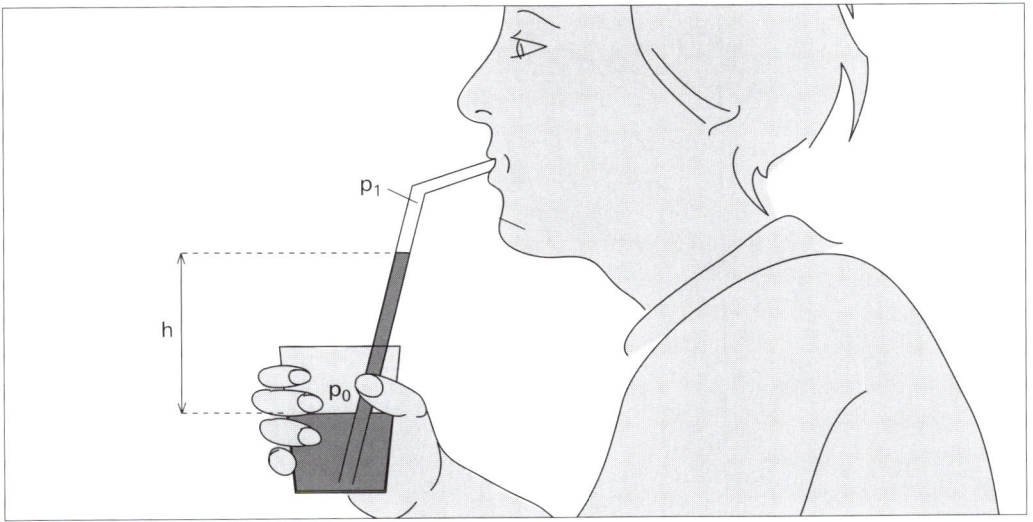

[Abb. 25.1]   Trinken mit dem Strohhalm

Druckverhältnisse im Strohhalm: $p_0 = p_1 + \rho \cdot g \cdot h$.

«Saugen» bedeutet «mit der Zunge im Strohhalm den Druck verkleinern». Das Mundvolumen wird vergrössert, was gemäss Gas-Gesetzen einen kleineren Druck in der Lunge zur Folge hat. Der Luftdruck im Strohhalm p_1 ist dann kleiner als der Luftdruck ausserhalb des Strohhalms p_0. Das gestörte Druckgleichgewicht hat zur Folge, dass sich die Flüssigkeit in Richtung des reduzierten Drucks verschiebt, d. h., sie steigt im Strohhalm auf. Sie steigt so lange auf, bis mit dem zusätzlichen Schweredruck $\rho \cdot g \cdot h$ der Flüssigkeit im Strohhalm das Druckgleichgewicht wiederhergestellt ist: $p_0 = p_1 + \rho \cdot g \cdot h$.

Saugen

Im Unterschied zur populären Denkweise bedeutet dies: Es ist nicht eigentlich der Unterdruck, der *saugt*, sondern der Überdruck, der schiebt. Auf dem Mond, wo es keine Atmosphäre gibt und damit der äussere Luftdruck p_0 null ist, werden die armen Astronauten nie einen Longdrink durch den Strohhalm geniessen können!

25.2 Aquarium leeren

Beispiel 25.2

Falls Sie ein Aquarium besitzen, haben Sie vielleicht auch schon Wasser ablaufen lassen, indem Sie das Wasser mit einem Schlauch ansaugten, den Schlauch dann zuklemmten, ihn anschliessend absenkten und die Flüssigkeit ausfliessen liessen.

[Abb. 25.2]   Aquarium leeren

Wasser kann man leicht aus einem Aquarium abfliessen lassen.

Solange das obere Ende des Schlauchs im Wasser eingetaucht bleibt, fliesst das Wasser durch den Schlauch. Das Seltsame daran: Das Wasser muss über den Rand h des Aquariums, d. h. bergauf fliessen, für eine Flüssigkeit ein eigenartiges Verhalten. Welche Kraft drängt das Wasser im Schlauch aufwärts?

Entscheidende Voraussetzung für diesen Mechanismus ist, dass das äussere Schlauchende unter dem Wasserspiegel im Aquarium liegt. Wasser im Inneren des Schlauches verhält sich ähnlich wie eine Metallkette, die Sie über den Rand des Aquariums legen: Wenn die Kette aussen weiter hinunterhängt als innen, zieht das äussere Ende das innere nach oben. Einfach als Folge des Gewichts. Das ist beim Wasser im Schlauch ganz analog. Der Luftdruck verhindert, dass sich die Wassersäule im Schlauch im obersten Punkt des Schlauchs trennt. Er drückt von beiden Seiten auf die Säule und hält sie so zusammen.

Aufgabe 101

Wie hoch darf der «Rand» des Beckens h höchstens sein, damit das Wasser noch über den «Berg» kommt?

25.3 Wasserversorgung

Beispiel 25.3

Wenn Sie einen Wasserhahn öffnen, strömt das Wasser wegen des in der Leitung wirkenden Drucks aus. Aber wie kommt dieser Druck zustande? Wir könnten den Druck durch eine äussere Kraft erzeugen. Ein Mittel dazu wären Pumpen. Einfacher ist es, den Schweredruck des Wassers selbst auszunützen. Dieser wird durch den Höhenunterschied zwischen Wasserreservoir und Wasserhahn erzeugt. Im Flachland wird Wasser erst in Wassertürme hoch gepumpt (siehe Abbildung 25.3). Wenn sich das Niveau des Wassers im

Reservoir in einer Höhe *h* über dem Wasserhahn befindet, so herrscht im Wasserhahn ein Schweredruck $p = \rho \cdot g \cdot h$.

[Abb. 25.3] Wasserversorgung

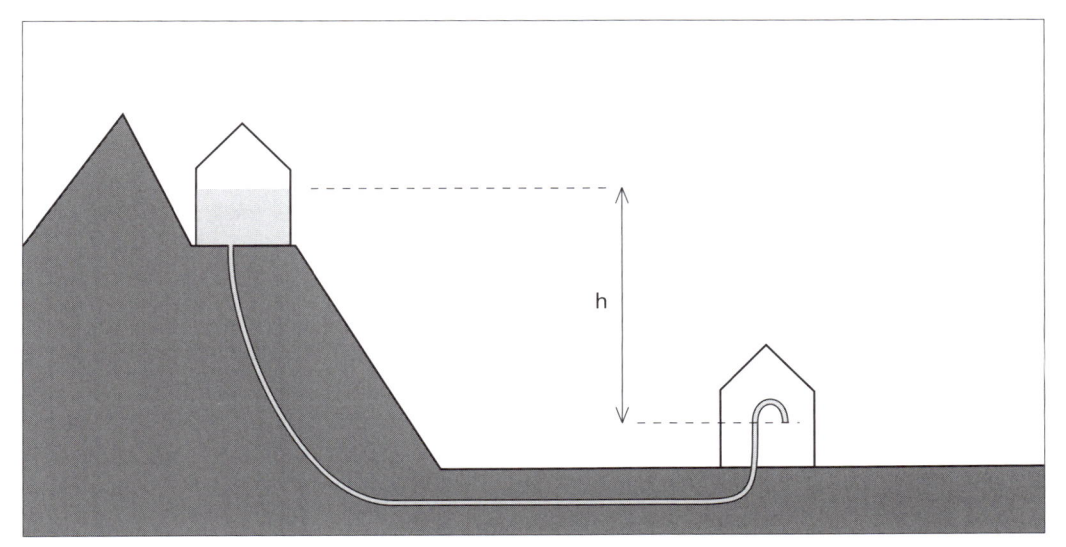

Schematischer Verlauf der Wasserleitung vom Reservoir bis zum Wasserhahn oder zur Dusche.

Druckunterschiede können Flüssigkeiten aufwärts fliessen lassen.

26 Auftrieb durch Schweredruck

Hydrostatischer Auftrieb, hydrodynamischer Auftrieb

Der Mensch schwimmt auf dem Wasser, auch ohne Schwimmbewegungen. Holz, Öl, Stahlschiffe schwimmen. Steine hingegen schwimmen nicht. Wieso eigentlich? Warum versinkt nicht alles, was ins Wasser geworfen wird? Was wirkt der nach unten ziehenden Gewichtskraft entgegen? Sie kennen vielleicht den Begriff «Auftrieb». Er erklärt, warum ein Körper schwimmt. Doch was steckt hinter diesem Begriff? Sie werden in diesem Abschnitt lernen, dass der Auftrieb eine Folge des Schweredrucks ist. Wir beschränken uns dabei auf Körper, die sich nicht oder verhältnismässig langsam (statisch) durch die Flüssigkeit oder das Gas bewegen, also z. B. Schiffe oder Luftballons, aber keine Surfbretter oder Flugzeuge. Man spricht vom *hydrostatischen Auftrieb,* im Gegensatz zum *hydrodynamischen Auftrieb*.

26.1 Vollständig eingetauchte Körper

Wir betrachten den vollständig in eine Flüssigkeit eingetauchten Zylinder in Abbildung 26.1. Er habe die Bodenfläche A, eine Höhe h und somit ein Volumen $V = A \cdot h$. Weiter sei ρ_F die Dichte der Flüssigkeit, x die Tiefe der Zylinderdeckfläche unter der Flüssigkeitsoberfläche und p_0 der Luftdruck.

[Abb. 26.1] Eingetauchter Zylinder von der Seite

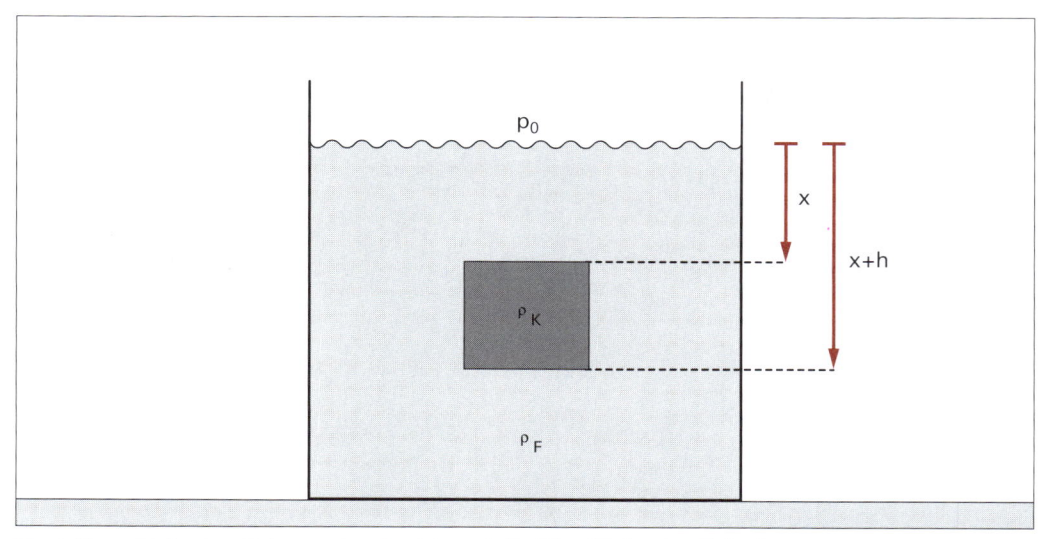

Der höhenabhängige Schweredruck wirkt auf die Oberfläche des Zylinders.

Welche Kräfte wirken auf diesen Zylinder? Einmal wirkt die Gewichtskraft auf den Zylinder, die ihn nach unten zieht. Zudem herrscht in der Flüssigkeit ein Schweredruck. Da wir einen vollständig eingetauchten Zylinder betrachten, drückt der Luftdruck und der Schweredruck auf jede Teilfläche der Zylinderoberfläche.

Welche Kräfte wirken durch den Druck auf die verschiedenen Flächen des Zylinders, d. h. auf Deckfläche, Bodenfläche und Mantelfläche?

Kraft auf Deckfläche

Auf die Deckfläche wirkt die Summe aus Luftdruck und Schweredruck in der Tiefe x:

$$p_D = p_0 + \rho_F \cdot g \cdot x$$

Dadurch wirkt auf die Deckfläche die rechtwinklig nach unten gerichtete Kraft:

$$F_D = p_D \cdot A = p_0 \cdot A + \rho_F \cdot g \cdot x \cdot A$$

Kraft auf Bodenfläche

Auf die Bodenfläche wirkt die Summe aus Luftdruck und Schweredruck in der Tiefe $x + h$:

$$p_B = p_0 + \rho_F \cdot g \cdot (x + h)$$

Dadurch wirkt auf die Bodenfläche die nach oben gerichtete Kraft:

$$F_B = p_B \cdot A = p_0 \cdot A + \rho_F \cdot g \cdot (x + h) \cdot A = p_0 \cdot A + \rho_F \cdot g \cdot x \cdot A + \rho_F \cdot g \cdot h \cdot A$$

Kraft auf Mantelfäche

Auf die Mantelfläche des Zylinders wirkt ebenfalls der Schweredruck der Flüssigkeit. Die Kräfte auf sich gegenüberliegenden Stellen der Mantelfläche sind gleich gross, haben aber entgegengesetzte Richtungen und heben sich somit jeweils auf (siehe Abbildung 26.2). Also ist die Summe aller Kräfte auf die Mantelfläche gleich null.

$$F_M = 0$$

[Abb. 26.2]   Eingetauchter Zylinder von oben gesehen

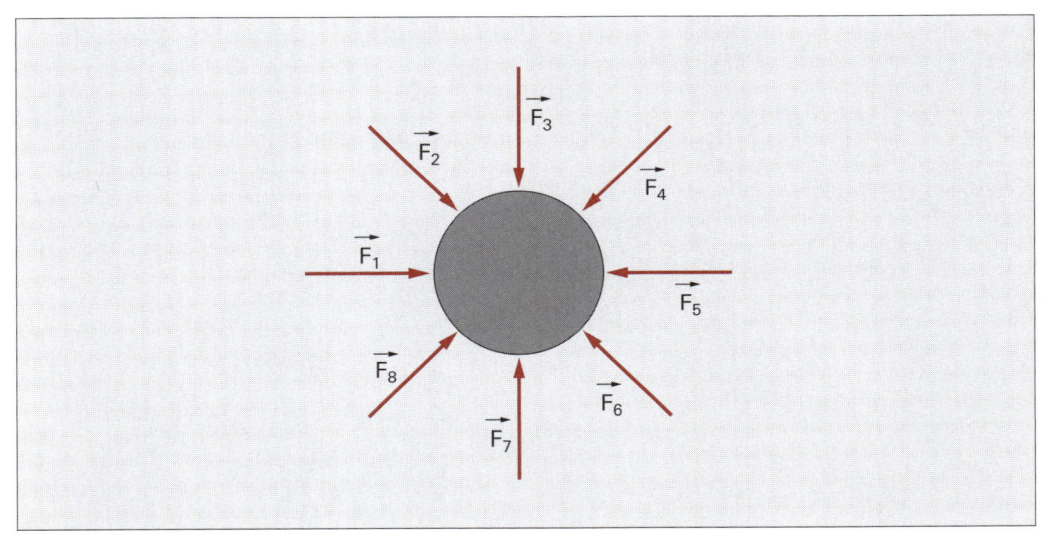

Kräfte auf gegenüberliegende Teile der Mantelfläche heben sich paarweise auf, so dass F_M null ist.

Auftriebskraft auf vollständig eingetauchte Körper

Auftriebskraft, Druckunterschied

Betrachten wir die beiden Gleichungen für die Bodenkraft F_B und Deckelkraft F_D, so zeigt sich, dass F_B um den Betrag $\rho_F \cdot g \cdot h \cdot A$ grösser ist als F_D. Dieser Unterschied der Kräfte auf die Unter- und die Oberseite des Zylinders infolge des *Druckunterschieds*, ergibt eine resultierende Kraft nach oben, die *Auftriebskraft* F_A:

$$F_A = F_B - F_D = \rho_F \cdot V \cdot g$$

Flüssigkeitsdichte

Dieses Produkt aus Volumen, *Flüssigkeitsdichte* und Erdbeschleunigung lässt sich folgendermassen interpretieren:

V ist das Volumen des vollständig eingetauchten Körpers und damit gleichzeitig auch das Volumen der verdrängten Flüssigkeit. $\rho_F \cdot V$ ist die Masse m_F der verdrängten Flüssigkeit. $\rho_F \cdot V \cdot g$ ist die Gewichtskraft der verdrängten Flüssigkeit.

Prinzip von Archimedes

Womit wir beim *Prinzip von Archimedes* sind, das nach dem Mathematiker, Ingenieur und Naturforscher Archimedes (287–212 v. Chr) aus Syrakus (Sizilien) benannt wird:

Prinzip des Archimedes

Ein Körper mit Volumen V, der vollständig in eine Flüssigkeit der Dichte ρ_F eingetaucht ist, erfährt eine Auftriebskraft F_A. Der Betrag der Auftriebskraft F_A ist gleich der Gewichtskraft der verdrängten Flüssigkeit:

Gleichung 26.1
$$F_A = m_F \cdot g = \rho_F \cdot V \cdot g$$

Bemerkungen zum Prinzip des Archimedes

Die Auftriebskraft hängt nicht davon ab, wie tief der Körper unter Wasser ist, solange er vollständig ins Wasser eingetaucht ist.

Auf einen vollständig eingetauchten Körper wirken immer zwei entgegengesetzte Kräfte: die Gewichtskraft F_G des Körpers und die Auftriebskraft F_A. Die Gewichtskraft hängt von der Dichte des eingetauchten Körpers ab, die Auftriebskraft hingegen von der Dichte der umgebenden Flüssigkeit.

Beispiel 26.1 Ein Stein hat ein Volumen von $V = 38\,\text{cm}^3$ und eine Gewichtskraft $F_G = 2.20\,\text{N}$, d. h., er hat eine Masse von $0.220\,\text{kg}$. Nun wird er «unter Wasser gewogen». Was zeigt die Federwaage jetzt an?

[Abb. 26.3]   Eingetauchter Stein an einer Federwaage

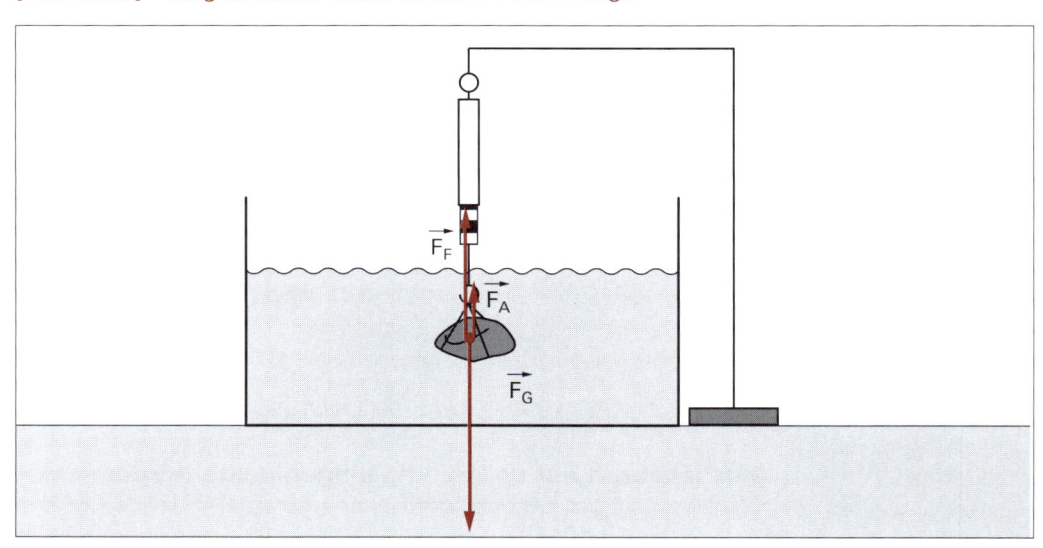

Auf den vollständig eingetauchten Stein wirkt die Gewichtskraft, die Auftriebskraft und die Federkraft.

Wenn der Stein ein Volumen $V = 38\,\text{cm}^3$ hat, verdrängt er beim Eintauchen auch $38\,\text{cm}^3$ Wasser. Nach dem Prinzip des Archimedes ist die Auftriebskraft gleich der Gewichtskraft des verdrängten Wassers:

$$F_A = \rho_{Wasser} \cdot V \cdot g = 1000\,\frac{\text{kg}}{\text{m}^3} \cdot 38 \cdot 10^{-6}\,\text{m}^3 \cdot 9.81\,\frac{\text{m}}{\text{s}^2} = 0.37\,\text{N}$$

Damit $F_{res} = F_F + F_A - F_G = 0$, muss die Federwaage mit $F_F = F_G - F_A$ nach oben ziehen.

$$F_F = F_G - F_A = 2.20\,\text{N} - 0.37\,\text{N} = 1.83\,\text{N}$$

An der Federwaage sieht das so aus, als wäre die Gewichtskraft des Steins unter Wasser reduziert. In Wirklichkeit ist aber die Gewichtskraft gleich gross, wird aber teilweise vom Auftrieb kompensiert.

Auch in Gasen gibt es, wie wir in Abschnitt 24.4 gesehen haben, einen Schweredruck – den Luftdruck. Auch in Gasen entsteht daraus ein Auftrieb. Der Auftrieb in der Luft lässt beispielsweise Ballone steigen. Die Herleitung der Auftriebskraft in Flüssigkeiten gilt auch für Gase. Da der Druck und die Dichte von Gasen jedoch mit zunehmender Höhe abnehmen, hängt die Auftriebskraft in Gasen auch von der Höhe ab. – Ein Ballon steigt daher nur bis in die Höhe auf, in der die Auftriebskraft auf den Wert der Gewichtskraft gesunken ist.

Auftrieb ist eine Folge des Schweredrucks. Gemäss dem Prinzip von Archimedes erfährt ein vollständig eingetauchter Körper eine Auftriebskraft, die gleich gross ist wie die Gewichtskraft der verdrängten Flüssigkeit bzw. des verdrängten Gases:

$$F_A = m_F \cdot g = \rho_F \cdot V \cdot g$$

Aufgabe 105 Berechnen Sie die Auftriebskraft, die ein Mensch durch den Luftdruck erfährt, und rechnen Sie das Verhältnis von Auftriebskraft zu Gewichtskraft aus. Nehmen Sie für die Luft eine Dichte von grob 1.2 kg/m³ an. Wenn Sie weitere Angaben brauchen, machen Sie plausible Annahmen.

Aufgabe 109 Sie haben ein Stück Metall vor sich und möchten gerne wissen, um welches Metall es sich handelt. Indem Sie es einmal normal wägen und einmal wie in Abbildung 26.3 ins Wasser getaucht, können Sie die Dichte bestimmen und anschliessend in einer Tabelle nachschauen, zu welchem Metall diese Dichte passt. Sie messen F_1 = 0.82 N und F_2 = 0.52 N.

A] Wie gross ist die Dichte?

B] Um welches Metall könnte es sich handeln? (Benützen Sie z. B. ein Periodensystem)

26.2 Die Kombination von Auftriebskraft und Gewichtskraft

Welche Wirkung hat die Kombination von Auftriebskraft und Gewichtskraft auf einen vollständig eingetauchten Körper? Als Beispiel können Sie sich einen Fisch im See oder einen Ballon in der Luft denken. Die Kräfte, die auf Fisch oder Ballon wirken, sind die nach unten ziehende Gewichtskraft F_G und die nach oben wirkende Auftriebskraft F_A. Dabei kann man drei Verhältnisse unterscheiden:

Absinken, schweben, aufsteigen

$F_G > F_A$	$F_G = F_A$	$F_G < F_A$
(Die Gewichtskraft ist grösser als die Auftriebskraft)	(Die Gewichtskraft ist gleich gross wie die Auftriebskraft)	(Die Gewichtskraft ist kleiner als die Auftriebskraft)
⇓	⇓	⇓
Resultierende Kraft zeigt nach unten	Resultierende Kraft ist gleich null	Resultierende Kraft zeigt nach oben
⇓	⇓	⇓
Körper *sinkt ab* (wird nach unten beschleunigt)	Körper *schwebt* (wird nicht beschleunigt)	Körper *steigt auf* (wird nach oben beschleunigt)

Beispiel 26.2 Einem Taucher fällt vor Schreck die Lampe aus der Hand und sinkt ab, als er plötzlich einen Hai erblickt, zugleich stösst er Luftblasen aus, die aufsteigen, während er selber in der Schwebe bleibt, Auge in Auge mit dem Hai. Zum Glück ist der Hai von dieser hoch physikalischen Situation so fasziniert, dass er seinen Hunger vergisst!

[Abb. 26.4] Faszinierter Haifisch

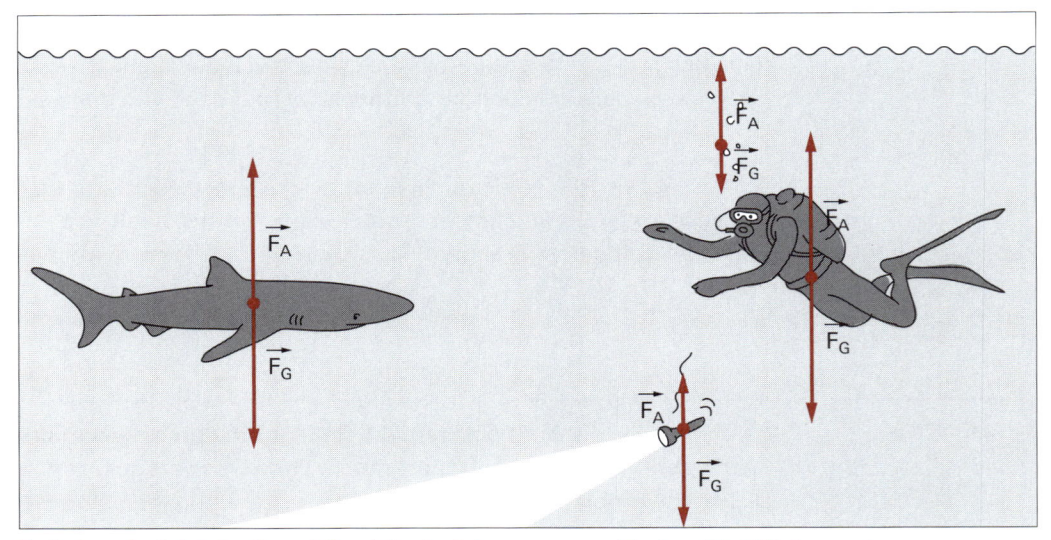

Zwischen Auftriebskraft und Gewichtskraft kann es verschiedene Verhältnisse geben.

Beispiel 26.3 Versailles, 19. September 1783: Der erste Flug mit Passagieren an Bord findet in Anwesenheit von Ludwig XVI. statt. Ein Schaf, eine Ente und ein Hahn fliegen in einem aus Papier und Seide gebauten Heissluftballon der Brüder Montgolfier. Nach 8 Minuten landen alle Passagiere wohlbehalten.

Heissluftballon

Denken wir über dieses historische Ereignis ein wenig nach. Wieso fliegt ein *Heissluftballon* überhaupt? Wie gross wird der Ballon wohl gewesen sein?

Da die heisse Luft im Ballon eine kleinere Dichte ($\rho_{Heissluft}$) als die kalte Umgebungsluft ($\rho_{Kaltluft}$) hat, ist die Gewichtskraft der vom Ballon verdrängten Kaltluft kleiner als die Gewichtskraft der Heissluft im Ballon. Somit kommt es zu einer Auftriebskraft. Rechnen wir das etwas genauer durch. Dies wird uns auch zeigen, wie gross der Ballon mindestens gewesen sein muss, und kann Ihnen als Bastelanleitung für Heissluftballons dienen.

Damit der Heissluftballon vom Boden abhebt, muss der Auftrieb F_A mindestens so gross sein wie seine Gewichtskraft F_G:

$$F_G = F_A$$

Ausgeschrieben:

$$m_{Ballon} \cdot g = m_{Kaltluft} \cdot g$$

die Erdbeschleunigung g kürzt sich weg. Dies führt zu der Gleichung:

$$m_{Ballon} = m_{Kaltluft}$$

Dabei setzt sich die Ballonmasse vor allem aus der Masse des Korbes und des Ballons m_{Korb}, der heissen Luft $m_{Heissluft}$ und der Passagiere $m_{Passagiere}$ zusammen, wir haben also:

$$m_{Korb} + m_{Heissluft} + m_{Passagiere} = m_{Kaltluft}$$

Wenn wir berücksichtigen, dass die Masse der heissen Luft respektive der verdrängten Kaltluft gegeben ist durch $\rho \cdot V$ (V = Ballonvolumen), erhalten wir:

$$m_{Korb} + \rho_{Heissluft} \cdot V + m_{Passagiere} = \rho_{Kaltluft} \cdot V$$

Wir lösen nach dem Volumen des Ballons auf und setzen plausible Zahlen für die Masse des Korbes, der Passagiere und der Dichten der Kaltluft und Heissluft ein:

$$V = \frac{m_{Korb} + m_{Passagiere}}{\rho_{Kaltluft} - \rho_{Heissluft}} = \frac{200\text{ kg} + 200\text{ kg}}{1.25\frac{\text{kg}}{\text{m}^3} - 0.80\frac{\text{kg}}{\text{m}^3}} = 884\text{m}^3$$

Im Nenner der obigen Gleichung für das Volumen steht die Differenz der beiden Dichten. Im Fall der Heissluft im Ballon und der Kaltluft der Umgebung unterscheiden sich diese beiden Dichten nicht sehr stark. Die Differenz der beiden Dichten, also auch der Nenner, sind damit klein. Das Volumen V wird entsprechend gross. Für einen kugelförmigen Ballon entspricht das Volumen V einem Ballon-Durchmesser von etwa 12 m!

> Das Verhältnis von Auftriebskraft F_A zu Gewichtskraft F_G entscheidet, ob ein vollständig in Flüssigkeit/Gas eingetauchter Körper absinkt ($F_A < F_G$), schwebt ($F_A = F_G$) oder aufsteigt ($F_A > F_G$).

Aufgabe 113

Bitte vervollständigen Sie die Tabelle unten mit «richtig» oder «falsch». Sie bezieht sich auf einen Körper der Dichte ρ_K, der in eine Flüssigkeit der Dicht ρ_F vollständig eingetaucht ist. F_G und F_A sind Gewichtskraft und Auftriebskraft.

	$\rho_F > \rho_K$	$F_G > F_A$
Körper sinkt ab		
Körper schwebt		
Körper steigt auf		

Aufgabe 98

Die durchschnittliche Dichte eines erwachsenen Menschen mit Luft gefüllten Lungen ist 980 kg/m³. Welchen zusätzlichen Ballast in Form von Bleiplatten muss ein 70 kg schwerer Mensch am Tauchanzug befestigen, um beim Tauchen im Meer unter Wasser zu schweben? Die Dichte von Salzwasser ist 1 025 kg/m³, die Dichte von Blei ist 11 300 kg/m³.

26.3 An der Oberfläche schwimmende Körper

Ein vollständig eingetauchter Körper, dessen Auftrieb grösser ist als sein Gewicht, ist nicht im Kräfte-Gleichgewicht. Solche Körper schwimmen an der Oberfläche der Flüssigkeit und ragen dabei so aus dem Wasser, dass der Auftrieb gleich gross ist wie die Gewichtskraft des Körpers.

Betrachten wir wie in Abschnitt 26.1 wieder einen Zylinder mit Volumen V und Dichte ρ_K, der in einer Flüssigkeit der Dichte ρ_F schwimmt. Das eingetauchte Teilvolumen bezeichnen wir mit V_1 (siehe Abbildung 26.5). Nur das Teilvolumen V_1 verursacht eine Auftriebskraft F_A.

[Abb. 26.5] An der Oberfläche schwimmender Körper

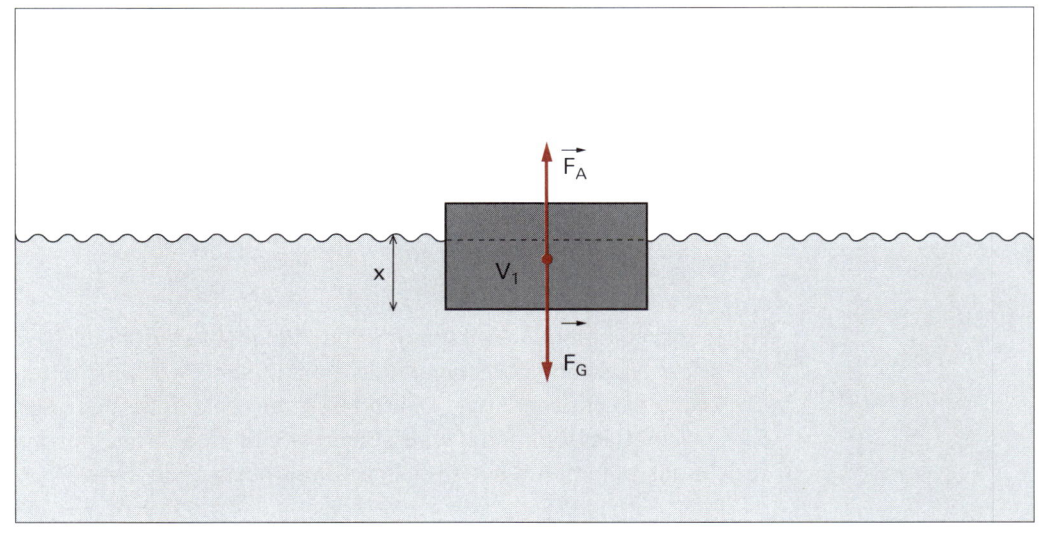

Nur das eingetauchte Teilvolumen V_1 verursacht eine Auftriebskraft. Hingegen bewirkt der ganze Körper eine Gewichtskraft.

Wie gross ist diese Auftriebskraft? Wir fragen uns dazu wie in Abschnitt 26.1: Welche Kräfte wirken als Folge des Gesamtdrucks auf Deckfläche, Bodenfläche und Mantelfläche eines Zylinders?

Kraft auf Deckfläche

Auf die aus dem Wasser herausragende Deckfläche des Zylinders wirkt jetzt nur der Luftdruck. Dadurch wirkt auf die Deckfläche A des Zylinders die nach unten gerichtete Kraft:

$$F_D = p_D \cdot A = p_0 \cdot A$$

Kraft auf Bodenfläche

Auf die eingetauchte Bodenfläche des Zylinders wirkt die Summe aus Luftdruck und Schweredruck in der Tiefe x. Dadurch wirkt auf die Bodenfläche die nach oben gerichtete Kraft:

$$F_B = p_B \cdot A = p_0 \cdot A + \rho_F \cdot g \cdot x \cdot A$$

Kraft auf Mantelfläche

Die Summe aller Kraft-Vektoren auf die Mantelfläche ist wie beim vollständig eingetauchten Körper wieder gleich null.

Auftriebskraft auf an der Oberfläche schwimmende Körper

Betrachten wir wieder die beiden Gleichungen für die Bodenkraft F_B und Deckelkraft F_D, so zeigt sich, dass F_B um den Betrag $\rho_F \cdot g \cdot x \cdot A$ grösser ist als F_D. Dieser Unterschied der Kräfte auf die Unter- und Oberseite des Zylinders führt wieder zur Auftriebskraft. Der Faktor $x \cdot A$ ist gerade gleich dem eingetauchten Volumen V_1. Die Auftriebskraft ist somit wie bei einem vollständig eingetauchten Körper gemäss dem Prinzip des Archimedes gleich der Gewichtskraft des verdrängten Flüssigkeitsvolumens V_1:

$$F_A = \rho_F \cdot V_1 \cdot g$$

Das herausragende Volumen $V_2 = V - V_1$ erfährt keine Auftriebskraft. Die Gewichtskraft des Körpers ist weiterhin:

$$F_G = \rho_K \cdot V \cdot g$$

denn seine Gewichtskraft ist unter Wasser gleich gross wie über Wasser.

Schwimmen

Wenn der Gegenstand an der Oberfläche *schwimmt*, sind die Auftriebskraft und die Gewichtskraft im Gleichgewicht:

$$\rho_K \cdot V \cdot g = \rho_F \cdot V_1 \cdot g$$

Die Erdbeschleunigung g kürzt sich heraus und wir können das Verhältnis zwischen dem eingetauchten Volumen V_1 und dem Gesamtvolumen V berechnen:

Gleichung 26.2

$$\frac{V_1}{V} = \frac{\rho_K}{\rho_F}$$

Für einen Körper, der an der Oberfläche einer Flüssigkeit schwimmt, herrscht Gleichgewicht zwischen Auftrieb und Gewicht. Für ihn gilt: Je nach Verhältnis der Dichten von Körper ρ_K und Flüssigkeit ρ_F ragt der Körper mehr oder weniger aus der Flüssigkeit heraus.

Beispiel 26.4

Wie tief sinkt z. B. eine Eisscholle ins Meerwasser ein? Um das berechnen zu können, müssen wir gemäss Gleichung 26.2 nur die Dichte des Eises ($\rho_K = 920$ kg/m^3) und die Dichte des Salzwassers ($\rho_F = 1020$ kg/m^3) kennen. Diese führen auf ein Verhältnis zwischen eingetauchtem Teil V_1 und Gesamtvolumen V von:

$$\frac{V_1}{V} = \frac{\rho_K}{\rho_F} = \frac{920 \frac{\text{kg}}{\text{m}^3}}{1020 \frac{\text{kg}}{\text{m}^3}} = 0.90$$

Das heisst, 90 Prozent der Eisscholle (oder eines Eisbergs) sind unter der Wasseroberfläche, nur gerade 10 Prozent ragen aus dem Wasser.

Beispiel 26.5

Rechnen wir noch etwas weiter. Welches Volumen V muss z. B. eine Eisscholle haben, damit sie einen Eisbären ($m_B = 500$ kg) trägt, ohne dass er nasse Füsse bekommt?

[Abb. 26.6] Eisbär auf Eisscholle

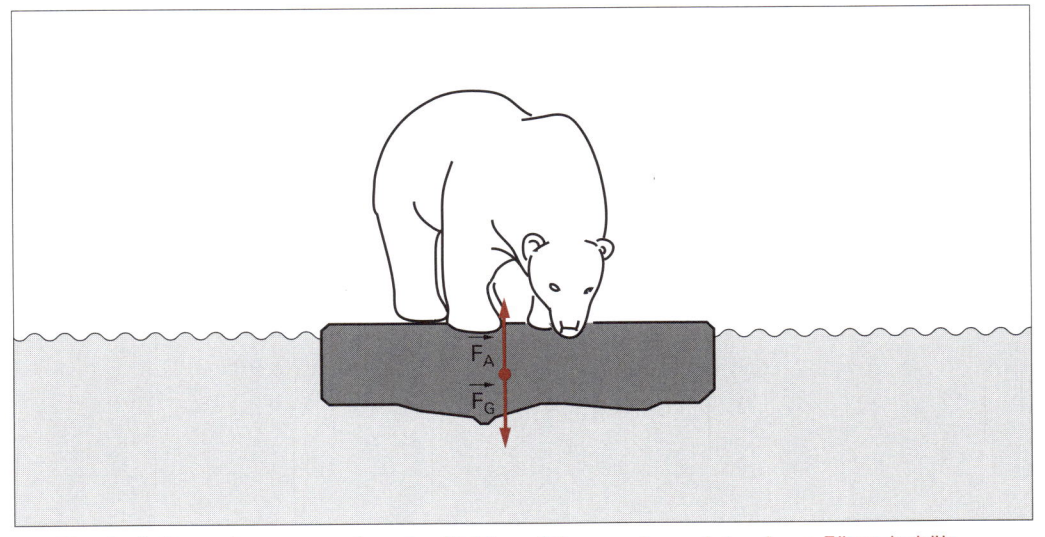

Die Eisscholle ist so bemessen, dass der Eisbär auf ihr gerade noch trockene Füsse behält.

Die Gewichtskraft, die auf die Eisscholle wirkt, setzt sich zusammen aus der Gewichtskraft der Eisscholle und der Gewichtskraft des Eisbärs:

$$F_G = m_B \cdot g + \rho_K \cdot V \cdot g$$

Die Auftriebskraft auf die Eisscholle ist laut Archimedes gleich gross wie die Gewichtskraft des verdrängten Wassers. Wenn die Eisscholle gerade anfängt unterzutauchen, ist das ganze Volumen V der Eisscholle unter Wasser und verursacht die Auftriebskraft:

$$F_A = \rho_F \cdot V \cdot g$$

Wenn die Eisscholle gerade im Gleichgewicht sein soll, müssen Gewichtskraft und Auftriebskraft gleich gross sein:

$$m_B \cdot g + \rho_K \cdot V \cdot g = \rho_F \cdot V \cdot g$$

Also ist das minimale Volumen der Eisscholle, das einen Eisbären gerade noch trägt:

$$V = \frac{m_B}{\rho_F - \rho_K} = \frac{500 \text{ kg}}{1020 \frac{\text{kg}}{\text{m}^3} - 920 \frac{\text{kg}}{\text{m}^3}} = 5.0 \text{ m}^3$$

Für einen Körper, der an der Oberfläche einer Flüssigkeit schwimmt, herrscht Gleichgewicht zwischen Auftriebskraft und Gewichtskraft. Für ihn gilt:

- Je nach Verhältnis der Dichten von Körper ρ_K und Flüssigkeit ρ_F ragt der Körper mehr oder weniger aus der Flüssigkeit heraus.
- Das Verhältnis zwischen dem gesamten Volumen V des Körpers und dem eingetauchten Teilvolumen V_1 ist:

$$\frac{V_1}{V} = \frac{\rho_K}{\rho_F}$$

Aufgabe 102

Das «Aräometer» (Senkwaage) ist ein unten beschwertes Glasröhrchen, das zur Messung von Flüssigkeitsdichten verwendet wird. So misst man z. B. den Fettgehalt von Milch oder den Zuckergehalt von Fruchtsäften («Öchsle-Waage»).

Die Abbildung 26.7 zeigt ein Aräometer. Das Aräometer sinkt so tief in die zu messende Flüssigkeit ein, bis die Auftriebskraft gleich der Gewichtskraft ist. An einer Skala am dünnen Hals lässt sich aus der Eintauchtiefe direkt die Dichte der Flüssigkeit ablesen.

[Abb. 26.7]   Schematischer Aufbau eines Aräometers (Senkwaage)

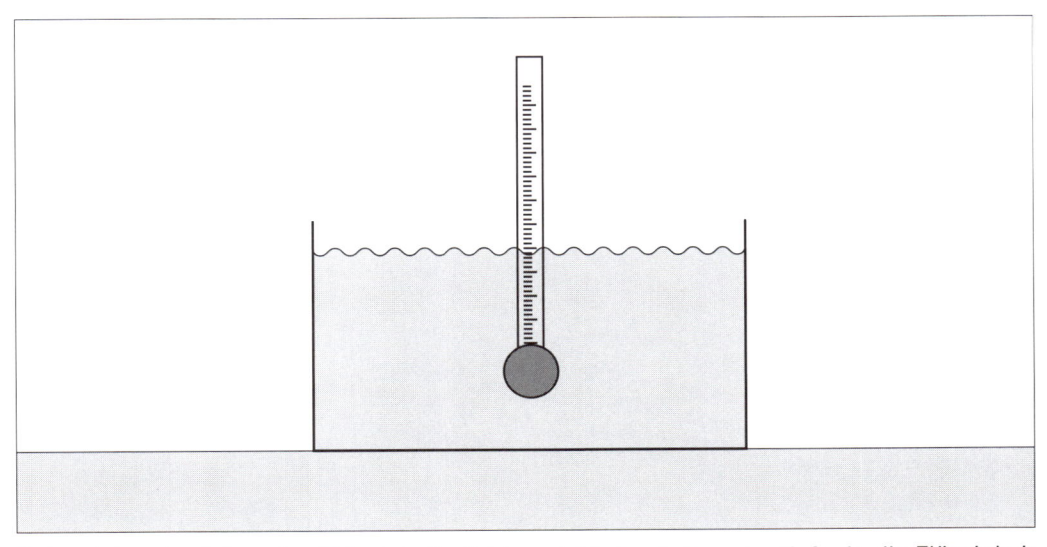

Bei welcher der folgenden Flüssigkeitsdichten sinkt das Aräometer tiefer in die Flüssigkeit ein? Bei einer Dichte $\rho_1 > 1\,000$ kg/m^3 (z. B. Glyzerin) oder bei $\rho_2 < 1\,000$ kg/m^3 (z. B. Alkohol)?

Aufgabe 106

In einem randvoll gefüllten Glas Wasser schwimmt ein Stück Eis. Was passiert, wenn der Eiswürfel schmilzt? Überläuft das Glas dann, bleibt es randvoll oder sinkt der Wasser-Spiegel?

Aufgabe 110

Auf einer Waage steht ein Glas Wasser. Was passiert, wenn man einen Finger ins Wasser steckt (ohne das Glas direkt zu berühren)? Zeigt die Waage mehr, gleich viel oder weniger an?

Aufgabe 114

Eine Krone, von der behauptet wird, sie sei aus Gold, wird erst an einer Federwaage aufgehängt. Dabei zeigt die Federwaage $F_1 = 25.0$ N an. Anschliessend wird die Krone ganz ins Wasser ($\rho_W = 1\,000$ kg/m^3) eingetaucht. Jetzt zeigt die Federwaage $F_2 = 23.7$ N an. Ist es möglich, dass die Krone aus massivem Gold besteht ($\rho_G = 19\,300$ kg/m^3)?

Teil F Anhang

Zusammenfassung: Methoden

Ziele und Methoden der Physik

Ziel
: Die Physik versucht Gesetzmässigkeiten in der Natur zu beschreiben.

Methoden
: Naturwissenschaftliches Arbeiten beginnt mit der Ermittlung von Messergebnissen durch Experimente. Die Messresultate müssen wiederholbar sein.

: Die Physik begnügt sich nicht mit der Ermittlung von Messergebnissen, sie fragt auch nach Zusammenhängen. Dazu wird eine Hypothese formuliert, die mit den vorliegenden Messungen in Einklang steht. Aus dieser werden Voraussagen gemacht und experimentell geprüft. Erweisen sich die Voraussagen als wahr, steigt das Vertrauen in die Theorie. Andernfalls muss sie ersetzt oder angepasst werden.

Messergebnisse angeben

SI-Einheiten
: Eine physikalische Grösse ist das Produkt aus einer Masszahl und eine Masseinheit. Die Definition der Masseinheit muss für jede Grösse durch den Menschen gemacht werden. Für 7 Messgrössen sind weltweit verbindliche Masseinheiten festgelegt worden, die SI-Grundeinheiten. Durch Umrechnen der gegebenen Grössen in SI-Einheiten lassen sich Fehler vermeiden. Aus SI-Grundgrössen entstehen durch Multiplikation oder Division abgeleitete Messgrössen. Die Einheit einer abgeleiteten Messgrösse nennt man abgeleitete Einheit.

Wissenschaftliche Schreibweise
: Sehr grosse und sehr kleine Masszahlen sollte man in der wissenschaftlichen Schreibweise notieren. Wenn eine Masszahl angegeben wird, so ist darauf zu achten, dass die letzte Nachkommastelle der Masszahl noch verlässlich ist. Die Anzahl Ziffern der Masszahl heisst die Anzahl signifikante Stellen. Das Schlussresultat einer Rechnung sollte immer die gleiche Anzahl signifikante Stellen haben wie die ungenaueste Grösse, die in die Berechnung einging. Bei sehr kleinen oder sehr grossen Messgrössen können gewisse Zehnerpotenzen mithilfe von Vorsilben angegeben werden.

Mathematische Hilfsmittel

Diagramme
: Damit aus einem Diagramm klar ersichtlich ist, welche Grössen dargestellt sind, müssen beide Koordinatenachsen mit der Grösse sowie der Einheit beschriftet sein.

Gleichungen
: Mittels Gleichungen lassen sich in der Physik Zusammenhänge festhalten. Zwei wichtige Beispiele sind die Proportionalität $y = a \cdot x$ und die umgekehrte Proportionalität $y = a/x$. In einem Diagramm erscheint die Proportionalität als eine Gerade durch den Ursprung, die umgekehrte Proportionalität als eine Hyperbel.

Vektoren
: Bei vielen physikalischen Messgrössen spielt die Richtung eine wichtige Rolle. Solche gerichteten Grössen werden mit Vektoren dargestellt. Der Betrag der Messgrösse wird durch die Länge des Vektors dargestellt, die Richtung der Messgrösse durch die Richtung des Vektors. Es gelten die Regeln der Vektorrechnung. Eine gerichtete Grösse nennt man eine vektorielle Grösse, eine ungerichtete Grösse nennt man eine skalare Grösse.

Zusammenfassung: Kinematik

Ziel der Kinematik

Bewegung

Unter der Bewegung eines Körpers verstehen wir:

- die Veränderung des Ortes eines Körpers,
- die Veränderung der Orientierung eines Körpers.

In diesem Buch haben wir uns auf den ersten Punkt beschränkt.

Ziel der Kinematik ist es, Bewegungen zu beschreiben. Dabei wird noch nicht nach der Ursache der Bewegung gefragt. Wir verwenden das Modell des Massenpunktes.

Bewegungen mit Orts- und Zeitangaben beschreiben

Ortsangabe ohne Richtungsangabe

Es gibt Situationen, bei denen die räumliche Richtung der Bewegung nicht von Interesse ist. Die Bewegung ist in diesem Fall vollständig beschrieben, wenn man den Ort s bezüglich einer s-Achse angibt und die Zeit t mit einer Uhr misst. Wenn man die Bewegung bezüglich einem s-t-Koordinatensystem angibt, wird die Bewegung durch einen Fahrplan beschrieben.

Ortsangabe mit Richtungsangabe

Es gibt Situationen, bei denen die Richtung der Bewegung zentrale Bedeutung hat. Die Bewegung lässt sich dann vollständig beschreiben, indem man den Ort mit einem Orts-Vektor $\vec{r}$ angibt. Die Zeit t wird weiterhin mit einer Uhr gemessen.

Charakteristische Grössen einer Bewegung

Aus Orts- und Zeitangaben lassen sich zwei Grössen berechnen, die die Bewegung des Körpers ebenfalls charakterisieren können: Geschwindigkeit und Beschleunigung.

Geschwindigkeit

Die Geschwindigkeit ist definiert als Ortsänderung, dividiert durch das benötigte Zeitintervall.

Wenn die Bewegung durch s und t beschrieben wird, ist die Geschwindigkeit:

$$v = \frac{\Delta s}{\Delta t} = \frac{s_2 - s_1}{t_2 - t_1}$$

- $v > 0$ bedeutet, dass sich der Körper vorwärts bewegt (+s-Richtung).
- $v = 0$ bedeutet, dass der Körper stillsteht (s unverändert).
- $v < 0$ bedeutet, dass sich der Körper rückwärts bewegt (−s-Richtung).

Wenn die Bewegung durch $\vec{r}$ und t beschrieben ist, beträgt die Geschwindigkeit:

$$\vec{v} = \frac{\Delta \vec{r}}{\Delta t} = \frac{\vec{r}_2 - \vec{r}_1}{t_2 - t_1}$$

- Die Richtung von $\vec{v}$ beschreibt die Richtung der Geschwindigkeit.
- Der Betrag von $\vec{v}$ beschreibt den Betrag der Geschwindigkeit.

Beschleunigung

Die Beschleunigung ist definiert als Geschwindigkeitsänderung, dividiert durch das benötigte Zeitintervall.

Wenn die Bewegung durch v und t beschrieben ist, ist die Beschleunigung:

$$a = \frac{\Delta v}{\Delta t} = \frac{v_2 - v_1}{t_2 - t_1}$$

- $a > 0$ bedeutet, dass die Geschwindigkeit des Körpers im Betrag zunimmt.
- $a = 0$ bedeutet, dass die Geschwindigkeit des Körpers im Betrag gleich bleibt.
- $a < 0$ bedeutet, dass die Geschwindigkeit des Körpers im Betrag abnimmt. (Abbremsung)

Wenn die Bewegung durch $\vec{v}$ und t beschrieben ist, ist die Beschleunigung:

$$\vec{a} = \frac{\overrightarrow{\Delta v}}{\Delta t} = \frac{\vec{v}_2 - \vec{v}_1}{t_2 - t_1}$$

- Die Richtung von $\vec{a}$ beschreibt die Richtung der Beschleunigung.
- Der Betrag von $\vec{a}$ beschreibt den Betrag der Beschleunigung.

Zeitintervall

Die Bedeutung der Länge des Zeitintervalls Δt:

Wenn das Zeitintervall $\Delta t = t_2 - t_1$ sehr klein ist, berechnet man die Momentangeschwindigkeit und die Momentanbeschleunigung zum Zeitpunkt $t_1 \approx t_2$.

Wenn das Zeitintervall $\Delta t = t_2 - t_1$ grösser ist, berechnet man die Durchschnittsgeschwindigkeit und die Durchschnittsbeschleunigung im Zeitintervall $t_1 \ldots t_2$.

Charakterischen Diagramme einer Bewegung

Eine Bewegung lässt sich mit Diagrammen darstellen. Im Orts-Zeit-Diagramm wird der Zusammenhang zwischen dem Ort und der Zeit dargestellt. Im Geschwindigkeits-Zeit-Diagramm wird der Zusammenhang zwischen der Geschwindigkeit und der Zeit dargestellt. Beide Diagramme geben eine Bewegung eindeutig wieder.

Orts-Zeit-Diagramm

Im s-t-Diagramm sieht man die Geschwindigkeit $v = \Delta s/\Delta t$ als Steigung der Kurve. Eine ansteigende Kurve entspricht einer positiven Geschwindigkeit, eine fallende Kurve entspricht einer negativen Geschwindigkeit, eine horizontale Kurve entspricht Stillstand.

Geschwindigkeits-Zeit-Diagramm

Im v-t-Diagramm sieht man die Beschleunigung $a = \Delta v/\Delta t$ als Steigung der Kurve. Positive Beschleunigung entspricht einer ansteigenden Kurve, negative Beschleunigung einer fallenden Kurve, Beschleunigung gleich null entspricht einer horizontalen Geraden.

Im v-t-Diagramm sieht man den zurückgelegten Weg immer als Fläche zwischen der Kurve und der t-Achse.

Beispiel ohne Richtungsangabe: geradlinige Bewegungen

Eine unbeschleunigte Bewegung nennt man auch gleichförmig. Alle Durchschnitts- und Momentangeschwindigkeiten sind in diesem Fall identisch.

Gleichmässig beschleunigte Bewegung

Eine Bewegung mit konstanter Beschleunigung nennt man auch eine gleichmässig beschleunigte Bewegung. Die Momentangeschwindigkeit nimmt bei der gleichmässig beschleunigten Bewegung mit Anfangsgeschwindigkeit v_0 linear mit der Zeit t zu:

$$v = v_0 + a \cdot t$$

Bei gleichförmiger Bewegung wie auch bei gleichmässig beschleunigter Bewegung lässt sich der zurückgelegte Weg als Summe von Dreiecksflächen und Rechtecksflächen im v-t-Diagramm berechnen.

Die Bewegungsgleichungen einer gleichmässig beschleunigten Bewegung mit Anfangsgeschwindigkeit v_0 lauten:

$$v = v_0 + a \cdot t$$

$$s = v_0 \cdot t + \frac{1}{2} \cdot a \cdot t^2$$

$$v^2 = v_0^2 + 2 \cdot a \cdot s$$

Gleichförmige Bewegung

Bei einer gleichförmigen Bewegung ($v = v_0$) reduzieren sich diese Gleichungen auf:

$$s = v_0 \cdot t$$

Ein wichtiges Beispiel der gleichmässig beschleunigten Bewegung ist der freie Fall: Wenn der Luftwiderstand vernachlässigbar klein ist, ist die Beschleunigung bei der Fallbewegung konstant: $a = g = 9.81 \text{ m/s}^2$. Die Fallbeschleunigung ist unabhängig von der Masse, Form oder chemischen Zusammensetzung des Körpers!

Beispiel mit Richtungsangabe: kreisförmige Bewegungen

Gleichförmige Kreisbewegung

Gleichförmige Bewegungen auf einer Kreisbahn charakterisiert man durch den Kreisradius r sowie entweder durch die Periode T oder die Frequenz f oder die Winkelgeschwindigkeit ω.

Der Geschwindigkeits-Vektor $\vec{v}$ liegt bei einer gleichförmigen Kreisbewegung immer tangential an den Kreis. Der Betrag des Geschwindigkeits-Vektors $\vec{v}$ bei einer gleichförmigen Kreisbewegung ist:

$$v = \frac{2 \cdot \pi \cdot r}{T} = 2 \cdot \pi \cdot r \cdot f = \omega \cdot r$$

Der Beschleunigungs-Vektor $\vec{a}$ zeigt immer auf den Kreismittelpunkt. Der Betrag des Beschleunigungs-Vektors $\vec{a}$ ist:

$$a = \frac{v^2}{r} = \omega^2 \cdot r = \omega \cdot v$$

Man spricht bei der Beschleunigung bei einer Kreisbewegung auch von Radial-, Zentral- oder Zentripetalbeschleunigung.

Zusammenfassung: Dynamik

Beschreibung der Kraft

Beschreibung der Kraft

Kräfte sind die Ursache von Deformation und Beschleunigung von Körpern.

Kräfte gibt man in der SI-Einheit Newton an.

Kräfte haben einen Richtungssinn, d. h., es sind vektorielle Grössen. Die Wirkung einer Kraft hängt von der Stärke, der Richtung und dem Angriffspunkt der Kraft ab.

Wirken mehrere Kräfte mit dem gleichen Angriffspunkt auf einen Körper, zählt für die Wirkung die resultierende Kraft. Die resultierende Kraft berechnet sich vektoriell als Summe aller Einzelkräfte.

Wechselwirkungsgesetz

Wechselwirkungsgesetz (3. Newton'sches Gesetz): Wirkt eine Kraft von einem Körper 1 auf einen Körper 2, so wirkt immer auch eine Gegenkraft von Körper 2 auf Körper 1. Die Gegenkraft ist entgegengesetzt gleich stark wie die Kraft: «Actio = Reactio».

Kraft und Beschleunigung im Kraftwirkungsgesetz

Im Zentrum der Mechanik steht das Kraftwirkungsgesetz (2. Newton'sches Gesetz):

$$\vec{F}_{res} = m \cdot \vec{a}$$

Für den Betrag der resultierenden Kraft und den Betrag der Beschleunigung lautet das Kraftwirkungsgesetz:

$$F_{res} = m \cdot a$$

Das Kraftwirkungsgesetz gibt den Zusammenhang zwischen Kraft und Beschleunigung an. 1 N ist die Kraft, die nötig ist, um einem Körper von 1 kg Masse eine Beschleunigung von 1 m/s² zu verleihen:

$$1\,\text{N} = 1\,\text{kg} \cdot \frac{\text{m}}{\text{s}^2}$$

Spezialfälle des Kraftwirkungsgesetzes

Gleichförmige geradlinige Bewegung

Gleichförmige geradlinige Bewegungen sind unbeschleunigte Bewegungen, d. h., die resultierende Kraft ist null:

$$\vec{F}_{res} = 0 \Leftrightarrow \vec{a} = 0$$

Trägheitsgesetz

Dies entspricht dem Trägheitsgesetz (1. Newton'sches Gesetz): Ein Körper, auf den keine resultierende Kraft einwirkt, wird nicht beschleunigt. Er bleibt dann entweder in Ruhe oder setzt seine Bewegung gleichförmig und geradlinig fort. Die Masse verleiht einem Körper Trägheit. Aufgrund der Trägheit widersetzt sich ein Körper einer Veränderung der Geschwindigkeit.

Gleichförmige Kreisbewegung

Gleichförmige Kreisbewegungen sind beschleunigte Bewegungen, bei denen die resultierende Kraft immer auf die Mitte des Kreises zeigt. Der Betrag der resultierenden Kraft bei einer kreisförmigen Bewegung ist laut Kraftwirkungsgesetz:

$$F_{res} = m \cdot a = m \cdot \frac{v^2}{r} = m \cdot \omega^2 \cdot r = m \cdot \omega \cdot v$$

Man nennt die resultierende Kraft bei einer gleichförmigen Kreisbewegung auch Zentralkraft, Zentripetalkraft oder Radialkraft.

Kraft-Beispiele

Gewichtskraft:
Die Gewichtskraft ist die Kraft, mit der ein Körper von der Erde angezogen wird. Die Gewichtskraft wirkt immer in Richtung des Erdmittelpunktes. Der Betrag der Gewichtskraft eines Körpers der Masse m ist:

$$F_G = m \cdot g$$

Federkraft:
Eine gedehnte/gestauchte Feder zieht/stösst mit der Federkraft. Die Richtung der Federkraft ist durch die Richtung der Feder bestimmt. Der Betrag der Federkraft einer Feder mit Federkonstante D ist bei einer Dehnung/Stauchung y:

$$F_F = D \cdot y$$

Normalkraft
Die Normalkraft F_N hält liegende Körper in Ruhe. Die Normalkraft ist immer rechtwinklig zur Unterlage des Körpers. Bei horizontalen Unterlagen ist der Betrag der Normalkraft gleich gross wie der Betrag der Gewichtskraft des Körpers.

Reibungskraft:
Wenn zwei Körper Fläche an Fläche aneinander entlanggleiten, wirkt die Gleitreibungskraft. Die Gleitreibungskraft ist immer entgegengesetzt zur Bewegungsrichtung. Der Betrag der Reibungskraft ist:

$$F_R = \mu_G \cdot F_N$$

Analoges gilt für die Rollreibungskraft.

Der Gleitreibungszahl μ_G hängt von der Beschaffenheit der beiden reibenden Flächen ab.

Die Reibungskraft auf einen ruhenden Körper heisst Haftreibungskraft. Die maximal mögliche Haftreibungskraft berechnet sich gemäss $F_R = \mu_H \cdot F_N$. Bei gleichen reibenden Flächen ist die Haftreibungszahl immer etwas grösser als die Gleitreibungszahl.

Rezepte zum Lösen von Aufgaben

Wenn Sie die wirkenden Kräfte kennen, erlaubt Ihnen das Kraftwirkungsgesetz den Bewegungsablauf zu berechnen:

- Berechne aus den wirkenden Kräften die resultierende Kraft. (Dynamik)
- Berechne aus der resultierenden Kraft die Beschleunigung. (Dynamik)
- Berechne aus der Beschleunigung den Bewegungsablauf. (Kinematik)

Wenn Sie den Bewegungsablauf kennen, erlaubt Ihnen das Kraftwirkungsgesetz die resultierende Kraft zu berechnen:

- Berechne aus dem Bewegungsablauf die Geschwindigkeit. (Kinematik)
- Berechne aus der Geschwindigkeit die Beschleunigung. (Kinematik)
- Berechne aus der Beschleunigung die resultierende Kraft. (Dynamik)

Das Berechnen der resultierenden Kraft ist meist der aufwändigste Teil. Es empfiehlt sich, schrittweise vorzugehen:

Berechnung der gleichmässig beschleunigten Bewegung ($\overrightarrow{F_{res}}$ bleibt konstant):

Lösungsanleitung

1. Skizze der Situation anfertigen. Massenpunkt des Körpers einzeichnen.
2. Welche Kräfte wirken auf den Körper? Alle Kraft-Vektoren beim Massenpunkt einzeichnen.
3. Kraft-Vektor der resultierenden Kraft in Skizze einzeichnen.
4. Wenn nötig, wird die zur resultierenden Kraft schiefe Kraft F in Komponenten zerlegt: $F_{\parallel}$ parallel zur resultierenden Kraft, $F_{\perp}$ rechtwinklig zur resultierenden Kraft.
5. Die Summe der p-Kräfte = F_{res} (+Zeichen für Kräfte in Richtung der resultierenden Kraft). Die Summe r-Kräfte = 0.
6. Gleichung für die p-Kräfte nach der resultierenden Kraft F_{res} auflösen.
7. Mit dem Kraftwirkungsgesetz den Betrag der Beschleunigung $a = F_{res} / m$ berechnen.
8. Kinematisch die Geschwindigkeit v oder den Ort s aus der Beschleunigung a berechnen. Dabei Richtung von a mit dem Vorzeichen berücksichtigen (Bremsen = negative Beschleunigung).

Zusammenfassung: Gravitation

Das Newton'sche Gravitationsgesetz

Jeder Körper im Universum zieht jeden anderen Körper an. Das Phänomen ist eine Konsequenz der Masse dieser Körper. Man nennt dieses Phänomen Gravitation: Zwei Körper mit den Massen m_1 und m_2 in einem Abstand r von einander entfernt ziehen sich gegenseitig mit der Gravitationskraft F_G an:

$$F_G = G \cdot \frac{m_1 \cdot m_2}{r^2}$$

Der Wert der Gravitationskonstante G ist:

$$G = 6.67 \cdot 10^{-11} \frac{N \cdot m^2}{kg^2}$$

Die Gravitationskraft ist proportional zu den Massen der beteiligten Körper, sie nimmt mit zunehmender Distanz der Körper schnell ab und ist wegen des kleinen Wertes der Gravitationskonstante erst gross, wenn wenigstens einer der Körper eine grosse Masse hat.

Die Gravitationskraft an der Erdoberfläche

Gewichtskraft aufgrund der Gravitationskraft

Die Gewichtskraft $F_G = m_2 \cdot g$ eines Körpers der Masse m_2 auf der Erdoberfläche ist ein Spezialfall der Gravitationskraft zwischen der Masse m_2 dieses Körpers und der Masse der Erde m_E im Abstand des Erdradius r_E:

$$G \cdot \frac{m_E \cdot m_2}{r_E^2} = m_2 \cdot g$$

Die Erdbeschleunigung ist bestimmt durch den Erdradius r_E und die Erdmasse m_E:

$$g = G \cdot \frac{m_E}{r_E^2} = 9.81 \frac{m}{s^2}$$

Kreisbewegungen aufgrund der Gewichtskraft

Kreisbahnen aufgrund der Gravitationskraft

Die Planeten bewegen sich um die Sonne, Monde um ihre Planeten, künstliche Satelliten um die Erde. Die Umlaufbahnen sind in diesen Fällen meist ungefähr kreisförmig. Es handelt sich also um Kreisbewegungen um eine zentrale Masse. Die Gravitationskraft zwischen der zentralen Masse und dem kreisenden Körper ist die einzige wirkende Kraft. Das Kraftwirkungsgesetz lautet somit:

$$G \cdot \frac{m_1 \cdot m_2}{r^2} = \frac{m_2 \cdot v^2}{r} \quad , \text{bzw.:}$$

$$v^2 \cdot r = G \cdot m_1$$

Die Masse m_2 des kreisenden Objekts hat keinen Einfluss auf seine Bewegung. Für eine gegebene Zentralmasse m_1 (z. B. die Erdmasse) ist der Bahnradius r umgekehrt proportional zu v^2. Dies führt für geostationäre Satelliten ($T = 24$ h) zu einem Bahnradius $r = 42\,000$ km.

Zusammenfassung: Hydrostatik

Gasförmig – flüssig – fest

Gasförmige, flüssige und feste Körper unterscheiden sich voneinander in ihren makroskopischen sowie ihren mikroskopischen Eigenschaften.

Makroskopische Eigenschaften

Festkörper haben eine gewisse Härte, sie lassen sich nur mit Kraftaufwand verformen. Dagegen verformen sich Flüssigkeiten und Gase von selbst, d. h. schon als Folge ihres eigenen Gewichts. Flüssigkeiten füllen Gefässe von unten auf, bis auf die dem Volumen entsprechende Pegelhöhe. Gase füllen Gefässe allseitig aus. Gase haben in der Regel eine viel kleinere Dichte als Flüssigkeiten und Festkörper. Flüssigkeiten und Festkörper sind fast inkompressibel und dehnen sich nicht von selbst aus. Gase hingegen können komprimiert werden; lässt man sie in ein leeres Gefäss einströmen, so dehnen sie sich von selbst bis an die Grenzen des Gefässes aus.

Mikroskopische Eigenschaften

Zwischen den Molekülen in Gasen wirken keine nennenswerten Kräfte; im Vergleich zu Festkörpern und Flüssigkeiten sind die Atome oder Moleküle in einem Gas unter Normaldruck viel weniger dicht gepackt. In Festkörpern und Flüssigkeiten liegen die Moleküle oder Atome dicht aneinander und es wirken Kräfte zwischen ihnen. Bei Festkörpern bewirken die Kräfte zwischen den Molekülen oder Atomen, dass die Teilchen fast ortsfest sind. In Flüssigkeiten sind die Kräfte zwischen den Molekülen oder Atomen schwächer, weshalb diese nicht starr angeordnet sind, sondern sich relativ frei bewegen können.

Druck

Wenn sich eine Kraft F auf eine gewisse Fläche A verteilt, definiert man das Verhältnis Kraft zu Fläche als Druck p:

$$p = \frac{F}{A}$$

Drücke gibt man in der SI-Einheit Pascal oder in bar an:

$$1 \text{ Pa} = \frac{1 \text{ N}}{1 \text{ m}^2} = 10^{-5} \text{ bar}$$

Der Druck spielt wegen Pascals Prinzip vor allem bei Flüssigkeiten und Gasen ein wichtige Rolle: eine eingeschlossene Flüssigkeit oder ein eingeschlossenes Gas übt auf jede Begrenzungsfläche die Kraft $F = p \cdot A$ aus. Diese Kraft seht dabei immer rechtwinklig auf der Fläche A.

Pascals Prinzip

Das einschliessende Gefäss kann z. B. ein Schlauch sein: Schläuche leiten den Druck gemäss Pascals Prinzip unverändert weiter. Darauf basieren Hydraulik und Pneumatik: Durch die Verwendung verschieden grosser Kolben können Kräfte hydraulisch oder pneumatisch verstärkt bzw. abgeschwächt werden.

Schweredruck

In Flüssigkeiten und Gasen entstehen Drücke durch äussere Kräfte oder als Folge der Gewichtskraft der Flüssigkeit bzw. des Gases. Man spricht von Schweredruck oder hydrostatischem Druck. In Flüssigkeiten nimmt der Schweredruck proportional zur Tiefe h unter dem Flüssigkeitsoberfläche zu. Ein Druck auf die Oberfläche (z. B. der Luftdruck) kommt noch hinzu:

$$p = p_0 + \rho \cdot g \cdot h$$

Dieser Druck wirkt gemäss Pascals Prinzip wieder auf alle Begrenzungsflächen der Flüssigkeiten gleich stark. Dank des Schweredrucks funktioniert z. B. unsere Wasserversorgung.

Wichtig: Der Schweredruck ist unabhängig von der Form des Gefässes in dem sich die Flüssigkeit befindet.

Auftriebskraft

Prinzip des Archimedes

Auf einen Körper, der ganz oder teilweise in eine Flüssigkeit eingetaucht ist, resultiert aus dem Schweredruck der Flüssigkeit eine Kraft nach oben, die man als Auftriebskraft bezeichnet. Es ist diese Kraft, die Schiffe oder Fische im Wasser schwimmen und Ballone in der Luft schweben lässt. Der Auftrieb berechnet sich am einfachsten nach dem Prinzip von Archimedes, das besagt, dass der Auftrieb F_A gleich der Gewichtskraft $\rho_F \cdot g \cdot V$ der verdrängten Flüssigkeit oder des verdrängten Gases ist:

$$F_A = \rho_F \cdot g \cdot V$$

Die Summe aus Gewichtskraft F_G und Auftriebskraft F_A bestimmt die resultierende Kraft:

- Überwiegt die Gewichtskraft, sinkt der Körper ab und bleibt am Boden liegen.
- Halten sich Gewichtskraft und Auftriebskraft die Waage, schwebt der eingetauchte Körper.
- Überwiegt bei vollständigem Eintauchen der Auftrieb, findet der Körper ein Gleichgewicht an der Oberfläche der Flüssigkeit schwimmend. Er ist dann nur teilweise eingetaucht, nämlich gerade so weit, dass der Auftrieb die Gewichtskraft aufhebt.

Formelsammlung

Definitionen der Kinematik

$$v = \frac{\Delta s}{\Delta t} = \frac{s_2 - s_1}{t_2 - t_1}$$

$$\vec{v} = \frac{\Delta \vec{r}}{\Delta t} = \frac{\vec{r}_2 - \vec{r}_1}{t_2 - t_1}$$

$$a = \frac{\Delta v}{\Delta t} = \frac{v_2 - v_1}{t_2 - t_1}$$

$$\vec{a} = \frac{\Delta \vec{v}}{\Delta t} = \frac{\vec{v}_2 - \vec{v}_1}{t_2 - t_1}$$

Gleichförmige und gleichmässig beschleunigte geradlinige Bewegungen

$$s = v_0 \cdot t + \frac{1}{2} \cdot a \cdot t^2$$

$$v = v_0 + a \cdot t$$

$$v^2 = v_0^2 + 2 \cdot a \cdot s$$

Gleichförmige kreisförmige Bewegungen

$$v = \frac{2 \cdot \pi \cdot r}{T} = 2 \cdot \pi \cdot r \cdot f = \omega \cdot r$$

$$a = \frac{v^2}{r} = \omega^2 \cdot r = \omega \cdot v$$

Kraftwirkungsgesetz

$$\vec{F}_{res} = m \cdot \vec{a}$$

Kräfte

$$F_G = m \cdot g$$

$$F_G = G \cdot \frac{m_1 \cdot m_2}{r^2}$$

$$F_F = D \cdot y$$

$$F_R = \mu \cdot F_N$$

$$F_A = \rho_F \cdot g \cdot V$$

Druck

$$p = \frac{F}{A}$$

$$p = p_0 + \rho_F \cdot g \cdot h$$

Lösungen zu den Aufgaben

1 Seite 16 — Mit Hilfe der Mathematik lassen sich physikalische Hypothesen präzis formulieren, z. B. mit einer Gleichung.

2 Seite 21 — $[a] = m/s^2$

3 Seite 24 —
$$t = \frac{s}{v} = \frac{1.496 \cdot 10^{11} \text{ m}}{2.9979 \cdot 10^8 \frac{m}{s}} = 4.990 \cdot 10^2 \text{ s}$$

4 Seite 29 — $F = c \cdot m \cdot a$, wobei c die Proportionalitätskonstante ist. Mit $F = c \cdot m \cdot a$ gilt $F \sim m$ und $F \sim a$.

5 Seite 18 — Die Masszahl ist 71.5, die Einheit ist das Kilogramm (kg).

6 Seite 23 —

A]
$$v = \frac{42000 \text{ km}}{90 \text{ min}} = \frac{42000 \cdot 10^3 \text{ m}}{5400 \text{ s}} = 7.8 \cdot 10^3 \frac{m}{s}$$

B]
$$s = 1200 \frac{km}{h} \cdot 160 \text{ min} = \frac{1200}{3.6} \frac{m}{s} \cdot 9600 \text{ s} = 3.20 \cdot 10^6 \text{ m}$$

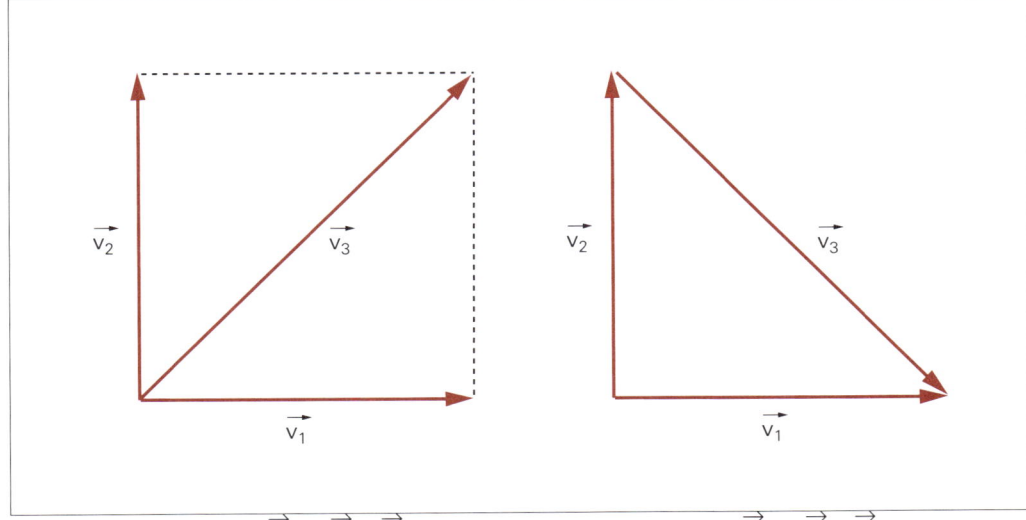

7 Seite 24 —
A] $1300 \text{ nm} = 1.300 \cdot 10^{-6} \text{ m}$
B] $21 \text{ mg} = 2.1 \cdot 10^{-5} \text{ kg}$
C] $0.034 \text{ μs} = 3.4 \cdot 10^{-8} \text{ s}$

8 Seite 33 —

Links die Vektorsumme $\vec{v}_3 = \vec{v}_1 + \vec{v}_2$ und rechts die Vektordifferenz $\vec{v}_3 = \vec{v}_1 - \vec{v}_2$

9 Seite 20 — $[\text{Länge}] = \text{m}, [\text{Masse}] = \text{kg}, [\text{Zeit}] = \text{s}$

10	Seite 24	$\rho = \dfrac{m}{V} = \dfrac{0.107 \text{ kg}}{1.255 \cdot 10^{-4} \text{ m}^3} = 853 \dfrac{\text{kg}}{\text{m}^3} = 8.53 \cdot 10^2 \dfrac{\text{kg}}{\text{m}^3}$

11 Seite 25 Man müsste die v-Achse nach unten verlängern, damit negative Geschwindigkeiten eingetragen werden können.

12 Seite 38

A] Da die Ausdehnung des Planeten Jupiter im Vergleich zu seiner Bahn um die Sonne vernachlässigbar klein ist, kann er als Massenpunkt betrachtet werden.

B] Solange uns nur die Position des Kindes auf seiner Kreisbahn interessiert, kann das Kind als Massenpunkt betrachtet werden.

C] Für die Beschreibung der Rotation eines Karussells darf das Karussell selbst nicht als Massenpunkt betrachtet werden. Das würde ja bedeuten, dass das Karussell keine Ausdehnung hätte und somit die Rotation eines Punktes um sich selbst beschrieben würde.

D] Solange ein Kind im Handstand im Gleichgewicht verharrt, könnte es als Massenpunkt betrachtet werden. Sobald es jedoch das Gleichgewicht verliert und die nun folgende Kipp-Bewegung beschrieben werden soll, wird die Ausdehnung des Körpers entscheidend und damit die Annahme als Massenpunkt unsinnig.

E] Wenn bei der Beschreibung der Bewegung eines Lastwagens mit Anhänger auf der Autobahn über eine Strecke von 400 km nur die Gesamtbewegung von Interesse ist, kann er als Massenpunkt betrachtet werden. Je kleiner der zu untersuchende Abschnitt der Fahrt jedoch ist, desto mehr muss auch die Ausdehnung berücksichtigt werden.

13 Seite 52 Die Durchschnittsgeschwindigkeiten $v = \Delta s / \Delta t$ in den 9 Zeitintervallen: 2.0, 2.0, 1.0, –0.5, –1.0, –1.0, –1.0, –0.5, 0.0 m/s. Dies führt zum folgenden v-t-Diagramm:

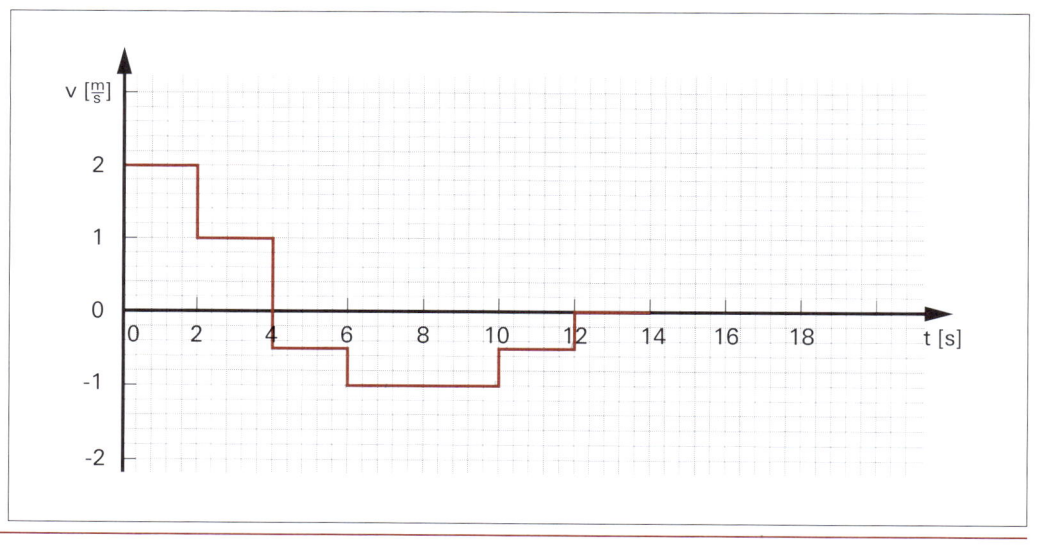

14 Seite 60

A] Als Einheiten für die Beschleunigung kommen in Frage: m/s², s⁻²m, km/h², cm/s², denn diese haben die Einheit Länge / Zeit².

B] Für einen anfahrenden Zug kommt 0.2 m/s² in Frage. 2 m/s² würde bedeuten, dass ein Zug schon 1 s, nachdem er sich in Bewegung gesetzt hat, eine Geschwindigkeit von 2 m/s = 7.2 km/h hat; schon nach 14 s hätte er eine Geschwindigkeit von 100 km/h. Sie sehen bestimmt ein, dass das für einen Zug nicht typisch ist. 20 m/s² wäre «noch 10-mal untypischer».

15 Seite 66

Die Zeit $t = 2.8$ s und die Beschleunigung $g = 9.81$ m/s^2 sind gegeben. Gesucht ist die Fallstrecke:

$$s = \frac{1}{2} \cdot a \cdot t^2 = \frac{1}{2} \cdot 9.81 \frac{m}{s^2} \cdot (2.8 \text{ s})^2 = 38 \text{ m}$$

16 Seite 71

In unserem Lösungsvorschlag werden wir mit einer Geschwindigkeit von $v_0 = 60$ km/h rechnen. Die Faustregel für den Anhalteweg besteht aus zwei Teilwegen, dem Reaktionsweg und Bremsweg:

$$s = s_R + s_B$$

Reaktionsweg s_R: Dieser entspricht dem Teil «$v_0 / 3$», denn das ergibt einen Weg, der proportional zur Geschwindigkeit ist, wie es einer gleichförmigen Bewegung entspricht. Nach der Regel ist $s_R = 60 / 3 = 20$ m. Diesen Weg legen Sie bei einer Geschwindigkeit von $v_0 = 60$ km/h = 17 m/s innert $t_R = 20$ m / 17 m/s = 1.2 s zurück. Die Regel nimmt also eine Reaktionszeit der Autofahrerin von 1.2 s an.

Der Bremsweg s_B wird dann durch «$(v_0 / 10)^2$» berechnet. Bei $v_0 = 60$ km/s gibt das: $s_B = (60 / 10)^2$ m = 36 m. Aus der Anfangsgeschwindigkeit und dem Bremsweg erhalten wir die Beschleunigung:

$$a = -\frac{(v_0)^2}{2 \cdot s_B} = -\frac{\left(17 \frac{m}{s}\right)^2}{2 \cdot 36 \text{ m}} = -4.0 \frac{m}{s^2}$$

17 Seite 82

Der Betrag der Beschleunigung ist:

$$a = \frac{v^2}{r} = \frac{\left(311 \frac{m}{s}\right)^2}{4270 \cdot 10^3 \text{ m}} = 2.27 \cdot 10^{-2} \frac{m}{s^2}$$

Der Beschleunigungs-Vektor zeigt immer auf das Zentrum der Kreisbahn und steht somit rechtwinklig auf der Erdrotationsachse. Somit zeigt er nicht auf den Erdmittelpunkt.

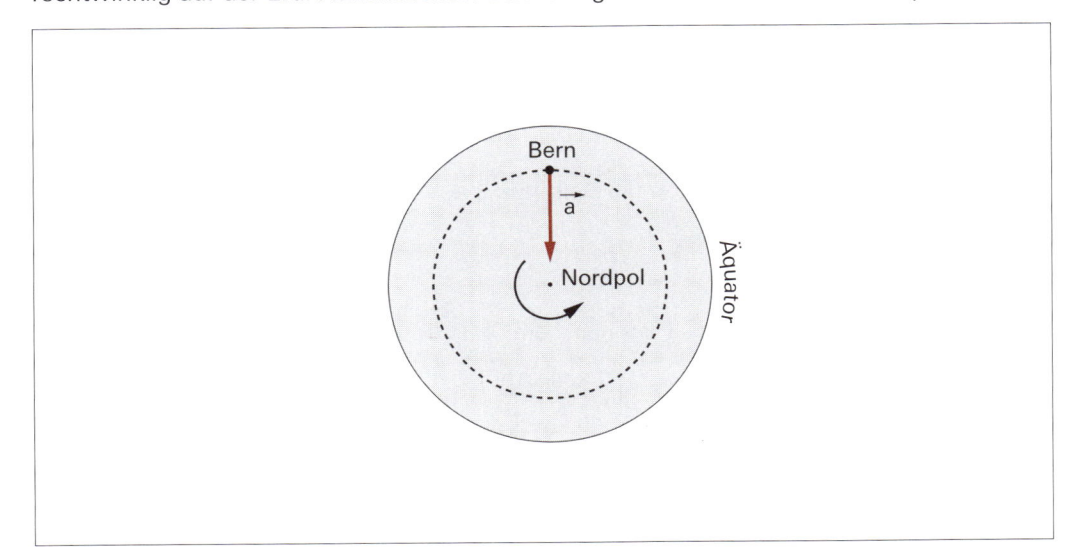

18 Seite 42

A] Das *s-t*-Diagramm sieht wie folgt aus:

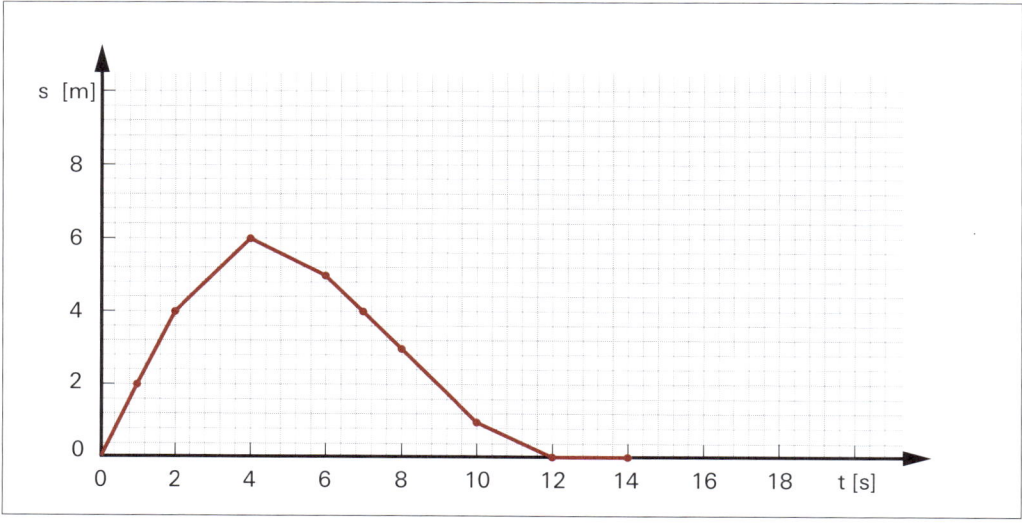

[Diagramm: s [m] gegen t [s]; Punkte bei (0,0), (1,2), (2,4), (3,?), (4,6), (6,5), (7,?), (8,3), (10,1), (12,0), (14,0)]

B] Der Körper befand sich bei $t = 0$ s bei $s = 0$ m. Im *s-t*-Diagramm stellen wir fest, dass bei $t = 12$ s der Ort $s = 0$ m ist. Der Körper befindet sich bei $t = 12$ s wieder dort, wo er bei $t = 0$ s war.

C] Wir entnehmen der Messreihe und dem *s-t*-Diagramm, dass sich der Körper zuerst in Richtung der positiven *s*-Koordinate bewegt. Nach $t = 4$ s kehrt er bei $s = 6$ m um. Bis hier hat er 6 m zurückgelegt. Nach der Wendung bewegt er sich bis zum Ort $s = 0$ m. Dabei legt er einen Weg von 6 m zurück. Insgesamt beträgt der zurückgelegte Weg also 12 m.

19 Seite 52

A] Konstante Geschwindigkeit für 10 Minuten, ergibt im *v-t*-Diagramm eine horizontale Gerade zwischen $t = 0$ min und $t = 10$ min.

B] Konstante Geschwindigkeit bedeutet konstante Steigung im *s-t*-Diagramm. Somit ist die Kurve im *s-t*-Diagramm eine Gerade, die in $\Delta t = 1$ h um $\Delta s = 100$ km ansteigt.

20 Seite 60

A]
$$a = \frac{\Delta v}{\Delta t} = \frac{80 \frac{m}{s}}{45 \text{ s}} = 1.8 \frac{m}{s^2}$$

B] Wir lösen die Definition der Beschleunigung nach Δv auf:
$$\Delta v = a \cdot \Delta t = 1.8 \frac{m}{s^2} \cdot 45 \text{ s} = 81 \frac{m}{s}$$

C] Diesmal lösen wir die Definition der Beschleunigung nach Δt auf:
$$\Delta t = \frac{\Delta v}{a} = \frac{80 \frac{m}{s}}{1.8 \frac{m}{s^2}} = 44 \text{ s}$$

21 Seite 66

Die Fallstrecke *s* und die Beschleunigung *g* sind gegeben, gesucht ist die Geschwindigkeit *v*:

$$v = \sqrt{2 \cdot a \cdot s} = \sqrt{2 \cdot 9.81 \frac{m}{s^2} \cdot 51 \text{ m}} = 32 \frac{m}{s}$$

22 Seite 75 Um die Bahn des Bauern möglichst detailliert mit den Orts-Vektoren zu beschreiben, verwenden wir möglichst viele Orts-Vektoren. Die Vektoren der Ortsänderung ergeben sich als Differenz zweier aufeinander folgender Orts-Vektoren. Diese Vektoren der Ortsänderung verlaufen nicht genau entlang der Bahn des Bauern, solange Δt nicht unendlich klein ist.

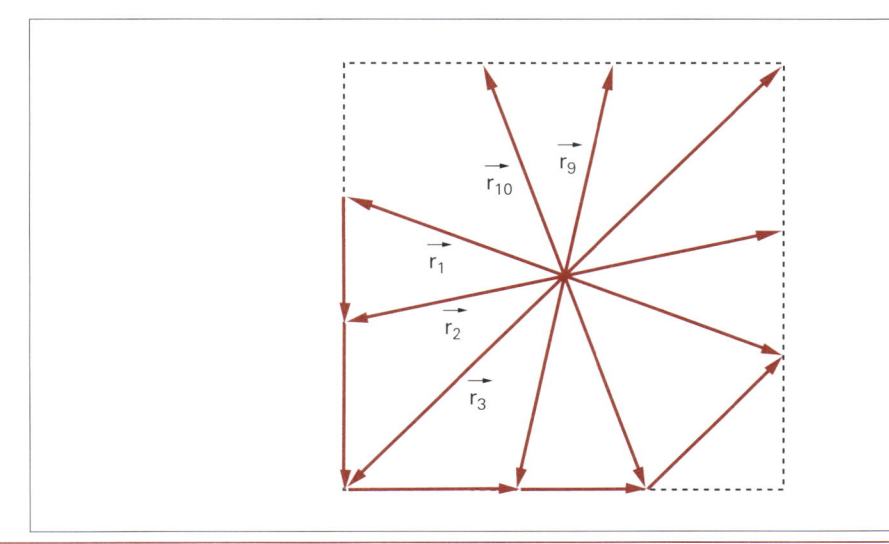

23 Seite 82 Der Radius des geflogenen Kreises muss grösser sein als:

$$r = \frac{v^2}{a} = \frac{\left(139 \frac{m}{s}\right)^2}{3.6 \frac{m}{s^2}} = 5.4 \cdot 10^3 \text{ m}$$

24 Seite 45 A] Wir setzen die Orts- und Zeitangaben in die Definition der Geschwindigkeit ein:

$$v = \frac{26 \text{ km} - 22 \text{ km}}{34 \text{ min} - 31 \text{ min}} = \frac{4000 \text{ m}}{180 \text{ s}} = 22 \frac{m}{s}$$

Dies entspricht 22 m/s · 3.6 = 79 km/h

B] Wir lösen die Definition der Geschwindigkeit nach Δt auf:

$$\Delta t = \frac{\Delta s}{v} = \frac{32 \cdot 10^3 \text{ m} - 26 \cdot 10^3 \text{ m}}{22 \frac{m}{s}} = 2.7 \cdot 10^2 \text{ s}$$

Der Zug braucht also 4.5 min, um von Richterswil nach Pfäffikon zu kommen, wenn er, ohne zu halten, mit der Geschwindigkeit von 22 m/s fährt.

25 Seite 52 A] Während der ganzen Bewegung ist die Geschwindigkeit positiv, d. h., der Körper entfernt sich vom Ausgangsort. Nach $t = 80$ s befindet sich der Körper also am weitesten vom Ausgangsort entfernt.

B] Die Fläche unter der Kurve, also der gesamthaft zurückgelegte Weg, ist:

$$s = \frac{1}{2} \cdot 40 \text{ s} \cdot 20 \frac{m}{s} + 20 \text{ s} \cdot 20 \frac{m}{s} + \frac{1}{2} \cdot 20 \text{ s} \cdot 20 \frac{m}{s} = 1.0 \cdot 10^3 \text{ m}$$

26 Seite 60 «Gleichförmig» bedeutet, dass sich die Geschwindigkeit nicht ändert. Die Beschleunigung ist daher null.

27 Seite 68

Gegeben sind: die Endgeschwindigkeit $v = 120$ km/h $= 33.3$ m/s, die Anfangsgeschwindigkeit $v_0 = 60$ km/h $= 17$ m/s und die Beschleunigung $a = 1.5$ m/s². Gesucht ist der zurückgelegte Weg:

$$\Delta s = \frac{v^2 - v_0^2}{2 \cdot a} = \frac{\left(33.3\,\frac{m}{s}\right)^2 - \left(17\,\frac{m}{s}\right)^2}{2 \cdot 1.5\,\frac{m}{s^2}} = 2.7 \cdot 10^2 \text{ m}$$

28 Seite 77

Die Richtung der Geschwindigkeits-Vektoren gibt die Richtung der Geschwindigkeit an. Der Vektor der Geschwindigkeitsänderung ist die Differenz der beiden Geschwindigkeits-Vektoren.

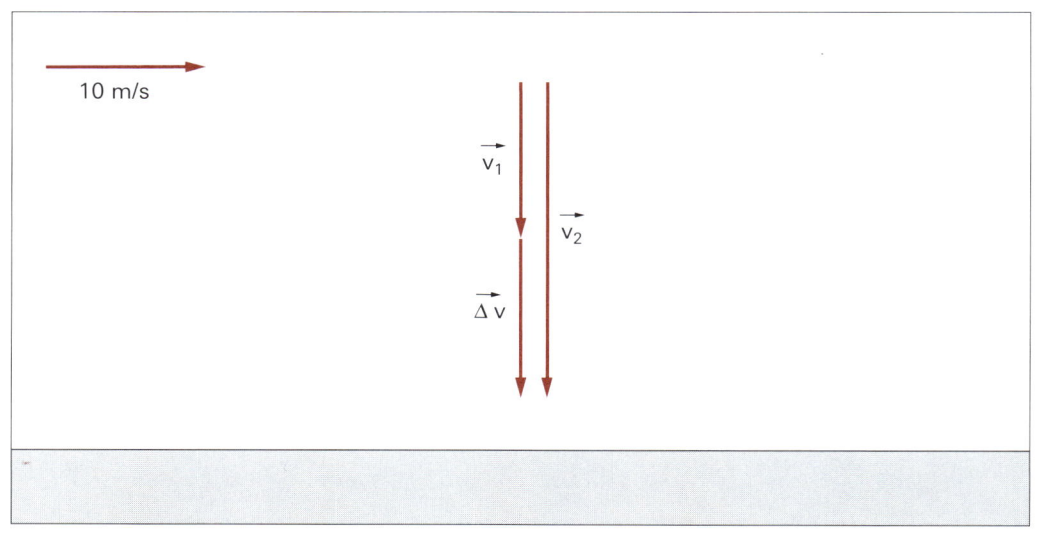

Die Richtung des Vektors der Geschwindigkeitsänderung ist also parallel zu den beiden Geschwindigkeits-Vektoren, d. h. rechtwinklig zum Boden. Der Betrag (Länge) des Vektors der Geschwindigkeitsänderung ist 10 m/s.

29 Seite 84

A]

$$v = \frac{2 \cdot \pi \cdot 4270 \text{ km}}{24 \text{ h}} = \frac{2 \cdot \pi \cdot 4270 \cdot 10^3 \text{ m}}{24 \cdot 60 \cdot 60 \text{ s}} = 3.1 \cdot 10^2 \,\frac{m}{s}$$

B]

$$\omega = \frac{2 \cdot \pi}{24 \text{ h}} = \frac{2 \cdot \pi}{24 \cdot 60 \cdot 60 \text{ s}} = 7.3 \cdot 10^{-5} \text{ s}^{-1}$$

C]

$$T = 24 \text{ h} = 24 \cdot 60 \cdot 60 \text{ s} = 8.6 \cdot 10^4 \text{ s}$$

D]

$$f = \frac{1}{24 \text{ h}} = \frac{1}{24 \cdot 60 \cdot 60 \text{ s}} = 1.2 \cdot 10^{-5} \text{ Hz}$$

30 Seite 45

A] Aus der Definition für die Geschwindigkeit folgt:

$$\Delta s = v \cdot \Delta t$$

v ist hier die Lichtgeschwindigkeit:

$$v = 2.99792 \cdot 10^8 \frac{m}{s}$$

Δt ist 1 Jahr:

$$\Delta t = 365 \cdot 24 \cdot 60 \cdot 60 s = 3.15 \cdot 10^7 \, s$$

Folglich ist die Distanz, die ein Lichtstrahl in einem Jahr zurücklegt:

$$\Delta s = 2.99792 \cdot 10^8 \frac{m}{s} \cdot 3.15 \cdot 10^7 \, s = 9.44 \cdot 10^{15} \, m$$

B] Diesmal lösen wir die Definition der Geschwindigkeit nach Δt auf:

$$\Delta t = \frac{\Delta s}{\Delta v}$$

Δs ist 4.2-mal die Distanz den ersten Teil der Aufgabe. Die Geschwindigkeit $v = 900$ km/h $= 250$ m/s gibt:

$$\Delta t = \frac{4.2 \cdot 9.44 \cdot 10^{15} \, m}{250 \frac{m}{s}} = 1.6 \cdot 10^{14} \, s$$

Wenn Sie dies lieber in Jahren (jr) wissen möchten, dividieren Sie wieder durch die Sekunden, die ein Jahr hat:

$$\Delta t = \frac{1.6 \cdot 10^{14} \, s}{3.15 \cdot 10^7 \frac{s}{jr}} = 5.1 \cdot 10^6 \, jr$$

Das Flugzeug wäre also etwa 5 Mio. Jahre unterwegs.

31 Seite 53

A] Eine steigende Gerade ($t = 0$ s ... 4 s) entspricht konstanter Geschwindigkeit. Als Geschwindigkeit liest man $v = 8$ m / 4 s $= 2$ m/s ab. Nach $t = 4$ s bleibt der Körper an Ort, also Geschwindigkeit 0 m/s:

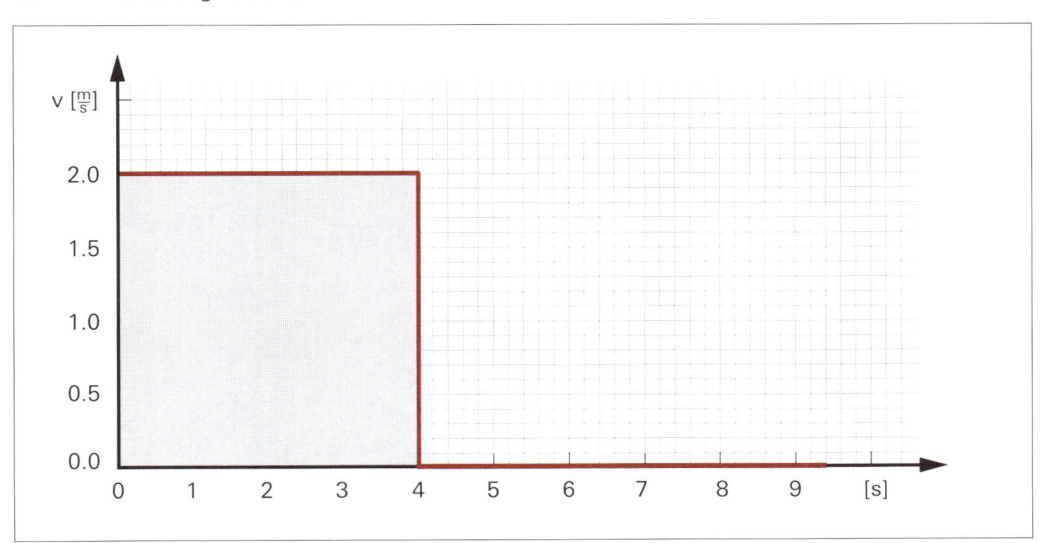

B] Der zurückgelegte Weg entspricht der Rechtecksfläche:

$$s = 4\,\text{s} \cdot 2\,\frac{\text{m}}{\text{s}} = 8\,\text{m}$$

Tatsächlich liest man dies auch direkt aus dem s-t-Diagramm heraus, bewegt sich der Körper in der fraglichen Zeit doch von $s = 0$ m nach $s = 8$ m.

32 Seite 62

Mit $a = 2.5$ m/s^2 ist z. B. bei $t = 7$ s die Geschwindigkeit $v = 17.5$ m/s.

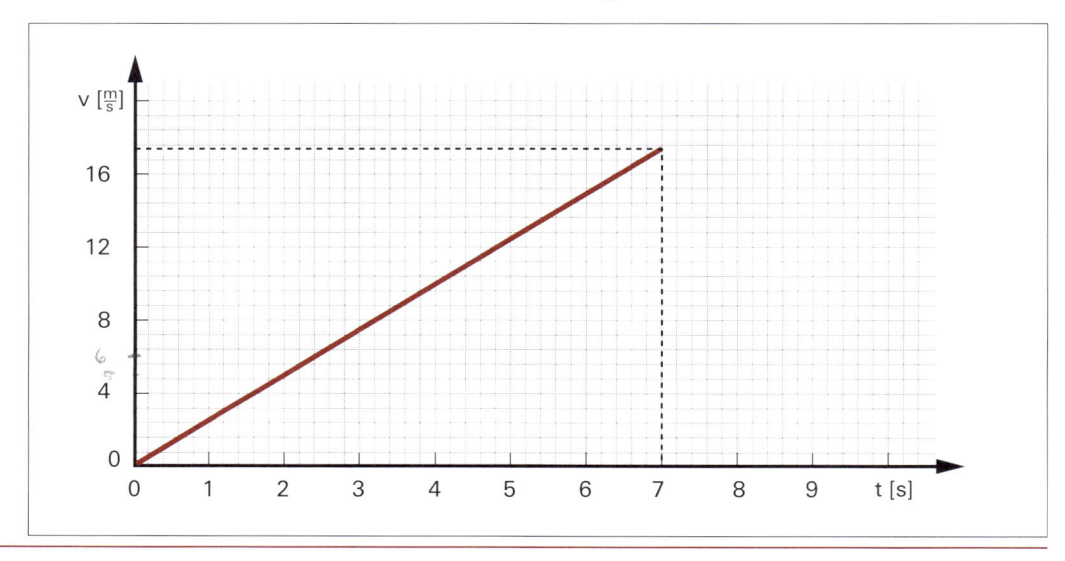

33 Seite 71

Gegeben sind die Anfangsgeschwindigkeit ($v_0 = 72$ km/h $= 20$ m/s) und die Endgeschwindigkeit ($v = 0$ m/s), gesucht ist die Zeit t:

$$t = \frac{v - v_0}{a} = \frac{0\,\frac{\text{m}}{\text{s}} - 20\,\frac{\text{m}}{\text{s}}}{-0.50\,\frac{\text{m}}{\text{s}^2}} = 40\,\text{s}$$

Die 20 s reichen also keineswegs zum Anhalten.

34 Seite 78

Die Richtung des Vektors der Geschwindigkeitsänderung ist rechtwinklig zum Boden. Die Richtung der Geschwindigkeitsänderung ist auch die Richtung der Beschleunigung. Der Betrag des Beschleunigungs-Vektors ist die Fallbeschleunigung $g = 9.81$ m/s^2.

35 Seite 84

Zwischen Periode und Frequenz gilt die Beziehung $T = 1/f$. Die Winkelgeschwindigkeit ω bei einer Periode von $T = 365$ d ist:

$$\omega = \frac{2 \cdot \pi}{T} = \frac{2 \cdot \pi}{365 \cdot 24 \cdot 60 \cdot 60\,\text{s}} = 1.99 \cdot 10^{-7}\,\text{s}^{-1}$$

Die drei Angaben gehören zur gleichen Kreisbewegung.

36 Seite 46

Die Geschwindigkeit ist ab $t = 4$ s negativ, denn danach ist $\Delta s = s_2 - s_1$ negativ.

37 Seite 56

Für die Durchschnittsgeschwindigkeit $v = \Delta s/\Delta t$ muss man nun den gesamten Weg durch die gesamte Reisezeit dividieren.

Für die erste Hälfte der Reise wird eine Zeit Δt_1 benötigt:

$$\Delta t_1 = \frac{\Delta s_1}{v_1} = \frac{500 \cdot 10^3 \text{ m}}{180 \frac{\text{m}}{\text{s}}} = 2.78 \cdot 10^3 \text{ s}$$

Und die zweite Hälfte eine Zeit Δt_2

$$\Delta t_2 = \frac{\Delta s_2}{v_2} = \frac{500 \cdot 10^3 \text{ m}}{300 \frac{\text{m}}{\text{s}}} = 1.67 \cdot 10^3 \text{ s}$$

$$v = \frac{\Delta s_1 + \Delta s_2}{\Delta t_1 + \Delta t_2} = \frac{1.00 \cdot 10^6 \text{ m}}{4.45 \cdot 10^3 \text{ s}} = 225 \frac{\text{m}}{\text{s}}$$

Woher rührt der Unterschied zur anfänglich einleuchtenden Antwort von «240 m/s»? Das Flugzeug ist eben länger mit der kleineren Geschwindigkeit unterwegs als mit der grösseren. Die kleinere Geschwindigkeit erhält deshalb beim Mitteln mehr Gewicht.

38 Seite 62

A] Hier sind v und t gegeben, gesucht ist s:

$$s = \frac{1}{2} \cdot v \cdot t = \frac{1}{2} \cdot 80 \frac{\text{m}}{\text{s}} \cdot 45 \text{ s} = 1.8 \cdot 10^3 \text{ m}$$

B] Hier sind a und t sind gegeben, gesucht ist s:

$$s = \frac{1}{2} \cdot a \cdot t^2 = \frac{1}{2} \cdot 1.8 \frac{\text{m}}{\text{s}^2} \cdot (45 \text{ s})^2 = 1.8 \cdot 10^3 \text{ m}$$

C] Hier sind a und v gegeben, gesucht ist s:

$$s = \frac{v^2}{2 \cdot a} = \frac{\left(80 \frac{\text{m}}{\text{s}}\right)^2}{2 \cdot 1.8 \frac{\text{m}}{\text{s}^2}} = 1.8 \cdot 10^3 \text{ m}$$

39 Seite 71

Gegeben ist der Bremsweg $s = 0.40$ m und die ursprüngliche Geschwindigkeit des Autos $v_0 = 50$ km/h $= 14$ m/s.

A] Als Erstes ist die Beschleunigung gefragt:

$$a = -\frac{v_0^2}{2 \cdot s} = -\frac{\left(14 \frac{\text{m}}{\text{s}}\right)^2}{2 \cdot 0.4 \text{ m}} = -2.5 \cdot 10^2 \frac{\text{m}}{\text{s}^2} = -25 \text{ g}$$

Also erfährt man beim Aufprall die 25fache Erdbeschleunigung!

B] Die Zeit, die der Stauchvorgang benötigt, ist:

$$t = \frac{2 \cdot s}{v_0} = \frac{2 \cdot 0.40 \text{ m}}{14 \frac{\text{m}}{\text{s}}} = 5.7 \cdot 10^{-2} \text{ s} = 57 \text{ ms}$$

40 Seite 81

A] Bei der gleichförmigen Kreisbewegung sind die Vektoren der Momentangeschwindigkeit immer tangential an den Kreis.

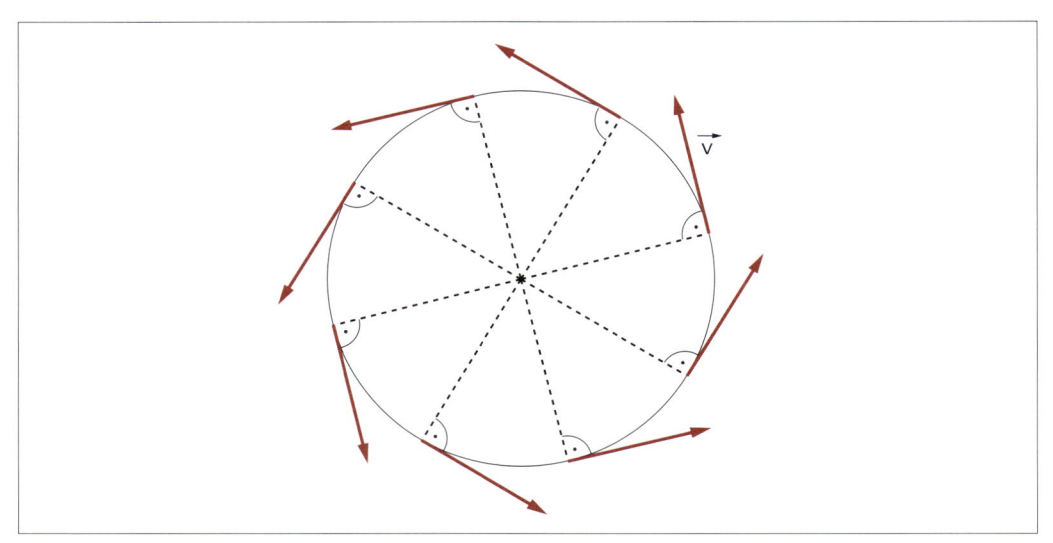

B] Der Betrag der Geschwindigkeit des Pferdes ist:

$v = 2 \cdot \pi \cdot r / T = 2 \cdot \pi \cdot 5 \text{ m} / 15 \text{ s} = 2 \text{ m/s}$.

41 Seite 84

Die erste Behauptung ist falsch:

$$\omega = \frac{v}{r}$$

Die zweite Behauptung ist richtig:

$$\omega = \frac{v}{r}$$

Die dritte Behauptung ist richtig:

$$v = \omega \cdot r$$

42 Seite 48

A] Am grössten ist die Geschwindigkeit zwischen $t = 3$ min und $t = 4$ min, denn dann ist die Kurve am steilsten.

B] Der Körper steht still, denn s bleibt hier gleich, so dass $\Delta s = s_2 - s_1 = 0$ km.

C] s nimmt ab, d.h die Fahrt geht zurück Richtung Ausgangspunkt. $\Delta s = s_2 - s_1$ ist negativ, d. h., die Geschwindigkeit ist negativ.

D]

$$v = \frac{\Delta s}{\Delta t} = \frac{s_2 - s_1}{t_2 - t_1} = \frac{40 \text{ km} - 30 \text{ km}}{7 \text{ min} - 4 \text{ min}} = \frac{10 \cdot 10^3 \text{ m}}{180 \text{ s}} = 56 \frac{\text{m}}{\text{s}}$$

43 Seite 58

A] Im s-t-Diagramm wird eine gleichförmige Bewegung durch eine Gerade dargestellt, denn die Steigung der Kurve muss ja überall gleich sein, eine Eigenschaft, die nur eine Gerade bieten kann.

B] Im v-t-Diagramm wird eine gleichförmige Bewegung durch eine horizontale Gerade dargestellt, denn der v-Wert ist überall gleich.

44 Seite 66

A] Es geht um einen Fall- bzw. Beschleunigungsweg $s = 1.2$ m, der mit einer Beschleunigung $a = g = 9.81$ m/s² zurückgelegt wird und gefragt ist die hierfür nötige Zeit t:

$$t = \sqrt{\frac{2 \cdot s}{a}} = \sqrt{\frac{2 \cdot 1.2 \text{ m}}{9.81 \frac{\text{m}}{\text{s}^2}}} = 0.49 \text{ s}$$

B] Für die Berechnung der Fallzeit wurde angenommen, dass der Körper frei fällt, das heisst, dass der Luftwiderstand vernachlässigbar klein ist.

45 Seite 87

A] Die Reibungskraft bremst den Curling-Stein.

B] Die Zupfkraft deformiert die Saite.

C] Die Gewichtskraft beschleunigt das Hagelkorn.

46 Seite 99

Wir zählen mit Vorteil erst die parallelen Kraft-Vektoren zusammen, bevor wie die schiefen Kraft-Vektoren dazuzählen:

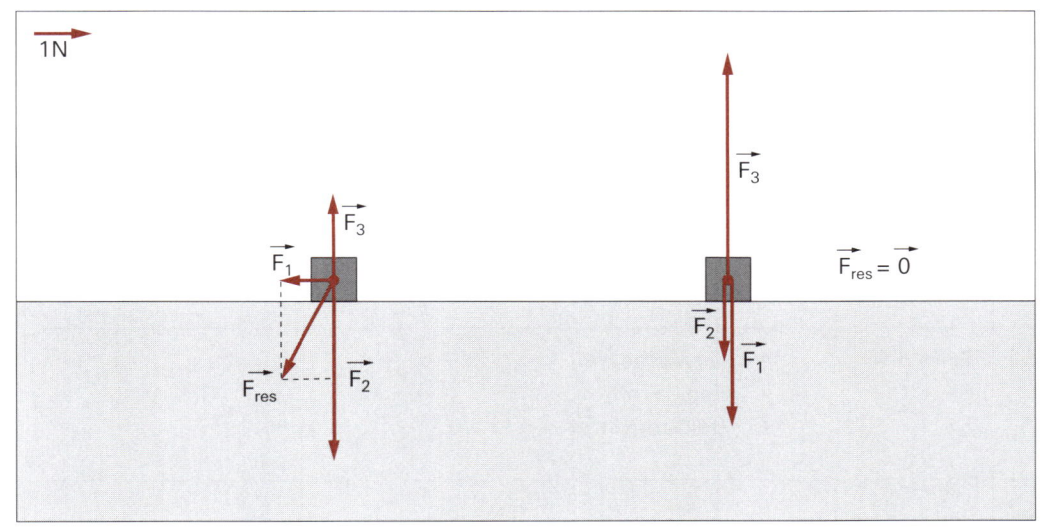

In der linken Situation ist der Betrag der resultierenden Kraft 1.9 N, in der rechten Situation ist der Betrag der resultierenden Kraft 0 N.

47 Seite 110

150 kg Masse wirkt gemäss der Definition der Krafteinheit mit einer Gewichtskraft von $F_G = 1.50 \cdot 10^3$ N auf den Boden. Der Boden stützt die Masse mit einer Normalkraft von $F_N = 1.50 \cdot 10^3$ N. Holz auf Holz hat gemäss Tabelle 11.2 eine Haftreibungszahl von $\mu_H = 0.6$. Es resultiert maximal eine Haftreibungskraft von:

$$F_R = \mu_H \cdot F_N = 0.6 \cdot 1.50 \cdot 10^3 \text{ N} = 9 \cdot 10^2 \text{ N}$$

48 Seite 113

Die Geschwindigkeitsänderung $\Delta v = 100$ km/h $= 27.8$ m/s der Masse von $m = 1 \cdot 10^3$ kg findet in $\Delta t = 10$ s statt. Dies bedarf laut Kraftwirkungsgesetz einer Kraft vom Betrag:

$$F = m \cdot a = m \cdot \frac{\Delta v}{\Delta t} = 1 \cdot 10^3 \text{ kg} \cdot \frac{27.8 \frac{\text{m}}{\text{s}}}{10 \text{ s}} = 2.8 \text{ kN}$$

49 Seite 126

Die Kraft von Kugel B auf die Kugel A ist die Reaktionskraft zur Kraft der Kugel A auf die Kugel B. Sie muss daher denselben Betrag haben, also 2 N.

50 Seite 134

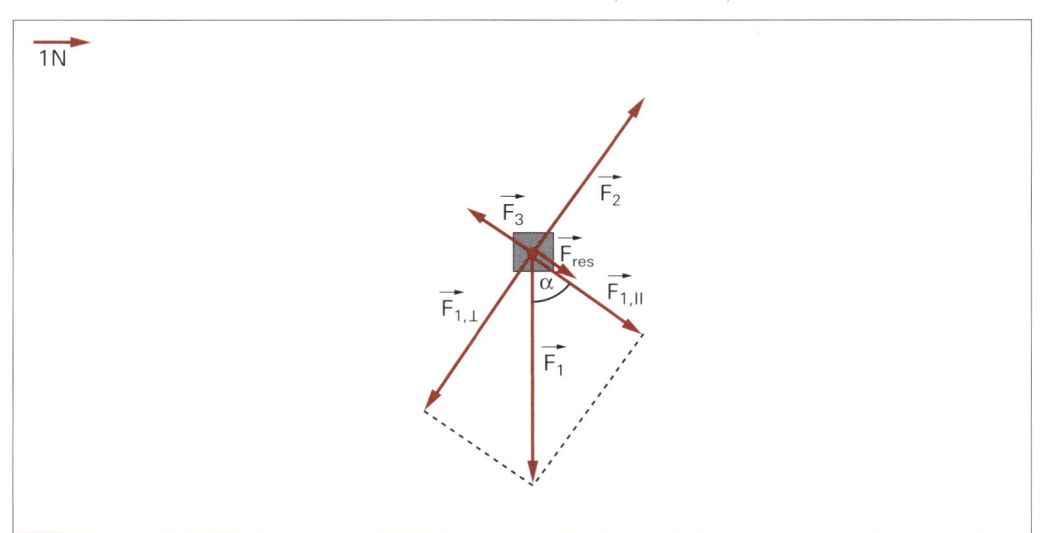

A] Für die schiefe Kraft $\vec{F_1}$, sehen die Ersatzkräfte $\vec{F_{1,\parallel}}$ und $\vec{F_{1,\perp}}$ wie folgt aus:

B] Grafische Lösung:

$F_{1,\parallel} = 2.5$ N,

$F_{1,\perp} = 3.3$ N.

C] Lösung über der Winkel $\alpha = 53°$ und $F_1 = 4.1$ N:

$F_{1,\parallel} = F_1 \cdot \cos\alpha = 2.5$ N

$F_{1,\perp} = F_1 \cdot \sin\alpha = 3.3$ N

51 Seite 88

- Gewichtskraft
- Federkraft
- Reibungskraft

52 Seite 102

$$D = \frac{F_F}{y} = \frac{5.0\,\text{N}}{0.08\,\text{m}} = 62.5\,\frac{\text{N}}{\text{m}}$$

$$y = \frac{F_F}{D} = \frac{4.0\,\text{N}}{62.5\,\frac{\text{N}}{\text{m}}} = 6.4 \cdot 10^{-2}\,\text{m} = 64\,\text{cm}$$

53 Seite 110

Die beim Gleiten auftretende Gleitreibung ist die Ursache für die Verzögerung der Bewegung. Physikalisch gesehen handelt es sich daher bei der Reibung um eine Kraft, die entgegengesetzt zur Bewegungsrichtung ist. Die Gleitreibungskraft hängt nicht von der Grösse der Gleitfläche ab, aber von ihrer Beschaffenheit, die durch die Gleitreibungszahl erfasst wird. Es gilt das Reibungsgesetz: $F_R = \mu_G \cdot F_N$; dabei bedeutet F_N die Stärke der Normalkraft. Darunter versteht man jene Kraft, mit der die Unterlage den darauf liegenden Körper stützt.

54 Seite 115   A] Die resultierte Kraft ist die vektorielle Summe aller auf den Körper wirkenden Kräfte:

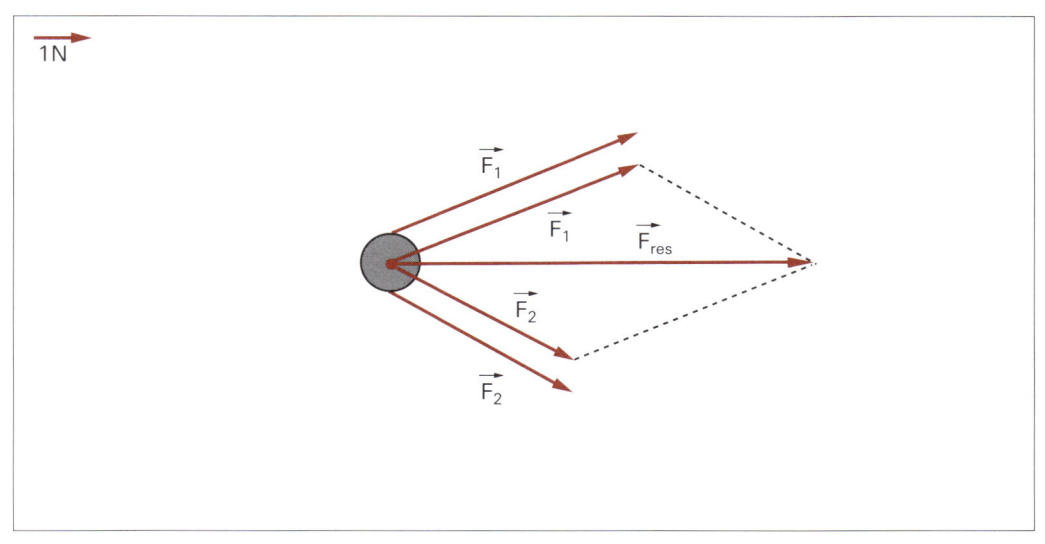

[Diagramm: Maßstab 1N; Vektoren $\vec{F}_1$, $\vec{F}_1$, $\vec{F}_2$, $\vec{F}_2$ ausgehend von einer Kugel, resultierende Kraft $\vec{F}_{res}$ als Summe per Parallelogrammkonstruktion]

B] Gemäss der Länge des Vektors der resultierenden Kraft ist der Betrag der resultierenden Kraft 7.0 N.

C] Dies führt zu einer Beschleunigung von $a = F/m = 7.0\,\text{N} / 1.0\,\text{kg} = 7.0\,\text{m/s}^2$. Die nach $t = 5.0$ s erreichte Geschwindigkeit ist:

$$v = a \cdot t = 7.0\,\frac{\text{m}}{\text{s}^2} \cdot 5.0\,\text{s} = 35\,\frac{\text{m}}{\text{s}}$$

55 Seite 126   A] Auf die Masse m von Petra wirkt die Gewichtskraft von 500 N. Zudem wirkt im Moment des Abstosses die Reaktionskraft des Bodens auf Petra, die Stärke der Reaktionskraft ist 800 N.

B] Die resultierende Kraft zeigt nach oben und hat den Betrag 800 N – 500 N = 300 N. Dies gibt eine Beschleunigung von $a = 300\,\text{N} / 50\,\text{kg} = 6.0\,\text{m/s}^2$.

C] Die Reactio auf die 300 N stösst umgekehrt die Erde von Petra weg, die entsprechende Beschleunigung ist aber nur $a = 300\,\text{N} / (6.0 \cdot 10^{24}\,\text{kg}) = 5.0 \cdot 10^{-23}\,\text{m/s}^2$, was natürlich nicht wahrnehmbar ist.

56 Seite 89   Die bremsende Reibungskraft geht vom Billardtisch aus.

57 Seite 102 $$F = D \cdot \Delta y = 250 \cdot 10^3\,\frac{\text{N}}{\text{m}} \cdot (0.45\,\text{m} - 0.33\,\text{m}) = 3.0 \cdot 10^4\,\text{N} = 30\,\text{kN}$$

58 Seite 110   A] Die Reibungszahl ist eine einheitenlose Grösse, also eine reine Zahl.

B] Gemäss Tabelle 11.2 ist für Stahl auf Stahl $\mu_G = 0.1$.

59 Seite 116   A] Ein Bezugssystem muss unbeschleunigt sein, um ein Inertialsystem zu sein.

B] Im Alltag sind viele Bezugssysteme beschleunigt, d. h. keine Inertialsysteme.

- Sie sitzen im Auto, fahren mal schneller und mal langsamer, d. h., Sie sind kein Inertialsystem.
- Sie sitzen im Auto und fahren eine kurvenreiche Strasse, d. h., Sie sind kein Inertialsystem.

- Sie stehen auf der Erde, die sich einmal pro Tag um die eigene Achse dreht, wodurch Sie eine Kreisbewegung mitmachen. Die Beschleunigung dieser gleichförmigen Kreisbewegung ist aber in den meisten Situationen vernachlässigbar klein, so dass Sie annähernd ein Inertialsystem sind.

60 Seite 128

Angenommen Ihre Masse ist 62 kg, so ist die Gewichtskraft, die auf Sie wirkt:

$$F_G = m \cdot g = 62 \cdot 9.81 \frac{m}{s^2} = 6.1 \cdot 10^2 \, N$$

61 Seite 138

Wir gehen wieder gemäss Anleitung vor: Zuerst alle Kräfte in eine Skizze einzeichnen. Die Gewichtskraft zieht vertikal nach unten, die Normalkraft ist rechtwinklig zum Boden, die Gleitreibungskraft ist parallel zum Boden. Die resultierende Kraft ist parallel zum Boden hangabwärts gerichtet, wodurch der Skispringer beschleunigt wird.

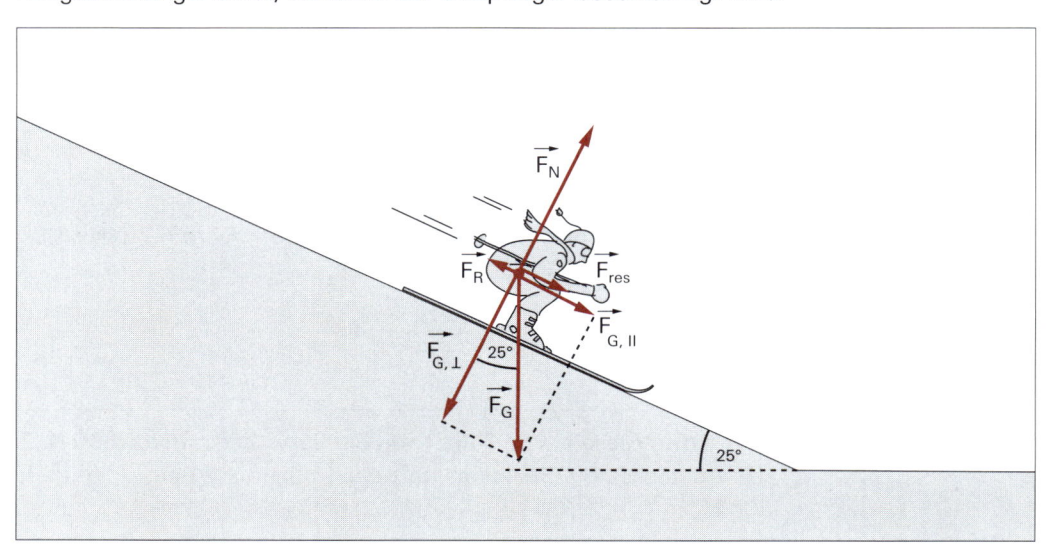

Hier ist die Gewichtskraft schief zur resultierenden Kraft, und somit in zwei Komponenten zu zerlegen: $F_{G,\parallel} = F_G \cdot \sin 25°$, $F_{G,\perp} = F_G \cdot \cos 25°$. Für die Berechnung führen wir den Steigungswinkel $\alpha = 25°$ ein.

p-Kräfte: $F_G \cdot \sin \alpha - F_R = F_{res}$

r-Kräfte: $F_N - F_G \cdot \cos \alpha = 0$

Aus der Gleichung für die p-Kräfte erhalten wir die Normalkraft. Wie immer gilt $F_R = \mu_G \cdot F_N$. Dadurch lässt sich die Reibungskraft in der Gleichung für die p-Kräfte durch $F_R = \mu_G \cdot F_N = \mu_G \cdot F_G \cdot \cos \alpha$ ersetzen, ergibt:

$$F_G \cdot \sin \alpha - \mu_G \cdot F_G \cdot \cos \alpha = F_{res}$$

Mit dem Kraftwirkungsgesetz die Beschleunigung berechnen, wobei wir für die Gewichtskraft $F_G = m \cdot g$ einsetzen, ergibt:

$$m \cdot g \cdot \sin \alpha - \mu_G \cdot m \cdot g \cdot \cos \alpha = m \cdot a$$

Also ist die Beschleunigung a:

$$a = g \cdot (\sin \alpha - \mu_G \cdot \cos \alpha) = 9.81 \, m/s^2 \cdot (\sin 25° - 0.1 \cdot \cos 25°) = 3.3 \, m/s^2$$

Die Bewegungsgleichung $s = v^2 / (2 \cdot a)$ liefert die Endgeschwindigkeit beim Absprung:

$$v = \sqrt{2 \cdot a \cdot s} = 26 \, m/s = 94 \, km/h$$

62	Seite 92	Nehmen wir an, beim Zusammendrücken zeigt die Waage 10 kg an. Gemäss der Definition der Krafteinheit übt ein Gewicht von 0.1 kg eine Kraft von 1 N auf eine Federwaage aus. Die 10 kg, die an der Waage abgelesen werden, entsprechen also einer Kraft von 100 N.

63	Seite 102	Wenn sich die Lastwagenfederung nach dem Federgesetz verhält, können wir eine «Federkonstante D» bestimmen. Die 6.5 t Ladung des Lastwagens übt eine Kraft von $F = 6.5 \cdot 10^4$ N aus, die die Feder um $y = 15$ mm staucht. Also ist die Federkonstante:

$$D = \frac{F}{y} = \frac{6.5 \cdot 10^4 \text{ N}}{15 \cdot 10^{-3} \text{ m}} = 4.3 \cdot 10^6 \frac{\text{N}}{\text{m}}$$

64	Seite 110	A] Ohne Reibung wäre das Anfahren, das Bremsen, das Kurvenfahren und das Parkieren auf einer abschüssigen Strasse nicht möglich.

B] Wegen der Reibung muss auch bei konstanter Geschwindigkeit durch den Motor eine Antriebskraft aufgebracht werden. Wegen des Benzinverbrauchs ist dies unerwünscht.

65	Seite 128	Auf ein Buch der Masse 2.0 kg wirkt die Gewichtskraft:

$$F_G = m \cdot g = 2.0 \cdot 9.81 \frac{\text{m}}{\text{s}^2} = 20 \text{ N}$$

Da das Buch in Ruhe ist, muss der Tisch mit einer gleich starken Normalkraft $F_N = 20$ N entgegenwirken. Die Normalkraft ist senkrecht zur Unterlage.

66	Seite 141	Der 4.0 kg schwere Stein wird nach unten beschleunigt, der 2.0 kg schwere Stein wird gleich stark nach oben beschleunigt. Beim 4.0-kg-Stein zeigt die resultierende Kraft nach unten, beim 2.0-kg-Stein zeigt sie nach oben.

A] Um die Beschleunigung zu bestimmen, stellen wir das Kraftwirkungsgesetz für das Gesamtsystem auf. Auf das Gesamtsystem wirkt: die Gewichtskraft $m_1 \cdot g$ beschleunigend und die Gewichtskraft $m_2 \cdot g$ bremsend. Die resultierend Kraft auf das Gesamtsystem ist:

$$F_{res} = m_1 \cdot g - m_2 \cdot g$$

Das Kraftwirkungsgesetz führt direkt auf die Beschleunigung der Gesamtmasse ($m_1 + m_2$):

$$m_1 \cdot g - m_2 \cdot g = (m_1 + m_2) \cdot a$$

$$a = g \cdot \left(\frac{m_1 - m_2}{m_1 + m_2}\right) = 9.81 \frac{\text{m}}{\text{s}^2} \cdot \left(\frac{2 \text{ kg}}{6 \text{ kg}}\right) = 3.3 \frac{\text{m}}{\text{s}^2}$$

B] Um die Seilkraft F_S zu bestimmen, stellen wir das Kraftwirkungsgesetz z. B. für den Körper der Masse m_1 auf:

$$F_{res} = m_1 \cdot g - F_S = m_1 \cdot a$$

Einsetzen der schon berechneten Beschleunigung:

$$m_1 \cdot g - F_S = m_1 \cdot g \cdot \left(\frac{m_1 - m_2}{m_1 + m_2}\right)$$

$$F_S = m_1 \cdot g - m_1 \cdot g \cdot \left(\frac{m_1 - m_2}{m_1 + m_2}\right)$$

$$F_S = m_1 \cdot g \cdot \left(1 - \frac{m_1 - m_2}{m_1 + m_2}\right) = 4 \text{ kg} \cdot 9.81 \frac{\text{m}}{\text{s}^2} \cdot \left(1 - \frac{4 \text{ kg} - 2 \text{ kg}}{6 \text{ kg}}\right) = 26 \text{ N}$$

67	Seite 93	Die Angabe «Es wirkt eine Kraft von 10 N auf einen Körper» ist unvollständig, weil die Wirkung der Kraft nicht nur von ihrer Stärke, sondern auch von ihrer Richtung und ihrem Angriffspunkt abhängt. Deshalb werden Kräfte mit Kraft-Vektoren dargestellt.
68	Seite 105	Wenn man mit einem Körper vom Äquator zum Nordpol wandert, so ändert sich die Richtung seiner Gewichtskraft um 90 Grad. Am Nord- und am Südpol haben die Gewichtskräfte des Körpers entgegengesetzte Richtung.
69	Seite 113	A] Bei gleichen Massen ist die Kraft proportional zur Beschleunigung. B] Bei gleicher Kraft ist das Produkt aus Masse und Beschleunigung konstant. C] Das Kraftwirkungsgesetz aufgelöst nach der Beschleunigung lautet: $a = F/m$. Bei konstanter Kraft ist die Beschleunigung also umgekehrt proportional zur Masse.
70	Seite 119	Der Astronaut hält Gewichtskraft und Masse nicht auseinander. Die Gewichtskraft eines Steins ist auf dem Mond vergleichsweise klein (ein Sechstel der Erdbeschleunigung). Fälschlicherweise folgert der Astronaut, dass auch die Masse klein ist. Die Masse ist aber unverändert, was sich in der Trägheit des Steins äussert, wenn man ihn in Bewegung setzen will.
71	Seite 131	A] Die resultierende Kraft ist entgegengesetzt zur Fahrtrichtung, wodurch die Bewegung des Wagens verzögert wird und schlussendlich zum Stillstand kommt. B] Wir gehen gemäss Anleitung vor:

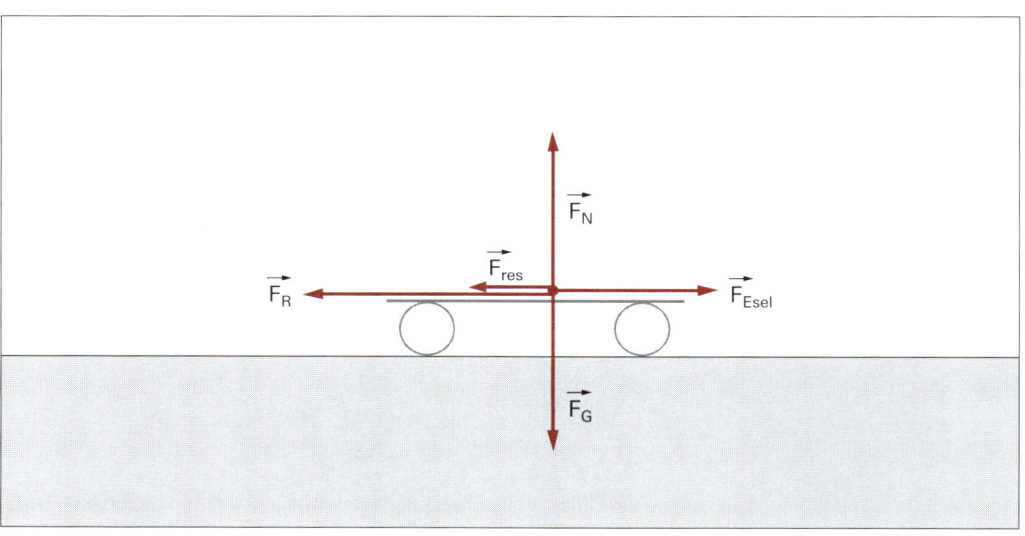

p-Kräfte: $+F_R - F_{Esel} = F_{res}$

r-Kräfte: $+F_G - F_N = 0$

Aus der Gleichung für die r-Kräfte folgt: $F_N = F_G$. Mithilfe der Normalkraft erhält man die Gleitreibungskraft: $F_R = \mu_G \cdot F_N = \mu_G \cdot F_G = \mu_G \cdot m \cdot g$. Einsetzen der Reibungskraft in die Gleichung für die p-Kräfte ergibt:

$$F_{res} = \mu_G \cdot m \cdot g - F_{Esel}$$

Mit dem Kraftwirkungsgesetz die gesuchte Beschleunigung berechnen:

$$a = F_{res}/m = \mu_G \cdot g - (F_{Esel}/m) = 0.8 \cdot 9.81 \text{ m/s}^2 - 2000\text{N} / 300 \text{ kg} = 1.2 \text{ m/s}^2$$

Die Beschleunigung $a = -1.2$ m/s² in die Gleichung für den Bremsweg einsetzen:

$$s_B = -v_0^2 / (2 \cdot a) = -(2 \text{ m/s})^2 / (-2.4 \text{ m/s}^2) = 1.7 \text{ m}$$

72 Seite 144

Der Zusammenhang zwischen Zentralkraft F_{res} und der Geschwindigkeit v, Winkelgeschwindigkeit ω und Kreisradius r lautet $F_{res} = m \cdot v^2 / r = m \cdot \omega^2 \cdot r = m \cdot \omega \cdot v$. Also ist A falsch, B richtig, und C richtig.

73 Seite 93

Die Kraft des Eimers greift an einer Sprosse an. Der Anfangspunkt des Kraft-Vektors ist also die zweitoberste Sprosse. Die Gewichtskraft des Eimers zieht senkrecht nach unten. Also zeichnen wir einen vertikalen Kraft-Vektor, dessen Anfangspunkt bei der zweitobersten Sprosse ist. Die Länge des Vektors ist frei wählbar. Sie legt aber den Massstab für allfällige weitere Kraft-Vektoren fest.

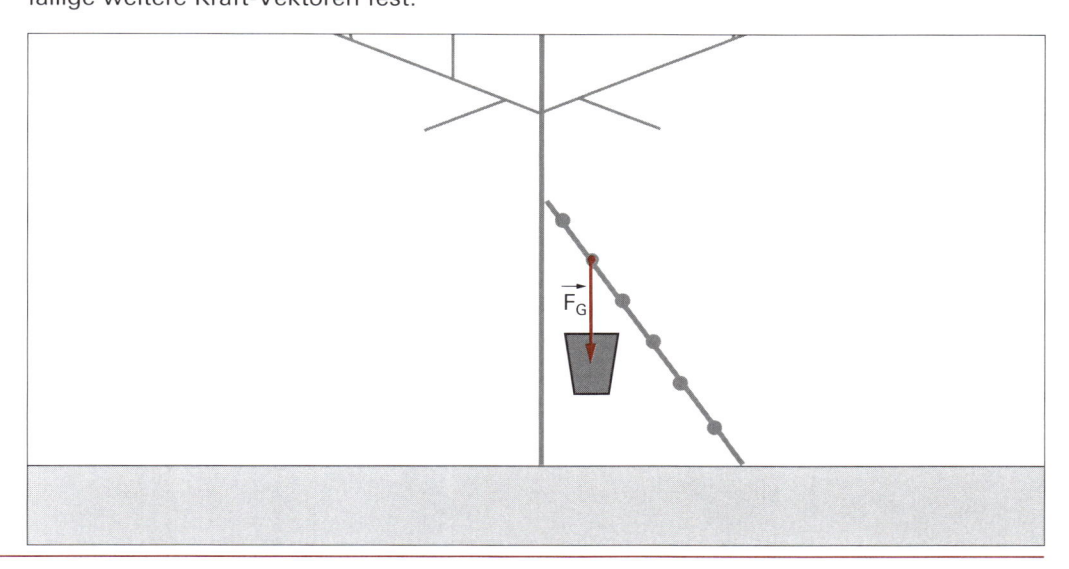

74 Seite 105

105 t = 105 · 10³ kg bezeichnet eine Masse. Angegeben werden soll aber die Kraft, die die Triebwerke erzeugen. Gemeint ist wohl: die gleiche Kraft wie die Gewichtskraft einer Masse von 105 t, d. h. 105 · 10⁴ N. Sie sehen an solchen Aussagen, denen Sie regelmässig begegnen, wie schwer es vielen Menschen fällt, Kraft und Masse zu unterscheiden.

75 Seite 113

Wir nehmen an, zuerst betrage die Masse des fraglichen Körpers m und der Betrag der angreifenden Kraft F, die Beschleunigung beträgt dann $a_1 = F / m$. Doppelte Masse und dreifache Kraft bedeuten $2 \cdot m$ und $3 \cdot F$. Somit beträgt die Beschleunigung neu $a_2 = 3 \cdot F / (2 \cdot m) = 1.5 \cdot a_1$. Die neue Beschleunigung ist das eineinhalbfache der alten.

76 Seite 126

A] Die Feder B zieht an der Feder A.

B] Die Luft stösst den Haarföhn zurück.

C] Das Buch zieht am Tisch.

D] Der Tisch stützt das Buch (Normalkraft).

E] Der Fussball stösst gegen Ihren Fuss.

77 Seite 132

Die auf das Auto wirkenden Kräfte sind: Reibungskraft, Gewichtskraft, Normalkraft. Die resultierende Kraft wirkt engegengesetzt zur Bewegungsrichtung und bremst deshalb die Bewegung ab.

p-Kräfte: $+F_R = F_{res}$

r-Kräfte: $+F_G - F_N = 0$

Aus der Gleichung für die r-Kräfte folgt: $F_N = F_G$. Mithilfe der Normalkraft erhält man die Gleitreibungskraft: $F_R = \mu_G \cdot F_N = \mu_H \cdot F_G = \mu_G \cdot m \cdot g$. Einsetzen der Reibungskraft in die Gleichung für die p-Kräfte ergibt: $F_{res} = \mu_G \cdot m \cdot g$. Mit dem Kraftwirkungsgesetz die Beschleunigung berechnen:

$$a = F_{res} / m = \mu_G \cdot g.$$

Somit ist:

$$\mu_G = a / g = 4 \text{m/s}^2 / 9.81 \text{ m/s}^2 = 0.4$$

78	Seite 144	A] Die auf den Kreismittelpunkt zeigende resultierende Kraft kommt durch die Haftreibungskraft zustande. Die resultierende Kraft ist somit: $F_{res} = \mu_H \cdot F_N = \mu_H \cdot F_G = \mu_H \cdot m \cdot g$. Wir erhalten $m \cdot v^2 / r = \mu_H \cdot m \cdot g$, d.h. $v^2 = \mu_H \cdot g \cdot r$. Die maximale Geschwindigkeit ist damit $v = 38$ m/s $= 137$ km/h. B] Die maximale Geschwindigkeit ist unabhängig von der Masse.
79	Seite 99	Die Gewichtskraft zieht den Stein nach unten. Die stützende Kraft der Hand (Normalkraft) ist nach oben gerichtet. Dass der Stein nicht beschleunigt wird, bedeutet, dass die resultierende Kraft null ist.
80	Seite 105	Masse hat im Gegensatz zur Kraft keinen Richtungssinn. Die Masse ist also eine skalare Grösse, während die Kraft eine vektorielle Grösse ist.
81	Seite 113	A] Die Krafteinheit N ist eine abgeleitete Einheit; sie ist das Produkt aus einer Masse und einer Beschleunigung. B] Die Krafteinheit ist eine abgeleitete Einheit; sie ist das Produkt aus einer Masseneinheit und einer Beschleunigungseinheit. Daher handelt es sich bei den abgeleiteten Einheiten kg m s^{-2} und $\frac{\text{kg} \cdot \text{m}}{\text{s}^2}$ um Krafteinheiten.
82	Seite 126	Flugzeuge bewegen sich, indem sie mit Propellern oder Düsentriebwerken Luft «nach hinten schleudern». Als Reactio darauf werden sie von der Luft nach vorne gestossen. Im Weltall, auch zwischen Erde und Mond, gibt es aber keine Luft, so dass das Prinzip ab einer gewissen Flughöhe versagt.
83	Seite 147	Sie haben im Kapitel 11.2 gelernt, dass die Richtung der Gewichtskraft immer zum Erdmittelpunkt zeigt, und die Stärke der Gewichtskraft auf der Erde am Äquator ein bischen kleiner ist als am Nordpol. Zwei Gründe also, wieso die Gewichtskraft auch auf der Erde nicht konstant ist.
84	Seite 155	Reduzieren wir die Beziehung: $$G = \frac{F_G \cdot r^2}{m_1 \cdot m_2}$$ auf die SI-Einheiten: $$[G] = \frac{\text{N} \cdot \text{m}^2}{\text{kg} \cdot \text{kg}} = \frac{\text{m}^3}{\text{kg} \cdot \text{s}^2}$$ Das entspricht der angegebenen Einheit.

85 Seite 159

Die Gravitationskraft der Erde ist in diesem Punkt gleich gross wie die des Mondes, hat aber eine entgegengesetzte Richtung. Die vektorielle Summe der beiden Kräfte ist daher null. Deshalb bewegt man sich dort so, als würden keine Gravitationskräfte wirken.

86 Seite 151

Wir müssen zwei Situationen mit unterschiedlichen Fallbeschleunigungen vergleichen. Die beiden Situationen unterscheiden sich im Abstand r vom Zentrum der Erde. Dieser Abstand ist es, der über die Stärke der Gravitationskraft und damit über die Fallbeschleunigung entscheidet.

Bezeichnen wir mit

- r_1 den Abstand auf Meereshöhe ($r_1 = 6\,370\,000$ m).
- a_1 die Fallbeschleunigung auf Meereshöhe ($a_1 = g = 9.81$ m/s^2).
- r_2 den Abstand auf dem Berggipfel ($r_2 = 6\,370\,000$ m + $8\,850$ m = $6\,378\,850$ m).
- a_2 die gesuchte Fallbeschleunigung auf dem Gipfel.

(Dabei haben wir sicherheitshalber alle Grössen in SI-Basiseinheiten umgewandelt.)

Nun werden diese 4 Grössen verknüpft durch die Proportionalitätsrelation für die Beschleunigung aus Abschnitt 18.1:

$$\frac{a_1}{a_2} = \frac{(r_2)^2}{(r_1)^2}$$

Wir lösen sie nach dem gesuchten a_2 auf:

$$a_2 = \frac{(r_1)^2}{(r_2)^2} \cdot a_1$$

und setzen die Zahlen ein:

$$a_2 = \frac{(6370000 \text{ m})^2}{(6378850 \text{ m})^2} \cdot 9.81 \text{ m/s}^2 = 9.78 \text{ m/s}^2$$

Der Unterschied ist also sehr klein, selbst wenn man den höchsten Berg betrachtet. Dies ist der Grund, wieso wir im Alltag nichts von der Abstandsabhängigkeit der Gravitationskraft merken.

87 Seite 157

Aus der Dynamik kennen Sie für die Reibungskraft die Gleichung:

$$F_R = \mu \cdot F_N$$

Die Normalkraft F_N ist bei horizontaler Unterlage gleich der Gewichtskraft einer Tasse:

$$F_N = m_{Tasse} \cdot g$$

Also ist die Reibungskraft:

$$F_R = \mu \cdot m_{Tasse} \cdot g = 0.2 \cdot 0.2 \text{ kg} \cdot 9.81 \frac{\text{m}}{\text{s}^2} = 0.4 \text{ N}$$

Die Gravitationsanziehung zwischen zwei Massen ist:

$$F_G = G \cdot \frac{m_1 \cdot m_2}{r^2}$$

Die Massen der Tassen sind $m_1 = m_2 = 0.2$ kg. Die Distanz zwischen den beiden Tassen ist $r = 1$ m. Einsetzen:

$$F_G = 6.67 \cdot 10^{-11} \frac{\text{N m}^2}{\text{kg}^2} \cdot \frac{0.2 \text{ kg} \cdot 0.2 \text{ kg}}{1 \text{ m}^2} = 3 \cdot 10^{-12} \text{ N}$$

Die Gravitationskraft ist also im vorliegenden Zahlenbeispiel 130 Milliarden Mal kleiner als die Reibungskraft. Kein Wunder, kommen die Tassen nicht ins Rutschen.

88 Seite 159

A] Verdoppeln wir m_1, ohne m_2 und r zu verändern, so wird die Gravitationskraft verdoppelt.

B] Verdoppeln wir r, ohne m_1 und m_2 zu verändern, so wird die Gravitationskraft auf ein Viertel reduziert.

C] Verdoppeln wir sowohl m_1 als auch r und lassen m_2 unverändert, so wird die Gravitationskraft halbiert.

Sie können diese Einsichten aus der Gleichung 18.1 für die Gravitationskraft ablesen oder durch Zahlenbeispiele nachvollziehen.

89 Seite 155

Die Gravitations-Kraft wird durch das Gravitationsgesetz (Gleichung 18.1):

$$F_G = G \cdot \frac{m_1 \cdot m_2}{r^2}$$

berechenbar.

Wir kennen bereits die Gravitationskonstante:

$$G = 6.67 \cdot 10^{-11} \frac{\text{N} \cdot \text{m}^2}{\text{kg}^2}$$

und in der Aufgabenstellung ist die Masse des Mondes gegeben:

$$m_1 = 7.3 \cdot 10^{22} \text{ kg}$$

Die Erdmasse finden Sie in Abschnitt 18.3: $m_2 = 5.98 \cdot 10^{24}$ kg und in Abschnitt 18.1 den Abstand Erde – Mond: $r = 384\,000$ km $= 3.84 \cdot 10^8$ m.

Alles eingesetzt ergibt eine Gravitationskraft:

$$F_G = G \cdot \frac{m_1 \cdot m_2}{r^2} = 6.67 \cdot 10^{-11} \frac{\text{N m}^2}{\text{kg}^2} \cdot \frac{7.3 \cdot 10^{22} \text{ kg} \cdot 5.98 \cdot 10^{24} \text{ kg}}{(3.84 \cdot 10^8 \text{ m})^2} = 2.0 \cdot 10^{20} \text{ N}$$

90 Seite 159

Auf der Erde berechnet sich die Fallbeschleunigung nach der Gleichung:

$$g_{Erde} = G \cdot \frac{m_{Erde}}{r_{Erde}^2}$$

Analog gilt auf dem Mond:

$$g_{Mond} = G \cdot \frac{m_{Mond}}{r_{Mond}^2}$$

Wir setzen die Masse m_{Mond} und den Radius r_{Mond} ein:

$$g_{Mond} = 6.67 \cdot 10^{-11} \frac{N\,m^2}{kg^2} \cdot \frac{7.35 \cdot 10^{22}\,kg}{(1.74 \cdot 10^6\,m)^2} = 1.62 \frac{m}{s^2}$$

Die Fallbeschleunigung auf dem Mond ist also rund 1.62/9.81 = 1/6 derjenigen auf der Erde.

91 Seite 162

Mit der Gleichung für die Geschwindigkeit auf einer Kreisbahn, dem Bahnradius $r = 422\,000$ km $= 4.22 \cdot 10^8$ m und der Umlaufzeit $t = 42$ h $= 1.51 \cdot 10^5$ s berechnen wir die Geschwindigkeit von Io:

$$v = \frac{2 \cdot \pi \cdot r}{T} = \frac{2 \cdot \pi \cdot 4.22 \cdot 10^8\,m}{1.51 \cdot 10^5\,s} = 1.76 \cdot 10^4 \frac{m}{s}$$

Eingesetzt in die Gleichung 20.1 respektive in die schon gekürzte Gleichung 20.2:

$$m_1 = \frac{v^2 \cdot r}{G}$$

ergibt für Masse von Jupiter:

$$m_{Jupiter} = \frac{\left(1.76 \cdot 10^4 \frac{m}{s}\right)^2 \cdot 4.22 \cdot 10^8\,m}{6.67 \cdot 10^{-11} \frac{N\,m^2}{kg^2}} = 1.96 \cdot 10^{27}\,kg$$

Dies ist mehr als das 300fache der Masse der Erde. Es gibt also noch viel massereichere Planeten als den unseren.

92 Seite 155

Wie in der Dynamik besprochen, berechnet sich die Zentralkraft bei einer Kreisbewegung mit der Gleichung:

$$F = m \cdot a = m \cdot \frac{v^2}{r}$$

Wir setzen die Mondmasse $m = 7.3 \cdot 10^{22}$ kg, die Geschwindigkeit des Mondes um die Erde $v = 1022$ m/s (wurde in Abschnitt 18.1 berechnet) und den Radius der Mondbahn $r = 3.84 \cdot 10^8$ m ein:

$$F = 7.3 \cdot 10^{22} \text{ kg} \cdot \frac{\left(1020 \frac{m}{s}\right)^2}{3.84 \cdot 10^8 \text{ m}} = 2.0 \cdot 10^{20} \text{ N}$$

Dies ist in Übereinstimmung mit der Gravitationskraft der Lösung zur Aufgabe 89.

---

93   Seite 159   Die Gravitationskraft nimmt ab, und zwar proportional zum Quadrat der Entfernung. Unendlich weit weg verschwindet sie (wird null).

---

94   Seite 162   A] In Gleichung 20.2 setzen wir die Erdmasse $m = 5.98 \cdot 10^{24}$ kg und den Bahnradius $r = 6.37 \cdot 10^6$ m ein:

$$v = \sqrt{\frac{G \cdot m}{r}}$$

$$v = \sqrt{\frac{6.67 \cdot 10^{-11} \frac{N\,m^2}{kg^2} \cdot 5.98 \cdot 10^{24} \text{ kg}}{6.37 \cdot 10^6 \text{ m}}} = 7.91 \cdot 10^3 \frac{m}{s} \approx 30000 \frac{km}{h}$$

B] Wir lösen die Gleichung für die Geschwindigkeit nach T auf:

$$v = \frac{2 \cdot \pi \cdot r}{T}$$

$$T = \frac{2 \cdot \pi \cdot r}{v} = \frac{2 \cdot \pi \cdot 6.37 \cdot 10^6 \text{ m}}{7.91 \cdot 10^3 \frac{m}{s}} = 5.06 \cdot 10^3 \text{ s}$$

Das sind etwa 84 min. Die tiefsten Satellitenbahnen liegen über der Erdatmosphäre, also ist der Bahnradius etwas grösser als der Erdradius. Der Unterschied ist aber nicht so gross. Tatsächlich umkreisen Satelliten wie beispielsweise die ISS die Erde in ungefähr 90 min, in einer Höhe von ca. 300 km über der Erdoberfläche.

---

95   Seite 171   ... so ändert sich dabei die Form des Körpers, aber sein Volumen bleibt gleich.

---

96   Seite 180   Auf den Pumpkolben mit Querschnittsfläche A_1 wird eine Kraft F_1 ausgeübt. Dadurch steht die Flüssigkeit unter dem Druck $p = F_1/A_1$. Dieser bewirkt, dass der Presskolben gemäss dem Prinzip von Pascal mit einer im Vergleich zu F_1 grösseren Kraft $F_2 = F_1 \cdot A_2/A_1$ nach oben gedrückt wird.

---

97   Seite 189   Der Luftdruck p ist gegeben durch die Gewichtskraft $m \cdot g$ der Luftmasse, die in einer Höhe h noch über uns ist sowie die Kugeloberfläche A, auf die der Druck in dieser Höhe wirkt:

$$p = \frac{F_G}{A} = \frac{m \cdot g}{A}$$

Diese Gleichung lässt sich nach der Luftmasse über uns auflösen:

$$m = \frac{p \cdot A}{g}$$

Die Luftmasse ist also proportional zum Druck. Somit muss der Druck auf 10 % des Wertes am Boden (1 bar) absinken, damit 90 % der Luftmasse unter uns und noch 10 % über uns sind. Der Abbildung entnimmt man, dass in einer Höhe von etwa 19 km der Druck nur noch 0.1 bar beträgt. Also ist in der Höhe von 19 km fast die ganze Luftmasse (90 %) unter uns. Dieses Resultat ist nicht ganz korrekt, da die Fläche $A = 4 \cdot \pi \cdot (r + h)^2$ in 19 km Höhe etwas grösser ist als am Erdboden $A = 4 \cdot \pi \cdot r^2$. Das ist aber für eine grobe Abschätzung vernachlässigbar, denn $r = 6370$ km ist viel grösser als $h = 19$ km.

Auf einer Höhe von 10 km (typische Flughöhe von Linienflugzeugen) hat man gemäss der Abbildung schon etwa 75 % der Luftmasse unter sich!

98 Seite 199

Damit man unter Wasser schwebt, muss gemäss dem Prinzip des Archimedes die Gewichtskraft von Taucher ($m_T \cdot g$) und Bleiplatten ($m_T \cdot g$) gleich gross sein wie die Gewichtskraft des verdrängten Wassers ($\rho_W \cdot V_T \cdot g$ die Gewichtskraft des vom Taucher verdrängten Wassers, $\rho_W \cdot V_B \cdot g$ die Gewichtskraft des von den Bleiplatten verdrängten Wassers):

$$m_T \cdot g + m_B \cdot g = \rho_W \cdot V_T \cdot g + \rho_W \cdot V_B \cdot g$$

Die beiden Volumen sind nicht gegeben, lassen sich aber durch die Massen und Dichten ausdrücken ($V = m/\rho$). Zudem kürzt sich die Erdbeschleunigung g heraus:

$$m_T + m_B = \rho_W \cdot \frac{m_T}{\rho_T} + \rho_W \cdot \frac{m_B}{\rho_B}$$

Diese Gleichung lässt sich nach der gesuchten Masse der Bleiplatten m_B auflösen und man erhält:

$$m_B \cdot \left(1 - \frac{\rho_W}{\rho_B}\right) = m_T \cdot \left(\frac{\rho_W}{\rho_T} - 1\right)$$

Auflösen nach m_B ergibt:

$$m_B = m_T \cdot \frac{\frac{\rho_W}{\rho_T} - 1}{1 - \frac{\rho_W}{\rho_B}} = 70 \text{ kg} \cdot 0.050 = 3.5 \text{ kg}$$

Das heisst, um im Salzwasser unter Wasser zu schweben, muss man zusätzlich etwa 5 % seiner Masse in Form von Blei am Tauchanzug befestigen. Im Süsswasser (Dichte 1000 kg/m³) wären es nur etwa 2 %.

99 Seite 174

Nehmen wir an, das Buch habe eine Masse von $m = 200$ g. Es hat ein A4-Format, d. h. eine Auflagefläche von etwa $A = 600 \text{ cm}^2 = 6.00 \cdot 10^{-2} \text{ m}^2$. Also verteilt sich die Gewichtskraft:

$$F_G = m \cdot g = 0.2 \text{ kg} \cdot 9.81 \frac{\text{m}}{\text{s}^2} = 1.96 \text{ N}$$

auf diese Fläche und erzeugt so den Druck:

$$p = \frac{F_G}{A} = \frac{1.96 \text{ N}}{6.00 \cdot 10^{-2} \text{ m}^2} = 33 \text{ Pa}$$

1 Pa ist der 100ste Teil eines hPa, also ist $p = 33$ Pa $= 0.33$ hPa. 1 Pa ist der 100000ste Teil eines bar, also ist $p = 33$ Pa $= 0.00033$ bar $= 3.3 \cdot 10^{-4}$ bar.

100 Seite 180

A] Die Kraft des Fusses F_1 erzeugt auf der Fläche A_1 den Druck p:

$$A_1 = \pi \cdot \left(\frac{d_1}{2}\right)^2$$

$$p = \frac{F_1}{A_1} = \frac{F_1}{\pi \cdot \left(\frac{d_1}{2}\right)^2} = \frac{120 \text{ N}}{\pi \cdot \left(\frac{2.8 \cdot 10^{-2} \text{ m}}{2}\right)^2} = 1.95 \cdot 10^5 \text{ Pa}$$

B] In der Bremstrommel wirkt der Flüssigkeitsdruck auf beide Kolben der Fläche A_2 und erzeugt damit die Kraft F_2:

$$F_2 = A_2 \cdot p = \pi \cdot \left(\frac{d_2}{2}\right)^2 \cdot p = \pi \cdot \left(\frac{3.5 \cdot 10^{-2} \text{ m}}{2}\right)^2 \cdot 1.95 \cdot 10^5 \text{ Pa} = 188 \text{ N}$$

Die hydraulische Anlage ermöglicht also, dass mit jedem der beiden Bremszylinderkolben eine Kraft von 188 N ausgeübt wird.

101 Seite 192

Der Luftdruck p_0 kann das Wasser bis in eine Höhe h drücken, wo der hydrostatische Druck $\rho_{Wasser} \cdot g \cdot h$ des Wassers und der Luftdruck gleich gross sind:

$$p_0 = \rho_{Wasser} \cdot g \cdot h$$

Nach h aufgelöst mit einem typischen Wert 1 bar = 10^5 Pa für den Luftdruck ergibt dies:

$$h = \frac{p_0}{\rho_{Wasser} \cdot g} = \frac{100000 \text{ Pa}}{1000 \frac{\text{kg}}{\text{m}^3} \cdot 9.81 \frac{\text{m}}{\text{s}^2}} = 10.2 \text{ m}$$

Das heisst, erst eine 10 m hohe Wassersäule erzeugt einen Schweredruck, der gleich gross ist wie der Luftdruck!

102 Seite 203

Das Aräometer schwimmt an der Oberfläche der Flüssigkeit, d. h., die Gewichtskraft des Aräometers ist gleich der Gewichtskraft der verdrängten Flüssigkeit; es sinkt genau so weit ein, bis dieses Gleichgewicht erreicht ist. Von einer dichten Flüssigkeit muss weniger Volumen verdrängt werden, damit der Auftrieb gleich gross ist wie das Gewicht. Das Aräometer sinkt also in Glyzerin weniger weit ein als in Alkohol.

103 Seite 174

Der Druck ist die Kraft, dividiert durch die Fläche, auf die sich die Kraft verteilt. Die Kraft ist im vorliegenden Fall die Gewichtskraft des Elefanten:

$$F = 4 \cdot 10^3 \text{ kg} \cdot 9.81 \frac{\text{m}}{\text{s}^2} = 3.9 \cdot 10^4 \text{ N}$$

Die 4 Füsse haben eine Fläche:

$$A = 4 \cdot \pi \cdot r^2 = 4 \cdot \pi \cdot \left(\frac{0.3 \text{ m}}{2}\right)^2 = 0.28 \text{ m}^2$$

Damit ist der Druck:

$$p = \frac{F}{A} = \frac{3.9 \cdot 10^4 \text{ N}}{0.28 \text{ m}^2} = 1.4 \cdot 10^5 \text{ Pa}$$

Beim Menschen müssen Sie zuerst die entsprechenden Grössen schätzen. Wir werden hier mit den folgenden Annahmen rechnen: Wir nehmen einen m = 70 kg schweren Menschen, dessen 2 etwa rechteckige Füsse je 20 cm · 8 cm = 160 cm² = 0.016 m² Bodenfläche haben, also A = 0.032 m². Damit berechnen wir:

$$p = \frac{F}{A} = \frac{70 \text{ kg} \cdot 9.81 \frac{\text{m}}{\text{s}^2}}{0.032 \text{ m}^2} = 2.2 \cdot 10^4 \text{ Pa}$$

Trotz der sehr unterschiedlichen Massen ist das Druckverhältnis nur etwa 1:6!

104 Seite 183

Mit der Gleichung für den Schweredruck:

$$p = \rho \cdot g \cdot h$$

erhalten wir einen Schweredruck:

$$p = 1025 \frac{kg}{m^3} \cdot 9.81 \frac{m}{s^2} \cdot 16 \cdot 10^3 \, m = 1.6 \cdot 10^8 \, Pa$$

und damit die Kraft:

$$F = p \cdot A = 1.6 \cdot 10^8 \, Pa \cdot 6 \, m^2 = 1 \cdot 10^9 \, N$$

(Den Luftdruck lassen wir hier ausser Acht, da er sehr viel kleiner ist als der Schweredruck des Wassers). Den $1 \cdot 10^9$ N entsprecht etwa die Gewichtskraft von 100 000 t Wasser!

---

105 Seite 197

Die Grösse des Menschen spielt hier eine Rolle, denn ein «voluminöser» Mensch verdrängt mehr Luft und der Auftrieb ist entsprechend grösser. Wir müssen hier eine Annahme treffen. Nehmen wir einen Menschen von 60 kg Masse an. (Wenn Sie etwas anderes angenommen haben, so hat Ihre Rechnung entsprechend ein etwas anderes Resultat geliefert.) Weiter nehmen wir für die Dichte des Menschen approximativ diejenige von Wasser an.

Damit ist das Volumen unseres 60-kg-Menschen:

$$V = \frac{m}{\rho} = \frac{60 \, kg}{1000 \frac{kg}{m^3}} = 0.060 \, m^3$$

Ergibt nach Archimedes eine Auftriebskraft von:

$$F_A = \rho_{Luft} \cdot V \cdot g = 1.2 \frac{kg}{m^3} \cdot 0.060 \, m^3 \cdot 9.81 \frac{m}{s^2} = 0.71 \, N$$

Das ist sehr wenig im Vergleich zur Gewichtskraft von:

$$F_G = m \cdot g = 60 \, kg \cdot 9.81 \frac{m}{s^2} = 5.9 \cdot 10^2 \, N$$

Der Auftrieb durch die Luft wird daher nicht wahrgenommen ($F_G / F_A \approx 830$).

---

106 Seite 203

Der Wasserstand bleibt genau gleich. Nehmen wir an, das Eisstück wiege 20 g. Wie viel Wasser verdrängt es dann? So viel, wie seiner Gewichtskraft entspricht, also werden 20 g Wasser verdrängt. Wie viel Wasser entsteht beim Schmelzen des Würfels? Genau 20 g. Es entsteht beim Schmelzen also genau so viel Wasser, wie das Eisstück vorher verdrängt hat.

---

107 Seite 176

A] Der Druck in einer Flüssigkeit bewirkt eine Kraft auf die Begrenzungsflächen der Flüssigkeit. Die Kraft hat eine bestimmte Richtung, es handelt sich um eine vektorielle Grösse. Dagegen hat der Druck keine ausgezeichnete Richtung; es muss sich somit um eine skalare Grösse handeln. Diese Aussagen treffen nicht nur für Flüssigkeiten, sondern auch für Gase zu.

B] Wenn man bei gleich bleibender Kraft die Angriffsfläche einer Kraft verdoppelt, so halbiert sich der Druck. Für einen gleich bleibenden Druck müsste auch die Kraft verdoppelt werden.

108 Seite 185

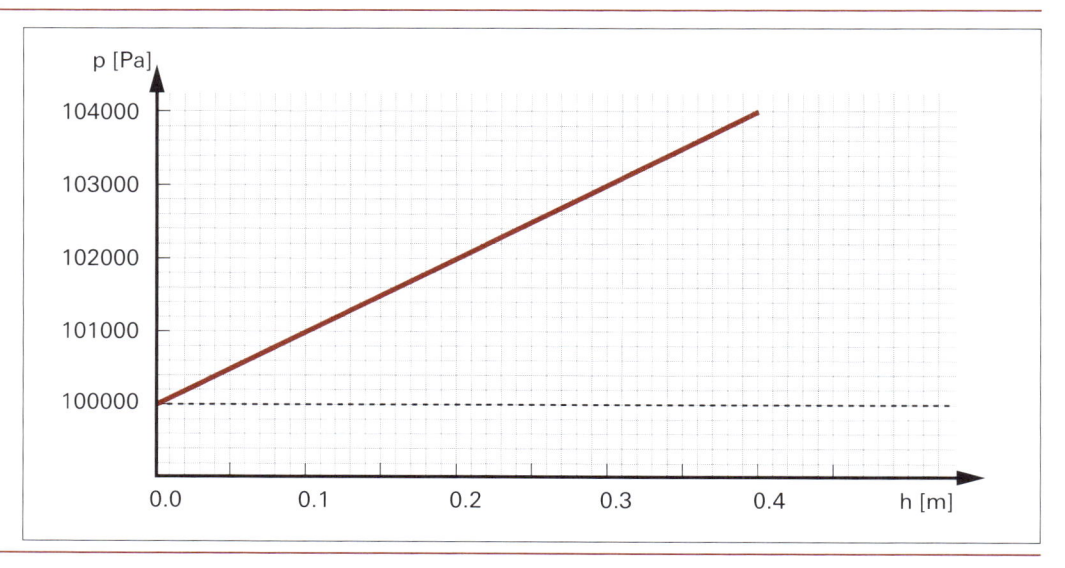

109 Seite 197

A] Wir bezeichnen das Volumen des Metallstücks mit V und seine Dichte (die ja gesucht ist) mit ρ_M.

Es ist alles wie beim an der Federwaage hängenden Stein, nur dass die Dichte ρ_M des gewogenen Körpers nicht zum Vornherein bekannt ist. Wir können also schreiben:

$$F_1 = \rho_M \cdot V \cdot g$$

$$F_2 = \rho_M \cdot V \cdot g - \rho_W \cdot V \cdot g$$

Was haben wir da – mathematisch gesehen – vor uns? Es sind 2 Gleichungen, für 2 Unbekannte (V und ρ_M). In solch einer Situation löst man am einfachsten die eine Gleichung nach der Unbekannten auf, die nicht gesucht ist (hier V), und setzt diesen Ausdruck in die andere Gleichung ein. Anschliessend hat man eine Gleichung, in der nur noch die gesuchte Unbekannte (hier ρ_M) vorkommt.

Also lösen wir die erste Gleichung nach V auf:

$$V = \frac{F_1}{\rho_M \cdot g}$$

Dann setzen wir diesen Ausdruck für V in die zweite Gleichung ein:

$$F_2 = \rho_M \cdot \frac{F_1}{\rho_M \cdot g} \cdot g - \rho_W \cdot \frac{F_1}{\rho_M \cdot g} \cdot g$$

Nach kürzen erhalten wir:

$$F_2 = F_1 - \rho_W \cdot \frac{F_1}{\rho_M}$$

Dies können wir nun nach ρ_M auflösen:

$$\rho_M = \rho_W \cdot \frac{F_1}{F_1 - F_2} = 1000 \frac{kg}{m^3} \cdot \frac{0.82 \text{ N}}{0.82 \text{ N} - 0.52 \text{ N}} = 2.7 \cdot 10^3 \frac{kg}{m^3}$$

B] Wie Sie z. B. einem Periodensystem entnehmen können, ist das die Dichte von Aluminium. Bei Legierungen (Metall-Mischungen) ist die Zuordnung der berechneten Dichte hingegen keineswegs so klar, da das Mischverhältnis der Legierung von aussen nicht erkennbar ist.

110 Seite 203

Die Waage zeigt mehr an. Es gibt mehr als eine mögliche Argumentation dafür:

- Was die Waage letztlich spürt, ist die Gewichtskraft des Glases (an dem sich nichts ändert) plus die Wirkung des Wassers. Das Wasser wirkt durch seinen Schweredruck auf den Gefässboden. Der Finger bewirkt ein Ansteigen des Pegelstandes, womit auch der Wasserdruck steigt. Die Gleichung $\rho \cdot g \cdot h$ wirkt sich hier ganz handfest und messbar aus.
- Der Finger erfährt eine Auftriebskraft. Nach dem Wechselwirkungsgesetz stösst damit der Finger auch auf das Wasser. Diese Kraft muss in irgendeiner Form weitergereicht werden. Das Wasser stösst sich gewissermassen vom Finger ab gegen die Waagschale.

111 Seite 176

Nach dem Prinzip von Pascal ist der Druck überall in der Flüssigkeit gleich gross, also ist $p_1 = p_2 = p_3$. Der Druck wird durch das Hineindrücken des Zapfens ($A = 2.0 \cdot 10^{-4}$ m^2) erzeugt und ist somit

$$p = \frac{F}{A} = \frac{15\text{ N}}{2.0 \cdot 10^{-4}\text{ m}^2} = 7.5 \cdot 10^4 \text{ Pa}$$

112 Seite 188

Die Dichte ist ausschlaggebend. Quecksilber hat eine sehr grosse Dichte. Ein Schweredruck der gleich gross ist wie der atmosphärische Luftdruck kann so bereits mit einer Quecksilbersäule von 760 mm Höhe erzeugt werden. Nähme man statt des Quecksilbers Wasser, müsste das Barometer dagegen 10 m hoch sein – nicht eben praktisch.

113 Seite 199

	$\rho_F > \rho_K$	$F_G > F_A$
Körper sinkt ab	falsch	richtig
Körper schwebt	falsch	falsch
Körper steigt auf	richtig	falsch

114 Seite 203

Zuerst ist die resultierende Kraft auf die Krone die Gewichtskraft der Krone. Eingetaucht ist die resultierende Kraft auf die Krone die Gewichtskraft der Krone minus die Auftriebskraft der Krone.

Für die Messung ausserhalb des Wassers gilt:

$$F_1 = \rho_K \cdot V \cdot g$$

Aufgelöst nach V:

$$V = \frac{F_1}{\rho_K \cdot g}$$

Für die Messung unter Wasser gilt:

$$F_2 = (\rho_K - \rho_W) \cdot V \cdot g$$

Ersetzen wir das Volumen durch unsere Gleichung für das Volumen:

$$F_2 = \frac{(\rho_K - \rho_W) \cdot F_1 \cdot g}{\rho_K \cdot g}$$

Umformen, sodass nur auf der linken Seite der Gleichung die Dichte ρ_K vorkommt:

$$\rho_K \cdot F_2 = \rho_K \cdot F_1 - \rho_W \cdot F_1$$

Auflösen nach ρ_K ergibt:

$$\rho_K = \rho_W \cdot \frac{F_1}{F_1 - F_2} = 1000 \frac{kg}{m^3} \cdot \frac{25.0\ N}{25.0\ N - 23.7\ N} = 1.92 \cdot 10^3 \frac{kg}{m^3}$$

Die Krone könnte also aus reinem Gold bestehen.

115 Seite 176

Da das Wasser als Flüssigkeit inkompressibel ist (sein Volumen sich nicht ändert), die Luft im Ballon dagegen kompressibel, wird das Volumen des Ballons kleiner.

Die Form wird etwa kugelförmig bleiben, da von allen Seiten der gleiche Druck auf den Ballon einwirkt.

Stichwortverzeichnis

Numerisch

1. Newton'sches Gesetz 118
2. Newton'sches Gesetz 111
3. Newton'sches Gesetz 123

A

abgeleitete Einheit 20
abgeleitete Grösse 20
Abkürzungen der SI-Einheiten 19
absinken 197
abstandsabhängig 153
Abstandsabhängigkeit 151
Actio 123
Anfangsgeschwindigkeit 66
Anfangspunkt des Kraft-Vektors 92
Angriffspunkt der Kraft 92
anheben 178
Äquator 163
Aristoteles 121
atmosphärischer Luftdruck 173
Auflagefläche 172
aufsteigen 197
Auftriebskraft 195
Ausrichtung 37

B

Bacon, Francis 17
Beobachtung 15
Beschleunigung 59
Beschleunigungs-Vektor 77
Betrag 29
Betragsänderung 29
Bewegung 37
Bewegungsgleichung 40
Bewegungsgleichung der g.B. 58
Bewegungsgleichung der g.b.B. 61
Bewegungsgleichung der g.b.B. mit v_0 67
Bewegungslehre 36
Bewegungsrichtung 73
Bezugssystem 39
Bindungskräfte 170
Bremse 177
Bremsvermögen 70
Bremsweg 69
Bremszeit 69

C

Cavendish, Henry 156
Cavendish-Waage 156
chemische Zusammensetzung 63

D

D 101
definitive Definition der Krafteinheit 112
Deformation 88
Dehnung 101
Delta-Schreibweise 26
Diagramm 25
Dichte 20
Druck 172
Druckgleichgewicht 185

Druckunterschied 195
Druckverlauf 188
Durchschnittsbeschleunigung 59
Durchschnittsgeschwindigkeit 53
Dynamik 86

E

eingeschlossen 174
Elastizität 102
Elastizitätskonstante 102
Erdanziehungskraft 103
Erdatmosphäre 186
Erdbahnradius 161
Erdbeschleunigung 65
Erdmasse 154
Erdmittelpunkt 103
Erdradius 150
Ersatzkräfte 132
Exkurs 10
Expansionsbestreben 169
Experiment 15

F

F 87
f 83
Fahrplan 40
Fallbeschleunigung 65
Fallbewegung 63
Fallgeschwindigkeit 64
Fallweg 63
Fallzeit 63
Federkonstante 101
Federkraft 101
Federwaage 90
Flüssigkeitsdichte 195
freier Fall 63
Frequenz 83

G

Galilei, Galileo 72
Gegenkraft 122
gekoppelte Bewegung 139
Genauigkeit 23
geostationärer Satellit 163
geradlinige Bewegung 127
gerichtete Grösse 29
Gesamtdruck 184
Geschichte der Physik 10
Geschwindigkeit 43
Geschwindigkeitsänderung 59
Geschwindigkeitsänderungs-Vektor 76
Geschwindigkeits-Vektor 76
Geschwindigkeits-Zeit-Diagramm 49
Gesetz von Pascal 174
Gesetzmässigkeit 15
Gewichtskraft 103
Gezeiten 158
gleichförmige Bewegung 56
gleichförmige Kreisbewegung 79
gleichmässig beschleunigte Bewegung 60
gleichmässige Beschleunigung 62
Gleichung 15, 26
Gleichung für die Gewichtskraft 127
Gleitgeschwindigkeit 107

Gleitreibungskraft 107
Gleitreibungszahl 108
Gravitationskonstante 154
Gravitationskraft 147
Grundeinheit 19
Grundgrösse 19

H

Haftreibungskraft 107
Haftreibungszahl 108
Heben 179
Heissluftballon 198
Hertz 83
Hochdruckgebiet 186
Hooke, Robert 101
Hooke'sches Federgesetz 101
Hydraulik 177
hydraulische Hebebühne 178
hydrodynamischer Auftrieb 194
Hydrostatik 168
hydrostatischer Auftrieb 194
hydrostatischer Druck 181
Hyperbel 28
Hypothese 15
Hz 83

I

Inertialsystem 116
Internationale Weltraumstation (ISS) 166
Intervall 26
Intuition 16
isolieren 15

K

Kaltverformung 179
Kepler, Johannes 148
Kinematik 36
kommunizierende Gefässe 185
kompensieren 106
Komponentenzerlegung der Kraft 132
Komprimierbarkeit 169
konstante Beschleunigung 65
konstante Geschwindigkeit 56
konstante Kraft 92
Kontaktfläche 107
Koordinatenachse 39
Koordinatensystem 39
Kraft 87
Kraftabschwächung 178
Kraftkomponenten 132
Kraftübertragung 177
Kraft-Vektor 92
Kraftverstärkung 178
Kraftverteilung 172
Kraftwirkungsgesetz 111
Kreativität 16
Kreisbewegung 79
kreisförmige Bahn 79
kreisförmige Bewegung 79
Kreisradius 79
Kreisumfang 81
kursiv 19

L

Laplace, Pierre Simon 117
Lösungsanleitung der Dynamik 131
Luftdruck 187
Luftwiderstand 63

M

makroskopisch 169
Massband 39
Masse 63
Masseinheit 18
Massenabhängigkeit 153
Massenpunkt 37
Massenzentrum 37
Masszahl 18
Mathematik 15
Messergebnis 18
Messfehler 23
Messgenauigkeit 23
Messgrösse 18
Messung 15, 18
Methoden 14
mikroskopisch 170
Modell 16
Momentanbeschleunigung 59
Momentangeschwindigkeit 54
Mondbahnradius 150
Mondmasse 158
Mondradius 158

N

negative Beschleunigung 68
negative Geschwindigkeit 46
Newton 91
Newton, Isaac 164
Newton'sches Gravitationsgesetz 153
Normalkraft 106

O

Oberflächenbeschaffenheit 107
Orientierung 37
Ort 37
Ortsänderung 40
Ortsänderungs-Vektor 74
Ortsangabe 39
ortsgebundener Vektor 92
Orts-Koordinatenachse 40
Orts-Vektor 73
Orts-Zeit-Diagramm 40

P

Pa 173
Parallelogramm-Methode 32
Pascal 173
Pascal, Blaise 190
Pascals Prinzip 174
Periode 81
p-Gleichung 130
Phänomene 15
physikalische Theorie 16
p-Kräfte 130
plastischer Bereich 102

Pneumatik 177
Pressen 179
Prinzip von Archimedes 196
proportional 26
Proportionalität 26
Proportionalitätskonstante 26
provisorische Definition der Krafteinheit 91

Q

Quecksilber-Barometer 188

R

r 73
Radialbeschleunigung 82
Radialkraft 142
räumlich gerichtet 29
Reactio 123
Reaktionsweg 70
reibungsfreie Bewegung 109
Reibungskraft 106
Reibungszahl 108
Relation 28
relativ Bewegung 39
Relativität 39
resultierende Kraft 94
Richtung 29
Richtungsänderung 29
Rollreibungskraft 109
Rollreibungszahl 109
ruhend 169

S

s-Achse 40
saugen 191
Scheinkraft 143
schiefe Ebene 135
schiefe Kraft 132
Schlussresultat 23
Schraubenfedern 90
schweben 197
Schwere 128
Schweredruck 181
schwerelos 166
Schwerelosigkeit 166
Schwerkraft 103
schwimmen 201
Seilkraft 140
s-Gleichung 130
SI 19
signifikante Ziffer 23
skalare Grösse 29
s-Kräfte 130
statisch 169
Stauchung 101
Steigung 27
Systeme Internationale 19

T

t-Achse 40
Tangente 55
Taschenrechner 22
Tiefdruckgebiet 186
träge 118

Trägheit 118
Trägheitsgesetz 118

U

Überprüfbarkeit 16
Uhrzeit 39
umgekehrte Proportionalität 27
Umrechnen der Geschwindigkeitseinheit 43
ungerichtete Grösse 29
Unterlage 106
Ursache 113

V

v 43
Variable 19
Vektor 29
Vektoraddition 31
Vektordivision 31
vektorielle Grösse 29
Vektormuliplikation 31
Vektorrechnung 30
Vektorsubtraktion 31
Velopumpe 175
Verformbarkeit 169
verlustfreie Kraftumlenkung 139
Vollbremsung 129
Volumen 20
Voraussagen 16
Vorsilbe 24
Vorzeichen der Beschleunigung 68
Vorzeichen der Geschwindigkeit 46
v-t-Diagramm 49

W

Wassertiefe 182
Wasserwiderstand 109
Wechselwirkung 123
Wechselwirkungsgesetz 123
Wiederholbarkeit 15
Winkelgeschwindigkeit 83
Wirkung 88
wissenschaftliche Schreibweise 21

Y

y 101

Z

Zeit 37
Zeitangabe 39
Zeitintervall 55
Zeit-Koordinatenachse 40
Zentralbeschleunigung 82
Zentralkörper 160
Zentralkraft 142
Zentralmasse 160
Zentrifugalkraft 143
Zentrifuge 143
Zentripetalbeschleunigung 82
Zentripetalkraft 142
zusammenpressen 178

Physik bei Compendio

Physik bei Compendio heisst: Lernziele nach MAR, übersichtlicher Aufbau und lernfreundliche Sprache, Aufgaben mit Lösungen zur Selbstkontrolle und eine Kurztheorie für den schnellen Überblick.

Physik 2
Lerntext, Aufgaben mit kommentierten Lösungen und Kurztheorie

Hansruedi Schild und Thomas Dumm

Aus dem Inhalt: Energie: Worum geht es bei der Energie? Wie berechnet man Arbeit und Leistung? Wie berechnet man Energie? Energieumwandlungen: Was passiert bei Energieumwandlungen? Kann man Energie erzeugen oder vernichten? Begriffe und Modelle der Wärmelehre: Was sind die wichtigen Grössen der Wärmelehre? Welches Modell eignet sich in der Wärmelehre zur Beschreibung der Materie? Was bedeutet die Brown'sche Bewegung? Wie lassen sich Gase beschreiben? Wärmeprozesse: Wie reagiert Materie auf Wärme? Wie wird Wärme transportiert? Was sind technische Anwendungen der Wärmelehre? Strahlenoptik und ihre Grenzen: Wie breitet sich Licht aus? Wie reagiert Licht auf Hindernisse? Was sind die Abbildungseigenschaften von Linsen? Wo versagt die Strahlenoptik?

272 Seiten, A4, broschiert, 1. Auflage 2003, ISBN 978-3-7155-9088-2, CHF 55.00

Physik 3
Lerntext, Aufgaben mit kommentierten Lösungen und Kurztheorie

Hansruedi Schild und Thomas Dumm

Atom- und Kernphysik: Wie sieht das Innenleben eines Atoms aus? Wie kommt es zu Radioaktivität? Anwendungen der Atom- und Kernphysik: Wie funktioniert die C-14-Methode zur Altersbestimmung? Wie wird Radioaktivität in der Medizin eingesetzt? Woher stammt die Energie des Kernkraftwerks? Woher stammt die Energie des Sonnenlichts? Elektrische Energie: Um was geht es bei elektrischen Strömen? Was bestimmt, ob ein Material den Strom leitet? Elektrische Stromkreise: Was bedeuten Volt- und Watt-Angaben auf elektrischen Geräten? Wie funktionieren Spannungsquellen? Wie berechnet man elektrische Stromkreise? Elektrostatik und Magnetismus: Wie erklärt man elektrische Phänomene? Wie erklärt man magnetische Phänomene?

232 Seiten, A4, broschiert, 1. Auflage 2004, ISBN 978-3-7155-9172-8, CHF 55.00

Physik-Trainer
Kurztheorie und Aufgaben
Physik-Trainer – Lösungen
Kommentierte Lösungen zu den Aufgaben

Thomas Dumm und Hansruedi Schild

Der Physik-Trainer unterstützt Sie bei der Vorbereitung auf Physikprüfungen und auf die Maturitätsprüfung. Er hilft beim Auffrischen der Theorie und verschafft Routine beim Lösen von Aufgaben. Kurztheorie und Aufgaben des Physik-Trainers orientieren sich am MAR für das Grundlagenfach Physik. Durch seine Kurztheorie ist der Physik-Trainer unabhängig von anderen Lehrmitteln einsetzbar. Inhalt und Struktur lehnen sich an die selbststudiumstauglichen Compendio-Titel Physik 1–3 an.

Physik-Trainer:
180 Seiten, A4, broschiert, 1. Auflage 2005, ISBN 978-3-7155-9213-8, CHF 43.00
Physik-Trainer – Lösungen:
166 Seiten, A4, broschiert, 1. Auflage 2005, ISBN 978-3-7155-9235-0, CHF 34.00

Bestellung

Alle hier aufgeführten Lehrmittel können Sie per Post, E-Mail, Fax oder Telefon direkt bei uns bestellen:

Compendio Bildungsmedien AG, Hotzestrasse 33, 8042 Zürich
Telefon ++41 (0)44 368 21 14, Fax ++41 (0)44 368 21 70
E-Mail: bestellungen@compendio.ch, www.compendio.ch